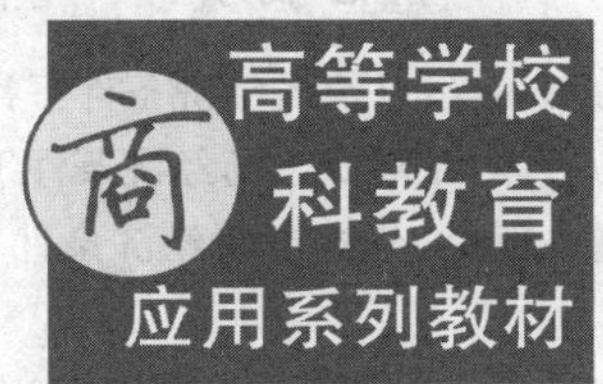

经济学基础

蒋南平 龙运书 冉恩贵 主编

清华大学出版社
北京

内容简介

本书以商品、商品经济、市场经济为切入点，以市场经济条件下社会再生产各环节为主线，将马克思主义经济学与西方经济学的精华有机融为一体，在阐明市场经济条件下的经济运行基础后，着重研究市场经济条件下的生产、流通、分配和消费的基本理论，分析市场经济条件下市场失灵时的宏观调控和可持续发展问题。

本书根据培养应用型人才的要求，坚持实用、够用、能用的原则，适合作为高等学校财经类专业的教材，也可供经济学爱好者参考。

本书封面贴有清华大学出版社防伪标签，无标签者不得销售。
版权所有，侵权必究。举报：010-62782989，beiqinquan@tup.tsinghua.edu.cn。

图书在版编目（CIP）数据

经济学基础/蒋南平，龙运书，冉恩贵主编. --北京：清华大学出版社，2014（2021.2 重印）
高等学校商科教育应用系列教材
ISBN 978-7-302-37591-3

Ⅰ. ①经… Ⅱ. ①蒋… ②龙… ③冉… Ⅲ. ①经济学一高等学校一教材 Ⅳ. ①F0

中国版本图书馆 CIP 数据核字(2014)第 186488 号

责任编辑：陈凌云
封面设计：傅瑞学
责任校对：袁　芳
责任印制：杨　艳

出版发行：清华大学出版社
　网　　址：http://www.tup.com.cn，http://www.wqbook.com
　地　　址：北京清华大学学研大厦 A 座　　**邮　　编**：100084
　社 总 机：010-62770175　　**邮　　购**：010-62786544
　投稿与读者服务：010-62776969，c-service@tup.tsinghua.edu.cn
　质量反馈：010-62772015，zhiliang@tup.tsinghua.edu.cn
印 装 者：山东临沂新华印刷物流集团有限责任公司
经　　销：全国新华书店
开　　本：185mm×260mm　　**印　张**：17.25　　**字　　数**：414 千字
版　　次：2014 年 9 月第 1 版　　**印　　次**：2021 年 2 月第 10 次印刷
定　　价：49.00 元

产品编号：061276-03

前言

《经济学基础》作为一本探索与创新的教材问世了。本书以马克思主义经济学为基础，借鉴西方经济学的精华，系统阐述了经济学的起源与发展历程，分析了经济学学习的方法和重要意义。

本书以商品、商品经济与市场经济为切入点，以市场经济条件下社会再生产各环节为主线，在阐明市场经济条件下的经济运行基础后，着重研究了市场经济条件下的生产、流通、分配和消费的基本理论，分析了市场经济条件下市场失灵时的宏观调控和可持续发展问题。

本书的创新之处在于：根据培养应用型人才目标的要求，坚持实用、够用、能用的原则，将马克思主义经济学与西方经济学的精华有机地融为一体，着重分析研究市场经济条件下的生产、流通、分配和消费四个环节上的基本理论；本书结构简单、清晰，易于掌握和运用，国内外尚无此类著作或教材。

本书由蒋南平（教授、博士生导师）、龙运书（教授，四川师范大学成都学院经济与管理学院院长）、冉恩贵（教授，四川师范大学成都学院经济与管理学院副院长）主编，共同确定全书框架。各章撰写分工为：第一章由王慧君、肖峰撰写；第二至四章由龙运书撰写；第五至八章由蒋南平撰写；第九、十一章由王慧君撰写；第十章由肖峰撰写；第十二至十五章由冉恩贵撰写。

全书初稿写成后，由蒋南平、龙运书、冉恩贵作了统一修改和审订。鉴于该书是一个新的探索与创新，难免存在一些不足和问题，欢迎广大读者批评、指正。

在本书撰写过程中，我们借鉴了一些同行的成果和观点，得到了清华大学出版社的大力支持和帮助，在此表示衷心的感谢。

编　者

2014 年 6 月

目录

第一章

经济学的研究对象与方法

任何学科都有自己的发展过程、研究对象和研究方法，经济学也不例外。从远古人们的经济活动中，就已经萌发了对经济现象的认识，但这仅仅停留在朴素的感性阶段。当今社会，经济学已是内容繁复、学派林立，与飞速发展的世界经济紧密相连。经济学的发展过程反映了人类经济活动的丰富实践，其研究对象和研究方法，日益引起了人们更大的关注。

第一节　经济学的产生与发展

一、经济与经济学的源流

经济学理论作为社会科学的一个重要分支，反映了人类对社会经济关系和经济运行的一种认识和抽象思维。经济学的演变从某种意义上说也就是经济或经济学这一概念的由来和演变。因此，我们的考察从经济或经济学概念的产生与演变开始。

人类社会进行经济活动可以说是随着人类产生就开始了的，但对经济问题的研究则是后来的事。2000 多年以前，人类就已经有了专门研究经济问题的著作流传后世。公元前 5 世纪至前 4 世纪古希腊思想家色诺芬的专著《经济论》，被认为是古希腊流传下来的世界上最早的经济学专著。

据经济学家考证，经济或经济学最早起源于希腊文。现代西方语言中，经济或经济学一词，包括英文、法文、德文中的经济，都起源于拉丁文。而拉丁文中的经济这个词又源于希腊文。世界上最早使用经济一词的人，经济学界公认为是色诺芬。色诺芬使用经济一词，是指奴隶主阶级组织管理奴隶制的家庭生活、生产和财富。他认为家庭管理应该成为一门学问，并把他的经济学研究对象确定为优秀的主人如何管理好自己的财产，即优秀的管理者是努力使他所管理的任何主体增加财富。他的经济学反映了当时他所处奴隶制经济的发展状况，因而是奴隶主经济学，也是人类历史上最早的经济学。

后来，亚里士多德在《政治学》一书中对色诺芬的“经济”概念进一步做了重大发展。亚里士多德认为，经济的内容包括两个：一是家庭中成员之间的关系，即主奴、夫妇、父子之间的关系，其中主奴之间的关系被看做首要关系；二是致富之术或谋生术。亚里士多德认为致富之术有两种：一是属于“家庭管理”的范围，即取得生活所必需的并且对家庭和国家有用的物品；二是“货殖”。他认为，财富就是具有使用价值的物品。获取财富的活动属于“家庭管理"范围。每一种物品都具有两种用途：一是直接供人使用；二是用于交换。他把交换区分为两种：一种是从物物交换发展而来的以货币为媒介的交换，称为小商业；另一种是从小商业发展而来的为无限制地追求货币财富而进行的交换，称为大商业，属于"货殖"。他认为经济是自然的，目的在于获取自然提供给人类的生活必需品等有使用价值的东西。真正的财富就是由这样一些使用价值构成的，这些真正的财富是通过耕作和游牧等方式自然获得的。因此，希腊语中的经济是指家庭管理与"货殖"，特别是家庭收入的供给和管理。

色诺芬和亚里士多德的经济概念以及被认为确立了一种描述从基本生产/家庭消费单位的微观经济价值到集体公民的幸福和自我满足的宏观经济价值的连续统一的经济学的贡献，长期影响着后世的人们，直到今天仍然保留着其中的基本内涵。马克思建立在以人为本的劳动价值论基础上的经济学及其研究人们之间经济关系的思想以及组织机制与自组织机制相互关系的经济机制理论等，现代西方经济学关于享乐的计算、主观价值、边际效用递减、效率和资源配置等，都源于古希腊思想家的经济思想理论。

古汉语中"经济"一词很早就已经出现，但古汉语中"经济"一词的含义与现代汉语中"经济"一词的含义有所不同。古汉语中"经济"一词是由"经"和"济"两个单字词合成的。"经"用作动词，其意为治；"经"用作名词，其意为治道之常规。"济"与"齐"相通，有整齐调和之意。"经"与"济"合成"经济"一词使用，在晋代就已出现。据考证，"经济"作为一个词语使用，早在《晋书·殷浩传》中有记载："足下沈识淹长，思综通练，起而明立，足以经济。"后来，很多文人墨客都使用过"经济"这一术语。例如，唐代李白诗《赠别舍人弟台卿之江南》："令弟经济士，谪居我何伤。"杜甫《水上遣怀》诗："古来经济才，何事独罕有。"《宋史·王安石列传》称王安石"以文章节行高一世，而尤以道德经济为己任"。明朝冯琦著有《经济类编》一书。清代《红楼梦》第五十四回中有"从今后，万万解释，改悔前情，留意于孔孟之间，委身于经济之道"。"经济学"一词在我国开始出现于唐代。清代中叶以后，"经济之学"已经与当时封建社会中的正统学术"义理之学"、"考据之学"和"辞章之学"等相提并论。清末光绪年间的科举考试中就曾专设"经济特科"，以策论考试时事，选拔封建统治阶级所需要的人才。

应当特别注意，古代汉语中的这些"经济"概念，都是指"经邦济世"、"经世济民"、"治理国家，拯救庶民"或"治国平天下"的意思。其内容不仅包括国家如何理财、如何管理其他各种经济活动，而且包括国家如何处理政治、法律、教育、军事等问题，实际上是现代所谓的"政治"，与近现代所谓的与财富、金钱相联系的"经济"的含义并不是一回事。正因为如此，所以，有人认为现代汉语中的"经济"一语来源于经邦济世、经世济民这一儒家思想。

由此可见，中国古代的"经济学"是一门内容包括经济、财政，广泛涉及政治、军事、法律、教育以至工程技术等方面的治国平天下的学问。尽管我国历史上也有很多的经济学典籍，但当时并不是名之曰"经济学"的，如《管子》、《货殖列传》、《食货志》、《盐铁论》、《齐民要术》等。因此，古汉语中虽有"经济"或"经济学"的术语，但并没有现代"经济"或"经济学"这个概念的内涵。

"经济"或"经济学"今天的内涵来之不易，它经历了"出口转内销"的迂回道路才实现。古汉语中作为经邦济世、经世济民含义的"经济"一词以及作为治国平天下学问的"经济学"一语，很早就流传到日本。但是，直到19世纪后期，日本学者借用汉语中"经济"一词时，并未沿袭"经济"中经邦济世、经世济民的内涵，而是借用汉语中"经济"或"经济学"这一词语来翻译西方著作中的"经济"一词。19世纪末，日本学者神田孝平(1830—1898年)在翻译西方经济文献中“经济”一词时，借用了古汉语“经济”这个术语，从此赋予了它全新的含义，因而他被认为是最先把西方的“经济”一词译为汉语“经济”的第一人。只是到了这时，“经济”这个语词才被注入了今天“经济”概念的内涵，“经济”一词才获得了它的现代意义。当时，我国一些学者如严复等在翻译西方经济文献时也沿用了日本的译法。我国较早使用经济学译名的是戢翼等中国第一批留学日本的学生。他们沿用日本学者的译法，翻译了日本法学博士天野为之的文章《经济学研究之方法》，发表在 1901 年出版的《译书汇编》第 7 期。朱宝绶在 1908 年翻译美国人麦克凡的《经济学原理》一书时，在书名上用“经济学”一词来表达现代意义的经济学内涵。

不过，当时在翻译西方经济著作时，西方的“经济”一词并不都译为“经济”或“经济学”，而是既有译为“富国”或“富国学”，也有译为“理财”或“理财学”的；既有译为“生计”或“生计学”的，又有译为“平准”或“平准学”的……各种译法并存。1912 年 8 月，孙中山先生在北京作《社会主义之派别与方法》的讲演，他在谈到“经济”或“经济学”翻译问题时认为，各种译法中“惟‘经济’二字，似稍近之”，充分肯定了“经济”或“经济学”译法能准确表达它的含义。从此之后，“经济”或“经济学”的译法终于确定下来，汉语“经济”一词才具有了现代“经济”概念的内涵而流行起来；“经济学”一词便逐渐成为西方经济学含义的通用译名，成为研究人类经济活动即生产、交换、分配、消费等活动的学科的专用名词。“经济学”一词的古代原本含义从此以后也就很少再有人使用了，“经济学”的现代含义逐渐被人们所习用。

那么，现代所谓的“经济”概念的含义是什么呢？一般认为，在现代，“经济”一词有广义和狭义两种含义。广义的经济是泛指整个社会生产领域，如国民经济、经济部门、经济发展水平等，这种场合既包括生产力又包括生产关系。狭义的经济是指生产关系。马克思主义经济学就是从这两种含义来使用经济这个概念的。其实，经济这一概念的含义远非所谓广义和狭义所能概括，大致说来，它主要有以下几种含义。

（1）经济是指物质资料生产过程或再生产过程，即包括物质资料的直接生产过程以及由它决定的交换、分配和消费过程，有生产力和生产关系两个方面的内容，但主要是指生产力。例如，“以经济建设为中心”中的“经济”，通常所说的“社会经济”中的“经济”，还有“发展经济，保障供给”中的“经济”，都是这一含义。经济是社会存在和发展的物质基础。

（2）经济是指生产或生活中的节约、精打细算等，即人们在生产和流通过程中如何节省人力、物力、财力，消费中的少花钱多办事等。通常所说“某个建设项目不符合经济原则”、“经济建设一定要讲求经济效益”等，就是这一含义。总之，这一含义通俗地讲，就是以最少的耗费去获取最大化的有益成果，这是经济的精髓。马克思说过：“真正的经济——节约——在于节约劳动时间，即降低到最低限度的生产成本；但这种节约就等于发展生产力。”西方经济学权威辞书《新帕尔格雷夫经济学大辞典》指出：“经济在现代语言中通常是指，用尽可能少的支出，以取得所希望达到的目的的原理或方法。”

（3）经济是人们进行物质财富生产所发生的社会生产关系总和。通常将生产关系的总和解释为人们在物质资料生产过程中结成的、与一定社会生产力相适应的相互关系的总和或社会经济制度，是政治、法律、哲学、宗教、文学、艺术等上层建筑赖以建立起来的基础，简而言之即人与人之间的生产关系。事实上，人们进行物质财富生产所发生的社会生产关系总和，包括三种关系，即人与人之间的关系、物与物之间的关系、人与物之间的关系。其中，人与人之间的关系是根本，其他两种关系都要以它为出发点和归宿。

(4) 经济是物质财富和价值财富的统一物,即经济利益。例如,国民总收入、国民总产品等,它们表现为衣食住行等生活资料和机器设备等生产资料。

(5) 经济是社会生产、交换各部门的总称。它包括一国全部物质资料生产部门及其活动和部分非物质资料生产部门及其活动。例如,工业部门及其生产活动、农业部门及其生产活动、商业部门及其活动等。

(6) 经济是指企业、个人或家庭的收支状况。就企业而言,经济就是企业的产量与效益、管理水平,如"企业经济运行良好"中的"经济"一词就是这种含义。就个人而言,经济就是个人收入与支出状况,如"经济宽裕"、"经济拮据"中的"经济"一词就是这种含义。

(7) 经济是指为人类社会带来的好处、利益。例如,生物学把如蜜蜂等为人类带来利益的昆虫称为经济昆虫。

二、经济学的发展历程

(一) 经济学产生的原因:资源的稀缺性

1. 资源稀缺性与选择

经济学是一门研究当人们面对资源稀缺性时如何作出选择的学说。人们面对的资源总是稀缺的,为什么?这是由于人们欲望的无限性与资源的有限性的矛盾所产生的。

资源稀缺性决定了选择的必要性,由个人、企业及政府作出的选择决定了社会的选择。社会的选择需要解决如下几个基本问题:我们生产什么?生产多少?我们如何生产?为谁生产?谁来决策和如何决策?

2. 经济学要回答的基本问题

(1) 如何有效配置资源。

(2) 如何充分利用资源总量。

(3) 资源配置和利用的社会形式。

(4) 资源的所有关系。

(二) 经济学的发展历程:从经济学到现代经济学

在经济学发展史上,经济学经历了"经济学→政治经济学→经济学(集合)"的发展演变历程。为了便于理解,我们将经济学演变到现代经济学的全过程划分为以下三个时期。

1. 经济学作为一门依附学科的时期

这个时期包括奴隶社会和封建社会。在奴隶社会和封建社会中,自然经济占主体地位,社会经济基本单位是奴隶主或封建主家庭,社会分工不发达,生产力水平低下,自给自足,商品经济处于简单商品经济状态。以色诺芬和亚里士多德为代表的先哲们研究的经济学是以奴隶主或封建主家庭经济活动为对象,为奴隶主或封建主服务,实质是"家庭经济学"。这时的经济学作为一门依附学科存在,依附在哲学等学科上,不是一门独立学科。

2. 经济学分化时期

这个时期主要包括资本主义社会的自由资本主义阶段。伴随着第一次科技革命的产生和发展,生产力得到了极大发展,以分工协作为基础的机器大生产,即社会化大生产时代到来了。在此基础上，发达的商品经济或市场经济在社会经济中占统治地位，新的行业和企业不断涌现，各部门各经济单位间内在联系加强，逐渐形成一个有机统一体。与此相适应，研究各行业、各部门的经济发展问题的部门经济学也逐渐形成和发展起来，并形成一门独立学科。在自由资本主义初期，以研究商贸尤其是对外贸易问题、追求金钱财富的重商主义者为代表的社会主流强烈要求国家干预经济，特别是对外贸易的发展问题。17世纪初，法国重商主义代表人物安·德·蒙克莱田(1575—1622年)首次提出了“政治经济学”的概念。他在1615年出版的《献给国王和王后的政治经济学》一书中使用“政治经济学”的提法，明确表明这门学科不再局限于以前的家庭或庄园管理的内容，而是反映和研究国家或社会的经济问题。于是，适应这个时期经济发展形势，“政治经济学”取代了原来的“家庭经济学”，成为主体，占据统治地位。同时在19世纪中叶，政治经济学又分化为马克思主义政治经济学和资产阶级政治经济学。

3. 现代经济学时期

这个时期从垄断资本主义时期到现在。这一阶段，特别是第二次世界大战后，在世界第三次科技革命的有力推动下，生产力得到了空前的快速发展，社会分工更细、经济合作更加紧密，形成了庞大的有机整体。研究各行业、各部门的经济发展问题的部门经济学如雨后春笋般发展起来，并形成一门门独立学科。在新形势下，反映和研究国家或社会经济问题的政治经济学已远远不能囊括这些门类齐全、种类繁多的经济学学科体系，于是人们使用经济学来取代政治经济学，代表这一门类齐全、种类繁多的经济学学科体系。但是，人们一致认为，政治经济学是这一学科体系的核心，有学者将这一学科体系比喻为太阳系，政治经济学是太阳，居中心地位。

(三) 经济学形成与发展的具体阶段

经济学作为一门研究社会经济现象的科学，其形成和发展经历了一个漫长的过程。根据不同历史时期的经济学思想与理论的发展特点，经济学的发展可以具体分为以下几个阶段。

1. 前古典经济学

经济学思想最早产生于古希腊思想家的著作中，色诺芬在其《经济论》中第一次提出了经济学这个词，柏拉图和亚里士多德等均在其著作中或多或少地涉及了经济学的一些理论和概念。他们的经济学思想经古代罗马人、早期基督教和欧洲中世纪的经院学派的继承与发展，到了资本主义早期发展阶段时，产生了一个有较大影响的思想流派，即重商主义。

重商主义产生于15世纪，终止于17世纪中期，其代表人物包括早期代表法国人安·德·蒙克莱田和晚期代表英国人托马斯·孟。重商主义体系的基本内容是国家干预主义、贸易顺差和外汇管制。他们认为，金银形态的货币是衡量国家财富的唯一标准，一国增加财富的唯一手段就是发展对外贸易，因此，重商主义非常重视对外贸易。他们主张国家采取各种措施和政策鼓励出口、限制或禁止进口，通过贸易顺差来使一国积累大量财富，同时对外汇进行管制，不让货币外流。

重商主义的这些主张反映了原始积累时期资本主义经济发展的要求，还没有形成一个完整的经济学理论体系，并且他们的研究领域主要集中在流通领域，因而，还不能称为真正的经济学，而只能说是经济学的早期阶段。

2. 古典经济学

古典经济学从1776年开始，至1870年结束，是经济学的形成时期。17世纪中叶以后，西方新兴生产力和生产关系开始确立，封建制度逐渐瓦解，古典政治经济学应运而生。1776年，英国经济学家亚当·斯密发表其代表作《国民财富的性质和原因的研究》(简称《国富论》)，标志着现代经济学的诞生，也宣布了古典经济学派的诞生。古典经济学的其他代表人物主要有威廉·配第和大卫·李嘉图。

古典经济学的研究中心是如何增加国民财富，但与重商主义不同，他们认为财富是物质产品而不仅仅是货币，增加财富的途径是通过增加资本积累和分工来发展生产。在政策主张上，古典经济学主张自由放任，即政府不干预经济。他们认为市场体系中的价格是只"看不见的手"，由其来调节经济，可以把个人的利己行为引向增加国民财富和社会福利的行为。因此，价格调节经济就是正常的自然秩序，政府也就没有必要去干预经济的运行了。

自由放任是古典经济学的核心，反映了自由竞争时期经济发展的要求。古典经济学家把经济研究从流通领域转移到生产领域，提出了劳动价值论，使经济学真正成为一门有独立体系的科学。但是，受历史的局限，他们的理论体系和观点的缺陷十分明显。古典经济学发生了分流。一方面，19世纪30年代以后，西方国家的阶级矛盾及经济问题日益增多，马克思、恩格斯在对古典政治经济学进行扬弃的基础上，继承和发展了劳动价值论，创立了马克思主义政治经济学。这门科学的内容主要集中于以《资本论》为代表的一系列政治经济学著作中。马克思主义政治经济学对西方的现存制度进行了深刻的揭露与批判，充分阐明了资本主义制度必将为更先进的社会制度代替的历史必然性。同时，通过对当时西方国家经济制度本质的分析，对社会化大生产及商品经济条件下，社会生产及经济运行的一般规律作了科学的揭示，并对未来的社会主义社会及共产主义社会的经济状况作了科学的预测及构想。另一方面，以英国人马尔萨斯和法国人萨伊为代表的庸俗经济学派，离开劳动价值论，在资本主义条件下，研究生产力如何发展，论证资本主义社会主要阶级之间的平等、和谐关系等制度。

3. 新古典经济学

19世纪70年代的奥地利经济学家门格尔、英国经济学家杰文斯和法国经济学家瓦尔拉斯等人提出边际效用价值论，即认为商品的价值取决于人们对商品效用的主观评价，被称为"边际革命"，标志着古典经济学的结束。1890年，马歇尔出版其代表作《经济学原理》，综合了上述三人和当时其他一些经济学家的代表观点，从而形成了一个综合的、折中的经济学理论体系。

新古典经济学坚持自由放任思想，认为政府不要干预经济，因而是古典经济学的延续。新古典经济学与古典经济学的不同之处是采用一个新的分析方法——边际分析法，同时也将经济学的研究重点从生产转向消费和需求，将资源配置作为经济学研究的中心，主要探讨价格如何调节经济达到资源的最优配置，因而也被称为"价格理论"。这一阶段的经济学是微观经济学的形成时期。

4. 当代经济学

20世纪30年代发生了蔓延整个资本主义社会的大危机，新古典经济学论述的市场能比较完善地调节经济的神话被打破，新古典经济学理论面对新的问题显得无能为力。在这种情况下，1936 年凯恩斯出版了其代表作《就业、利息和货币通论》，打破了自由放任的经济学传统思想，主张国家干预经济，同时提出了以国民收入决定为理论中心，以国家干预为政策基调的现代宏观经济学体系，以应对当时的资本主义大危机，这也是经济学史的第三次革命——凯恩斯革命。凯恩斯革命标志着宏观经济学的产生。

在凯恩斯经济理论的指导下，西方各国在第二次世界大战之后都加强政府干预，美国经济学家保罗·萨缪尔森把凯恩斯的宏观经济学与新古典经济学的微观经济学结合在一起，形成了新古典综合派，也形成了当代经济学由微观和宏观两部分共同组成的格局。新古典综合派是 20 世纪 50～60 年代的主流经济学派别。20 世纪 60 年代末，美国等国出现的滞胀又引起了经济学家对国家干预主义的再思考，从而导致自由放任思想的再度复兴，以弗里德曼、卢卡斯和科斯等为代表的一大批当代著名经济学家都是自由放任的拥护者。

当代经济学是一个综合了微观经济学和宏观经济学的庞大理论体系，其内部派系林立，分歧巨大。我们可以根据其经济哲学思想的不同将其划分为两大派别：一派是新古典主义经济学，也称新自由主义经济学，他们坚持古典经济学和新古典经济学的传统，主张自由放任，政府不干预或少干预经济；另一派是新凯恩斯主义经济学，他们继承和发展了凯恩斯的经济学理论，主张政府干预经济运行，也称新干预主义经济学。

第二节　经济学的研究对象与任务

一、经济学的研究对象

人类社会的财富创造依赖于人类劳动和人类资源两种基本要素。经济学的研究就是从这两种基本要素展开的。在经济学领域中，以人类劳动为研究出发点的经济学称为政治经济学，以人类资源为研究出发点的经济学称为资源经济学。经济学的研究对象就是探求政治经济学与资源经济学的统一，即合理的社会经济制度与资源有效配置的统一。经济学的研究对象经历了从“公平”到“效率”，再到“公平与效率的均衡”这样一个历史和逻辑的过程。无论是追求公平的最大化，还是追求效率的最大化，都将是对经济发展的一种伤害。经济学研究的精髓就是驾驭公平与效率这两者之间的均衡，这是经济学永恒的主题。

经济学的研究是以人类财富的生产与分配作为基础而展开的。英国著名经济学家亚当·斯密将其经济学巨著命名为《国民财富的性质和原因的研究》，意即把财富作为经济学的研究入口。英国古典经济学家威廉·配第认为，土地是财富之母，而劳动则是财富之父。恩格斯的表述最为全面，他在《自然辩证法》中指出：“政治经济学家说：劳动是一切财富的源泉。其实劳动和自然界一起才是一切财富的源泉，自然界为劳动提供材料，劳动把材料变为财富。”在恩格斯的这段话中可以清楚地看到，经济学的研究应该包括两个方面：一是人的劳动；二是与人有关的资源。劳动反映的是人与人之间的关系，资源反映的是人与物之间的关系。因此，经济学的研究对象就是从这两个最基本的关系展开。

研究人与物之间关系的经济学范畴就是“生产力”，即人们在物质资料生产的过程中利用、改造自然，创造财富的能力。生产力具体包含人的劳动、劳动对象和劳动资料三个元素。其中，劳动对象和劳动资料合称生产资料。研究人与人之间关系的经济学范畴就是“生产关系”，即人们在物质资料生产过程中所结成的社会关系。生产关系的主要内容有生产关系(包括生产资料所有制形式)、人们在生产中的地位及其相互关系、产品分配方式三项内容。综上，经济学的研究对象就是在社会财富实现过程中，追求生产力与生产关系的均衡统一发展。

马克思主义经济学告诉我们：生产力与生产关系的发展必须相适应。生产力超前了要调整生产关系，生产关系超前了要解放生产力。经济学的研究就是寻找一定历史条件下生产力与生产关系的均衡点。在图 1-1 中，我们对经济学研究对象做了一个框架式的描述，较完整地说明了经济学研究对象以及生产力与生产关系的关系。生产关系部分具有阶级性，各阶层的代表人物会采取各种手段来维护本阶层的利益。生产力部分以提高稀缺资源配置效率为主要目标，是其自然性的体现。经济学的研究对象不是一个具体东西，而是一种抽象、一种均衡、一种理性、一种认识论或方法论，它是生产力与生产关系、公平与效率的均衡点。

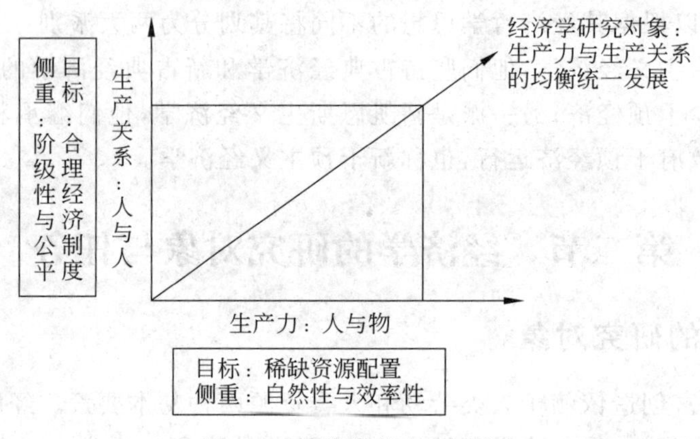

图 1-1　经济学的研究对象

经济学的研究既要讨论财富合理分配的社会问题，又要讨论资源转化为财富的生产问题，两者不可或缺；否则，缺少任何一方都无法理解和掌握经济发展的全过程。二者的辩证统一才是经济学研究对象的全部内容。

整个社会财富的创造过程中，生产力与生产关系的矛盾运动最终具体落脚到社会总产品的生产上去。社会总产品的生产总过程，又是由生产、分配、交换、消费四个环节组成的。生产、分配、交换、消费相互制约、相互依赖，构成社会生产总过程的矛盾运动。

二、经济学的研究任务

经济现象纷繁复杂，经济学不是对经济现象的简单描述，而是要透过经济现象，揭示其经济本质和内在的必然性。经济学作为研究生产方式及其与之相适应的生产关系的科学，其任务是揭示经济过程的本质联系及其运动的客观必然性，也就是揭示客观的经济规律。

经济运动在每个历史时期都有它自己的规律，正如马克思所言：“由于各种机体的整个结构不同，它们的各个器官有差别，以及器官借以发生作用的条件不一样等，同一个现象却受完全不同的规律支配……生产力的发展水平不同，生产关系和支配生产关系的规律也就不同。”经济学研究的科学价值在于阐明支配着一定社会机体的产生、生存、发展和死亡以及为另一更高机体所代替的客观规律。

经济现象和经济过程本身所固有的、本质的、客观的必然联系即经济规律。同其他自然规律一样，政治经济学所揭示的经济规律具有客观性，不以人的意志为转移。这意味着，人们必须按照经济规律办事。进一步说，人们的经济行为、国家制定的经济政策、作出的各种经济决策必须符合经济规律的要求，顺应经济规律发展的方向。这是经济决策、经济政策和经济行为达到预期效果的必要保证。我国经济发展的实践已经证明，什么时候按经济规律办事，经济就发展；什么时候不按经济规律办事，脱离实际的长官意志、主观意志起作用，经济不但不能发展，反而会遭受严重的损失，受到经济规律的惩罚。国家是这样，企业也是这样。由此可见尊重客观经济规律、按经济规律办事的重要性。

按经济规律办事的前提是认识客观的经济规律。我们通常说的人们在经济规律面前不是无能为力的，就是说人们能够认识经济规律，并利用它来为人们服务。经济学的任务就是揭示客观存在的经济规律。由经济学揭示的经济规律，就是人们对客观经济规律的认识。它为人们提供认识问题和解决问题的依据和方法。从一定意义上说，人们所认识和利用的经济规律是由经济学正确地揭示的经济规律。

经济规律是在一定经济条件基础上产生和发生作用的。这里讲的经济条件包括生产力水平、生产关系、市场条件等。当某种经济条件不存在时，与之相关的经济规律也就随之消失。由经济规律所依存的客观经济条件所决定，经济规律有三个层次：第一层次是各个社会形态所共有的经济规律，如生产关系一定要适合生产力性质的规律；第二层次是几个社会形态所共有的经济规律，如存在于几个社会的市场经济规律，包括价值规律、市场竞争等各种市场经济的规律；第三层次是某个社会形态所特有的规律，如在资本主义条件下起作用的剩余价值规律，在社会主义条件下起作用的按劳分配规律等。

第三节　经济学的研究方法与意义

一、经济学的研究方法

（一）实证分析与规范分析

根据研究方法的性质不同，可以把经济学的研究方法分为两类：实证分析与规范分析。

1. 实证分析

实证分析是指企图超脱或排斥一切价值判断，只研究经济本身的内在规律，并根据这些规律分析和预测人们经济行为的效果。它要回答“是什么”的问题，而不对事物的好坏作出评价。例如，政府采取什么样的政策能够降低失业率？什么样的政策能够防止通货膨胀发生？

2. 规范分析

规范分析是以一定的价值判断作为出发点，提出行为标准，并研究如何才能符合这些标准。它说明的是“应该是什么”的问题，即价值判断问题。例如，政府应该更关注通货膨胀还是应该更注重降低失业率？

（二）科学抽象分析

科学的抽象分析是从具体到抽象的研究方法和从抽象到具体的叙述方法的统一。作为研究方法，要求在研究经济现象和经济过程时，必须从占有大量具体材料入手，进行详细的科学分析，暂时舍去与本质无关的表面现象，揭开其内在的本质的必然的联系，去认识经济运动规律。概括说来，研究方法是从现象到本质，从具体到抽象，从复杂的经济现象概括出本质规律性。叙述方法则采取相反的途径，即由简单到复杂，从抽象到具体，从本质规定到现象说明。

（三）矛盾分析法

矛盾分析法是唯物辩证法的核心，它贯穿于马克思主义经济学的始终。马克思从商品开始着手分析，商品有两种属性：使用价值和价值，它们由创造商品的两重性决定。商品内在发展的矛盾引起了交换，在商品交换时产生了商品与货币的矛盾。此后，劳动力成为商品，货币转化为资本，因而又产生了资本与劳动的矛盾，资本剥削剩余劳动，表现在阶级关系上，形成了资产阶级和无产阶级的矛盾。马克思运用矛盾分析的方法，揭示了资本主义社会的基本经济规律。

（四）历史与逻辑相一致分析法

马克思主义政治经济学坚持逻辑方法和历史方法的统一。人们的逻辑思维进程是社会经济客观历史发展过程的反映，逻辑进程要符合历史的发展过程，理论逻辑进程与社会经济从低级到高级的发展进程相一致。逻辑再现了历史，这是逻辑方法与历史方法相统一的基础。这种一致性集中地表现在，历史进程所遵循的发展趋势与理论所揭示的客观经济规律是一致的。

（五）理论联系实际分析法

研究经济问题，如其他任何一门科学一样，其主要目的是揭示研究对象之间稳定的、本质的因果关系或规律性。经济理论的目的是揭示经济运动的客观规律性。理论来源于实践，理论或假设是考察或研究实践过程客观经济现象的产物。研究需要收集大量的材料，经过去粗取精、去伪存真、由此及彼、由表及里的过程，提出理论假说并对未来进行预测，最后由经验事实来验证预测。如果预测是对的，理论假设就成为真理。反之，假说被否定或者进行修改，才形成正确的理论。理论的目的是指导实践，又受实践的检验并在实践中不断完善和发展。这就是理论和实践的辩证关系。还有必要指出，任何经济理论都是建立在一定的前提或假定基础上。这些前提或假定又不会完全或永远地符合现实情况。因此，在运用这些理论结论时，要问一问这些前提或条件是否同样存在，或者有什么不同，以至发生了变化。然后根据不同的或新的情况作出决策。只有联系实际，灵活运用理论，才能真正指导好实践。

（六）均衡分析与非均衡分析

均衡其实是一个物理学的概念，均衡是指各种对立的、变动的力量处于一种力量相当、相对静止的境界。后来经济学借用了这一概念，用来研究如供给与需求、消费与 GDP 等经济变量之间的关系。

均衡分析：假定自变量已知，考察因变量达到均衡状态的条件。比如我们研究一本书价格是 20 元钱的时候需求量是多少，降价到 15 元钱需求量又是多少，这就是一种均衡分析。

非均衡分析：认为经济现象及其变化原因是多方面的，不能单纯用有关变量间的是否均衡来解释，而主张以历史的、制度的等作为分析的基本方法。

（七）静态分析与动态分析

把经济理论用变量函数关系来表示，就叫作经济模型。例如，需求函数模型为 $D=F(p)$。在使用经济模型分析的过程中，可以将时间固定在某一时点上进行研究，这叫作静态分析；如果时间长度拉长，考虑一定时间段内经济变量的发展情况，则叫作动态分析。

（八）定量分析与定性分析

定性分析是指通过语言陈述的方式说明经济现象的性质和内在的规律性；定量分析是指应用数学方法分析经济现象之间量的关系。定性方法要与定量方法紧密结合，才能对经济事务做既深刻又准确的透彻分析。

（九）流量分析与存量分析

1. 流量与存量

流量和存量都是变量。流量是指某一时期内经济变量的数值，如一年内国内生产总值、一年内银行吸收存款的数量、一年内钢产量等。存量是指某一时点上的经济变量，如年末国民财富总量、年末银行存款余额、年末钢材库存等。

流量和存量的关系十分密切。一般来说，流量来自存量，流量又归入存量之中，如一年生产的国内生产总值是年初（或上年年末）各种资源存量充分利用的结果，而到年末未消耗的国民生产总值又归入存量之中。流量和存量是互相影响的，流量增加能使存量增加，存量增加又促使流量增加。

2. 流量分析

流量分析是指对流量总量指标的投入产出变化及对其他总量指标的影响等进行分析。其中，收入流量分析是非常重要的，因为收入流量指标如国内生产总值等，反映着一个国家在一定时期内的经济发展水平、国家经济实力和国内生活水平状况等，研究收入流量的影响因素并使其不断增长是极为重要的。

3. 存量分析

存量分析是指对存量的总量指标的影响因素、变动趋势及对其他有关指标影响的分析。存量分析极为重要，因为许多存量指标非常重要，如国民财富、货币数量和存款余额，特别是许多存量使用和分解，它是重要的政策问题。存量和流量分析常用在财富和收入关系分析上，财富和收入的关系极为密切。

（十）总量分析与结构分析

1. 总量分析

总量分析是指对宏观经济运行总量指标的影响因素及其变动规律进行分析。如对国内生产总值、消费额、投资额、银行贷款总额及物价水平变动规律的分析就是总量分析。总量分析实际上是一种动态分析,因为它主要研究总量指标变动规律。同时,总量分析也包括静态分析,因为总量分析包括考察同一时期内各总量指标的相互关系,如投资额、消费额和国民生产总值的关系等。

2. 结构分析

结构分析是指对经济系统中各组成部分及其对比关系变动规律的分析。如国民生产总值中三个产业的结构及消费和投资的结构分析、经济增长中各因素作用的结构分析等。结构分析主要是一种静态分析,即对一定时期内经济系统中各组成部分变动规律的分析。如果对不同时期内经济结构变动进行分析,则属于动态分析。

3. 总量分析与结构分析的关系

总量分析和结构分析是相互联系的。总量分析侧重于总量指标增长速度的考察,它侧重分析经济运行的动态过程;结构分析则侧重于对一定时期经济整体中各组成部分的研究,它侧重分析经济现象的相对静止状态。总量分析最重要,它需要结构分析来加以深化和补充,而结构分析要服从于总量分析的目标。为使经济正常运行,需要对经济运行进行全面把握。因此,在实践中应将总量分析和结构分析有机结合起来使用。

(十一)经济学推理中常见的谬误

学习和研究经济学还须警惕经济推理中常见的谬误。由于经济关系通常十分复杂,涉及许多不同的变量,因此很容易混淆事件背后的准确原因或政府政策对经济的真实影响。以下是经济推理中常见的三种谬误。

1. 没有保持其他条件不变

在考虑某一个问题时没有能保持其他相关条件不变这一基本原则。例如,当我们想知道提高税率究竟会增加还是会减少政府税收收入时,有人提出降低税率会增加政府的收入。他的理由是:1964 年肯尼迪·约翰逊的“减税”大大降低了税率,紧接着,1965 年美国政府的收入就有所上升。这一推理有什么错呢?错误就在于它忽视了 1964—1965 年间美国的经济增长。由于人们的收入在这一时期有所上升,因此,尽管税率降低了,政府收入依然有所增加。研究表明,如果 1964 年没有降低税率,则 1965 年的政府收入会达到更高水平。可见,这一分析没有坚持“保持其他条件(即总收入)不变”的原则。

所以,当分析一个变量对于经济体系的影响时,一定要记住保持其他条件不变。

2. 后此谬误

一件事发生在另一件事之前,就想当然地认为前者是后者的原因,这就犯了所谓的后此谬误。这个错误出自我们习惯了的因果推理。一个实例是发生在 20 世纪 30 年代大萧条时期的美国,当时一些人观察到在经济扩张期之前或伴随经济扩张期会发生价格上涨的现象。由此得出结论说,治疗大萧条的良方是提高工资和价格。这种思想导致了一系列以提高工资和价格为目的的立法和规定。这些措施真的促使经济复苏了吗?没有。事实上,还可能减缓了经济复苏的步伐,只有当美国政府为准备第二次世界大战而扩大军事开支时,才导致了总支出的回升,经济才真正复苏。

3. 合成谬误

有时我们会认为，对局部来说是正确的东西，对总体来说也是正确的。然而，在经济学中，我们经常发现总体并不等于局部之和。如果认为对局部来说成立的东西，对总体也必然成立，那就犯了合成谬误。如果忽略了合成谬误的原理，你会对以下这些正确的命题感到吃惊吗？

(1) 如果某一农场主获得丰收，他的收入会增加；但如果所有农场主的收成都打破纪录，他们每个农场的收入都会下降。

(2) 如果一个人获得了更多的货币，那么他的境况会变好；但如果每个人都获得了更多的货币，那么整个社会反而可能变糟(发生通货膨胀)。

(3) 如果对某一特殊行业的产品征收高额关税，该行业的生产者可能会因此发财；但如果对所有的行业都征收高额关税，则绝大多数生产者和消费者的境况都会变坏。

这些例子没有任何诡异或神奇之处，它们不过是体系中个体互动的结果，这些看似矛盾的东西实际上却是正确的。个体相互作用时，整体行为通常会与个体行为的结果大相径庭。如果忽视这些谬误原理，在经济学研究中就会犯逻辑错误，有时还会因此付出昂贵的代价。

二、经济学的研究意义

(1) 有利于增进对西方国家的了解和研究，加强同西方国家的交往。在西方，经济学是基础学科，不了解西方经济学，就难以看懂西方经济国家的经济报刊文章，也无从把握西方国家的经济政策。因为西方的经济学著作和报刊文章都是按西方经济学的基本理论写成的，西方经济政策的制定也是以西方经济学为理论依据的。同时，在目前的国际经济机构中，西方经济学也是通用的经济语言和工具。具备西方经济学的基本知识，是参加国际经济机构的必备条件。现在，我国要坚定不移地执行对外开放的基本国策，加快改革开放的步伐，就必须了解、学习和研究西方经济学。只有这样，才能了解西方国家的经济政策及理论依据，知道它们的经济运行机理，懂得它们的经济组织和管理方法，研究它们的发展现状和趋势，积极参与各种国际件和区域性的经济组织和机构，真正做到知己知彼，促进改革开放的顺利发展。

(2) 有利于促进社会主义市场经济的顺利发展。我国经济体制改革的目标是建立和完善社会主义市场经济体制。那么，什么是市场经济，它的运行机理和发展规律如何，如何建立和完善社会主义市场经济体制。这些问题，迫切需要有新的理论来解释、回答和阐述。而西方经济学则可以为我们提供参与和借鉴。西方经济学有具有实用性特征，它的理论体系是建立在资本主义市场经济和社会化大生产的基础之上的，它的理论观点和政策主张主要是为解决市场经济运行中出现的种种问题和矛盾服务的。可以这样说，西方经济学实际上是关于市场经济发展规律的科学。比如说，西方微观经济学中的供求理论、价格理论、成本和收益理论、市场理论、收入分配理论，宏观经济学中的国民收入核算理论、宏观经济政策、通货膨胀理论、货币理论、经济波动和经济周期理论等。这些理论实际上都是关于市场经济的一般理论，它可以为建立社会主义市场经济理论体系、促进社会主义市场经济的建立和发展提供有益的参考和借鉴。

(3) 有利于促进马克思主义经济学的研究发展。马克思主义经济学，是在吸收资产阶级古典政治经济学的科学成分的基础上，在同形形色色的庸俗经济学的斗争中发展起来的。

《资本论》问世一百多年来，一直遭到资产阶级经济学家的责难和攻击。现代西方经济学的一些重要人物也总是拿他们的各种理论来对抗和诋毁马克思主义经济学。我们要坚持和捍卫马克思主义经济学，就必须了解和研究西方经济学，只有这样，才能知己知彼，百战不殆。同时，经济在发展，时代在前进，马克思主义经济学也要不断向前发展。在新的形势下，面对新的问题，马克思主义经济学只有在合理吸收现代西方经济学的有益成果中才能不断发展。

复习思考题

1. 名词解释

经济　　经济学　　政治经济学　　稀缺性　　经济规律

2. 世界上最早的经济学专著《经济论》的作者是谁？通常认为，世界上首创“政治经济学”这一名词的人是谁？经济学要解决的主要矛盾是什么？经济学产生的原因是什么？经济学要回答的基本问题是什么？

3. 如何认识经济学的研究对象和研究任务？学习经济学的意义是什么？如何学好经济学？

第二章

经济运行基础

第一节　商品的二因素

一、商品的概念

商品是马克思研究资本主义生产关系及商品经济、市场经济共性的起点。毛泽东说："从市场经济最单纯的因素——商品开始，周密地研究了市场经济社会的经济结构。商品这个东西，千百万人，天天看它、用它，但是熟视无睹。只有马克思科学地研究了它，他从商品的实际发展中做了巨大的研究工作，从普遍存在中找出完全科学的理论来。"马克思在《资本论》第一卷第一章开始就明确地指出："市场经济生产方式占统治地位的社会的财富，表现为'庞大的商品堆积'，单个的商品表现为这种财富的元素形式。因此我们的研究就从分析商品开始。"当今世界，无论是实行资本主义经济制度的国家，还是实行社会主义经济制度的国家，商品都是财富的元素形式或细胞形式，社会财富都表现为一个庞大的商品堆积，经济运行都以商品关系或市场关系为基础。因此，对现代社会经济形态运动规律的研究，都应当以对商品关系这个现代经济生活中最普遍、最一般的经济关系的认知和把握为前提。

何为商品？生活在现代社会中，我们几乎每时每刻都要同商品打交道。作为消费者，我们消费的是商品；作为生产者，我们生产的是商品；而且我们是在用商品生产商品，因为在现代商品经济条件下，生产过程中使用的各种要素，绝大多数都是作为商品购买来的。那么，什么是商品呢？让我们从一个看似简单的问题来开始分析。显然，商品首先应当是对人有用的物品，如果对人没有用处，它就不可能拿到市场上去出售。但是，为什么空气、阳光是人类生存之必需，却没有价格，不能在市场上作为商品出售呢？显然，"对人有用"可以是物品成为商品的一个必要理由，但并不是充分的理由。你或许会进一步补充说，物品要成为商品，还必须是人类劳动的产品。但很遗憾，这仍然不能算是正确答案。不错，商品是有用的人类劳动产品，但并不是在任何条件下这种劳动产品都必然成为商品。例如，古代自给自足的农家男耕女织，种出来的粮食和织出来的布尽管都是有用的劳动产品，但并不拿到市场上去交换或出售，只是供家庭成员自用，因而这些劳动产品并不成为商品。而在现代经济中，纺织企业生产出来的布匹，农场生产出来的粮食，却是不折不扣的商品，因为这些产品从一开始就是为交换或出售而生产的，并不是为了生产者自身的消费。可见，只有通过交换，通过市场，有用的劳动产品才能成为商品。由此，我们可以给商品下一个完整的定义：商品是为交换而生产的劳动产品，是使用价值和价值的统一体。作为商品，首先是劳动产品，但更重要的是用于交换，交换是商品的本质属性，是判断是不是商品的根本标准。这里的关键是理解和把握"交换"这一概念，这不仅是理解商品概念的关键，也是理解和把握商品经济和市场经济真谛的关键。所谓商品交换，即商品买卖，是以利益为中心，以所有权的存在、承认为前提，以所有权的转移和利益的实现为结果的平等、自由、互利的经济行为过程。交换是商品经济各种矛盾的根源，商品经济各种矛盾和问题都是由交换引起。

交换是商品的本质属性，表现的是不同商品生产者之间的社会经济关系。作为商品的劳动产品既是这种经济关系的产物，又是这种经济关系的体现。正是这种经济关系，而不是物品作为有用的劳动产品所具有的自然属性和特殊用途，赋予了物品以商品的属性。商品体现着一定的社会生产关系，是一个历史范畴。

从上面的论述中我们知道，商品就是为用于市场交换而生产的有用的劳动产品。商品的这个定义虽然简略，但却包含了构成商品的两个因素，即使用价值和价值。所谓商品的使用价值，简单地说就是商品的有用性。价值这个范畴没有直接出现在这个定义中，但是，它所包含的使物品成为商品的关键条件——市场交换，本身就意味着一切商品都具有可以用某种相同的尺度来衡量的价值。对商品使用价值和价值的分析，不仅可以极大地丰富和加深我们对"什么是商品"这个问题的认识，而且还可以进一步揭示出商品经济的内在矛盾。

二、商品的使用价值

（一）商品实物形式的使用价值

马克思在其经济学著作，尤其是《资本论》中，通常将使用价值当作物品、实物、财物、物质产品、物质财富的同义语，以使用价值表示有用的物品本身。他说，商品本身就是使用价值；使用价值是商品的自然特性。在这一意义上，他提及使用价值有体积、重量、尺寸、可捉摸性、可分割性、耐久性等。例如，他曾使用过"使用价值体积"的概念，认为使用价值的单位（尺度）是"磅、码、英担等"，还谈到"可以捉摸的使用价值"，分析过"使用价值的耐久程度"，认为"任何使用价值就其本性来说都是由非耐久材料构成的"。根据实物的特性可以确定，马克思在此意义上使用的使用价值概念，就是指具有满足人的某种需要的有用属性的物品。在马克思的经济著作中，使用价值的这一用法频率很高。其提法有，使用价值是"物质基质"、"物质实体"、"物质要素"、"使用物品"、"物质产品"、"物质财富"、"财物"。具体地说，小麦、金刚石、奴隶、牲畜、金属、道路等都具有使用价值。马克思曾提过"物质的使用价值"的概念，可以认为是对在此含义上使用的使用价值术语的概括。由于物品仅是物质的一种而不是唯一的形态，故准确地说，应称为实物形态的使用价值，简称"实物使用价值"。

商品实物形式的使用价值是传统意义上的使用价值，即商品实体，人们对商品的最为直观的认识是：它是能够用来满足人们某种需要的物品，即对人有用的物品。商品能够满足人们生活和生产上某种需要的性质或效用，叫作商品的使用价值。马克思指出："一种物品的效用，使它成为一个使用价值。"商品的使用价值有质和量两方面的规定性。

商品使用价值的质的规定性，是指商品本身的物理的或化学的性质，这一质的规定性，即物理的或化学的性质决定了商品的有用性，使每一种商品都可以满足人们不同的需要。不同的商品由于物理的或化学的性质不同，它们的用途即使用价值也就各异。例如，粮食能够满足人们对营养物质的需要，房屋能够满足人们遮蔽风雨或起居舒适的需要，机器能够满足人们进行生产活动的需要，书籍能够满足人们精神和文化方面的需要，等等。物品的有用性寓于物品自身之中，因而马克思主义政治经济学在使用“使用价值”这一概念时，有时指商品的有用性，有时又指商品本身。比如，我们既可以说粮食有使用价值，又可以说粮食是使用价值。商品本身，例如铁、小麦、金刚石等，就是使用价值，商品的这种性质，同人们为了得到它们的使用属性所耗费的劳动多少没有关系。某个商品的使用价值只能在使用或者消费的过程中得到体现。

商品使用价值的量的规定性，是指商品的使用价值或商品体数量可以用不同的度量单位来计量。例如，布的数量用长度单位来计量，粮食用重量单位来计量等。这是由历史的和社会的因素决定，不同的国家和地区对同一使用价值会用不同的度量单位来计量，例如，粮食虽然都用重量单位来计量，但有的用“公斤”，有的用“磅”，有的则用“市斤”等。

在一切社会形态中，使用价值都构成财富的物质内容。某种商品所具有的使用价值，并不随社会生产关系的变化而变化。比如小麦，无论是农奴生产的，还是雇用工人生产的，它所具有的满足人类对营养物质的需要这样一种使用价值，并不会有什么不同。也就是说，商品的使用价值是不体现特定社会经济关系的，是商品的自然属性。正如马克思所说的那样：“不论财富的社会形式如何，使用价值总是构成财富的物质内容，而这个内容最初同这种形式无关。我们从小麦的滋味中尝不出种植小麦的人是俄国的农奴、法国的小农，还是英国的企业家。使用价值虽然是社会需要的对象，因而处在社会关系之中，但是并不反映任何社会的生产关系。”

由于商品的自然属性不同，因此它们能够满足人们需要的性质也不同。考察各种商品的特殊使用价值是商品学的任务。那么，我们为什么要在这里讨论商品的实物形式的使用价值呢？经济学涉及使用价值的着眼点不在于商品的使用价值本身，而在于以使用价值为物质承担者的商品交换关系。没有使用价值的东西，谁也不会去交换它，因而不会具有使用价值，不成为商品。这意味着作为交换对象的使用价值是商品交换价值的承担者。商品首先是一个物，有效用，即能靠自己的属性来满足人们的某种需要，在此基础上才可能产生商品交换关系。所以，经济学虽然不以使用价值本身为研究对象，但在研究商品关系时，又必须涉及使用价值。

（二）运动形式的使用价值

1. 运动形式的使用价值的产生

商品经济的发展表现为社会分工的深化和生产的不断社会化的过程。随着社会分工的发展和生产社会化程度的提高，一些行业消失了，但更多的行业部门出现了，商品的外延也随之扩大。商品从有形的物质产品扩大到无形的服务产品。特别是第二次世界大战后，随着第三次科技革命的深入发展和信息时代的到来，社会服务性行业伴随独立的交通运输业、邮电通信业、金融保险业、仓储业以及科学研究事业，技术服务业等的迅猛发展，得到了空前的迅速发展，在现代经济中举足轻重，成为现代经济中最具活力的增长源泉之一。

第三产业的经济活动，就其萌芽形式，早已存在于人类早期经济活动中。但它的大规模发展则必须在第一、第二产业获得比较充分的发展之后。只有在工农业获得比较充分的发展之后，才能产生对于生产型服务的巨大需求；也只有在工农业获得比较充分的发展，从而人类的生活水平得以提高之后，才会产生对于专业化的生活型服务的巨大需求；也只有在较高的工业水平基础之上，在大规模的机械化、自动化和信息化技术采用之后，才能够释放出足够的社会劳动投入服务型行业中去。这已被西方发达国家的发展历程所证实，也正被发展中国家所经历。20世纪70年代末，发达资本主义国家第三产业中的就业人数，已经占到全社会就业人口的60%以上，成为最大的产业部门。我国的第三产业，也在改革开放后伴随工农业生产的进步而异军突起。在经济最为发达的上海市，第三产业的就业人数已经占到全社会就业人口的50%以上。

高度社会化的商品经济中，第一、二、三产业的产品都是商品。但在第一、二产业中，商品主要以物质产品的形态表现出来，而第三产业的商品则是提供的各种各样的服务产品，就其存在形态来看，与第一、二产业商品有很大的不同，这就涉及如何看待这两种差异很大的商品的使用价值问题，特别是对服务型商品的使用价值，需要作出新的解释和回答。

2. 运动形式的使用价值的特点

马克思从来没有认为使用价值仅仅包括实物使用价值，他多次批评重农学派"把使用价值归结为一般物质"的片面性观点。他认为，使用价值就其形态而言，包括两大类：一类是实物形式；另一类是运动形式。马克思的这一思想至少在1857—1858年已形成。如他在《经济学手稿(1857—1858年)》中写道："在提供个人服务的情况下，这种使用价值是作为使用价值来消费的，没有从运动形式转变为实物形式。"马克思的另外一段话也有同样的意思，消费者"在这里用来交换活劳动现实的服务或者客体化于某种实物中的服务的货币不是资本，而是收入，是为了取得使用价值而被用作流通手段的货币"。在这里，用货币交换来的使用价值也分为两类，即"现实的服务或客体化于某种实物中的服务"。在1859年的《政治经济学批判》中，他又从社会分工的角度阐明：发达的社会分工"直接表现在使用价值的多种多样上，这些使用价值作为特殊商品彼此对立并包含着同样多种多样的劳动方式"。到1861—1863年，他在《剩余价值理论》中把劳动的使用价值分为两类：①"这个使用价值是随着劳动能力本身活动的停止而消失"的；②它"物化、固定在某个物中"。与此区分相适应，他把社会消费品分为两类："以服务形式存在的消费品"和"以商品形式存在的消费品"。他不止一次地指出服务有使用价值，还提到歌唱的"使用价值的特殊自然形态"、"哀歌的使用价值"、"未来音乐的创作家"的"尚未生产好的使用价值"，而这些使用价值都不是实物。可见，使用价值绝非只有唯一的实物形式，运动形式的使用价值也是一种使用价值。

3. 服务型商品的使用价值表现形式

所有的商品都包含价值和使用价值这两种因素，服务型商品也不例外。虽然在马克思写作《资本论》的年代，西方资本主义国家还处于工业化过程当中，服务业的发展与现在不可同日而语，但马克思还是明确地指出："对于提供这些服务的生产者来说，服务就是商品。服务有一定的使用价值(想象的或现实的)和一定的交换价值。"

服务型商品的使用价值，是运动形式的使用价值，或称非实物使用价值。这种使用价值和实物使用价值一样，以其属性满足人们的某种需要。但它又有其区别于实物使用价值的特性，服务型商品的使用价值具有可消费性和非实物性。例如，就业服务咨询机构提供的就业信息可以满足求职者搜寻就业信息的需要，科技服务可以满足厂商开发新产品的需要，外科手术服务可以满足病人手术的需要等。

但是，同物质产品的使用价值相比，服务型商品的使用价值又有自己的特点：①物质商品的使用价值以实物形式存在，服务型商品多以运动形式存在，不依赖于物质载体或物质载体在使用价值的消费中作用很小。②服务型商品的使用价值通常不能离开服务者独立存在，具有生产、交换、消费同时进行的特点，理发服务就是一个典型例子。③服务型商品中的很大一部分属于精神产品，如艺术品和科学产品，其使用价值的存在主要在于创新。物质商品可以批量重复生产，但独特的艺术品则不具有这样的可能，简单的复制很可能会侵犯知识产权；而另一些服务型商品则可以重复提供，如医疗服务、理发服务等。④某些服务型商品的消费具有一次性，例如信息商品，当一个求职者了解他所关心的公司的求职信息之后，这些信息就失去了使用价值，他多次获取同一信息，对他而言不能增加任何效用。

4. 关于两种使用价值形式的简单总结

综上可知，所谓实物形式的使用价值，是指这种使用价值"具有离开生产者和消费者而独立的形式，因而能在生产和消费之间的一段时间内存在"；而运动形式的使用价值，就是"不以物品资格但以活动资格供给的特别的使用价值"，它"不采取实物的形式，不作为物而离开服务者独立存在"，因此也可以称为非实物使用价值。运动形式的使用价值与劳动过程紧密地结合在一起，同生共灭；它只能在活动状态中被消费，从而满足某种需要。虽然这种使用价值不物化、固定在物品中，但它也"不是悬在空中的"，离开了劳动过程它就不能存在。而劳动是劳动力的"物质表现"，它有自己的物质规定性。因此，非实物使用价值不属哲学上的精神范畴而属物质范畴。

由此可进一步论及使用价值的内容与形式问题。使用价值是满足某种需要的对象，消费的客体，这是使用价值的内容。使用价值的形式有两大类：实物形式与非实物形式（运动形式）。马克思的《资本论》论述重点在第二产业，因此其论述自然较多涉及实物形式的使用价值，对运动形式的使用价值则较少论及。但是，一旦马克思将视野扩展到第三产业的时候（如在《剩余价值理论》一书中），他对非实物使用价值就多有论述，对其内涵、外延、特性等，都作过很有价值的提示。经济发展的实践已经证明，只有承认非实物使用价值是社会使用价值的一个不可缺少的部分，才能正确地解释现代社会经济发展的实际。

（三）商品使用价值的特点

需要指出的是，商品的使用价值不同于一般劳动产品或物品的使用价值，由于交换是商品的本质属性，因而商品的使用价值具有以下两个明显特点：①满足他人需要的使用价值，不是满足商品生产者自己需要的使用价值；②必须通过交换方能满足他人的需要。商品使用价值的特点为市场营销学奠定了扎实的理论基础，充分认识和掌握商品使用价值的特点有着重要意义。

商品的使用价值是一个历史范畴，随着商品经济的存在而存在。

三、交换价值

作为商品，仅仅具有使用价值还不够，例如空气、水等自然物，也有使用价值，但是它们不是商品。作为商品，还必须有另外的特殊性质，那就是：它能够和其他商品相互交换，商品的所有者可以通过商品交换得到其他所有者的商品。商品能够换取其他商品的性质，叫商品的交换价值。列宁指出："商品是这样一种物品，一方面，它能满足人们的某种需要；另一方面，它能用来交换别种物品。”商品之所以能“交换别种物品”，首先是因为它对别人有用，有使用价值；而且在商品交换时，商品又只能以使用价值或物质的形式出现。所以，使用价值是交换价值的物质承担者，商品就是使用价值和交换价值的矛盾的统一。

马克思说：“交换价值首先表现为一种使用价值和另一种使用价值互相交换的数量关系或比例。”例如，20 尺麻布和 1 件上衣相交换，1 件上衣就是 20 尺麻布的交换价值。当然也可以反过来说，1 件上衣和 20 尺麻布相交换，但这时，20 尺麻布就变成 1 件上衣的交换价值了。具有使用价值的物品一旦进入市场交换，就具有交换价值。20 尺麻布的交换价值是 1 件上衣。但 20 尺麻布不仅能和 1 件上衣相交换，还能和其他商品，比如还能和一定量的鞋油、一定量的丝，以及一定量的金等相交换。就是说，20 尺麻布的交换价值不仅仅是 1 件上衣，还有一定量的鞋油、丝、金等。麻布(其他商品也是一样)的交换价值是无穷多的。可见，一种商品在与其他多种商品相交换时，会形成不同的数量比例关系，因而可以有多种交换价值；一种商品的交换价值会随时间和地点的变化而变化，但在相同的时间和地点，它大体上是既定的。一般来说，在同一时间的同一市场上，每一种商品都有为众多交易者共同认可的同一交换价值。

由此，马克思得出两点结论：“第一，同种商品各种有效的交换价值，表示一个相等的东西；第二，交换价值总只能是某种包含在其中但还是能够和它相区别的东西的表现方式。”

四、价值

为什么 20 尺麻布的交换价值等于 1 件上衣或 1 把锄头？不同商品之间的交换比例是由什么决定的？或者说，商品的交换价值是如何决定的？早在古希腊时代，哲人亚里士多德就注意到并力图回答这些问题。他认识到，用 5 张床交换 1 间房，意味着床与房这两种不同的物品之间有着某种本质上的等同性。他说，两种物品如果没有等同性就不能交换，没有可通约性，就不能等同。这一认识无疑是正确的，而且就亚里士多德所处的时代而言无疑是天才的见解。但是，床和房这两种商品的物质形态都是使用价值，是不可能在质上等同从而在量上加以比较的。亚里士多德在这个悖论面前困惑了，只好说 5 张床在交换中之所以等于 1 间房，是为了“应付实际需要”。他实际上并未回答出上述问题。那么，问题的正确答案究竟是什么呢？目前在西方国家流行的经济理论认为，是商品的效用决定商品交换的数量比例。所谓效用，是指物品满足人们的欲望的能力。按照这种理论，5 张床之所以可以换得 1 间房，是因为二者满足人们的欲望的能力相等。但是，对床的欲望和对房的欲望，是由床的使用价值和房的使用价值来满足的。正如这两种物品的使用价值一样，由它们所满足的人类的欲望也是性质不同的东西，根本就不能在数量上相互加减。可见，这种理论也犯了亚里士多德想要避免的错误。为了摆脱这种困境，一些西方学者企图用所谓序数效用论来代替这种基数效用论。他们争辩说，虽然不同商品的效用不能加减，但不同商品的效用对于人们的重要性是不同的，因而可以按重要性对不同商品效用进行排队，从而区别这些商品的价值的大小。虽然这种效用论往往用复杂的数学模型装点着，但也是一种与常识相悖的杜撰。因为，对不同商品效用的重要性排序是因人而异的。瘾君子和禁烟主义者对香烟的效用排序完全颠倒，餍足肥甘的富人与食不果腹的穷人对大米的效用排序更是天差地别，但是香烟和大米都只有一个价格，并不因人而异。

显然，要得到正确答案，就必须撇开商品的使用价值属性，另辟蹊径。麻布和作为它的交换价值的各种商品都是以自然物体或使用价值的面貌出现的。作为自然物体或使用价值，这些商品在性质上各不相同。性质不同的东西不能相比，更谈不上相等，因为只有质的统一性，才有量的差别性，两者才能比较，也才能实现交换。然而，现在它们确实相等了。既然它们能相等，那就说明在两种不同的商品里面，有一种等量的共同的东西。因而这两者都等于第三种东西，而这共同的东西既不是第一种物，也不是第二种物。这样，两者中的每一个交换价值都必定能转化为这第三种共同的东西，而这种共同的东西不可能是商品的自然属性。马克思指出："这个共同物，不能是商品的几何学的、物理学的、化学的，或任何什么的自然属性。"商品的自然属性形成商品的使用价值。假若商品的自然属性相同，从而它们使用价值或效用也相同，那么这两种商品必定是同种商品，也没有交换的必要。同种商品当然无所谓共同物的问题。马克思讲的共同物，指的是不同商品的共同物，它是以自然属性形成的使用价值的不同作为前提的。所以，自然属性形成的使用价值不能再是这个共同物，这个共同物只能是商品的社会属性。

马克思指出："把各种商品体的使用价值丢开不管，它们就只还有一种属性，即作为劳动产品的属性会残留下来。"而一旦将商品的使用价值属性撇开，它就只剩下一个属性，即人类劳动产品这个属性。而我们在撇开商品的特殊使用价值的同时，也就撇开了生产特殊使用价值的劳动的特殊形式。这样，就从生产各种使用价值的形式各异的劳动中抽象出作为人的脑力和体力支出的无差别的一般人类劳动，这是人们从事劳动的共同属性。凝结在商品中的这种无差别的人类劳动，是性质相同因而数量上可以比较的，它构成商品的价值。两种使用价值不同的商品之所以能够按一定数量比例交换，原因就在于在交换双方的产品中耗费的劳动量是相等的，或者说双方的价值是相等的。而商品的不同交换价值，即一种一定数量的商品与相应数量的其他商品的交换比例，不过是同一劳动量或同一价值量的表现形式。马克思说："在它们(商品)的生产上已经有人类劳动力支出，已经有人类劳动在其中积累。而当作它们所共有的这种社会实体的结晶，它们就是价值——就是商品的价值。"抽象劳动的凝结，即商品的价值就是商品的共同物。

凝结在商品中的无差别的人类劳动是商品的价值。不同商品价值性质是相同的，数量是可以比较的。两种使用价值不同的商品之所以能够按照一定的比例相交换，是因为两者凝结的人类劳动是相等的，或者说，两者之间的价值是相等的。可见，价值是商品交换的产物，没有交换就没有价值，价值反映了人们之间交换劳动的关系，是商品的社会属性。因此，价值是交换价值的基础，交换价值是价值的表现形式。

五、使用价值与价值之间的关系

商品的二因素是使用价值和价值。没有使用价值的劳动产品是废品，不能成为商品；有使用价值的空气和水等自然物因为不是劳动产品，没有价值，也不是商品。作为商品既要有使用价值，又要有价值，商品是使用价值和价值的统一体。但是，商品的使用价值与价值又是矛盾的，商品是使用价值与价值的矛盾统一体。

(一) 商品的使用价值与价值的统一性

商品的使用价值和价值的统一性指的是二者相互依存、互为条件。

(1) 使用价值与价值统一在商品中，使用价值反映人与自然之间的关系，是商品的自然属性;价值反映商品生产者之间的关系,是商品的社会属性。

(2) 作为商品,必须同时具有价值和使用价值。价值的存在以使用价值的存在为前提,使用价值是价值的物质承担者。没有使用价值的东西,如生产出的废品,虽然花费了劳动,但形不成价值,其产品也不能成为商品。反之,仅有使用价值而不是由劳动生产出来,没有无价值的东西也不是真正的商品。有的物品虽然是有使用价值的劳动产品,但不用于交换,其劳动也就不表现为价值,也不是商品,如农民生产的满足自己消费的粮食,就不是商品。

(二) 商品的使用价值与价值的矛盾性

商品的使用价值与价值的矛盾性指的是二者互相对立、互相排斥。

(1) 商品的使用价值和价值在交换过程中分离开来,如 1 只羊与 30 斤粮食交换,这一交换公式是: 1 只羊=30 斤粮食。等式的左端 1 只羊,表现为商品的使用价值;等式的右端是 30 斤粮食,表现为商品的价值。在交换过程中,对于商品生产者来说,是为了获取商品的价值;对于购买者来说,是为了获取商品的使用价值。

(2) 商品的使用价值和价值对于同一生产者或购买者来讲,只能实现其中一个,不能两者同时实现。作为商品的生产者,生产商品是为了交换,要获得商品的价值,必须让渡商品的使用价值;作为商品的购买者,要获得商品的使用价值,必须让渡商品的价值。

(3) 商品使用价值与价值的矛盾只有通过商品交换才能得到解决。通过交换,买者获得商品的使用价值,卖者获得商品的价值。一旦交换不成功,就意味着商品价值不能实现,使用价值不能进入消费,商品的内在矛盾也就充分暴露出来。

第二节 价值形式与货币

一、价值形式的发展与货币的产生

商品有使用价值和价值两种属性,也有两种表现形式: 使用价值形式和价值形式。商品的使用价值形式是它的自然形式,这是人们可以直接感触到的形式。商品的价值形式则不然,它是商品社会属性的表现形式,因此,就孤立的每件商品来看,无论我们怎么样翻来覆去,也看不见它。因为价值体现着商品生产者之间的社会关系,只有在商品同商品的交换关系和比例中,才能具体表现出来,商品的价值形式就是商品的交换价值。

现在,一切商品都用货币来表现自己的价值,货币形式是商品世界共同的价值形式。但是,货币是怎样产生的呢? 为了揭示它的起源,需要结合商品交换的发展过程,考察价值形式的历史发展。商品的价值形式经历了以下四个发展阶段。

(一) 简单的、个别的或偶然的价值形式

价值形式的发展过程,是同商品交换的发展过程相适应的。最初的交换发生在原始社会后期的氏族之间,是一种以物易物的直接交换,带有偶然性质。一种商品的价值偶然地、简单地表现在与它相交换的另一种商品上。这种价值形式叫作简单的、个别的或偶然的价值形式,用等式表示为

1 只绵羊=2 把石斧

1. 价值形式表现的两极：相对价值形式与等价形式

在以上等式中，等式两端的商品所处的地位和起的作用是不同的。等式左端的绵羊处于主动地位，起着主导作用，它要求把自己的价值相对地表现在石斧上，因此处在相对价值形式上。等式右端的石斧处于被动地位，它只是充当绵羊价值的表现材料，把绵羊的价值表现出来，起着等价物的作用，处在等价形式上。

相对价值形式和等价形式是对立统一关系。二者的统一表现在：双方相互依存，没有等价形式，商品的价值就无法表现，从而相对价值形式就不会存在；同样，没有相对价值形式，就没有需要表现价值的对象，从而等价形式也不会存在。二者的对立表现在：在同一价值表现中，同一商品不能同时处在等式两端，既是相对价值形式，又是等价形式。等式的两端，职能由两种不同的商品来承担。

2. 相对价值形式

相对价值形式的内容是：处于相对价值形式上的商品的价值，相对地表现在处于等价形式的商品的使用价值上。从质的规定来看，处于相对价值形式上的商品的价值，之所以能通过处于等价形式上的商品的使用价值相对地表现出来，是因为它们都是劳动产品，都是抽象的人类劳动的凝结物，都具有价值。从量的规定性来看，相对价值量的大小及其变化，取决于两个因素：一是处于相对价值形式上的商品本身价值量的大小及其变化；二是处于等价形式上的商品本身价值量的大小及其变化。以“1 只绵羊＝2 把石斧”为例，相对价值量的变化，有下面四种情况。

(1) 当绵羊价值量发生变化、石斧价值量不变时，则绵羊的相对价值量的变化与它本身的价值量的变化成正比。

(2) 当绵羊价值量发生变化、石斧价值量发生变化时，则绵羊的相对价值量的变化与它本身的价值量的变化成反比。

(3) 当绵羊价值量发生变化、石斧价值量按相同方向和相同比例发生变化时，则绵羊的相对价值量保持不变。

(4) 当绵羊价值量发生变化、石斧价值量按不同方向和不同比例发生变化时，则绵羊的相对价值量可按上述三种情况推算。

由此可见，商品的价值量同商品的相对价值量是既有联系又有区别的。商品的相对价值量的变化，取决于等式两极商品价值量的变化。商品价值量的实际变化不能明确地、完全地反映在相对价值量上。二者的变化可以一致，也可以不一致。因为商品价值量的表现是相对的，而不是绝对的。

3. 等价形式

等价形式就是某种商品充当价值的代表，能够与另一种商品直接交换的形式。处在等式上的商品，只是充当处在相对价值形式上的商品价值的表现材料，起着一种价值的镜子作用。处于等价形式的商品之所以能够表现其他商品的价值，是因为它自身也有价值，它的价值量也是由生产它所耗费的社会必要劳动时间来决定的。

等价形式具有三个特点：①使用价值成为价值的表现形式。处于等价形式上的商品，是以自己的使用价值量表现价值量，因而，它的使用价值成了价值的代表或化身。②具体劳动成为抽象劳动的表现形式。处于等价形式上的商品，本来也是具体劳动的产品，但由于它处在等价形式的地位，因此，生产这种等价物的具体劳动也就成为抽象劳动的表现形式。③私人劳动成为它的对立面的形式，成为直接社会形式的劳动。处在等价形式上的商品，本来也是私人劳动的产物，它就直接以社会劳动的形式出现，成为社会劳动的代表。

从简单价值形式的总体来看，处于相对价值形式上的商品只是直接作为使用价值而存在，它的价值要通过另外一个商品相对地表现出来；而处于等价形式上的商品，只是当作价值而存在，它的使用价值成了表现另外一个商品的价值的材料，它是个别等价物。这样，商品内部的使用价值和价值的矛盾，变成了两个商品之间的外部对立。

简单价值形式只是价值形式的胚胎形式，这种价值形式表现在质和量上都是很不完全、很不充分的，既看不出价值在质上是否和所有商品相同，也看不出它在量上能否和所有商品相比较，因此，还需要进一步发展。

（二）总和的或扩大的价值形式

随着社会生产力的发展，人类出现了第一次社会大分工，即农业和畜牧业的分离。分工使社会生产力获得进一步发展，剩余产品增多了。这样，交换的范围扩大了，交换已不是偶然的行为，而是经常的行为了，从而简单价值形式发展为总和的或扩大的价值形式，即一种商品的价值已经不是偶然地表现在另一种商品上，而是经常地表现在一系列商品上，用公式表示为

$$1\text{只绵羊}\begin{cases}=50\text{ 斤谷物}\\=2\text{ 把石斧}\\=40\text{ 尺布}\\=5\text{ 克黄金}\\=\text{其他种商品}\end{cases}$$

在扩大的价值形式中，处于相对价值形式的一极，从质上看，由于它的价值表现在无数种其他商品上，每一种其他商品都成为反映它的价值的镜子，这样商品的价值才真正表现为无差别的人类劳动的凝结；从量上看，各种商品相交换的量的比例的偶然性消失了，各种商品交换的比例和它们包含的劳动量的比例已比较接近。与此相适应，处于等价形式上的各种商品的具体劳动，现在成为一般人类劳动的各种特殊的表现形式。

在扩大的价值形式中，商品价值的表现比简单价值形式表现得更加充分，但这种价值形式仍然存在许多缺陷。从相对价值形式方面看，它的价值表现是不完全的，因为处于特殊等价形式上的商品是没有穷尽的，组成这个系列的商品种类不同、千差万别，商品的价值没有一个统一的表现；从等价形式方面看，没有一个公认的统一的等价物，商品交换仍然是物物交换。由于这些缺陷的存在，使交换经常发生困难。例如，绵羊的所有者需要石斧，有石斧的人却需要谷物，而不需要绵羊，如果谷物的所有者需要绵羊，则绵羊的所有者要先用绵羊去换谷物，再用谷物去换石斧，才能换回自己需要的商品。如果谷物的所有者不需要绵羊，困难就会更大一些。这种情况不利于商品交换的进一步发展，扩大的价值形式需要向更完全的价值形式发展。

（三）一般价值形式

随着社会分工和商品交换的进一步发展，逐渐从无数商品中分离出一种商品，这种商品

成为各种商品交换的媒介。这样，扩大的价值形式就过渡到一般价值形式。一般价值形式表现在从商品世界中分离出来充当一般等价物的某一商品上，用公式表示为

$$\left.\begin{array}{l}\text{50 斤谷物} = \\ \text{2 把石斧} = \\ \text{40 尺布} = \\ \text{5 克黄金} = \\ \text{其他种商品} = \end{array}\right\} \text{1 只绵羊}$$

一般价值形式在价值形式发展史上发生了质的飞跃。在一般价值形式中，商品的价值表现简单而统一，简单是因为各种商品的价值只表现在一种商品上；统一是因为各种商品的价值都表现在一种商品上，从而克服了扩大价值形式中存在的缺陷。

在一般价值形式中，充当一般价值的商品还没有固定在某一种商品上。在不同时期、不同地区，曾有不同的商品充当过一般等价物。在历史上，牲畜、贝壳、盐、布帛等都起过一般等价物的作用。随着商品经济的进一步发展，一般价值形式发展为货币形式。

（四）货币形式

随着社会生产力的发展，出现了手工业从农业中分离出来的第二次社会大分工，这时商品交换进一步发展，并产生了商品生产。随着进入商品交换的商品数量的大大增加和地区的扩大，客观上要求一般等价物的单一固定性和地区的统一性。于是，一种商品就逐渐从一般商品中分离出来，成为固定充当一般等价物的特殊商品。这种商品就是贵金属——金或银。这时，价值形式发展到了最完备的形式，即货币形式。货币形式就是固定充当一般等价物商品来表现其他一切商品价值的形式，用公式表示为

$$\left.\begin{array}{l}\text{50 斤谷物} = \\ \text{2 把石斧} = \\ \text{40 尺布} = \\ \text{1 只绵羊} = \\ \text{其他种商品} = \end{array}\right\} \text{1 两黄金}$$

在第一种形式过渡到第二种形式，第二种形式过渡到第三种形式的时候，都发生了质的变化。货币形式与一般价值形式的区别，仅仅在于黄金取代了一般等价物。正如马克思所说的，这里“唯一的进步在于：能直接地、一般地交换的形式，即一般价值形式，现在由于社会的习惯最终同商品金的特殊的自然形式结合在一起了。”

贵金属之所以能从商品中分离出来，固定地充当一般等价物，与其特殊的自然属性有关。贵金属质地均匀、易于分割、体积小而价值大、便于携带、不易变质、容易保存等，使之最适合充当一般等价物。因此，正如马克思所说，“金银天然不是货币，货币天然是金银”。

货币形式是价值形式的完成形式。价值形式的发展过程，显示出了货币的起源。货币是商品交换过程发展到一定阶段的自发产物，是商品内在矛盾发展的必然结果。随着货币的出现，整个商品世界分成了两极：一极是普通商品，它们直接以特殊使用价值出现，要求转化为价值；另一极是货币，它直接以价值形式出现，随时可以转化为任何一种有特殊使用价值的商品。这样，就使商品内部的使用价值和价值的矛盾，表现为外部的对立即表现为商品和货币的对立了。货币出现后，其余商品都必须换成货币，才能实现自己的价值，具体劳

动才能转化为抽象劳动，私人劳动才能够取得社会承认而表现为社会劳动，使用价值和价值的矛盾才能解决。货币成为社会财富的一般代表，成为商品世界中至高无上的权威。

价值形式的发展过程，还揭示出货币的本质。货币也是一种商品，作为商品，它与普通商品一样，也具有使用价值和价值。但是货币又不是普通商品，而是固定地充当一般等价物的特殊商品。货币的这种一般等价物作用，使得商品生产者之间的社会生产关系必须通过货币才能体现出来。因此，货币是固定地充当一般等价物的商品，体现着商品生产者之间的社会经济关系。

二、货币的职能

货币固定地充当一般等价物这一本质，是通过它的职能体现出来的。所谓货币的职能，是指它在商品经济社会中所起的作用。货币最基本的职能是作为价值尺度和流通手段，随着商品经济的发展，货币还相继发挥着贮藏手段、支付手段和世界货币等职能。

（一）价值尺度

价值尺度是指货币可以作为衡量和计算其他一切商品的价值大小的标准。

货币之所以能充当价值尺度，是因为货币本身也是商品，具有价值，正如计量物品长度的尺子，本身必须具有长度一样。作为价值，货币和其他商品一样，都是人类一般劳动的凝结。因此，货币作为价值尺度不过是商品内在尺度即社会必要劳动时间的外在表现形式。

货币作为价值尺度的职能，可以是想象中的或观念上的货币。因为执行价值尺度的职能时，只是表现价值，不是实现价值，所以，可以不需要实在的货币，只需要想象中的或观念上的货币就行了。比如一件上衣值半两银子，只是给上衣标上半两白银就可以了，白银无须到现场。但是，这种想象的、观念上的货币必须以现实的货币为基础。

货币作为执行价值尺度的职能，就是要把商品的价值表现为价格。商品价格是商品价值的货币表现，是商品价值与货币价值的比率。商品价格的变化不一定反映商品价值的变化，如商品价值不变时，单纯货币价值的变化就会引起价格的变化。同样，商品价值的变化也不一定带来价格的变化，如在商品价值和货币价值按同方向、同比例变化时，商品价值变化并不引起价格的变化。

货币作为价值尺度，衡量各种商品的不同价值量，就是要把不同的价值量表现为不同的货币量。这就要求货币自身有一个确定的计量单位，以计量货币自身的不同量。于是，在技术上就有必要用一定的贵金属的重量（如金或银的重量）作为计量单位（即货币单位），这个计量单位又分为若干等份。这种计量一定贵金属重量的货币单位，叫作价值标准。

不同的国家有不同的货币单位，因而有不同的价格标准。如中国历史上用白银作为货币材料时，就曾用“两”作为计量单位，即货币单位，而“两”又分为“钱”、“分”等。又如美国的货币单位是美元，英国是英镑，法国是法郎，它们又分为不同等份，都包含一定的贵金属重量。在历史上，货币单位的名称曾与重量单位名称相一致。以后，由于种种原因，货币单位名称同重量单位名称逐渐分离了。这时，货币单位名称便纯粹是法定名称了。

（二）流通手段

货币执行流通手段的职能，就是货币充当商品交换的媒介，以货币为媒介的商品交换就是商品流通。商品的价值只有通过充当流通手段的货币才能实现。作为流通手段的货币，必须是现实的货币，而不能是观念上的货币。

商品流通过程的公式是：商品—货币—商品（W—G—W）。其中第一形态变化是W—G，即从商品形式变为货币形式，这一变化重要又困难，马克思曾经指出，“这是商品的惊险的跳跃。这个跳跃如果不成功，摔坏的不是商品，但一定是商品所有者。”商品流通过程中的第二形态变化是G—W，即从货币形式变为商品形式，这一变化一般来说可以比较顺利地进行。因为货币作为一般等价物，可以直接和一切商品相交换。商品流通打破了物物交换在时间和空间上的限制，促进了商品生产和商品交换的发展，但它又把商品交换分为买和卖两个阶段，买和卖在时间上的地点上可以分离，如果有人卖了商品不马上买，或者在这个地区买，到另一个地区卖，这都会导致商品卖不出去，从而买卖脱节，就产生了危机的可能性。

在商品流通中，货币不断地作为流通手段实现商品的价值，把商品从卖者手中转到买者手中。货币这种不断地作为流通手段与各种商品交换位置的运动就是货币流通。可见，货币流通是由商品流通引起并为商品流通服务的。商品流通是货币流通的基础，货币流通是商品流通的表现。

最初执行流通手段的货币是没有固定形态的金块、银块，后来发展为铸币。铸币就是国家把金银铸造成一定的形状，规定一定的成色和分量，并打上一定印记的金属货币。铸币在流通中被磨损后的货币是不足值的，但是，在一定限度内，不足值的铸币仍然可以执行流通手段，与足值的铸币起着同样的作用。这是因为，在货币充当流通手段的限度内，卖者把商品换成货币，为的是用它购买另外的商品，货币在商品交换中只是转瞬即逝的东西，商品所有者关心的是能否换回与面值相等的商品，而不是货币本身是否足值。不足值的铸币仍然当作足值的货币使用的事实，隐藏着一种可能性：贵金属铸币可以用价值符号来代替，于是产生了纸币。纸币就是由国家发行并强制流通的价值符号或货币符号，它作为金属货币的代表，执行流通手段的职能。纸币产生后就有了出现通货膨胀的可能性。

（三）贮藏手段

当货币暂时退出流通被人们作为社会财富的一般代表收藏起来而处于静止状态时，它就执行着贮藏手段的职能。货币之所以能执行贮藏手段的职能，是因为在质的方面，或按形式来说，货币是无限的，也就是说，是物质财富的一般代表，因为它能直接转化成任何商品。

作为贮藏手段的货币，既不能是观念上的货币，也不能是价值符号，而必须是现实的、足值的金属货币。

在金属货币流通条件下，货币的贮藏手段职能具有自发调节货币流通量的作用。当流通中的货币过多时，多余出来的货币就退出流通，贮藏起来；反之，当流通的货币量不足时，一部分贮藏货币又会进入流通，执行流通手段的职能。

在现代信用货币（主要是纸币）制度下，人们除了以金银积累和储存价值外，更多的是采取银行存款的方式。但是存入银行的纸币，并非执行贮藏手段的职能，而是执行流通手段的职能。因为与贵金属不同，纸币只不过是一张纸片，由此获得的银行存款也是只不过是账簿上的符号，它们本身没有实在的价值。同时，储存者存入银行的货币又会通过多种方式被用于社会经济生活中，而不像金属货币那样退出经济活动。由此可见，纸币可以在银行储蓄，但储蓄不是贮藏。

（四）支付手段

随着商品经济的发展，不同商品生产者的生产时间、销售时间会出现不一致。在这种情况下，为使商品成交，以利双方生产的正常进行，出现了赊账和延期支付的现象。我们把货币用作清偿债务、交纳租金、利息以及工资支付的职能称为支付手段。

货币在执行支付手段的职能时，首先要完成两种职能：①对所卖商品执行价值尺度的职能，由买卖双方协议商品的价格，计量买者的债务额；②执行观念的流通手段的职能，因为交换时，买者并未支付现金，只是对卖者作出了支付货币的承诺，但是它却使商品的转手实现了。只是当支付日期到来时，货币作为支付手段才真正进入流通，从买者手里转到卖者手里。可见，支付手段职能的产生，要以价值尺度、流通手段职能的存在为前提。

货币作为支付手段，一方面暂时解决了因缺乏现金而不能购买商品等矛盾，减少了流通中所需要的货币量，有利于商品经济的发展；另一方面又使许多商品生产经营者结成了债务关系的链条，如果其中一个生产经营者不能如期偿还，支付链条中断，就会引起连锁反应，导致商品生产、经营无法顺利进行，从而扩大商品经济的矛盾，使经济危机形成的可能性进一步增大。

（五）世界货币

世界货币是指在世界市场充当一般等价物的职能。当商品流通越出一国范围而产生了国际贸易后，货币也就越出了国内流通领域而在国与国之间的经济关系中发挥作用。作为世界货币的，必须是足值的金属货币，而且必须脱去铸币、辅币和价值符号等地方性外衣，而以金块、银块的自然形式出现。

货币作为世界货币的职能，不过是货币在国内职能的延伸。在国际贸易中，货币也执行价值尺度的职能，不过，这时决定商品价值的社会必要劳动时间，不再是国内的社会必要劳动时间，而是世界范围内的社会必要劳动时间。因而以货币为价值尺度所表现的商品价格，不再是各国不同的国内价格，而是统一的世界市场的价格。在国际范围内，货币作为世界货币，它除了执行价值尺度的职能外，还要执行以下几个方面的职能：①作为支付手段，用以平衡国际贸易差额；②作为购买手段，一国单方面买另一国的商品；③作为财富的代表从一个国家转移到另一个国家，如战争赔款、向外国借款等。其中，支付手段职能是主要的。

以上论及的货币的五种职能，统统表现了货币作为一般等价物的本质，而且相互间在历史和逻辑上有着有机联系。从历史上看，价值尺度和流通手段都是货币最基本的职能，它们是与一般等价物形式转变为货币形式同时形成的，在它们形成之后才顺利出现了贮藏手段、支付手段、世界国币这些职能。从逻辑上看，货币必须首先完成价值尺度的职能，才能进而执行流通手段的职能；只有这两项职能充分发展了，才会发生贮藏手段的职能；支付手段的职能不仅是流通手段职能发展的结果，而且以贮藏货币的存在为前提；至于世界货币的职能，显然是以前四项职能在国内的发展为基础的。

三、货币流通规律

（一）金属货币流通规律

在商品流通中，货币不断地由买者手里转移到卖者手里，不断作为该买手段与各种商品互换位置，货币作为商品流通的媒介的不断运动，叫作货币流通。货币流通由商品流通引起并为商品流通服务，商品流通是货币流通的基础，货币流通是商品流通的反映。货币流通规律，就是一定时期内商品流通过程中所需要货币量的规律。货币流通规律表明，一定时期内商品流通过程中所需要的货币量取决于三个因素：①参加流通的商品数量；②商品价格水平；③货币流通速度。货币流通速度的快慢，通常用同一单位货币在一定时期内的平均周转次数来表示。上述流通规律可用公式表示为

$$\text{一定时期内流通中所需要的货币量}=\frac{\text{商品价格总额(待售商品总量×商品价格)}}{\text{同一货币单位的平均流通速度(次数)}} \tag{2-1}$$

由式(2-1)可以看出，流通中所需货币量与商品价格总额成正比，与货币流通速度成反比。

货币的支付手段职能产生后，一定时期内商品流通中所需要的货币量会发生变化。因为在本时期内用延期支付方式赊购的商品无须支付货币；前一期用延期支付方式赊购的商品而在本时期内到期的货款需要支付货币；交易双方赊购的商品则可以彼此抵销。这样，货币流通规律的内容就需要有如下的改变

$$\begin{aligned}&\text{一定时期内流通中需要的货币量}\\&=\frac{\text{流通中商品价值总额}-\text{赊销商品价格总额}+\text{到期支付总额}-\text{互相抵销支付总额}}{\text{同一货币单位的平均流通速度(次数)}}\end{aligned} \tag{2-2}$$

上述货币流通规律，是金属货币流通量规律。金属货币本身有价值，各种商品价格反映的是商品价值与金属货币价值的比例关系，所以，流通中金属货币量的增加和减少，不会引起商品价格的下降或上升。当金属货币量超过商品流通需要量时，一部分货币就会退出流通领域而成为贮藏手段；反之，货币则会自动进入流通领域。

（二）纸币流通规律

在现代市场经济中，作为流通手段，纸币(包括不能兑换的纸币和各种信用货币)代替金属货币流通，这些纸币本身没有什么价值，并不能起贮藏手段的作用。那么，纸币流通量由什么决定的呢？

纸币流通规律是以金属货币流通为基础的。由于纸币只是价值符号，是由国家发行、强制流通(也称法币)的，所以“纸币的发行限于它象征地代表的金(或银)的实际流通的数量”。

1. 通货膨胀

在其他条件不变的情况下，如果纸币发行量和流通中所需要的金属货币量相适应，那么，纸币的购买力就会同它所代表的金属货币的购买力相等，纸币就能正常流通，物价就可以保持稳定。如果纸币发行量超过了流通中所需要的金属货币量，就意味着纸币所代表的价值或象征的社会劳动就会变小，即发生货币贬值。在货币贬值的条件下，同样价值的商品，或者说花费同样多劳动生产出来的商品，其价格会表现为更多的货币量，即价格水平脱离价值而上涨，纸币的购买力下降。这种因货币发行量超过流通中所需的金属货币量，从而出现的纸币贬值和物价普遍持续上涨的现象，就叫作通货膨胀。

在资本主义社会，国家往往利用通货膨胀作为刺激经济发展和降低工人实际工资的手段。历史上最典型的通货膨胀是在纸币作为国家强制通行的不可兑换的价值符号时发生

的。例如，18世纪末发生于英国的持续20余年的通货膨胀，就导源于英国政府因拿破仑战争颁布银行限制法，规定银行券强制流通，并废除银行券可兑换金币。发生通货膨胀时，纸币发行的膨胀程度同它的贬值程度成正比。撇开其他因素，假定流通中所需金属货币价值为100亿元，国家发行面额为1元的纸币达到200亿张，面额共计200亿元。这时，通货膨胀了一倍，即纸币贬值了一半，面额1元的纸币只值5角，纸币购买力下降一半，物价将普遍上涨一倍。据统计，在旧中国国民党统治的最后12年间(1937—1949年)，纸币发行额增加了1400亿倍以上，物价上涨了85000亿倍以上，伪法币几乎变成废纸。劳动人民深受其害，四大家族坐收其利，共搜刮民脂民膏150亿银元。

(1) 引起通货膨胀的原因。

① 可能与政府实施的财政赤字政策有关。政府为了缓解有效需求不足的矛盾，往往采取举办公共工程、增加政府开支、减少税收的办法，这样会使财政出现赤字。政府要是采取向中央银行直接贷款或以所发行的公债为抵押向中央银行贷款来弥补财政赤字，则势必增加市场上的货币供应量，而所增加的货币供应量不是为生产、商品流通所需要，就会引发通货膨胀。

② 可能与信用膨胀有关。一些国家的银行采取降低法定准备金率、降低利息率及膨胀工商业信贷以扩大有效需求，但是企业所获贷款必然通过存款而数倍扩张，从而扩大了货币的供应量。同时，商业信用、消费信用的膨胀，又会减少市场对货币的需要量，当信贷规模扩大超过了生产、流通的需要，致使货币供应量超过了需求量时，就会出现通货膨胀。

③ 可能与一国经济发展速度和经济结构有关。一国经济发展速度过快，积累基金规模过大，超过了工农业生产所承受的能力；或消费基金规模过大，超过了消费资料的供应能力，造成商品供不应求，引起物价上涨，出现通货膨胀。若一国经济结构失调，也会造成部分商品供不应求，引起整个社会供求比例失衡，导致物价上涨，出现通货膨胀。

④ 可能与政府举借外债有关。一些大量举借外债的国家，由于债权国利率不断提高而增加了其还本付息的困难，加之其经济发展迟滞，就会造成财政赤字，从而造成通货膨胀。

⑤ 由于国际经济关系日益发展，一国也会受国外通货膨胀的影响发生通货膨胀。

(2) 通货膨胀对宏观经济的影响。在经济长期处于有效需求不足的状态时，政府可以实施通货膨胀政策，用增加赤字预算、扩张投资支出、提高货币增长率等手段刺激有效需求，促进经济增长。但是通过增发货币所增加的需求，不是真实的需求，没有相应的物资供应作保证，不能从根本上解决生产和有效需求之间的矛盾。随着通货膨胀的深化，通货膨胀对国民经济的发展将由促进转变为破坏，主要表现在以下三个方面。

① 通货膨胀会引起国民收入再分配。由于社会各阶层收入来源极不相同，因此，在物价总水平上涨时，有些人的收入水平会下降，有些人的收入水平反而会提高。具体表现在：职员、工人、店员的工资收入(差不多是他们的全部收入)由于通货膨胀而下降，从而使他们的生活更加恶化；企业则因职工实际工资下降而利润率提高；国家则利用通货膨胀从居民手中剥夺一部分国民收入以弥补财政赤字。

② 通货膨胀导致投资率下降。由于通货膨胀，股息收入的增长往往低于利息率的上升，将导致股票、债券价格下跌，企业筹资困难，投资率下降。

③ 通货膨胀影响产业结构、产品结构的合理配置。依靠通货膨胀拉动需求，首先拉动的是周期短、见效快的加工工业，然后才是投资大、见效慢的基础工业，这样就会造成加工工

业膨胀、基础工业滞后，产业、产品结构不合理。

2. 通货紧缩

如果纸币发行量少于流通中所需要的金属货币量，就可能有一部分商品因缺少流通手段而不能流通，从而导致通货不足、货币升值，进而引起物价持续下跌，这也是一般意义上的通货紧缩。通货膨胀和通货紧缩是相互对立的货币现象。

（1）形成通货紧缩的原因。

① 可能与货币政策有关。如果中央银行采取紧缩的货币政策，则会出现货币相对商品流通而言不足的情况，从而引起物价的持续下跌，引发通货紧缩。

② 可能与生产能力过剩有关。当生产能力出现过剩时，便会产生商品供过于求的现象，造成物价的持续下跌，引发通货紧缩。

③ 可能由投资和消费预期变化所引起。居民、企业预期未来收入减少，必然会节俭当前支出（消费、投资）；居民企业预期未来支出将增加，必然积累货币以备未来。这样就会造成流通中的货币量小于商品流通所需要的货币量，造成通货紧缩。

④ 可能与政府削减支出有关。政府打算紧缩财政预算以降低财政赤字，这样就会使社会总需求趋于减少，从而导致市场供求失衡，引发通货紧缩。

⑤ 通货紧缩还可能与一国的汇率制度、金融体系效率以及信贷过度扩张产生大量不良投资有关。

（2）通货紧缩对宏观经济的影响。

① 通货紧缩会加重债务人的负担，对银行来说，容易形成大量的不良资产。通货紧缩一旦形成，由于物价的持续下跌，就会造成企业原有负债的实际利率提高，加重企业的债务负担，可能引起企业破产，使局部债务链中断，从而导致整个信用体系的紊乱甚至崩溃。

② 通货紧缩会抑制消费。在通货紧缩的条件下，人们对就业、工资收入、价格的预期趋于下降，从而使得消费者削减当前支出而增加储蓄。

③ 通货紧缩会引起经济衰退。物价的持续下跌会提高实际利率水平，从而增加企业的生产成本，使企业利润率降低，由此造成企业投资支出减少，同时居民也会因实际利率提高而愿意减少消费支出，增加储蓄。投资支出和消费支出的减少引起需求的下降，最终引起经济衰退。

四、货币形式的演变

货币是历史的产物，其形式的变化和发展始终与商品经济和信用制度的发展联系在一起。最原始的货币形式是各种自然存在的物品，如石头、牲畜、贝壳、布匹等。真正货币的最初形式是采取金属条、块的自然形式。金属条块货币的最大缺点是成色查验困难。为了弥补这个缺陷，一些有影响的商人在金银条块上盖上自己的印记，防止货币上的欺诈，扩大自己的影响力。

为了促进商品交换，由国家来铸造货币势在必行。铸币的出现，更有利于商品交换，在一定程度上避免了货币欺诈。虽然铸币在流通中会受到磨损，但人们还是接受它，于是国家有意识地制造与面值不符的铸币。这样，铸币的面额与其实际价值逐渐脱离，使得铸币也逐渐只具有价值符号的意义。货币之所以可以这样，关键在于货币在交换当事人手中只起到媒介的作用，对于当事人来说不会发生实质性的影响。

正因为如此,国家干脆用没有任何价值的纸币来代替铸币。纸币的雏形最初产生于古代的票号或钱庄,当时的金银拥有者将金银存于票号或钱庄,票号或钱庄开具票据,该票据证明持有者有等量的金银保管于此并可以随时兑换。这样,人们相信这样的票据与金银一样好。纸币在信用没有充分发展的条件下,由国家印刷、强制发行并代替金属货币使用的价值符号。它不仅可以与金属货币混合流通,而且与金属货币具有完全的可兑换性。这就要求发行纸币的国家必须掌握足够的金属货币做后盾,否则会引起经济秩序的紊乱。

从由贵金属做后盾的纸币发展到与贵金属无关的纸币,意味着货币形式发展到了一个新的阶段,即信用货币阶段。信用货币是在信用高度发达的条件下,与贵金属不直接发生联系的货币形式,如银行券、支票、期票、汇票等。

随着信用事业的发展,货币作为支付手段的职能也在扩大。作为支付手段的货币取得了它持有的各种存在形式,并以这些形式占据了大规模交易的领域,而金属铸币则被挤到小额贸易的领域之内。信用货币虽然失去了坚硬的贵金属的支持,但它有更广泛的信用关系作基础,因此,在现代经济活动中占据了主导地位。信用货币最主要的功能是节省了稀缺的贵金属资源,人们可以利用生产费用低廉的物品,如银行账簿上的记录、纸片来代替生产成本高昂的金和银。

20 世纪 80 年代后,随着信用制度的发展和网络技术的广泛应用,货币形式开始向电子货币方向发展。电子货币与传统货币并没有什么本质区别,不同之处就是用电子支付方式取代了金属货币或者纸币充当一般等价物,在线电子支付过程就是交易双方通过网上银行进行的电子信息交换。电子货币标准化成本低、保存成本低、流通费用低,已经成为 21 世纪越来越重要的支付方式,将有可能取代金属货币和纸币。

五、“拜物教”现象

(一)商品拜物教

在私有制商品经济中,商品生产者之间的社会生产关系表现为物与物,即商品与商品的关系。这些物本来是人手的产物,成为商品后,却成了独立于人之外并支配人民命运的一种异己力量。商品生产者不能掌握自己的命运,他们的兴衰成败完全取决于在市场上商品能否出卖以及出卖的条件。市场自发势力对商品生产者的统治,表现为商品对人的统治。生产关系物化,物神化了。处身于这种关系中的人民,把假象当真实,以为商品天然具有支配人们命运的神奇力量,产生了对商品的盲目崇拜。对商品世界的这种现象,马克思找了一个宗教世界的比喻,称它为“拜物教”。他说:“因此,要找一个比喻,我们就得逃到宗教世界的幻境中去。在那里人脑的产物表现为赋有生命的、彼此发生关系并同人发生关系的独立存在的东西。在商品世界里,人手的产物也是这样。我把这叫作拜物教。劳动产品一旦作为商品来生产,就带上拜物教的性质,因此,拜物教是同商品生产分不开的。”这是因为,这种拜物教性质是从商品形式本身发生的。归根结底,它来源于生产商品的劳动所特有的间接社会劳动的性质。商品的拜物教性质根源于商品经济,它是商品经济条件下社会生产关系借以表现的特定形式。不存在商品生产,就不会有商品拜物教。

在存在商品生产的条件下,虽然马克思揭示出了商品拜物教的性质及其秘密,但不能消除生产关系被物化的这种经济现象。因为科学的驾驶不能消灭商品拜物教所产生的经济基础。只有在劳动产品不再是商品，人与人的生产关系不再通过物与物的关系来表现的时候，商品拜物教才失去了存在的客观基础。但在人民头脑里根深蒂固的商品拜物教的观念，却仍然不会随之立即消除。

（二）货币拜物教

货币出现后，商品拜物教进而发展为货币拜物教。原来商品支配人，现在是货币支配人。生产关系货币化，货币神化了。货币是社会化财富的绝对形式，对任何人都成了性命攸关的魔物。有了货币，便可拥有一切。处身商品货币世界的人们，以为货币的魔力是与生俱来的。于是人们崇拜货币，拜倒在它的脚下。这就是货币拜物教。

在商品生产社会中，人们生产关系的物化，最初是通过商品形式表现出来的。货币的产生使商品关系变得更加复杂。货币拜物教的谜就是商品拜物教的谜。而马克思关于货币起源的阐述，已透彻地揭示了货币的本质，从而科学地说明了货币神秘性的来源。但这并不能消除货币拜物教这种经济现象以及人们头脑中的拜金观念。因为它所产生的经济基础依然存在。即使商品货币存在的客观基础消失了，人们头脑里根深蒂固的货币拜物教观念也并不会随之立即消除。

随着商品流通的扩展，货币的社会权力（它作为财富的绝对的社会形式的权力）日益增大。这种社会权力成了货币持有者手中的私人权力。"金钱万能"、"人为财死"便是这种私人权力崇拜者的信条。在资本主义社会，拜金观、求金欲发展到高峰，它"颂扬金的圣杯是自己最根本的生活原则的光辉体现"。

上述拜物教现象和人们对商品、货币（还有资本、利息、地租）等的拜物教观念。以理论的形式在资产阶级政治经济学中得到了系统的表现。

第三节　价值规律

价值规律是商品经济的基本规律，是不以人的意志为转移的客观经济规律。只要存在商品生产和商品交换，价值规律就存在并发生作用。恩格斯在《〈资本论〉第三卷增补》中谈到，商品交换"在埃及，可以追溯到公元前三千五百年，也许是五千年；在巴比伦，可以追溯到公元前的四千年，也许是六千年"。因此，价值规律已经在长达五千年的时期内起支配作用。

一、价值规律的基本内容

价值规律的基本内容和要求是：商品的价值量由生产商品的社会必要劳动时间决定，商品交换以价值为基础，实行等价交换。从商品生产的角度看，价值规律是价值决定的规律；从商品流通的角度看，价值规律是等价交换规律。价值规律的核心内容是商品价值量由社会必要劳动时间决定，等价交换实际上是价值决定在流通领域里的实现。

关于商品的价值量是如何决定的问题，前面已经指出：单位商品的价值量不是由生产该商品的个别劳动时间决定，而是由社会必要劳动时间决定。社会必要劳动时间不仅决定单位商品生产中活劳动新创造的价值量，而且决定生产该单位商品的生产资料转移的价值量。由社会必要劳动时间决定的新创造的价值量和转移价值量的统一，构成该商品的社会价值量，商品交换必须依据社会价值量来进行。

以上所说的,是指同一部门内部生产同种商品的社会必要劳动时间,形成该种商品的社会价值量,这是部门内部竞争和比较的结果。然而,商品交换是在不同种类的商品之间进行的,这就形成了不同生产部门之间的竞争和劳动比较。

经过这种竞争和比较,商品价值量才能最终实现。决定商品价值量实现的,仍然是社会必要劳动时间。在这里,社会必要劳动时间具有另一种意义,即社会生产某种商品耗费的劳动时间,必须与按照这类商品的社会需要量进行生产所应当使用的社会必要劳动时间相一致,它表现为市场上对这种商品的总供给量和总需求量相一致。马克思指出:"只有当全部产品按必要的比例进行生产时,它们才能卖出去。社会必要劳动时间可分别用在各个特殊生产领域的份额的这个数量界限,不过是整个价值规律进一步发展的表现……社会在一定生产条件下,只能把它的总劳动时间中这样多的劳动时间用在这样一种商品上。"如生产某类商品多使用的劳动时间多于社会按比例分配到该类商品生产上的必要劳动时间,即使这种商品中的每一单位商品都符合第一种含义的社会必要劳动时间规定,也还会有一部分价值得不到实现;反之,该种商品中每一个单位商品实现的价值就会高于自身的实际价值。

举例来说,假如社会上有甲、乙、丙三个部门,社会对其需要量以及应该投入的社会必要劳动时间分别为:甲部门 80 件,共需 800 小时;乙部门 1000 件,共需 6000 小时;丙部门 550 件,共需 1100 小时。如果实际上甲部门生产了 100 件,耗费了 1000 小时;乙部门生产了 1000 件,耗费了 6000 小时;丙部门生产了 500 件,耗费了 1000 小时。这样,乙部门生产的商品数量与社会对该类商品的需求量正好一致,所耗费的社会必要劳动时间与社会总劳动时间中应该分配到该部门的劳动时间也正好一致,这时,该部门单位商品的价值量及其总价值量便得到实现。与此不同的是,甲部门生产该商品实际耗费的劳动时间超过按照社会需要分配给这种商品的劳动时间 100 小时,该类商品的供给超过需求 20 件,于是,该部门商品只能按低于其价值进行交换。丙部门生产商品的劳动总量小于社会需要这种商品的必要劳动量 100 小时,表现为需求超过供给,该部门的商品将高于其社会价值,由 2 小时上升为 2.2 小时来实现。这种商品价值量实现的规律性,支配着商品生产者积极生产市场上供不应求的商品,缩减生产市场上供过于求的商品。

综上所述,生产商品所耗费的社会必要劳动时间,是决定商品价值量的内在尺度,而"另一种意义"的社会必要劳动时间,则是决定商品价值量实现的数量界限。这就是价值规律在决定和价值实现上的内在规定性。

商品交换依据价值来进行,这是价值规律的客观要求,可以概括为等价交换的原则。它反映的是不同商品生产者互相交换劳动所遵循的一般规律性。商品交换只有遵循等价交换的原则,才能使交换成为对双方有利的事情而持续下去。否则,商品交换活动就难以为继。

二、价值规律的表现形式

商品的价值是用货币来表现的,价值的货币表现就是价格。因此,价格水平的高低首先取决于商品价值量的大小,价格水平的变化也是首先取决于商品价值量的变化。可见,商品价值是价格的内容和客观基础,而价格是价值的表现形式。

价格不仅取决于商品的价值量,而且取决于货币本身的价值量,取决于生产商品的社会必要劳动量和生产货币的社会必要劳动量之间的比例关系。当货币的价值量不变,只是商品的价值量发生变化时,则价格的变化恰好表现商品价值量的变化。如果货币的价值量与商品的价值量按不同方向、不同比例同时发生变化，价格就可能在现象形态上或高或低地表现商品的价值量。关于商品价格水平与商品价值量和货币价值量变动的规律是：价格水平与商品价值量的变化呈正比，与货币价值量的变动呈反比。

价值规律要求商品交换以商品价值为基础，即每个商品的价格与价值相一致。但是，在市场上商品的价格与价值相一致只是个别的、偶然的现象，二者不一致是经常的现象。这是因为：商品的价格虽然要以商品价值为基础，但影响价格的因素有多种，除价值外，还有商品的供求关系。当某种商品供不应求时，则该商品出售的价格低于它的价值；当某种商品供过于求时，该商品出售的价格低于它的价值。只有当商品供求平衡时，商品才能按与价值一致的价格出售。商品价格与价值经常不一致，是否违背了价值规律呢？不违背。因为：第一，从较长时间看，商品价格的上涨部分与下落部分可以相互抵销；第二，从全社会看，商品的总价格与总价值是一致的；第三，就某种商品看，它的价格不能长久背离价值，更不能完全脱离价值，而是以价值为中心上下波动，例如一公斤面粉的价格不论如何波动，其价值总不至于高出一公斤面包的价格，因为面包的价值高于面粉的价值。可见，价格围绕价值上下波动的情况，不但不违背价值规律，而恰恰是价值规律起作用的表现形式。恩格斯说过：“只有通过竞争的波动从而通过商品价格的波动，商品生产的价值规律才能得到贯彻，社会必要劳动时间决定商品价值这一点才能成为现实。”

三、价值规律的作用

在以私有制为基础的商品经济中，价值规律有着极其重要的作用，它贯穿于商品生产和商品交换的整个过程，决定着商品经济活动的一切方面，支配着商品生产者的命运。价值规律的作用具体表现在以下三个方面。

(1) 自发调节生产资料和劳动力在社会生产各个部门之间的分配，从而调节商品生产和商品流通。

生产资料和劳动力是社会生产的基本因素。在任何社会中，为了保证生产和再生产的顺利进行，都必须把生产资料和劳动力按照一定的比例分配到社会生产的各个部门中去。但是在以私有制为基础的商品经济条件下，各个商品生产者要获取利益，必须根据社会对商品的需求来安排自己的生产，市场价格的涨落是商品生产者了解市场商品供求状况的晴雨表。当某种商品供不应求、价格上涨时，生产者认为有利可图，便增加生产资料和劳动力的投入，扩大生产；当某种商品供过于求、价格下跌时，生产者认为无利可图，就会减少生产资料和劳动力的投入，缩小生产。价值规律就是这样通过竞争和价格的波动自发地调节着生产资料和劳动力在各个生产部门之间的分配，使生产和消费、供给与需求之间大体上保持着一种平衡关系。英国古典经济学家亚当·斯密所说的“看不见的手”，就是指在自由竞争条件下，价值规律对社会生产的这种自发调节作用。

(2) 价值规律自发地刺激生产者改进生产技术，改善经营管理，提高生产效率，从而推动社会生产力的发展。

价值规律要求商品的价值量由社会必要劳动时间决定，单位商品的价值量又同劳动生产率成反比变化。生产同种商品的各个生产者的劳动生产率不同，所耗费的个别劳动时间也不同，但商品仍然按照由社会必要劳动时间决定的社会价值出售，哪个商品生产者的个别劳动时间低于社会必要劳动时间，在竞争中就处于有利地位；哪个商品生产者的个别劳动时间高于社会必要劳动时间，在竞争中就处于不利地位。商品生产者为了追求更多的经济利益和在竞争中处于不败之地，便竞相采用新技术，改善经营管理，提高劳动生产率，降低个别劳动时间和个别价值，使之符合社会必要劳动时间和社会价值，或者小于社会价值。可见，正是由于价值规律的客观要求和市场竞争规律的强制作用，促使各个商品生产者不断改进技术，提高劳动生产率，从而推动整个社会生产力的发展。

(3) 价值规律作用的结果，会促使商品生产者的两极分化。

由于各个商品生产者生产的主客观条件不同，因而劳动生产率也不同，但是按照价值规律的要求，任何商品生产者的商品，在市场上都必须按照社会必要劳动时间决定的社会价值出售。这样，那些生产条件好、劳动生产率高、个别价值低于社会价值的商品生产者，就可以获利较多，发展较快，在竞争中处于有利地位；那些生产条件差、劳动生产率低、个别价值高于社会价值的商品生产者，情况正好相反，它们在竞争中就会失败，甚至破产，这样就不可避免地造成商品生产者的两极分化：一方面是少数人的发财致富；另一方面是多数人的贫困破产。在封建社会末期，商品生产者的两极分化导致了资本主义生产关系的产生。

四、价值规律作用的特点

(一) 价值规律作用的条件性

价值规律发生作用不是独立的，它要求商品经济的供求规律、竞争规律的配合。如果供求规律的作用功能遭到抑制，例如人为地使矛盾的一方或矛盾的双方失去弹性，那么，价格信号则不能真实地反映供求，也就无法导向商品生产；如果社会不能开展公平竞争，价值规律也就无法发挥作用，因为没有竞争，就没有刺激商品生产者改进技术的外在压力。另外，价值规律发生作用要求劳动要素能在社会上自由流动，如果人为地限制劳动要素在社会各部门间自由流动，或不能为劳动要素的自由流动提供好的市场环境，价值规律的作用发挥也不会充分。

(二) 价值规律作用的滞后性

商品生产者按社会必要劳动时间安排商品生产，总是建立在对与其市场的判断基础上的，决策的正确与否，在商品没进入交换过程之前是无从得知的，只有商品交换之后，才能证明。因此，商品的市场价格围绕商品的价值上下波动，是发生在已经形成了商品供过于求或供不应求的条件下的，实际上是一种事后调节。所以，价值规律自发调节社会生产与需求的平衡，调节劳动要素的比例关系，总是伴随着生产比例和供求平衡关系的不断破坏，并以巨大的社会财富浪费为代价的。

(三) 价值规律在微观经济与宏观经济两个方面作用的差异性

价值规律在微观经济领域的作用，主要是通过自觉的活动实现的；而在宏观经济领域的作用，主要通过自发的经济因素实现的。这是因为在微观经济领域，商品生产者可以预先有计划地发挥主观能动作用，按照价值规律的要求去做；而在宏观经济领域，价值规律"只是有时候作为一种内在的、无声的自然必然性起着作用，这种自然必然性可以在市场价格的晴雨表的变动中觉察出来，并克服商品生产者的无规则的任意行动"。所以，从总体上说，价值规律的宏观调节作用是盲目的、自发的。这样，在单一的价值规律的调节作用下，必然出现个别企业市场的高度组织纪律性和整个社会生产的无政府状态。

（四）价值规律作用的结果易出现两极分化

竞争是商品经济的常态，哪里有市场经济，哪里就有竞争。在竞争过程中，生产条件比较好的商品生产者，获得了胜利，会越来越富；而生产条件差的商品生产者，就越来越穷，以至最后破产。这样，由于价值规律的作用，在商品生产者之间的竞争中，如果不加以必要的外在干预，必然引起商品生产者的两极分化。

第四节　自然经济与商品经济

人类相互来往的经济形式经历着不断发展和演变的过程。从人类社会的发展历史来看，已经经历了两种基本的经济形式：自然经济与商品经济。商品经济是在自然经济的基础上发展起来的。从自然分工到社会分工，从自然经济发展到商品经济，是一个历史性的进步，极大地促进了社会生产力的发展。

自然经济是一种自给自足的经济形式，是为了直接满足生产者或经济单位自身需要而进行生产的经济形式。以交换为目的而进行的生产，是商品生产；商品的相互让渡或买卖，就是商品交换。以商品生产和商品交换为内容，直接以交换为目的而进行生产的经济形式，是商品经济，商品经济是商品生产和商品交换的总称。商品经济是与自然经济相对应的一种经济形式。

一、自然经济

自然经济也叫自给自足经济，是指建立在自然分工基础上、为满足生产者家庭或经济单位（原始村社、奴隶主庄园和封建主庄园等）的直接消费而进行生产的经济形式。

自然分工首先是反映人们按性别和年龄差别，在纯生理的基础上产生的劳动分工。早在原始社会氏族部落共同体内部，就出现了氏族成员之间按性别和年龄的分工。自然分工的另一种表现形式是氏族部落共同体之间，在地域资源的差异性从而自然产品差异性基础上形成的分工，即自然地域分工。随着生产力的发展，自然分工逐渐确定和巩固下来。例如，成年男子专门从事打猎、捕鱼和制作工具，妇女专门采集果实和管理家务，老人和孩子从事辅助性劳动，等等。自然经济是以自然分工为基础的，主要与较低的社会生产力水平相适应。由于生产力水平低下，人们只能结合成一个自然经济单位从事生产，维持基本的生存需要。在这个自然经济单位内部形成了按性别、年龄等纯生理意义上的自然分工，其劳动产品是为了满足自然经济单位内部成员的需要，其劳动互换也是直接进行的。

（一）自然经济的产生

自然经济以自然分工为基础，主要与较低的社会生产力水平相适应。自然经济作为一种与人类社会生产发生相互关系的经济形式，在人类之初的原始社会就已经形成。从原始社会末期到奴隶社会、封建社会，虽然社会分工、私有制的产生和与之相适应的商品经济有了某些发展，但总的来说它还处于从属的、次要的地位，自然经济仍然占统治地位。自然经济组织具体表现为原始社会氏族部落共同体的集体经济、奴隶社会和封建社会的庄园经济以及农民的家庭经济。

在原始社会的氏族部落共同体中，人们最初单纯地从事对自然界现成产品的采集和捕获，后来通过自己的活动来控制动植物的繁殖和生长过程而从事简单的农业和畜牧业生产。由于生产力水平低下，依靠个人无法维持生存，所以要联合起来结成一个共同体，进行集体生产。在共同体内部生产资料归集体公共所有，所有成员都参加劳动，实行简单的劳动协作，并在年龄、性别、体质等纯生理因素基础上形成劳动分工。同时，每个共同体由于所处地理环境不同，又形成相互之间的地域自然分工。集体劳动的产品是在共同体内部平均分配的，仅仅是为了满足共同体成员的生存需要。原始社会这种以自然分工为基础的自然经济有两层含义：①相当一部分产品是从自然界直接获取的，如采集野果和捕获野生动物；②从事简单的农业、畜牧业生产，只是为了满足共同体内部的生存需要。

到了奴隶社会，奴隶主的庄园经济依然是一种自然经济单位。奴隶在奴隶主的指挥和强迫之下进行集体劳动，其劳动产品除了维持奴隶最低限度的生存需要之外，全部为奴隶主占有，以满足他们奢侈生活的需要。奴隶主庄园生产的目的不是同别人交换产品，而是直接满足本经济单位个人的需要。在奴隶社会里，奴隶主所需要的消费品，大多是由自己的奴隶生产出来的，只有一些自己不能生产的奢侈品才需要到市场上去购买。奴隶社会中的个体农民的小农经济，也具有自给自足的性质。他们生产的产品主要是供自己消费。当时的小手工业者虽然是为了市场而进行生产，但其产品在整个社会产品中所占比重不大，而且他们一般都同农业有紧密的联系，在自己保有的小块土地上生产一部分生活必需品。

进入封建社会以后，社会分工和商品生产与商品交换虽然有了进一步的发展，但就整个社会而言，自然经济仍然占据统治地位。封建地主阶级依靠占有绝大部分土地向农民收取地租，满足自己的生活需要。实物地租和劳役地租是在自然经济占统治地位条件下的封建地租的主要形式。只是到了封建社会末期，随着商品经济的发展和自然经济的解体，实物地租才逐渐为货币地租所代替。封建社会中的个体农民基本上是农业和手工业结合的家庭经济，依靠自己的劳动满足生活需要。农业和手工业结合的最一般形式便是以自然经济、自然分工为基础的"男耕女织"的自然经济。

（二）自然经济的基本特征

自然经济虽然在不同的社会形态中有不同的表现形式，但是作为一种经济活动方式，则具有共同的一般特征，使它与商品经济区别开来。自然经济的基本特征表现在以下几个方面。

1. 自然经济是自给自足的经济

自然经济中社会劳动产品绝大部分是为了满足自然经济单位内部的直接生活需要而生产的，而不是为了出售和交换，即不是为了他人而生产的。即使生产者的劳动是为了他人而进行的，其劳动产品从生产者手中转让给把它作为使用价值使用的人手中，也不是通过商品交换的形式来实现的，而是直接的转让或索取。一种形式是通过生产单位内部的直接分配，如原始氏族部落共同体内部即是如此；另一种形式是少数人通过某种超经济的强制直接占有生产者的劳动产品，如奴隶主对奴隶生产的产品的占有、封建主对农奴或农民生产的产品的占有。个体农民家庭的生产，更是直接地为了满足家庭成员的消费需要。总之，自然经济是没有或很少有商品生产和商品交换的、自给自足的经济形式。

2. 自然经济是封闭型经济

自然经济是在生产力水平低下和社会分工不发达条件下产生的。在自然经济条件下，人们的经济活动局限于一个狭小的范围，无论是氏族部落共同体、奴隶主庄园或封建主庄园，还是农民家庭，都是一个自成体系的封闭式的经济单位，处于分散、孤立的状态。生产规模狭小，生产工具简单，生产技术落后，其劳动成果的大小更多地取决于自然环境条件。自然经济单位内部的自然分工，虽然对提高劳动生产率起到了一定的促进作用，但是十分有限。人们的经济活动也主要局限在自然经济单位内部，不与或很少与外界发生经济联系。这一方面是由于自然环境险恶，交通条件很差；另一方面是由这种自给自足的经济活动方式自身的封闭性决定的。在自然经济占统治地位的历史时期，虽然社会分工已经有了一定程度的发展，但是并没有从总体上改变这种分散、孤立的封闭式状态，在整个社会范围内还没有形成广泛的交往和经济联系。从总体上说，自然经济是一种封闭型经济。

3. 自然经济是保守的经济

自然经济的每个经济单位都是一个封闭体。封闭必然分割，封闭分割必然保守停滞。由于自然经济可以不依赖于市场而存在，无法形成社会化的生产。经济单位之间没有形成普遍的联系和交往。正如列宁所说："农奴主的领地必然是一个自给自足的和闭关自守的整体，同外界很少联系。"人的生产能力只是在狭窄的范围内和孤立的地点上发展着，生产的闭塞性造成了生产者的孤陋寡闻，因此造成了生产者的思想僵化，行为保守，目光短浅。生产者之间没有竞争，使他们易于满足和不思进取，只注重传统方式，因循守旧，墨守成规，排斥新事物，反对革新，必然阻碍和影响先进技术的传播、应用和发展，使社会经济长期处于缓慢发展甚至停滞状态。

4. 自然经济是以简单再生产为特征的有限经济

在自然经济条件下，社会分工不发达，造成生产规模狭小，生产水平低下，生产基本上是在简单再生产的水平上维持的，即使生产规模有所扩大，也是异常缓慢地进行的。因此，自给自足的程度是低层次的，有限的。同时，在自然经济条件下，生产的目的是获得供自己消费的使用价值，而人们对使用价值的追求又总是有一定限度的。即使是榨取剩余劳动的奴隶主、封建主，他们的剥削也受到这种剩余劳动的实物形式即使用价值的限制，不会产生对剩余劳动的无止境的追求。毛泽东说："农民不但生产自己需要的农产品，而且生产自己需要的大部分手工业品。地主和贵族对于从农民剥削来的地租，也主要是自己享用，而不是用于交换。那时虽有交换的发展，但是在整个经济中不起决定的作用。"交换的有限，使需求的范围十分狭小，从而造成了生产发展以简单再生产为特征和消费的有限性。

5. 自然经济具有很强的依附性和非经济性

这里的依附性主要表现为人身依附。自然经济阶段，人还受自然界的奴役，人们只有结成某种共同体形式，才能更好地与自然作斗争。共同体最初表现为以血缘为基础的原始共同体(原始社会的原始群、民族、部落等)，随着分工与交换的出现，则逐渐表现为地域共同体(如奴隶社会和封建社会的农业公社和城市公社)。共同体的存在表明，"人都是互相依赖的：农奴和领主，陪臣和诸侯，俗人和牧师。物质生产的社会关系以及建立在这种生产基础上的生活领域，都是以人身依附为特征的。"对生产和需要的有限性，小生产者的分散性和散漫性,"日出而作,日落而息"的传统农业劳动习惯性,使自然经济不进行经济核算,不考虑成本,不注意消耗是否合理,不重视节约劳动时间和提高经济效益,从而使自然经济具有非经济性。

总之,自然经济的上述特点决定了它的落后性。它既是社会生产力不发展的产物,又阻碍着社会生产力的发展,是造成人类社会在相当长的时期内生产力发展缓慢的根本原因。这种落后的经济形式是与生产力水平低下和社会分工不发达相适应的。人类社会经济发展的历史早已证明,凡是较早地摆脱自然经济的束缚,较快地发展商品经济的国家、民族和历史阶段,社会经济就比较繁荣,生产力发展速度就比较快一些。如西方一些发达国家在近代的崛起,其中重要的原因之一就在于它们较早地摆脱了自然经济的束缚,走上了发展商品经济的道路。我国历史上长期经济发展速度缓慢,以致从 1840 年鸦片战争开始至新中国成立前我国一直处于半殖民地半封建社会,任人宰割,饱受欺凌,遭受帝国主义的侵略、掠夺和剥削,重要原因之一就是长期局限于自给自足的自然经济,"重农、抑工、轻商"的传统极为严重,商品经济发展缓慢。因此,要实现中华民族的崛起和振兴,必须摆脱自然经济的影响和束缚,大力发展商品经济。

随着生产力和社会分工的发展,自然经济逐渐为商品经济所代替。

二、社会分工与商品经济

(一)社会分工

社会分工是在自然分工的基础上,随着生产力的发展而逐步形成的。一方面,在氏族部落共同体和后来的家庭内部纯生理的自然分工基础上,随着共同体的扩大,人口的增长,特别是各氏族之间交往的发展,这种分工的范围也扩大了;另一方面,不同氏族部落共同体之间在相互接触时引起了产品的相互交换并使其产品变成了商品,这样就使具有不同生产条件的氏族从事活动的不同生产领域,逐渐变成社会生产过程中具有某些相互依赖关系的生产部门,出现超越一个经济单位的社会范围的生产分工,社会分工由此开始产生。

随着生产力的发展,首先是畜牧业和农业逐渐分离,有的部落以农业为主,有的部落以畜牧业为主,于是形成了畜牧业和农业相分离的人类历史上的第一次社会大分工。社会分工促进了生产力的发展,劳动生产率的提高带来了更多的劳动产品。人们的劳动产品在满足本部落的共同消费之外,还出现了剩余。随着部落之间的接触,部落之间开始用这些剩余产品进行交换,在更大程度上和范围内满足生活需要。同时,一些氏族部落首领开始把剩余产品据为己有,私有制随之产生,个人之间的交换逐渐代替了部落共同体之间的交换。私有制的出现使氏族部落共同体开始瓦解,在此基础上,奴隶制社会随之产生。社会分工的发展和私有制的出现,又进一步推动了社会生产力的发展。

随着金属冶炼技术的出现,专门从事生产工具制造的手工业逐渐从农业中分离出来,从而出现了农业和手工业相分离的人类历史上的第二次社会大分工。这次社会大分工的形成使可供交换的产品越来越多。同时,随着交往的扩大和经济联系的增强,人们的经济活动范围扩大了,对产品的需求也增加了,于是,就出现了专门以交换为目的的商品生产。商品生产和商品交换的发展,进一步提高了社会生产力。由于交换的日益频繁和交换地区的不断扩展,商品生产者之间的直接交易经常发生困难。适应商品生产和交换发展的需要,社会上开始出现专门从事商品买卖的商人阶层。

商人阶层的出现及其与农业生产和手工业生产的分离，这是人类历史上的第三次社会大分工。随着手工业的进一步发展和商人阶层的出现，城市开始产生，成为手工业者和商人活动的集中地。奴隶主依靠剥削收入，过着奢侈的生活。由于奴隶劳动所创造的比较充裕的剩余产品，有可能使社会上一部分人完全摆脱体力劳动，依靠剩余产品过活，专门从事监督生产、管理国家以及进行科学、文化、艺术等活动。这时国家已经出现，科学、艺术等方面的活动也日益增多，又使脑力劳动同体力劳动分离，最终形成了脑力劳动和体力劳动的分工。这种分工尽管体现了尖锐的阶级对立，但它的出现，无疑对当时和以后的社会发展都有着巨大的进步意义。

（二）商品经济产生和发展的历史条件

马克思主义政治经济学认为，商品经济尽管历史悠久、源远流长，但它并不是从来就有的，更不是人们为了维持“健康的天性”而出于意志冲动的产物，而是一个历史的范畴。这就是说，它是社会生产力发展到一定历史阶段才产生的。当然，它也将随着生产力发展到一定高度、进入一定的历史阶段之后而消亡。那么，商品到底是怎么产生的？

从历史上看，商品经济的产生和存在必须具备两个条件：一是社会分工，这是商品经济的产生和存在的前提条件；二是生产资料和劳动产品属于不同的物质利益主体所有，也就是分工不同的生产者之间是具有不同经济利益的主体，这是商品经济产生和存在的直接原因。

社会分工使商品交换具有必要性，这是商品经济产生的前提。人类社会的历史发展中经历了三次社会大分工，有了社会分工，一些生产者生产这种产品，另一些生产者生产那种产品，而他们又都需要别人的产品来满足自己的生产和生活需要，这就为交换的产生提供了必要性。社会分工使得生产者之间形成相互联系、相互依赖的关系，人们向社会提供产品的单一性和所需产品的多样性，决定了相互间交换产品的必要性。但是，社会分工只是商品经济存在的必要前提和一般基础，还不是充分条件，只有社会分工还不能说就一定会产生商品经济。因为商品的本质属性是交换，是以利益为中心的经济活动，交换双方必须遵循“在利益上不吃亏”的原则，也就是“等价交换”的原则，因此，交换双方必须是具有不同经济利益的主体。生产资料和劳动产品属于不同的经济利益主体，交换双方有不同的经济利益，这是商品经济产生的基础。这就决定了彼此需要对方产品的生产者之间，不能无偿地占有别人生产的产品，而必须按照共同的社会尺度，即产品中所包含的社会必要劳动时间进行交换，实行“等价交换”的原则。

商品经济所要求的这两个条件是随着生产力的发展而逐步形成的。在原始社会相当一段时间后，生产力的发展引发第一次社会大分工，即农业和畜牧业的分离。分工又进一步促进了生产力的发展，使人们生产的产品在维持自身需要之外还略有剩余，于是，出现了简单商品交换。起初商品交换是在原始共同体之间通过各自的氏族首领来进行的。原始社会末期，又出现了手工业和农业分离的第二次社会大分工，同时由于私有制的出现，以交换为目的商品生产发展起来。随着社会分工的发展和劳动生产率的提高，专门为交换而生产的产品越来越多，社会上出现了一个不从事生产只从事商品交换的商人群体，这就是在奴隶社会形成时期所出现的第三次社会大分工。三次意义重大的社会大分工，对商品经济的产生和发展起了重要的作用。

总之，只要这两个条件存在，不管人们喜欢商品经济与否，它都不会消亡。商品经济自从原始社会末期产生以来到现在，之所以存在、发展和发生着重要的作用，就是因为商品经济的条件依然存在。

（三）商品经济产生与发展的历史过程

商品经济是如何产生和发展起来的呢？回答出这个问题，我们也就弄清了商品生产和交换形成和发展的一般条件。

18世纪的英国经济学家亚当·斯密曾经断言，商品交换关系之所以产生和发展，是因为人类天生具有相互进行交易的自然倾向。按照这种说法，既然商品交换产生于人类的自然本性，那么它就应当像饮食男女一样，是伴随人类的产生而产生的现象，因而一开始就应当是人类经济活动的基本形式。但是，人类社会发展的历史却表明，商品关系并不是从来就有的，在原始社会的漫长岁月中，人类不知商品交换为何物。商品关系是在人类的历史发展进程中，随着社会生产力的发展和社会分工的发展而逐渐形成的。人类社会发展的初期，在以氏族和部落的形式组织起来的原始人群内部，只存在按性别和年龄划分的自然分工。原始先民们在氏族和部落的狭小范围内从事集体生产活动，产品按照长期形成的惯例在氏族成员之间平均分配。由于生产力水平极其低下，人们通过采集和狩猎获取的产品往往仅够糊口，没有多少剩余。在这种情况下，既无交换的必要，也无交换的可能，经济因而处于自给自足状态，即自然经济状态。在自然经济条件下，生产是直接为自身的消费而进行的，生产与消费之间不存在交换这个中介。对于生活在原始社会蒙昧阶段的人们来说，生活必需品应当也只能由自己亲手制造。在他们看来，通过交换借他人之手满足自身的需要是不可思议的事情。19世纪，有个德国探险家在巴西中部旅行时，他所接触到的印第安人反复询问他的裤子、蚊帐及其他物品是不是自己做的，而当这些印第安人听说不是的时候，感到十分惊讶，难以理解。在原始的氏族之间以及氏族成员之间，有互送礼物的习俗，但这并不是商品交换，而是具有亲缘关系的人们之间的相互帮助、余缺互补的一种形式。尼日利亚南部的奥楚姆德—伊波部族中存在着每年6月、7月和8月这三个月互赠礼物的习俗。据当地人解释，这种习俗源于粮食有余者在农作物收获前有责任帮助缺少口粮者的古制。原始人之间的这种礼物馈赠，显然不具有商品交换的性质。

到了原始社会野蛮时代的中级阶段，由于农业耕作技术和动物驯养技术的进步，在满足自身需要之外有了剩余产品。这时，发生了第一次社会大分工，即游牧部落与其他部落分离开来，农业部落与游牧部落之间的产品交换随之发生，起先是偶然的交换，后来变得越来越经常。一开始，交换是在不同的部落或不同氏族的边界上进行的。据史料记载，交换的最初往往采取所谓“沉默的物物交换”的形式，即人们将自己的产品放在某个易被发现的场所，然后躲到一边等待他人将用于交换的物品放在同一场所，而后各自取走对方的产品。被西方人称为“历史学之父”的古希腊学者希罗多德曾记述过直布罗陀海峡西部的摩尔人与黑人之间的这种原始的物物交换。在我国，直至20世纪40年代末、50年代初，在边远的山林地区，某些以狩猎为生的少数民族在拿皮毛与内地来的行商交换食盐等必需品时，采取的仍然是这种方式，这显然是“沉默的物物交换”的遗风。在野蛮时代中级阶段的进一步发展过程中，随着氏族成员私有财产的产生，同一氏族内部不同成员之间的交换关系也开始产生并逐步发展起来。“沉默的物物交换”为喧闹的集市贸易所取代。集市在约定俗成的固定地点和时间进行，中国古典文献中关于“日中而市”的记载，说的就是这种情形。在这一时期，出现了被亚当·斯密称为“流动的大轮毂”的货币，铜、铁、金、银等金属开始执行货币的职能，并逐渐成为人们所普遍使用的货币。货币的出现，极大地方便了商品交换，刺激了商品生产的发展。以货币为中介的商品交换，就成为商品流通。

人类社会发展到野蛮时代的高级阶段，随着青铜和铁的冶炼技术的相继发明以及金属工具的广泛使用，在使农业生产较以前有很大发展的同时，还使得原来附属于农业的手工业生产技术大大改进，手工业产品也日益多样化。这时，原来与农业集合在一起的手工业分离出来，形成与农业相区别的独立生产行业。这就是所谓的第二次社会大分工。社会生产力在第二次社会大分工的刺激下进一步发展，氏族成员之间的贫富分化加剧，私有制的发展加快，奴隶制逐渐形成。随着社会生产分为农业和手工业两大部门，商品生产和交换的规模扩大了。在我国西周至春秋战国时代，不仅有了为君主服役的各种专业化手工匠人，即“百工”，而且专门为市场而生产的私营手工业也很发达。春秋战国时代城市中已有了按产品类别划分的“肆”，即各种专业工匠设立作坊店铺的场所。《论语》中就有“百工居肆，以成其事”的说法，城市市场已比较繁荣。在西方国家的历史上，也有类似的发展。古希腊城邦时期以及罗马帝国时期，都有规模相当大的奴隶工场，城市中的市场也很发达。人类社会进入文明阶段之后，在商品交换日益频繁、交换地区不断扩大的形势下，出现了不事生产而专门从事商品交换业务的商人，发生了第三次社会大分工。商人的经营活动便利了商品交换，缩短了商品买卖的时间，扩大了商品的销路，拓展了商品交换的空间，又一次推进了商品生产和交换的发展。在商人的作用下，远距离异地贸易以至海外贸易出现了。而商品市场的扩大，又反过来促进商品生产规模进一步扩大。早在春秋时代，商贾已被列为“四民”（士、农、工、商）之一，可见当时商人阶级已在我国形成。我国最早见于文献的商人，可能要算那个“矫君命以犒秦师”的郑国人弦高。著名的齐国政治家管仲，在从政之前从事过商业活动。孔子的高足子贡也是个从事长途贩运的商人。我国西汉的著名历史文献《史记》专门为商人设“货殖列传”，记述了以陶朱公、白圭为代表的商人所进行的“周流天下”的经营活动和“人予我取”的高明经营策略。这些都是商人在当时经济中的作用变得越来越重要的反映。

在奴隶社会，商品交换关系逐渐发展。到了封建社会末期，商品关系达到了相当高的发展水平。但只是到了资本主义时代，商品关系才成为社会经济关系最普遍、最一般的形式。在前资本主义的各种社会经济形态中，尽管发生了三次社会大分工，但从总体上说，自给自足的自然经济生产方式一直占据着主导地位，因而商品关系在经济生活中还只是处在补充和从属的地位。在现代资本主义社会产生之前，航海术的进步带来的美洲的发现、绕过非洲的航行以及随之而来的殖民化浪潮和殖民地贸易，使一些具有海外贸易传统、国内商品关系发展程度较高的西欧国家的商品市场空前扩大。市场的扩大使既有的社会分工体系从而商品生产组织发生了重大改组和创新。以众多不同劳动者的细密分工和密切协作为基础、通过雇用劳动关系形成的大规模专业化的商品生产组织——手工工场，逐渐排挤了封建行会制度下的狭小手工作坊。资本主义的大规模专业化商品生产组织的形成，意味着作为商品关系一般基础的社会分工发生了深刻的变化，前资本主义的传统社会分工体系已演进为现代社会分工体系。资本主义生产方式在经济中的统治地位确立以后，现代自然科学导致了机器代替人力的技术创新，而这种技术创新又引致生产组织的创新，最终实现了产业革命，手工工场制度为建立在机器体系基础上的工厂制度所代替。机器生产以手工劳动所无法比拟的生产率，横扫了一切自然经济的残余，将一切经济活动都编织进现代社会分工体系的巨大网络中，从而使商品关系或市场关系渗透到社会经济的一切领域，成为人们发生经济联系的最普遍、最一般的形式。随着社会主义经济体制改革的不断深入和发展，社会主义商品经济也蓬勃发展起来。

以上对商品经济形成和发展历史的简略回顾，说明商品经济的产生和每一步进展，都是以社会分工的发生和发展为条件的。在生产技术进步推动下发生的社会分工，使不同产品生产者之间的交换关系成为必要。而社会分工的不断深化，在提高人类劳动生产率的同时，又导致商品交换范围不断扩大，最终成为现代社会生活必不可少的条件。

在商品经济的产生和发展过程中，随着生产力的发展和社会经济形态的变化，商品经济经历了不同的发展阶段。从社会经济形态的变化来考察，商品经济的发展大体上经历了以下三个阶段。

(1) 商品经济的起源、萌芽和初始阶段。这一阶段处在原始社会末期，它以直接的物物交换为主要特征，是原始部落之间发生经济联系的形式。

(2) 以私有制为基础的小商品经济或简单商品经济阶段。它包括奴隶社会、封建社会处于从属地位的商品经济。它在狭小、小规模的范围内以货币为交换媒介，以满足私人利益需要为目的，交换商品是满足自己追求使用价值的需要。

(3) 以社会化生产为基础的发达商品经济阶段。这个阶段建立在社会化大生产基础上，以机器大生产为基础，科学技术在此阶段发生重大作用。这一阶段包括资本主义商品经济和社会主义商品经济。商品生产和商品交换的目的不仅是交换自己需要的使用价值，更是获得更多的价值，使价值增值。

（四）商品经济的基本特征

商品经济特别是以社会化生产为基础的发达商品经济，相对于自然经济具有以下基本特征。

1. 商品经济是竞争的经济

商品经济是一种互相竞争的经济。竞争是商品经济本质属性的反映，竞争规律是商品经济的重要规律。竞争实际上是商品生产者的生产条件、技术水平、经营管理水平、劳动生产率的综合较量的过程，是商品生产者的个别劳动时间相互比较的过程。因为商品的价值量由社会必要劳动时间决定，商品按价值量进行交换，是在市场上通过商品生产者之间的竞争得到实现的。“只有通过竞争的波动从而通过商品价格的波动，商品生产的价值规律才能得到贯彻，社会必要劳动时间决定商品价值这一点才能成为现实。”在市场竞争中，优胜劣汰，因此，竞争作为对商品生产者和经营者的一种外部强制力量，必然促使生产者改进经营管理，采用新技术，提高劳动生产率，并根据市场的变化生产符合社会需要的产品，力求使自己的个别劳动时间低于社会必要劳动时间，从而在竞争中保护和发展自己，超过或击败对手。在这种力量作用下，商品经济不像自然经济那样表现为保守的、停滞的，而是进取的、发展的，开创了人与自然关系上突飞猛进的新时代。

2. 商品经济是开放型经济

竞争的外在压力和经济利益的内在动力使商品生产者和经营者“到处落户、到处创业、到处建立联系”，从而形成一种开放式的充满活力的经济。商品经济打破了自然经济的闭塞性和孤立性，空前地开拓了人类经济活动的空间领域。自由流通不但是商品本性，而且是商品自身内在力量的突出表现。商品经济没有区域的疆界，它要求冲破国度、民族和地区的界限，开辟广阔的国内和国际市场，它把世界上一切民族都不同程度地卷入商品流通的大洪流。特别是物美价廉的商品，任何民族或种族之间的鸿沟是无法阻挡的，马克思把低廉价格的商品流通，比作用来摧毁一切万里长城的“重炮”。这就使不同国家、民族和地区的经济联系日益加强，市场范围不断扩大，信息交流不断深化，为先进技术的尽快普及和生产力水平的不断提高创造了有利条件。开放不但是商品经济的特征，而且是商品经济存在和发展的条件。商品通过市场把商品生产者联结起来，使商品生产者根据不断变化的市场需求改变或调整自己的生产，不断提高自己的应变能力，在不断适应市场变化的基础上得到改造和发展，使整个经济充满活力。

3. 商品经济是开拓进取的自主型经济

商品经济以社会分工为基础，强调生产过程中的分工与协作。商品生产者之间的经济联系随着社会分工的发展而日益紧密，其范围也不断扩大。商品流通是全方位的，其市场是世界性的。商品生产者为追求更多的经济利益，为了在优胜劣汰的竞争中处于有利的地位，必然竞相改进技术或采用新技术，提高劳动生产率。追求经济利益的内在动力和市场竞争的外在压力，不断地激发商品生产者的开拓进取精神和创新精神，大大促进了社会生产力的发展。随着商品经济的产生和发展，自然经济条件下的人对人的直接依赖关系被粉碎了，个人从这种关系下解放出来，成为互相独立的个人。商品经济使商品当事人具有自由意志，具有自己特殊利益的经济。马克思指出，商品监护人必须作为有自己的意志体现在这些物中的人彼此发生关系，因此，一方只有符合另一方的意志，就是说每一方“只有通过双方共同一致的意志行为，才能让渡自己的商品，占有别人的商品”。维护和承认商品当事人各自特殊的利益是使他们连在一起并发生关系的唯一力量，也是商品经济发展的内在动力。各个独立的生产者以商品货币为媒介而结成分工合作关系，个人进行的生产活动只是整个社会生产的一个环节。因此，商品经济的自主性是以物的依赖性为基础的人的独立性。

4. 商品经济是以扩大再生产为特征的无限经济

在商品经济条件下，为了追求更多的利润，赢得竞争的胜利，商品生产者必然会不断增加投入、改进技术和改善经营管理，从而使生产规模不断扩大。扩大再生产是商品经济的另一重要特征。商品经济是以价值为基础，以货币为媒介，以交换为目的的一种经济形式。因此可以说，商品经济是交换经济、货币经济、价值经济。商品是使用价值和价值的统一体。商品经济是使用价值的生产、流通与价值的生产、流通的统一。商品生产的目的，不是获得使用价值以满足自己的生活需要，而是获得价值。价值没有质的区别，只有量的区别，因而，人们对于价值的追求是没有止境的。有商品必然有货币，货币是交换的媒介，价格是价值的货币表现。一旦价值采取了货币的形式，货币成了社会财富的一般代表，人们对货币的追求也是没有止境的。为了得到更多的货币，就必须不断扩大生产，生产出更多的产品。同时，必须计算工本，减少消耗，进行核算，使劳动时间得到节约。当每个生产者都力求用较少的劳动耗费获得较多的劳动成果时，社会经济效益就会提高。因此，对于价值的无限的追求，作为商品生产和经营的内在动力，推动着社会生产日益向广度和深度发展，促进了劳动时间的节约和经济效益的提高，促进了社会生产的发展。

5. 商品经济是等价交换的经济

商品经济是等价交换的经济。交换的等价性也就是交换双方的平等性。正是从这个意义上，马克思认为“商品是天生的平等派”。平等是商品经济基础上产生的观念，是商品经济的行为准则。交换是不同的使用价值即不同的商品相交换，不同的商品相交换要以彼此相等的价值为基础，即等价交换。市场则是商品交换的场所，是商品价值实现的条件。商品经济是依赖于市场的发展而发展的。一切经济活动都卷入了交换，进入了市场。正像列宁所说的：“在商品生产占统治地位的社会里，农业中的一切小业主必然会越来越习惯于交换，越来越依靠市场，不仅要依靠地方的和一国的市场，而且要依靠世界市场。”总之，“确实是世界经济生活的每一步骤都把最偏僻的地方卷入了交换”。

总之，商品经济是与较发达的社会生产力相联系的经济形式。它既是生产力发展的产物，又为生产力的进一步发展提供了广阔的余地。在促进生产力发展和社会进步方面，商品经济具有自然经济无法比拟的作用。

（五）商品经济的充分发展是社会经济发展不可逾越的阶段

1. 商品经济取代自然经济的历史进步性

在商品经济产生和发展的过程中，随着生产力的发展和社会经济形态的变化，商品经济循序经历了不同的发展阶段。商品经济是与自然经济相对应的经济形式。人类社会在漫长的岁月里，过着自然经济生活，社会生产力的发展极为缓慢。在原始社会末期开始发生商品生产和商品交换，历经奴隶社会和封建社会，商品经济都是在自然经济的缝隙里生长着。直到资本主义社会，商品经济才取代自然经济而占据统治地位，推动社会生产力长足发展，这是人类社会历史发展的一大进步。它的历史进步性主要表现在以下两个方面。

(1) 自然经济只限于自然分工，排斥劳动的社会分工和协作，限制和延缓社会生产力的发展。商品经济是以社会分工为前提的，反过来又促进社会分工的发展，使生产专业化和社会化水平不断提高，有利于社会生产力的大发展。

(2) 自然经济中各经济单位分散生产、互不往来，具有因循守旧、自我封闭的特性，束缚技术进步和生产的发展。商品经济中各经济单位互相依赖、密切联系，具有开放性、竞争性的特征。各个商品生产经营者在经济交往中发展自己，在互相竞争中改进技术，在开拓市场中搞活经济，促进社会生产力迅速发展。

判断一种经济形式或一种经济活动方式的历史进步性的根本标准，是看它能否极大地推动社会生产力的发展。商品经济取代自然经济的历史进步性主要表现在商品经济能极大地推动社会生产力的发展。资本主义社会为商品经济的发展开辟了广阔的道路。马克思、恩格斯在19世纪中叶曾说：“资产阶级在它的不到一百年的阶级统治中所创造的生产力，比过去一切世代创造的全部生产力还要多，还要大。”资本主义社会能够创造出来巨大的现代生产力，是由于资本主义制度取代封建制度的同时，实现了商品经济全面取代自然经济的历史进程，并使商品经济获得充分发展，由简单商品经济发展为生产社会化的商品经济。支配商品经济发展的基本规律是价值规律，它的市场调节机制，以其客观的经济强制的推动力，促进技术进步和社会生产力的发展。马克思在描述价值规律的这种功能时曾说：“这个规律一次又一次地把资产阶级的生产甩出原先的轨道，并迫使资本加强劳动生产力，因为它以前加强过劳动生产力；这个规律不让资本有片刻的停息，老是在它耳边催促说：前进！前进！”正是由于商品经济的发展，价值规律的客观强制作用推动着手工技术生产发展到机器大生产，使生产日益社会化、现代化。

在我国，随着社会主义经济体制改革的深化和大力发展社会主义商品经济，我国生产力得到快速发展，综合国力大大增强，人民生活水平得到了极大提高。历史事实充分表明，商品经济的发展对促进生产力的社会化、现代化的作用是巨大的，具有重大的历史进步性。商品经济发展中的一切反映现代社会化生产和商品经济一般规律的先进经营方式和管理方法，属于人类社会创造的发展社会生产力的文明成果。

2. 社会主义经济发展不能逾越商品经济充分发展阶段

商品经济作为几个社会共同存在过的人们互相交换其活动的经济形式，既可以为资本主义制度服务，同样可以为社会主义制度服务。尤其在经济比较落后的条件下取得革命胜利的社会主义国家，可以逾越资本主义充分发展阶段进行社会主义建设，而绝不可能逾越商品经济充分发展阶段。

(1) 商品经济的存在最终与社会生产力有关。商品经济既是社会分工和生产力发展的产物，又是社会生产力发展尚未达到更高阶段的产物。迄今为止，商品经济的历史作用并未发挥到极致。实践表明，商品经济发展将贯穿整个社会主义历史阶段的全过程。至于社会生产力发展到更高阶段，生产资料归全社会所共有和个人消费品能够实现按需分配，商品经济将走向消亡的问题，只是对未来的一种预见，尚需实践来证实。在社会主义现阶段，如果逾越商品经济的充分发展阶段，就是超越社会生产力发展阶段。而实践证明，超越社会生产力发展阶段搞生产关系的“穷过渡”，不利于促进社会生产力的发展，不可能实现社会主义消灭贫穷的奋斗目标，只会败坏共产主义的名声。

(2) 商品经济作为社会生产的经济形式，反映社会生产力的连续、继承和发展的客观规律性。商品经济是在社会分工体系条件下通过商品交换这种间接形式来实现的生产社会化经济。自然经济排斥社会分工和限制生产社会化的发展。随着社会生产力的发展，必然冲破孤立个人的自给自足的生产方式，转变实行社会分工的商品经济的生产方式，推动生产社会化的大发展。商品经济充分发展，使生产社会化发展到更高程度，才有可能由商品交换的间接形式实现的生产社会化经济，进到马克思、恩格斯所预想的那种“直接社会化”生产和交换的经济形式，即所谓产品经济。这是人类社会生产力发展连续性、继承性和不断变化的序列和客观规律性的过程。社会主义是在资本主义时代的成就的基础上经过革命变革建立起来的。资本主义社会使商品经济高度发展并创造出巨大的生产力，我们必须利用和继承。社会主义基本制度和资本主义基本制度是根本对立的，但资本主义造就的社会化大生产和发达商品经济的先进科学技术、科学管理经验和一切科学文化成果则要继承、吸收和加以利用，以发展社会主义社会生产力。马克思、恩格斯曾经说过：“历史不外是各个世代的依次交替。每一代都利用以前各代遗留下来的材料、资金和生产力。由于这个缘故，每一代一方面在完全改变了的条件下继续从事先辈的活动；另一方面又通过完全改变了的活动来改变旧的条件。”列宁在俄国十月社会主义革命胜利后，特别强调要用资本主义的“材料”建设社会主义的“大厦”。他说：“如果你们不能利用资产阶级世界留给我们的材料来建设大厦，你们就根本建不成它。”“要进行社会主义建设，必须充分利用科学技术和资本主义俄国给我们留下来的一切东西。”我们要充分利用资本主义所造就的发达商品经济和一切文明成果，推动社会生产力的发展，创造更高的劳动生产率，赢得与资本主义相比较的优势。在自然经济与“直接社会化”的产品经济之间横着一个商品经济充分发展阶段。在社会主义条件下，如果违反社会生产力发展的连续性和继承性，试图逾越商品经济的充分发展阶段，进入“直接社会化”的产品经济，如同“跑步进入共产主义”一样，只能事与愿违，相反却保护了落后于历史时代的自然经济，延缓和阻碍了社会生产力的发展。

商品经济的充分发展是社会经济发展不可逾越的阶段，这既是人类社会经济发展的一般规律，也是中国实现社会主义经济现代化的必要条件。当今的社会主义国家，在革命胜利以前，社会生产力发展水平都不高，商品经济都没有获得充分发展，特别是我国社会主义是在半封建半殖民地社会的基础上，经过社会主义改造和建设，逐步建立和发展起来的。优越的社会主义制度的建立，为我国社会生产力的发展开辟了广阔的道路。但历史上我国商品经济一直没有充分的发展。新中国成立以来，我们在一个很长的时期内，对商品经济采取否定、排斥、限制的政策，抑制了商品经济的发展，致使我国的社会生产力发展受到阻碍，使人民日益增长的物质文化生活需要同落后的社会生产之间的矛盾日益突出，社会经济长期处于比较落后的状况。我国经济发展过程中面临的一个主要课题就是补上充分发展商品经济这一课。只有充分发展商品经济，才能冲破自然经济的束缚，促进社会分工和生产专业化的迅速发展，在此基础上实现国家工业化和生产的社会化、商品化、现代化。

复习思考题

1. 名词解释

商品　交换　商品使用价值　交换价值　价值　货币　价格

通货膨胀　通货紧缩　纸币　商品经济　自然经济

2. 如何理解商品二因素的辩证统一关系？

3. 价值形式的发展经历了哪几个阶段？

4. 货币的本质是什么？货币的主要职能有哪些？

5. 货币流通规律和纸币流通规律各是什么？

6. 价值规律的内容和要求是什么？如何理解价值规律作用的表现形式？

7. 在私有制经济中价值规律有哪些作用？价值规律作用的特点是什么？

8. 如何理解自然经济的落后性？

9. 商品经济产生的条件是什么？商品经济有哪些特征？

10. 如何理解商品经济产生和发展的历史过程？这一历史过程经历了哪几个阶段？

11. 如何理解商品经济取代自然经济的历史进步性？

12. 如何理解商品经济的充分发展是社会经济发展不可逾越的阶段？

第三章

生产理论（一）

第一节　生产商品的劳动

一、具体劳动与抽象劳动

商品二因素（使用价值和价值）是因为生产商品的劳动具有二重性：具体劳动和抽象劳动。因此，要把握商品的本质，必须考察生产商品的劳动二重性。

（一）具体劳动

在商品生产中，人们为了生产满足各种不同需要的商品，就要进行各种特定形式的劳动。不同的使用价值体现着不同的分工，商品的不同使用价值是由各种不同形式的劳动创造的。就拿木匠做桌子和裁缝做衣服来说，各自劳动的目的、方法、手段、对象和结果都不相同，因此他们的劳动是不同具体形式下的劳动。这些不同形式下的劳动，结果生产出各不相同的使用价值来，这种生产不同使用价值的不同性质和不同具体形式的劳动，叫作具体劳动。作为具体劳动是千差万别的，正是由于具体劳动在性质上的差别才形成社会分工，人们通过各种具体劳动改变自然界的物质形态，生产出各种不同的商品，用来满足人们各种不同的需要。所以，不同的具体劳动创造不同的使用价值。

具体劳动创造商品的使用价值，它反映人与自然的关系，是劳动的自然属性。在任何社会，人类要生存和发展，都必须从事各种各样的具体劳动，生产出各种各样的使用价值来满足人们各种各样的需要。

（二）抽象劳动

生产商品的劳动，除了千差万别的具体劳动这一面外，还有共同的、同质的一面，那就是不同的具体劳动所创造的各种各样的商品是可以互相比较并且按一定比例进行交换的。不论木匠还是裁缝或是其他劳动者，他们在劳动过程中总是要消耗劳动力，耗费自己的脑力和体力，都是无差别的人类劳动，或叫一般人类劳动。这种撇开了劳动的具体形式的一般人类劳动叫作抽象劳动。

商品的共同的东西——价值，正是由劳动的共同东西即抽象劳动形成的，也就是说，抽象劳动创造商品的价值。抽象劳动是价值的实体。马克思指出：“形成价值实体的劳动是相同的人类劳动,是同一的人类劳动力的耗费。"正因为抽象劳动是无差别的人类劳动力的耗费,这就决定了价值在质上是相同的,所以各种商品的价值也就可以互相比较并按一定比例进行交换。抽象劳动是劳动的社会属性,是商品经济特有的范畴,体现着商品经济条件下生产者之间的社会关系,是一个历史范畴。

(三)劳动二重性的对立统一

1. 具体劳动与抽象劳动的矛盾性

首先,表现在特殊性与共同性的差别以及质与量的差别方面。性质不同的具体劳动是由劳动的各种特殊性质和具体形式决定的,反映生产商品的劳动的特殊性,表明是什么样的劳动和怎样进行的劳动,生产性质不同的使用价值;性质相同的抽象劳动是由人类劳动的一般性决定的,反映生产商品的劳动的共同性,表明劳动量有多少和劳动时间有多长,形成性质相同的商品价值。

其次,表现为当具体劳动创造的使用价值不符合社会需要时,商品卖不出去,具体劳动就不能转化为抽象劳动,从而商品的使用价值和价值都不能得到实现。具体劳动和抽象劳动的这些矛盾,只有通过商品交换才能得到解决。

具体劳动反映的是人与自然的关系,是劳动的自然属性;抽象劳动作为创造价值的劳动,反映的是人与人之间的关系,即社会生产关系,是劳动的社会属性。

2. 具体劳动与抽象劳动的统一性

具体劳动与抽象劳动不是两次劳动,或者两种劳动,而是同一劳动过程的两个方面。一方面,从劳动的特殊性看,生产各种商品的劳动是性质和形式都不同的具体劳动;另一方面,从劳动的共同性看,生产各种商品的劳动是撇开了各种不同具体形式的相同的抽象劳动。商品生产者在进行具体劳动的同时,也就支出了抽象劳动。不论是在时间上还是空间上,具体劳动和抽象劳动都是不可分割的。没有具体劳动也就没有抽象劳动;抽象劳动又是各种具体劳动彼此联系的体现,也是商品生产者借以相互联系的桥梁。比如,木匠做桌子,他并不是在这个时间进行具体劳动,在另一个时间进行抽象劳动,而是在同一个时间,他的劳动既是具体的又是抽象的。抽象劳动是实质,是生产商品的一般人类劳动的耗费;具体劳动是形式,是人的脑、肌肉、神经、手等的生产耗费的具体形式。

马克思指出:"一切劳动,从一方面看,是人类劳动力在生理学意义上的耗费,作为相同的或成抽象的人类劳动,它形成商品价值。一切劳动,从另一方面看,是人类劳动力在特殊的有一定目的的形式上的耗费,作为具体的有用劳动,它生产使用价值。"这里把抽象劳动看做人类劳动力"在生理学意义上"的耗费。不能由此认为,抽象劳动不过是一种生理现象和生理学范畴。这里讲"生理学意义上"的耗费,只是从劳动力支出本身是一种生理活动来着眼的。不论生产的社会形式如何,劳动总是脑力和体力在生理上的支出。

必须指出的是,具体劳动生产使用价值,但它并不是使用价值的唯一源泉,它必须同一定的生产资料相结合,才能生产出使用价值。因为生产是劳动和自然之间的物质变换。因此,劳动并不是它所生产的使用价值即物质财富的唯一源泉。如果只要有劳动就可以形成财富,那么,在阶级社会中,劳动者终日劳动,那就不该有受穷挨饿的现象了。马克思指出,使用价值是自然物质和劳动两个要素的结合。正像英国资产阶级古典政治经济学的创始人威廉·配第所说:"劳动是财富之父,土地是财富之母。"这里所说的土地,是泛指自然界存在的劳动对象。如果说，具体劳动不是使用价值的唯一源泉，那么，抽象劳动则是价值的唯一源泉。在价值中不包含任何自然物质的一个原子。具体劳动作为有用劳动，它是人类社会生存和发展的基础。任何社会都不能没有具体劳动，它体现着人和自然的关系，是劳动的自然属性；抽象劳动则提供了一个同一的尺度，用来比较生产不同商品时所耗费的劳动，它体现着商品生产者之间相互交换劳动的社会关系，是劳动的社会属性，它是商品生产所特有的历史范畴。

商品价值的创造和物质财富的生产在条件上是不同的。商品的价值或称价值财富，是各种商品的共性，只能由生产商品的劳动作为共性的一般人类劳动或抽象劳动来创造，从而各种商品都具有性质相同的价值，得以实现等价交换。生产资料是不能作为劳动创造商品价值的。物质财富或种种商品体，是由劳动和生产资料相结合而生产的。只有劳动与生产资料相结合才能生产物质财富。比如木料的桌子这个商品体，如果只有劳动而没有木板和木工工具等生产资料，那是不会生产出来的。

劳动二重性学说是马克思首先发现的，这是他对政治经济学所作的最重要贡献之一，具有重大的历史意义。在马克思之前，亚当·斯密和李嘉图等古典学派的资产阶级经济学家，已经提出劳动创造价值的理论。但是由于他们不了解劳动的二重性，因此他们不能回答什么样的劳动形成价值，为什么形成价值以及怎样形成价值。因此，他们的劳动价值学说是不彻底的，有时出现自相矛盾的说法。马克思吸收了亚当·斯密和李嘉图学说中正确的部分，批判了他们学说中错误的自相矛盾的说法，用他的劳动二重性的科学分析，彻底揭示出商品经济的内在矛盾，从而使劳动价值论发生了革命性的变革，使劳动价值论成为完全科学的价值理论，它解决了什么劳动形成价值以及为什么形成价值的问题，为使用价值和价值的本质、价值量和价值形式提供了理论基础，从而把劳动价值论建立在完全科学的基础上。同时，马克思又从劳动二重性学说出发，进而科学地分析了市场经济生产过程的二重性，区分了不变资本和可变资本在价值增值过程中的不同作用，揭示了剩余价值的真正来源，创立了剩余价值理论。为此马克思说："商品中包含的劳动的这种二重性，是首先由我批判地证明了的。这一点是理解政治经济学的枢纽。"

二、各类劳动的内涵

（一）简单劳动与复杂劳动

马克思的具体劳动和抽象劳动学说科学地说明了商品二重性（即使用价值和价值）的来源，而简单劳动和复杂劳动则说明了创造价值的劳动构成。

简单劳动和复杂劳动是商品生产条件下的经济范畴，是指不同工种之间的劳动在发展程度上的差异。人们从事各式各样的具体劳动，由于技术复杂程度不一，化为抽象劳动时有简单与复杂之分。所谓简单劳动，是指无须专门训练、没有特别技能和专长的普通劳动者的健全机体中都具有的平均劳动能力所能从事的劳动，例如搬运物品、擦鞋、提水等；而复杂劳动则是需要专门训练、培养，具有一定技巧和知识的劳动，例如制造钟表、驾驶飞机等。

简单劳动和复杂劳动的差别不是由自然或生理条件决定的，而是由社会条件，主要是由社会分工和科技发展水平的差别及其在生产中的应用程度决定的。因而这种区别具有相对性，即在不同的历史时期和不同的国家，区别的标准是不同的。而且，随着科学技术的不断发展，过去的复杂劳动可以变成简单劳动，整个社会的简单劳动的标准会比过去提高。但就一定时期来说，简单劳动与复杂劳动的差别总是存在的。

由于劳动有简单与复杂之分，反映在各自创造的价值量上是有差别的。往往一小时的复杂劳动创造的价值可以是一小时简单劳动的若干倍。马克思说："比较复杂的劳动只是自乘的或不如说是多倍的简单劳动。因此，少量的复杂劳动等于多量的简单劳动。"在衡量和比较不同商品的价值量时，是以简单劳动为尺度的。复杂劳动所生产的商品，其价值量的确定是通过把一定量的复杂劳动换算成简单劳动来实现的。计量商品中包含的价值量，可以以单位时间内的简单劳动为基准，将同一时间单位内的复杂劳动换算成多倍的简单劳动。复杂劳动与简单劳动之间的换算关系，是在商品交换的实践中多次调整逐渐确定的，是在反复交换的实践中自发形成的。正如马克思所说，是来自多次交换过程中的"约定俗成"，"是在生产者背后，由社会过程决定的。因而在他们看来，似乎是由于习惯确定的"。简单劳动和复杂劳动的差别是一个客观存在。不管你承认不承认这种差别，人们在互换劳动的关系中总是在不断进行折算的。马克思说："这种简化看来是一个抽象，然而这是社会生产过程中每天都在进行的抽象。"在马克思的劳动价值理论中，形成商品价值的劳动是以简单劳动为尺度的，这与当时的社会生产方式是相适应的。因为当时生产力发展水平还不是很高，工人凭借体力劳动足以胜任绝大部分的工作。

由于复杂劳动和简单劳动的差别，相应地产生了复杂劳动者与简单劳动者在收入分配中的差距问题。恩格斯说："在私人生产者的社会里，训练有学识的劳动者的费用是由私人或其家庭负担的，所以有学识的劳动力的较高的价格也首先归私人所有：熟练的奴隶卖得贵些，熟练的雇用工人得到较高的工资。"这是因为：①复杂劳动者需要经过一定的学习和训练，必须付出相应的费用。而且复杂劳动者往往要掌握综合的科技与社会科学知识，特别是在以知识为基础的现代社会，需要不断更新知识，其学习和训练的费用也会不断提高。②复杂劳动除消耗一定的体力外，还要比简单劳动消耗更多的智力。这就是说，由于科技不断进步，复杂劳动者的培养和教育训练费用也在不断增加，劳动者在学习中的脑力消耗也必然越多。这些培养和教育费用和在学习过程中的脑力支出虽然不能直接形成商品的价值，但却必须在劳动者从事劳动之后得到补偿和承认。这种劳动耗费无论是发生在从事生产的时间之内，还是发生在从事生产的时间之外，都是为生产特定的商品所必需的，因而，必须计入商品的价值。否则，这部分劳动无法通过交换来补偿，谁也不会有积极性去掌握从事复杂劳动所需要的技能。

（二）个别劳动与社会必要劳动

由于各个商品生产者的生产技术条件、劳动熟练程度和劳动强度彼此不同，他们生产同一种商品所耗费的劳动也就各不相同。各个商品生产者耗费在一种商品上的各自的劳动，叫作个别劳动。由个别劳动所决定的价值是商品的个别价值。

社会必要劳动是指在现有的社会正常的生产条件下，在社会平均的劳动熟练程度和劳动强度下制造某种使用价值所需要的劳动。由社会必要劳动所决定的价值是商品的社会价值。

（三）私人劳动与社会劳动

在以生产资料私有制为基础的社会中，商品的二因素和体现在商品中的劳动的二重性，反映了商品经济的基本矛盾——私人劳动和社会劳动的矛盾。

商品经济的产生和存在必须具备两个条件：一是社会分工；二是生产资料和劳动产品属于不同的所有者，即生产者之间存在不同的经济利益，或存在着不同经济利益的主体。由于社会分工，各个生产者互相联系，彼此依存，他们都为对方工作，为社会的需要而生产，因此，在社会分工体系中，每个商品生产者的劳动都是社会总劳动的一部分，他们的劳动具有社会的性质，是社会劳动。不过不是直接的社会劳动，即不是由社会按照需要有计划地统一安排的劳动，而是间接的社会劳功，只有通过商品交换才能表现其社会联系的劳动。由于生产资料和劳动产品属于不同的所有者，又把商品生产者分开了，他们分散存在，独立经营，劳动又成为他们的私事，劳动成果也归他们私人所有。因此，他们的劳动又具有私人的性质，是私人劳动。

那么，私人劳动和社会劳动的矛盾是怎样表现出来的呢？我们知道，每个商品生产者的劳动，虽然是社会总劳动的一部分，彼此都在为对方工作，但是，由于生产资料和劳动产品属于不同的所有者，生产者的劳动又不直接表现为社会劳动，劳动的成果不能白白地送给对方，只有通过商品交换的形式，在市场上把他的产品卖出去，他的私人劳动才能转化为社会劳动。他们劳动的社会性质，在没有交换以前，始终是隐蔽着的。然而，商品生产者的私人劳动又必须转化为社会劳动，他的产品又必须为社会所需要。直接的私人劳动，间接的社会劳动，这就是矛盾所在。

在私有制条件下，社会上究竟需要什么商品，需要多少，商品生产者事先是无法准确了解的。他们总是凭着自己的估计或投机来生产某种商品。他们的商品是否为别人所需要，他们的劳动能否得到社会承认，只有到市场交换时才见分晓。当某些商品在市场上卖出去了，商品生产者的私人劳动就得到了社会承认，私人劳动转化为社会劳动，商品生产者的具体劳动也就转化为抽象劳动，商品的价值也得到了实现。反之，当某些商品在市场上卖不出去时，商品生产者的私人劳动得不到社会承认，私人劳动就不能转化为社会劳动，因而商品生产者的具体劳动就不能转化为抽象劳动，商品的价值也就不能实现。这样一来，即使商品生产者在生产商品时花费了大量劳动，也等于白费。可见，生产商品的具体劳动和抽象劳动的矛盾、商品的使用价值和价值的矛盾是由私人劳动和社会劳动的矛盾决定的，只不过是私人劳动和社会劳动的矛盾的一种表现形式。私人劳动和社会劳动的矛盾，是商品经济一切矛盾的根源。因此，它是商品经济的基本矛盾。随着商品经济的发展，这一矛盾也将越来越深。

私人劳动和社会劳动的矛盾怎样才能解决呢？这一矛盾只能通过商品交换来解决。也就是说，如果商品生产者把商品卖出去，他的劳动就被社会承认，私人劳动就转化为社会劳动。私人劳动与社会劳动的矛盾得到解决，个别劳动就转化为社会必要劳动，具体劳动就还原为抽象劳动，商品的使用价值就实现为社会使用价值，生产商品所耗费的劳动就实现为价值，从而商品的内在矛盾也就得到了解决。与此相反，如果商品生产者的商品卖不出去，说明他的商品尽管是为社会生产的，但事实上他的劳动并不被社会所承认，私人劳动就不能转化为社会劳动，私人劳动与社会劳动的矛盾就得不到解决。随之而来的是，个别劳动就不能转化为社会必要劳动，具体劳动不能还原为抽象劳动，使用价值不能实现为社会使用价值，耗费在商品中的劳动也就不能实现为价值。只有通过交换，私人劳动才能转化为社会劳动。马克思说："商品直接是彼此孤立的、互不依赖的私人劳动产品，这种私人劳动必须在私人交换过程中通过转移来证明是一般社会劳动；或者说，在商品生产基础上的劳动只有通过个人劳动的全部转移才成为社会劳动。"

通过商品交换，私人劳动怎样转化为社会劳动呢？商品生产者私人劳动生产的商品，要想转化为社会劳动，必须具备两个条件：一方面，必须对社会有用、为社会所需要，其劳动必须是具体的有用的劳动，生产出为社会所需要的使用价值，否则交换不出去；另一方面，各种不同使用价值的商品，要进行交换，就必须有一个互相比较的共同基础，把生产不同使用价值的具体劳动还原为抽象劳动，还原为价值，才能在社会均等的基础上进行交换。这样，通过交换，私人劳动的产品才能被社会所承认，成为社会劳动的产品，满足社会的需要，商品生产者的私人劳动才转化为社会劳动。

正是由于商品生产者的私人劳动和社会劳动的矛盾，才使得生产商品的劳动具有两重性：一方面是具体劳动；另一方面又表现为抽象劳动。具体劳动创造商品的使用价值，抽象劳动形成商品的价值。商品的二因素以及生产商品劳动的二重性，既反映了商品生产的私人劳动和社会劳动的矛盾，又是在这一矛盾的基础上发展起来的。私人劳动和社会劳动的矛盾是商品经济的基本矛盾，是商品生产一切矛盾的总根源。

(1) 私人劳动与社会劳动的矛盾决定商品的内在矛盾。商品的使用价值和价值的矛盾，具体劳动和抽象劳动的矛盾，个别劳动与社会必要劳动的矛盾，都是由私人劳动与社会劳动的矛盾引起的，其矛盾的解决取决于私人劳动与社会劳动矛盾的解决。

(2) 私人劳动与社会劳动的矛盾决定商品生产者的命运。商品生产者的劳动能否被社会所承认，要受市场的检验和裁判。如果商品生产者的商品不为社会所需，或部分不为社会所需，私人劳动就不能全部或部分地转化为社会劳动，商品生产者就会处于不利的竞争地位，招致亏本甚至破产。与此相反，如果商品生产者的商品顺利地通过市场全部卖出，他的私人劳动就转化为社会劳动，处于有利的竞争地位，结果会使他的生产兴旺发达，取得更多的收益。

(3) 私人劳动与社会劳动的矛盾决定商品经济存在、发展、消亡的全过程。如果生产劳动直接表现为社会劳动，生产的产品就不需要通过交换进入消费领域，因而就不存在商品经济。只有在私人劳动与社会劳动矛盾存在的条件下，才决定了商品经济的产生和发展，推动着简单商品经济过渡到发达的商品经济，资本主义商品经济过渡到社会主义商品经济。商品经济的性质不同，私人劳动与社会劳动矛盾的表现形式也不同。在简单商品经济条件下，直接表现为私人劳动和社会劳动的矛盾；在资本主义商品经济条件下，表现为生产社会化和资本主义私人占有形式的矛盾；在社会主义商品经济条件下，则表现为局部劳动和社会劳动的矛盾。

由此可见，私人劳动和社会劳动的矛盾，是商品经济中不可克服的矛盾，它支配着商品生产，决定商品生产者的命运，是商品经济的基本矛盾，是商品生产一切矛盾的总根源。商品经济就是在这一基本矛盾运动的过程中自发地发展，并且随着商品生产的发展，这个矛盾也日益加深。

三、劳动生产率与商品

商品价值和其他任何事物一样，不仅有其质的规定性，而且有其量的规定性。比如，对于某种商品，我们不仅说它有价值，而且还要说它具有多大的价值。下面我们就来研究商品的价值量。

古典政治经济学虽然明确提出了商品的价值量由社会劳动量来决定，但由于他们没有弄清楚决定价值量的劳动是抽象劳动，因此，价值量决定的理论也是不彻底的。马克思劳动二重性学说的发现，使这一问题迎刃而解。马克思提出价值是抽象劳动的凝结，而抽象劳动是同质的，这就为价值的计量奠定了基础。既然商品的价值是人类抽象劳动的凝结，价值量就应由形成价值的抽象劳动量决定，而劳动量又是由劳动时间来计量的。因此，商品的价值量也就是由生产商品所耗费的劳动量决定的。劳动数量是用劳动时间（小时、日、周、月等）来衡量的。所以，商品的价值量是由生产商品所耗费的劳动时间来决定的。这样就有一个问题，社会上有许多商品生产者在生产同样的商品，他们的生产条件、技术水平、熟练程度都各不相同，商品的价值量究竟由谁的劳动时间决定呢？马克思认为，商品的价值量不能由个别劳动时间决定，必须由社会必要劳动时间来决定。

（一）社会必要劳动时间决定商品的价值量

由于各个商品生产者的生产技术条件、劳动熟练程度和劳动强度彼此不同，他们生产同一种商品所耗费的劳动时间也就各不相同。各个商品生产者耗费在一种商品上的各自的劳动时间，叫作个别劳动时间。由个别劳动时间形成的价值是商品的个别价值。

什么是社会必要劳动时间呢？马克思指出："社会必要劳动时间是在现有的社会正常的生产条件下，在社会平均的劳动熟练程度和劳动强度下制造某种使用价值所需要的劳动时间。"这就是说，决定社会必要劳动时间的因素有三个：①社会正常的生产条件；②社会平均的劳动熟练程度；③社会平均的劳动强度。这里所说的"现有的社会正常的生产条件"是指当时社会上某一生产部门大多数产品生产已经达到的技术装备水平。例如，煤炭产业，在开采煤矿时有些生产者使用先进机器，有些生产者使用落后的旧式工具，有的生产者甚至全靠原始的人力开采，他们开采同一吨煤炭，所耗费的劳动时间却大不相同。如果大多数的煤炭都是由机器开采出来的，只有极少数的煤炭是用旧式工具和人力开采的，那么使用机器生产就是煤炭工业部门所达到的社会正常的生产条件。在这种正常生产条件下，由于人的劳动熟练程度和强度不同，从而开采一吨煤炭所耗费的劳动时间也会不一样。然而，决定价值量的，只能是社会平均的劳动熟练程度和强度。这里所说的"平均的劳动熟练程度和劳动强度"，是指中等水平或部门平均水平的劳动熟练程度和劳动强度。例如，在社会正常的生产条件下，以社会平均的劳动熟练程度和劳动强度，开采一吨煤炭需要 2 小时，那么，2 小时就是开采一吨煤炭的社会必要劳动时间。只有符合社会必要劳动时间的私人劳动，才能全部为社会所承认，超过部分则为损失，低于部分则形成额外收入。所以，各个商品生产者生产商品时所耗费的个别劳动时间，能否符合社会必要劳动时间，直接关系着他们在经营和竞争中的成败和得失。

上述的社会必要劳动时间是在生产同种商品的不同生产者之间形成的。社会必要劳动时间还有另一种含义。这一含义的社会必要劳动时间是在生产不同商品的生产者之间形成的，它涉及社会总劳动时间在各种商品上的分配。马克思说："如果说个别商品的使用价值取决于该商品是否满足一种需要，那么，社会产品总量的使用价值就取决于这个总量是否适合于社会对每种特殊产品的特定数量的需要，从而劳动是否根据这种特定数量的社会需要按比例进行分配在不同的生产领域。"这是社会总劳动中按一定比例用来生产社会需要的某种商品所耗费的劳动时间。不同商品的供求状况会直接影响社会必要劳动时间的生产条件。如果供给超过需求，优等生产条件就会成为社会平均生产条件，引起商品价值下降，导致平均生产条件向上移动；反之，如果需求超过供给，劣等生产条件就会成为平均生产条件，引起商品价值上升，导致平均生产条件向下移动。供求关系对价值的影响是通过生产条件的变化实现的，因此，决定价值的仍是社会必要劳动时间。

从本质上说，社会必要劳动时间的两种含义是对立统一的，他们共同决定商品的价值。第一种含义是价值决定的基础，第二种含义是价值决定的实现；第一种含义是从社会生产条件的角度来说明社会必要劳动时间，第二种含义是从社会需要的角度来说明社会必要劳动时间；第一种含义所决定的是单位商品的价值，第二种含义所决定的则是部门商品的总价值。实际上，由于社会总劳动时间是有限的，因此，社会生产就是社会总劳动时间按照社会必要劳动时间的需要，同时受供求关系的影响，配置到社会各个生产部门。

决定商品价值量的，不是各个生产者实际耗费的劳动时间即个别劳动时间，而是社会必要劳动时间。我们所讲的商品价值，指的是社会价值，而不是个别价值。只有社会价值才是商品的现实价值。马克思指出："形成价值实体的劳动是相同的人类劳动，是同一的人类劳动力的耗费。"这同一的人类劳动力的耗费，即社会平均的人类劳动力的耗费。所以，商品的价值量不能由个别劳动时间决定，而只能由社会必要劳动时间决定，进一步说明了价值的社会属性。这是商品经济的客观规律。

（二）劳动生产率和价值量

商品的价值量是由生产商品的社会必要劳动时间决定的。社会必要劳动时间是随着劳动生产率的变化而变化的。因此商品的价值量同劳动生产率的变化有着密切的关系。

劳动生产率是指劳动的生产效率。它通常有两种表示方法：一是以单位劳动时间内所生产的产品数量来表示；二是以生产单位产品所耗费的劳动时间来表示。例如，原来矿工1小时开采2吨煤炭，现在1小时开采4吨煤炭，这说明矿工的劳动生产率提高了一倍。在人类社会的历史发展过程中，劳动生产率有不断提高的趋势。劳动生产率水平的高低主要取决于生产中的各种经济和技术因素，如劳动者的技术熟练程度、科学技术发展水平及其在生产中的应用程度、生产过程的社会结合形式(分工协作、劳动组织、生产管理等)、生产资料的质量和效能、自然条件的优劣等。在不同的部门和企业中，上述因素对劳动生产率的影响是不相同的。如在加工工业中，自然条件对劳动生产率的影响比较小；在农业和采掘工业中，自然条件对劳动生产率的影响就比较大。

既然劳动生产率是用单位时间内生产的产品数量来表示的，那么，劳动生产率的变化必然引起商品使用价值量的变化：劳动生产率越高，同一劳动在同一时间内创造的使用价值量就越多(然而同一时间同一劳动所创造的价值总量是不变的)，单位商品包含的劳动量就会越少，它的价值量也就越小；反之，劳动生产率越低，同一劳动同一时间内创造的使用价值量就越少，单位商品包含的劳动量就越多，它的价值量也就越大。

以矿工采煤为例(见表 3-1),原来在 2 小时单位时间内开采 2 吨煤炭,每吨煤炭的价值是 1 小时劳动,后来劳动生产率提高了,2 小时可以开采 4 吨煤炭,使用价值量增加了1 倍,价值总量未变,仍然是 2 小时劳动,但单位产品价值量减少了,每吨煤炭的价值就由 1 小时减少为 0.5 小时了。因此,马克思说:“商品的价值量与体现在商品中的劳动的量成正比,与这一劳动的生产力成反比。”这是商品生产的一个一般规律。

表 3-1 劳动生产率与商品使用价值量的关系

时期	单位时间/小时	生产使用价值量/吨	劳动生产率/(吨/小时)	价值总量/小时	单位商品价值量/小时
Ⅰ	2	2	1	2	1
Ⅱ	2	4	2	2	0.5

商品生产者都力求提高劳动生产率,这不是为了降低商品的社会价值,而是为了减少生产商品的个别劳动时间。但人人都这样做的结果,就使整个部门的劳动生产率获得提高,从而使商品的社会价值降低。商品价值量和劳动生产率的反比关系,也反映了使用价值和价值、具体劳动和抽象劳动的矛盾。使用价值的增加,是具体劳动的生产率提高的结果;而价值的减少,则是抽象劳动量减少的结果。

劳动生产率不论怎样变化,同一劳动在同一时间内创造的价值总是不变的。劳动生产率越高,同一劳动在同一时间内所生产的使用价值就越多,但单位产品所含有的劳动量就越少,它的价值也越小。反之,劳动生产率越低,同一劳动在同一时间内所生产的使用价值就越少,而单位产品所含有的劳动量就越多,它的价值也越大。

第二节 物质资料的生产

一、物质资料生产是人类社会存在和发展的基础

(一) 物质资料的生产和再生产

物质资料生产是劳动者按照预期的目的,运用劳动资料加工于劳动对象,使它适合人们需要的过程。例如,农民种植谷物和棉花;工人把棉花纺成纱,用纱织成布;把地下埋藏的煤炭开采出来,并运到需要它们的地方;把铁矿石冶炼成钢铁;把黏土烧成砖,用砖建成房屋;等等,这些活动都是物质资料生产活动。

不断重复、不断更新的物质资料的生产就是再生产。产生物质资料再生产的根本原因是人类要生存发展下去,需要不断地消费。

社会物质资料的再生产的内容是物质资料再生产与生产关系再生产的统一。社会物质资料再生产的两重性决定了生产管理任务一方面完成物质资料再生产;另一方面维护和发展现有的生产关系。

(二) 物质资料再生产的类型

物质资料再生产在规模上可分为简单再生产和扩大再生产。简单再生产是生产规模在原有基础上的重复进行。扩大再生产是指生产在扩大的规模上进行。其中,简单再生产是

扩大再生产的基础，扩大再生产是简单再生产的继续。扩大再生产又分为内涵扩大再生产和外延扩大再生产，前者又叫集约型扩大再生产，后者又叫粗放型扩大再生产。内涵扩大再生产主要是通过提高生产要素质量、劳动者素质和劳动效率途径来实现的扩大再生产。外延扩大再生产主要是通过增加生产要素数量的途径来实现的扩大再生产。在现实中，这两种扩大再生产往往交织在一起。

人们要生存，就必须有维持生活的物质资料，要有饭吃，有衣穿，有房屋住等。否则，人们就无法生活下去。而要取得这些生活资料，就必须进行生产。因此，物质资料的生产是人类社会生存和发展的基础。也因此，物质资料生产是马克思主义政治经济学研究的出发点。

二、物质资料生产的基本要素

人们的生产活动首先是一个劳动过程。在任何社会发展阶段上，生产都必须具备三个要素，即人的劳动、劳动资料和劳动对象，缺少其中任何一个要素，生产都无法进行。

(1) 人的劳动就是具有一定生产经验和劳动技能的劳动者的有目的的生产活动，它是生产的能动的最基本要素。任何先进的生产工具，如果没有劳动者去操作，只能是一堆物料。可见，没有人的劳动就根本谈不上生产。在生产发展过程中，劳动者的生产经验和劳动技能是逐渐积累起来的，并一代一代地传授下去。人们的生产经验和劳动技能来自生产实践，反过来又给予生产的发展以积极的推动。

(2) 劳动资料是指人们用来把自己的体力和脑力劳动传导到劳动对象上去的一切物质资料。生产就是人们发挥自己的劳动能力，利用劳动资料对劳动对象进行加工的过程。劳动资料包括生产工具、建筑物、道路、管、桶、瓶和度量衡等，其中最重要的是生产工具。在生产中，人们不断地改进劳动资料，以推动生产的发展。劳动资料发展的状况，标志着人们进行生产和对自然界的改造所达到的程度，标志着社会经济发展的不同阶段。

(3) 劳动对象是指人们在生产过程中把自己的劳动加于其上的一切东西。在劳动对象中，一类是没有经过人们劳动加工的自然生成物，如原始森林里的树木、埋在地下的矿藏等；另一类是经过人们加工的劳动产品，如棉花、钢铁等，这种经人们加工过的劳动对象称为原料。随着生产的发展和科学技术的进步，还会有更多的物质资料被用来作为劳动对象。同时，对劳动对象的加工方法和利用程度也是不断发展的。

生产资料是劳动资料和劳动对象的总称。生产资料是人们进行物质资料生产的客观条件，人的劳动则是进行物质资料生产的主观条件。

三、物质资料再生产的四个环节

物质资料再生产作为一个过程，包含了四个环节，即生产、分配、交换和消费。这四个环节是一个有机统一体，马克思说，生产、分配、交换和消费“构成一个总体的各个环节，一个统一体内部的差别”。在四个环节中，生产起决定作用，它决定分配、交换和消费；分配、交换和消费反作用于生产。

1. 生产和消费的关系

生产和消费是一个生产过程的两个环节，生产是这个过程的起点，消费是它的终点。生产决定消费，决定着消费的对象和消费的方式。消费对生产具有反作用：一是消费使生产出来的产品得以最后完成其为产品。例如，一幢房屋如果没有人去住，它只是一座具有可能性的房屋，只有被人居住了，它才是现实的房屋。二是消费还为生产创造出动力。人们为了获得消费品，就得进行生产。如果人们对任何消费资料都不需要，就没有必要进行生产。人们要获得品种多、质量好的消费品，就必须发展生产。所以，消费又是推动生产发展的动力。从这种意义上讲，消费又决定着生产。

2. 生产和分配的关系

在产品分配上，生产决定分配，决定着分配的对象和分配方式；分配又反作用于生产，适应生产的分配将促进生产的发展，不适应生产的分配将阻碍生产的发展。

3. 生产和交换的关系

产品的交换是由生产决定的，因为交换是由生产过程中的分工决定的。如果没有分工，那就不可能有交换。生产的性质决定着交换的性质。交换发展的程度也是由生产发展的程度决定的，生产越发展，分工越细，交换也就越加发展，交换的深度和广度是由生产过程中分工发展的深度和广度决定的。可见，产品交换是由生产决定的。同时，产品的交换也在一定程度上反作用于生产。随着交换的发展，市场的扩大，对用来交换的产品的需求增长了，从而促进生产的发展。不论是乡村内部和城市内部以及乡村和城市之间的交换的发展，还是各个生产部门之间以及各个部门内部交换的发展，情况都是如此。

从以上的分析可以看出，人们的生产、分配、交换和消费构成社会生产的总过程，它们并不是孤立的，而是一个统一体内部的各个环节。在这个统一体中，作为生产要素的分配、交换和消费，包含在生产过程中，它们本身就是生产；作为消费品的分配、交换和消费，是由生产决定的。

四、物质资料生产方式的两个方面

生产方式即是人们进行生产活动的方式，包括两个方面的内容：生产力和生产关系。

1. 生产力

生产力是人们改造自然、征服自然的能力，是具有一定生产经验和劳动技能的劳动者运用劳动资料进行生产时所形成的物质力量，反映着人和自然界之间的关系。生产力是人类社会发展的最终决定力量，生产力的状况标志着人类社会的发展程度，也标志着人类改造自然、征服自然的广度和深度。

生产力构成要素包含三个因素，即劳动者、劳动资料和劳动对象。劳动者是生产力最活跃、最积极的因素，在生产力中起决定作用。劳动资料和劳动对象是生产力中物的因素，其中生产工具起着最重要作用，它是社会生产力发展水平和发展状况的最主要标志，也是划分经济发展时代的主要标志。

在生产力发展中，科学技术起着重要作用，是第一生产力。科学技术渗透到劳动者和生产资料中，提高劳动者的素质和劳动技能，革新和创造新的生产工具，提高人们改造自然、征服自然的能力，扩大劳动对象的范围，改进和变革工艺过程，使劳动组织和生产管理不断走向现代化等都能极大地促进生产力的发展。所以，马克思说生产力也包括科学技术，邓小平说科学技术是第一生产力。科学技术越是广泛地应用于生产，就越能提高生产力水平。当代世界生产力大发展，都是由科学技术的发展所推动的，现代国民生产总值的增长60%～80%是科学技术进步的结果。

2. 生产关系

生产方式的另一个方面是人们的生产关系。单独的个人是无法进行生产的，人们只有相互结合起来，才能进行生产，才能有力量改造自然界，战胜自然界。人们从事生产活动中相互结成的关系，叫生产关系，也叫经济关系。生产关系是人们在物质资料再生产四个环节，即生产、分配、交换和消费上所形成的关系，主要包括生产资料所有关系、人们在生产中的地位和相互关系、产品的分配关系，其中生产资料所有关系是基础，它决定着生产关系的其他方面，决定着生产关系的性质，是区分不同生产关系类型的主要标志。同时，生产关系的其他方面又都体现了生产资料所有关系。生产关系是生产的社会形式，它表示人类社会发展在一定阶段上的社会性质。

生产关系的总和构成社会的经济结构，也就是社会的经济基础。建立在经济基础之上的政治、法律制度和社会意识叫社会上层建筑，它是在一定的经济基础上建立起来的，是由经济基础决定的。有什么样的经济基础，就有什么样的上层建筑。但是上层建筑对经济基础又有反作用，它能够促进或阻碍经济基础的发展。经济基础和上层建筑构成社会形态，在人类社会历史上，相继出现过原始社会、奴隶社会、封建社会、资本主义社会和社会主义社会五种社会形态。

生产方式的两个方面生产力和生产关系是辩证的对立统一体，生产力决定生产关系，表现在：生产力的状况决定生产关系的状况，有什么样的生产力，必然要求什么样的生产关系与之相适应；生产力的发展变化决定生产关系的发展变化，生产力的发展变化或迟或早必然会引起生产关系发生变化。但是，生产关系对生产力又有反作用，表现在：生产关系适应生产力的状况和发展要求时能够促进生产力的发展；生产关系不适应生产力的状况和发展要求时能够阻碍生产力的发展。

生产力和生产关系的辩证统一，产生了生产关系一定要适合生产力性质的规律，这是人类社会各个社会形态共有的经济规律。

经济基础和上层建筑是矛盾的对立统一体，政治经济学研究生产关系，必须在经济基础和上层建筑的矛盾运动中进行，就是说必须从经济基础对上层建筑的决定作用和上层建筑对经济基础的反作用中来研究生产关系，而不能脱离上层建筑孤立地研究生产关系，只有这样才能揭示生产关系的产生、发展及其运动的规律性。

五、物质资料的扩大再生产与资本积累

（一）扩大再生产

社会化大生产条件下的再生产特征是扩大再生产。我们这里研究的是外延扩大再生产。

举例说明，原有资本 6000，其中 $4000c$，$2000v$。假定剩余价值率 $m'=100\%$，则一年生产总产品 $=4000c+1000v+1000m=6000$。为了扩大再生产，必须将 m 的一部分（假定 50%）作为资本追加，资本有机构成不变，下一个生产的 m' 仍为 100%，则生产的结果为

$$4000c+400\Delta c+1000v+100\Delta v+1100m=6600$$

式中：c 为不变资本，v 为可变资本，m 为剩余价值，具体见第五章。

这样，生产在扩大的规模上重复进行。

从上分析可以看到，要实现扩大再生产必须将得到的剩余价值一部分进行资本追加，生产规模才能不断扩大，剩余价值也才能不断增多。

（二）资本积累

1. 资本积累的原因

把剩余价值当作资本使用，即把剩余价值转化为资本，就是资本积累。所以，剩余价值是资本积累的源泉，而资本积累则是扩大再生产的重要源泉。

资本积累是市场经济发展的必然趋势，其原因之一是由企业追求剩余价值的内在动力决定的；之二是竞争的外在压力也迫使企业不断地增加积累。可见，在市场经济条件下，资本积累和扩大再生产是客观的必然趋势。

2. 影响资本积累规模的主要因素

由于剩余价值分为个人消费基金和积累基金，当剩余价值量一定时，资本积累规模取决于消费基金和积累基金的比例或积累率（积累基金与剩余价值量的百分比）。

在个人消费基金和积累基金的比例不变的情况下，积累的规模取决于剩余价值量的大小。因此，凡是影响剩余价值量的因素也就会影响资本积累量和积累规模的大小，这些因素主要有以下几种。

（1）剩余价值率的高低。在其他条件不变的情况下，剩余价值率越高，同样数量的预付资本获得的剩余价值就越多，资本积累的数量也就越多。

（2）社会劳动生产率的水平。科学技术的不断进步使社会劳动生产率日益提高。社会劳动生产率的提高，有利于增加资本积累数量。首先，劳动生产率提高，单位商品价值降低，劳动力价值随之降低，剩余价值率提高，剩余价值增加，资本积累的数量也可以增加。其次，劳动生产率提高，商品价值降低，同样数量的资本可以购买更多的生产资料和劳动力，从而获得更多的剩余价值，增加资本积累数量。再次，劳动生产率的提高，商品价值的降低，在积累和消费比例不变的条件下，业主的消费可以增加，但积累并不减少，而如果消费水平不变，那么积累数量就可以增加。最后，在劳动生产率提高的前提下，原有的机器设备更新时，可以使用效率更高的生产资料，就部门而言，可以增加相对剩余价值；就企业而言，可以获得超额剩余价值，从而有利于扩大资本积累的规模。

（3）所用资本和所费资本的差额。所用资本是指在生产中发挥作用的全部劳动资料的价值；所费资本则是指每次生产过程中耗费并转移到新产品中去的劳动资料的价值。由于投入生产中的劳动资料并不是在一次生产过程中全部被消耗的，这样所用资本总是大于所费资本，两者之间就形成了一个差额。这个差额表明，劳动资料在其使用过程中，价值虽然逐渐转移，但是它的使用价值还在继续发挥和原来一样的作用，仍然作为一个完整的劳动资料发挥作用。差额越大，提供的无代价服务就越多，对资本积累越有利。

（4）预付资本的大小。在剩余价值率一定的情况下，剩余价值量取决于预付资本中可变资本的数量。如果不变资本和可变资本的比例不变，那么预付资本量越大，可变资本量也就越大，创造的剩余价值也就越多，从而资本的积累也就越多。

（三）资本的有机构成与相对人口过剩

资本积累伴随着资本构成的提高，同时造成相对人口过剩。

1. 资本的有机构成

(1) 资本的技术构成、资本的价值构成和资本的有机构成。资本构成可以从两方面考察：从物质形态看，资本是由一定数量的生产资料和劳动力所构成，它们之间的比例关系是由生产的技术水平决定的，两者之间的比例叫资本的技术构成。从价值形态看，由于生产资料的价值表现为不变资本，劳动力的价值表现为可变资本，资本分为不变资本和可变资本，它们之间的比例称为资本的价值构成。资本的技术构成与价值构成是密切联系的。资本价值构成以资本的技术构成为基础，资本的价值构成一般反映着资本的技术构成变化，但有时也不能完全反映资本的技术构成的变化。

由资本的技术构成决定，并且反映着资本技术构成变化的资本价值构成，称为资本的有机构成。资本的有机构成通常以 $c : v$ 来表示。

资本的有机构成在不同企业、不同生产部门是不同的。把一个生产部门各个企业的资本有机构成加以平均，一般就是这个部门平均的资本有机构成；把一个社会各个生产部门的资本有机构成加以平均，也就大体反映了社会资本平均的有机构成。

资本的有机构成提高是一个客观规律，这是由科学技术发展规律及生产力发展规律、剩余价值规律、竞争规律所决定的。

(2) 单个资本增大的两种基本形式：资本积聚和资本集中。资本有机构成的提高要以增大单个资本的总额为前提，而单个资本的增大是通过资本积聚和资本集中这两种形式实现的。

资本积聚就是单个资本直接通过积累来增大资本总额，从而在价值形式和生产要素形式上都扩大起来。由于资本积聚标志着资本所支配的生产资料和劳动力的增加，所以，资本积累是资本积聚的基础和前提条件，资本积聚是资本积累的直接结果。但资本积聚要受到两种限制：①没有剩余产品，没有积聚的生产资料和用于消费的生活资料的增加，就不可能有现实的积累，也就不可能有积聚的增加；②受社会资本分散程度的限制，即社会资本由众多单个资本组成，单个资本数目众多，则同量社会资本的积累所引起的积聚结果就越分散，单个资本的增大也就比较缓慢。

资本集中是指把已经形成的单个资本合并为少数大资本。资本集中的途径有组织股份公司的形式和大资本吞并中小资本的形式。资本集中的杠杆是信用和竞争。

资本积聚和资本集中是增大单个资本的两种形式，它们之间存在显著的区别：①资本积聚不仅增大个别资本，而且社会总资本数量也在增加，资本集中只是原有资本在各个企业之间的重新分配和重新组合，不会增加社会资本的总量；②资本积聚的速度比较缓慢，资本集中的速度较快；③资本积累的数量要受到原有的资本数量、剩余价值的绝对量、剩余价值分为积累基金和业主个人消费基金的比例条件的限制，资本集中却一般不受个别资本数量条件的限制。

资本积聚和资本集中也存在着密切的关系：①资本积聚的增长必然加速资本集中的进程；②资本集中也加速了资本的积聚。

2. 相对人口过剩与失业问题

(1) 相对人口过剩——资本积累的必然结果。相对人口过剩的形成有两方面的原因。

一方面，随着资本的有机构成不断提高，在全部资本中可变资本所占比重日益地相对减少，从而使资本对劳动力的需求也日益地相对减少。这一相对减少，可以表现为两种情况：一是追加资本的有机构成提高，而原有资本的有机构成不变，这样，由于追加的资本中包含着追加的可变资本，于是，资本对劳动力的需求虽然是相对量减少了，但绝对量却有所增加；二是不仅追加资本的有机构成提高，而且原有资本的有机构成也在提高，这样，原有资本需要雇用的工人数少了，部分工人被解雇，这时只要追加资本所吸收的劳动力数量少于被解雇的劳动力数量，资本对劳动力的需求就不仅表现为绝对地减少，同时也会表现为相对地减少。

另一方面，随着资本积累的进行，劳动力对资本的供给量却在绝对地增加。一是因为生产技术的进步和机器的广泛使用，使许多复杂劳动日益简单化，对劳动者的要求降低，从而导致大量的妇女和儿童进入工厂；二是随着农业资本积累和资本有机构成的提高，农民大量进城，成为雇用工人；三是激烈的竞争又使生产者包括中小业主出现两极分化，加入雇用劳动者队伍的人数绝对地增加。劳动力供给绝对地增加，而资本对劳动力的需求却相对地减少，这样就不可避免地产生失业人口，即相对人口过剩。

所谓相对人口过剩，是指相对于资本对劳动力的需要而言的，或者说是劳动力的供给量超过了资本对它的需要。所以，人口过剩不是绝对的，而是相对的。

(2) 失业问题。失业是劳动力供给超过需求时表现出的总量失衡，这是生产社会化和市场经济发展的必然产物，是市场经济国家中存在的一般经济现象。失业问题产生的原因除两种生产失衡外，还包括以下几条。

① 随着生产社会化的发展，社会分工不断细化和改变，从而会导致产业结构的调整和升级，生产要素也就会随着产业结构的调整变化而配置组合。这样，从传统产业中被排挤出来的劳动力，如果不能适应现代科学技术的应用以及新兴产业发展需要，就可能失业。这种由经济结构调整发生的失业，称为结构性失业。

② 在市场经济条件下，资源以市场为基础进行配置，价格、竞争、供求、风险等市场机制在其中发挥基本的作用，以实现资源配置的最优效率。因此，市场配置资源必然会使一些经营管理不善、严重亏损的企业被淘汰出局。于是，企业经营不善而发生亏损倒闭以及一些个体经营者的破产，都会造成失业，这是竞争性失业。

③ 市场经济发展过程中，经济运行会呈现有规律的周期性的波动，当经济波动处于低谷，社会上必然会出现大量的失业人口。因此，这种经济周期性波动会导致对劳动力的需求的波动，失业就不可避免。这种在经济周期波动中出现的失业，又称为周期性失业。

④ 在市场经济体制下，就业是由劳动力市场来调节的，但劳动力市场发育和经营是一个渐进的过程。如果就业信息渠道不畅通，就业信息网络建设滞后，劳动者从一个地区盲目流动到另一个地区，突然从一种工作岗位下来想转入另一种岗位就都可能失业，社会上就可能发生空岗和失业的并存，即用工单位找不到所需要的劳动力，而劳动者也难以找到适合自己的就业岗位，这就出现了通常所说的摩擦性失业。

⑤ 在一些转型国家，即由计划经济体制转向市场经济体制的国家，由于企业掌握了用工自主权，原来“隐藏”在企业内部的失业人员，会进入社会失业者的行列，成为公开失业人员。隐性失业是相对公开失业而言的，是指劳动者虽然不处于零工时、零收入，但其劳动力不能得到充分利用，而且收入也不能达到正常的工资收入水平的状态。因此，隐性失业虽然表现为劳动者还留在企业，没有进入社会的公开范围，但实质上是就业不足，是社会名义就

业量减去有效就业量的失业状态，这就是体制性失业。

总之，失业在现代经济中会作为一个普遍的经济问题而存在，无论是资本主义市场经济还是社会主义市场经济都无法避免，失业本身并不会完全消失。尽管在产生原因上有一些区别。因此，要正确对待我国现阶段的失业问题，从多方努力，积极稳妥地解决失业问题。

（四）资本积累的一般规律与贫困问题

1. 资本积累的一般规律

资本积累的一般规律是在市场经济条件下，在“赢家通吃”的社会中，随着资本积累发展，必然产生的两极分化趋势，即贫富差距不断扩大的趋势，富者越富、穷者越穷的“马太效应”。必须承认，社会发展中社会成员不可能绝对平均化，同步富裕，总是存在着贫富差别，这也符合事物发展的规律。但是贫富差距不能过大，必须控制在一定限度内，而市场经济发展本身不仅不可能实现这一目标，而且会使贫富差距不断扩大。

2. 贫困是一个世界性问题

贫困问题的本质是人与自然、人与人关系的总和，它存在于历史和现实之中，存在于世界范围之内。

贫困不仅从经济全球化浪潮中的富国与穷国之间的差距上体现出来，而且在不同制度类型的国家内部表现出来。联合国开发计划署《2000 年人类发展报告》中指出：“全球收入不平等状况在 20 世纪加剧了，其程度超过了以往任何时候。最富和最穷国家的收入差距，1820 年大约为 3∶1，1950 年大约为 35∶1，1973 年大约是 44∶1，1992 年大约是 72∶1。”反映许多国家富人和穷人收入差距的基尼系数也在提高：“俄罗斯联邦的基尼系数从 1987—1988 年间的 0.23 增长到 1993—1995 年间的 0.48。瑞典、英国和美国的基尼系数在 20 世纪 80 年代和 90 年代初增长了 16%以上。在大多数拉丁美洲国家，基尼系数仍很高，厄瓜多尔为 0.57，巴西和巴拉圭为 0.59。”世界银行《1990 年世界发展报告》称，20 世纪 80 年代是穷人被遗弃的 10 年。在这 10 年之内，世界经济有了长足的发展，全世界人均 GNP 也有了大幅度提高，但是贫困并没有得到有效的遏制，反而在世界范围内肆意蔓延，世界上每人每天收入不到 1 美元的绝对贫困人口规模高达 10 亿人。而这个数字到 1993 年发展到 12 亿人，1995 年为 13 亿人，比 5 年前增加了 3 亿人，约占世界人口的 1/5，并且现在正以每年 2500 万人的速度增长。

发展中国家的贫困更为严重，联合国统计报告中的数字让人触目惊心：发展中国家 1/3 的人口生活在贫困之中，8 亿人食不果腹，每年有 1200 万儿童在 5 岁前死去。在南亚居住着占世界 1/3 的人口，贫困人口却占了一半。非洲 6.3 亿人口中，约有 1/2 挣扎在饥饿线上。拉美地区约有 2 亿人口生活在贫困线以下，占该地区人口总数的 1/3 以上。可见，贫困是“无声的危机”，它不仅给发展中国家带来严重的社会经济后果，也关系世界的繁荣和稳定。因此，1992 年第 47 届联合国大会确定每年的 10 月 11 日为“国际消除贫困日”。1993 年第 48 届联大宣布将 1996 年定为“国际消除贫困年”。1995 年 3 月，联合国在丹麦首都哥本哈根举行的第一次有关社会发展的世界首脑会议上，发表了消除贫困、减少失业和加强社会融合的《哥本哈根宣言》和《行动纲领》。整个 20 世纪 90 年代，人类社会向贫困开战，已取得了一定的成就，但不能说世界性的贫困问题已得到根本扭转。正如世界银行发表的《2000/2001 年世界发展报告》中所指出的那样："在新世纪之初，贫困仍然是一个全球性的重大问题。"因此，研究贫困和反贫困仍然是国际社会共同关注的一个跨世纪的难题。

尽管贫困问题成为世界各国共同面临的一种灾难性通病，有其相通的共性。但是，贫困毕竟是一个社会问题，不是一个纯粹的自然性灾害问题。它的存在和演变与各个国家深层次的历史背景和经济、政治、社会、文化以及自然地理环境等内在和外在因素的综合作用有关。从这个意义上讲，不同制度类型和不同意识形态的国家内发生的贫困又有差异性。目前中国社会中发生的贫困现象，概括地讲是由于我国社会生产力总体水平还不高，新中国成立后一段时期内思想政治路线上的失误，改革时期新旧体制转轨碰撞的副作用，以及某些地区恶劣的自然环境等因素共同作用的结果。因此，中国的反贫困，可以通过发展生产力、确立正确的思想政治路线、充分发挥社会主义制度的优越性、建立和完善社会主义市场经济体制以及保护和改善自然生态环境等来逐渐缓解贫困，最终实现消除贫困，实现共同富裕的目标。

第三节　个别资本的所有制及其组织形式

一、个别资本的概念

所谓个别资本，是指在市场经济中相互独立、各自发挥职能的资本。大家不妨联想一下我们的现实经济生活，从小小的夫妻店，到富可敌国的巨型公司，它们都是以资本为支撑的经济实体，都是通过一定的形式把资本组织起来并相互独立地从事生产经营活动，以期实现其资本职能即"赚钱"的经济细胞或企业。所以，个别资本可以说就是单个的企业资本，个别资本运行实际上就是企业资本的运行；而大大小小的企业不过是个别资本运行的具体组织形式。

所有的个别资本都是互相分离、互相独立的，但在各自的运行中，又是相互联系、相互制约的。比如，某一企业要实现其资本增值或带来剩余价值，就必须使自己的资本运动起来，也就是发生购买、生产和售卖的行为和过程，这就离不开其他企业资本运行所提供的生产资料和生活资料，也离不开其他个别资本购买其产品。因此，相互独立的个别资本，并不是孤立存在的资本，而是在社会经济活动中以独立的"生命"发挥职能的单个资本，是社会总资本的有机组成部分。正如马克思所说："每一单个资本只是社会总资本中一个独立的、可以说赋有个体生命的部分。"

个别资本运行不仅要有一定的组织形式，而且总是与一定的社会经济关系相联系的，或者说总是建立在一定的所有制基础之上的。资本的所有制关系，既从根本上规定着个别资本运行的最终目的，又要借助于一定的资本组织形式来实现。所以，认识和理解个别资本的运行及其规律，就要先对资本的所有制及其组织形式作一番考察。

二、个别资本的所有制形式

（一）所有制的内涵

所有制这一概念在经济学中有多种用法。这里所说的所有制，是生产资料所有制的简称。所谓生产资料所有制,是指在社会生产过程中不同的个人、阶级或社会集团通过对生产资料的关系而发生的相互关系,即通过人与物(生产资料)的关系而表现的人与人的关系,主要包括生产资料的所有、占有、支配、使用诸关系。

大家知道,物质资料的生产是人类社会赖以生存和发展的根本前提。而人们从事生产活动,就不仅要发生人与自然的关系,而且在人与人之间也必然发生一定的关系,这就是生产关系。生产资料所有制就属于生产关系范畴,是生产关系的重要组成部分。

生产资料是社会生产的物质前提,劳动者必须与生产资料结合起来才能进行生产,生产的过程实际上就是劳动者与生产资料结合的过程。劳动者如果是生产资料的所有者,他就可以用自有的生产资料为自己生产,即劳动产品归自己所有;如果自己没有生产资料,就不得不用他人的生产资料为他人生产,而生产资料所有者就可以不从事生产,并凭借占有的生产资料去支配和占有他人的劳动。这样,就必然发生不同的个人、阶级或社会集团对生产资料的关系,这种关系就是生产资料所有制。所有制作为一种"关系",可从以下三个层面来进一步分析和认识。

(1) 生产资料所有制首先是一种物质利益关系。人们为什么要占有生产资料?因为占有生产资料能为自己带来好处,归根结底是能够为自己谋取一定的物质利益。离开了物质利益这一人类社会的利益本原,人们对生产资料的占有也就失去了全部意义,也就不可想象历史上不同的阶级为改变对生产资料的占有关系从而改变其阶级地位所进行的阶级革命。在资本主义社会,资本家占有生产资料,目的是获得工人创造的剩余价值;在社会主义社会,国家作为社会的代表占有国有资产,同样是为了国有资产的保值增值,获得国有资产经营带来的利润。尽管社会主义国家获得利润的最终目的和用途与资本家截然不同,但物质利益关系作为生产资料所有制的本质属性,却不会因社会制度和生产资料占有关系的性质不同而改变。

(2) 生产资料所有制是生产关系的基础。它作为人们在生产过程中所结成的社会关系,就体现经济制度和社会性质的层面而言,主要包括生产资料所有制形式、生产过程中人与人之间的关系和产品分配形式。但是,这三个方面的内容在生产关系中各自所处的地位是不同的。由于生产资料是基本的生产条件,因此,谁占有了生产资料,谁就可以主宰整个生产过程,谁就可以支配生产和交换,谁就能够占有劳动成果进而决定消费。所以,生产资料所有制是生产关系的基础,它决定着人们在生产中的一定地位和相互关系,决定一定社会生产关系的性质。

(3) 生产资料所有制表现在法律上,是一种权力关系。这种权力关系与生产资料所有制的所有、占有、支配和使用关系相对应,分别表现为所有权、占有权、支配权和使用权。其中,所有权是生产资料所有关系的法律表现,在上述几种权力中具有决定意义,它在总体上制约着占有权、支配权和使用权;占有权是对生产资料占有关系的法律界定,它作为所有权的一种权能,可以支配和使用生产资料;生产资料支配权,是所有者和占有者为了实现既定的生产目的而决定生产资料投向哪里的权力;使用权则是生产资料使用关系的法律表现,它是生产资料所有者或占有者在生产资料投向既定的条件下,具体运用生产资料以实现生产目的的权力。这四种权力可以是一体的,比如,生产资料的所有者自己直接从事生产经营,所有者集所有权、占有权、支配权和使用权于一身,就属于这种情况;这四种权力也可以是分离的,也就是所有者自己不从事生产经营,而是将生产资料交给他人从事生产经营,在这种情况下，生产资料的占有权、支配权和使用权就分离了出去，所有者可以凭借生产资料所有权从经营者那里获得一定的收入，而占有权、支配权和使用权一并组成经营管理权，归经营者掌握。

以上介绍了生产资料所有制的基本内涵。那么，什么是资本的所有制呢？资本的所有制形式又有哪些呢？

（二）所有制形式

在市场经济条件下，生产资料以资本的形式存在，生产资料所有制就表现为资本所有制。资本的所有制作为生产资料所有制的同一内容的不同表述，其形式大体可分为三类。

1. 私有制

资本的私有制是指资本归私人所有、占有、支配和使用的一种经济关系。它的存在形式就是私人资本。比如，资本主义社会是以私有制为基础的，占绝对优势的资本家企业不管以什么形式存在，其资本都是私人资本。在我国，个体经济和私营企业中的资本、“三资”企业中的外资，也都是私人资本。

2. 公有制

资本的公有制是指资本归劳动者共同所有、占有、支配和使用的一种所有制关系。在我国，资本的公有制包括“全民所有制”和“集体所有制”这两种基本形式，其存在形式为公有资本。资本的全民所有制反映的是资本归全社会劳动者共同所有、占有、支配和使用的一种社会主义经济关系。社会主义国家现阶段的全民所有制一般采取国家所有制的形式，即以资本形式存在的生产资料归代表全体劳动者的国家所有。集体所有制反映的是资本归一定范围的劳动群众共同所有、占有、支配和使用的一种社会主义经济关系。与全民所有制不同，它的资本不是归全社会劳动者所有，而是仅归一定范围的劳动者集体所有，比如一个乡、一个镇、一个村、一个街道等。所以，全民所有制与集体所有制虽然都是社会主义的经济关系，都是公有制，但二者之间是有区别的。

3. 混合所有制

混合所有制是由公有资本和私有资本混合构成的所有制形式。比如，目前我国的一些股份制企业中的资本，就属于混合所有制资本，既有国有资本，也有集体所有的资本，还有私人资本，它们共处于一个经济实体或企业，所以，就其资本成分而言，是混合性质的。

资本的所有制反映的是市场经济条件下人与人之间在资本拥有方面的关系，其实质和核心是资本带来的剩余价值归谁所有。资本归私人所有，在运行中带来的剩余价值也归私人所有；资本归国家或集体所有，投入运营后带来的剩余价值，则归国家或集体所有。这实际上讲的就是资本的所有制在经济利益上的最终实现问题。

资本总是要采取一定的所有制形式，而一种所有制要在经济上实现，或者说给所有者带来剩余价值，就必须通过一定的形式把资本组织起来并投入运营，这就有个资本所有制的实现形式问题。所谓所有制实现形式，简单地理解，就是一定的所有制为实现其经济利益而采取的方式、方法和组织手段等。在市场经济条件下，资本所有制的实现形式主要表现为资本的经营方式和组织形式。比方说，某资本所有者有资本金1000万元，要投资经营，首先就要考虑资本的投向，也就是把这笔钱投到哪里、搞什么项目才能赚更多的钱。投向决定之后，就有个怎么投的问题，是以入股的形式投，还是办个独资企业？是自己经营，还是租赁或承包给别人经营？这种资本的组织形式和经营方式就是资本所有制的实现形式。所有制与所有制实现形式不能混为一谈，它们之间是内容与具体形式的关系，同一内容可以有多种表现形式；同一形式也可以表现不同的内容。比如，“红色娘子军”这个革命故事，可以用小说的形式来表现，也可以用戏曲的形式来表现，还可以用舞蹈这种形式来表现；相反，同样是戏曲这种形式，可以表现进步的、革命的内容，也可以表现颓废的、反动的内容。所有制与所有制实现形式之间的关系也是如此。同一种资本所有制，可以采取不同的实现形式；不同的资本所有制，也可以采取同一种实现形式。像股份公司这种企业形式，就既适用于私有资本，也适用于公有资本。

三、个别资本的组织形式

个别资本的具体组织形式就是企业。企业是以营利为目的组织起来向市场提供商品和服务的经济单位。它作为一种经济组织，既是市场经济的微观主体，也是个别资本追求剩余价值的制度载体。纵观企业组织形式的演进和发展历程，大体有业主制、合伙制和公司制三种类型。

（一）业主制

业主制企业亦称独资企业，是指一个人出资经营、由个人所有和控制并独享经营成果的企业。

业主制企业在法律上属于自然人企业。所谓自然人，就是“公民”，是与“法人”相对应的一个概念。自然人从出生到死亡止，依照法律规定在民事上享有一定的权利，承担一定的义务。比如，各位公民都有对其父母的财产的继承权，同时又必须承担赡养老人的义务。“法人”则是具有民事权利能力，并依法独立享有民事权利和承担民事义务的组织。也就是说，它必须依法成立，要有必要的财产或经费，有自己的名称、组织机构和场所，一旦出现法律纠纷，还必须像自然人一样独立承担民事责任或法律后果，等等。

1. 业主制的特点

业主制企业作为自然人企业，是最早出现的企业形式，在资本主义早期占支配地位。目前，在发达资本主义国家的经济分量不大，但在数量上仍占多数。那么，业主制企业历时数百年，能够延续至今，这主要取决于它自身具有的优势和特点，这些特点概括起来主要有以下四点。

(1) 企业规模小，经营方式灵活。业主制企业由于受业主自己财力的限制，一般经营规模较小。但在市场经济中，大有大的优势，小有小的长处。正因为企业规模小，才易于适应瞬息万变的市场，从而找到自己的生存空间，正可谓“船小好调头”。

(2) 企业的建立和解散程序简单。业主制企业的业主只有一人，而市场又是开放的、进退自主的。所以，业主想开业，办个执照就开业；不想干，注销执照就关门，不需要同谁扯皮，进退方便，手续简单，因而资本转移的机动性较强。

(3) 所有权与经营权高度统一。业主是资本的所有者，同时又是企业的经营者，业主既管决策，又管经营，加上企业规模小，内部结构和内部关系比较简单，所以企业主完全可以按照自己的意愿进行决策和经营，并实现经营和决策的高度一体化。这也是业主制企业的工作效率一般都比较高的重要制度基础。

（4）经营所得全部归业主所有。业主自己出资、自己经营，经营利润也就是全部的销售收入减去成本剩下的部分，当然全归自己。正因为这样，企业经营管理有强大的内在动力，这有利于实现企业追求利润最大化的目标。

2. 业主制的缺陷

业主制企业也有明显的缺陷，特别是随着社会化大生产和现代市场经济的发展，业主制企业自身的缺陷往往使它只能在“夹缝”中生存。比如美国和日本，每年都有数以万计的企业生生死死，基本上都是业主制企业。具体地说，业主制企业的缺陷主要表现在三个方面。

（1）企业所有者对企业全部债务负无限责任。所谓无限责任，是指对企业债务清偿的一种责任形式，说的是当企业的资产不足以清偿企业的债务时，企业所有者必须用自己的其他财产来清偿，直到还清为止。这意味着业主在经营企业时实际上是以自己的全部财产作为风险抵押，一旦经营失败，就可能导致倾家荡产。

（2）难以形成规模经营。由于业主个人财产有限，又由于上述无限责任的高风险，使企业筹资能力低下，难以获得大笔贷款，所以业主制企业往往是“小本经营”，经营规模难以扩大。现代市场经济讲究的是规模效益。规模小固然有小的长处，正如前面已谈到的。但就像“小舢板”难以驶入大海一样，规模小，抗风险能力自然也小。一方面，这限定了业主制企业进入的领域，有些可以赚钱的行业它进不去；另一方面，较弱的抗风险能力，使它“生”得快，“死”得也容易。

（3）企业生命力有限。由于业主个人财产有限，承担无限责任的高风险，使企业筹资能力低下，抗风险能力较弱，在市场经济激烈竞争中生存困难。

企业是社会化生产力发展的产物，也是资本所有者在市场经济中不断追求剩余价值的结果。当某种企业形式在一定的经济环境下不能给资本所有者带来收益时，就必须去寻找新的更能赚钱的资本组织形式。于是，就有了合伙制企业。

（二）合伙制

所谓合伙制企业，是指由两个或两个以上资本所有者共同出资、共同经营，并共同享有经营所得的企业。

1. 合伙制的优点

合伙制企业同样不是法人企业，各合伙人仍是权利与义务的主体。但与业主制企业相比，合伙企业有许多优点。

（1）筹资能力比较强。业主制企业单靠个人的财力和信用能力筹资，资金来源很有限。合伙制企业则不同，它由两个以上的合伙人共同出资和筹资，资金来源比较广泛，加上合伙人共同对企业债务负责，有助于提高企业的信用能力，也就是取得银行贷款比业主制企业较容易，这有助于企业扩大规模。

（2）便于实现资才合作。有些合伙制企业，合伙人分为“出名合伙人”和“隐名合伙人”两种。前者掌握企业经营管理权，并对外负责。后者只出资不出名，也不执行业务，只参加红利分配和拥有对企业的监督权。这样，就有利于资才合作，也就是使有资金而无经营能力的人与资金不多而有经营能力的人互相配合。

(3) 有利于提高决策水平。业主制企业是业主自己出资、自己经营,决策管理全靠自己,信息占有局限性大,决策的视角比较狭窄。而合伙制企业一般实行各出名合伙人集体决策、共同管理的原则,加上多个合伙人在信息掌握方面的优势,这就有助于把企业决策建立在集思广益的基础上,有助于实现决策的科学化,有助于保证和提高决策的质量。

2. 合伙制的局限性

合伙企业也有很大的局限性,主要表现在三个方面。

(1) 合伙人对企业债务负有连带无限责任。所谓连带无限责任,指的是在清偿企业债务时,所有合伙人共同承担无限责任。也就是说,企业一旦经营亏损,每个合伙人都要按各自入股的比率承担亏损,如果某个合伙人无力负担起应负的亏损责任,则其他合伙人就得承担起这部分责任(隐名合伙人只以出资额为限),直到清偿全部债务为止。这就意味着每个合伙人都有可能承担自己入股比率以外的更大的风险,这是影响合伙制企业发展的一个最重要的因素。

(2) 企业寿命一般较短。合伙制企业成立程序简单,散伙也很容易。这一点与业主制企业很相似。但就企业生命的稳定性而言,合伙制企业往往还不如业主制企业。因为合伙制企业是合伙人通过签订合伙契约建立起来的,如果有一个合伙人退出,企业就可能散伙;如果要接受新的合伙人,就必须重新谈判并签订新的契约。在这个过程中,除非所有合伙人的意见一致,否则契约就不能签订。而要使所有合伙人意见一致,又往往是很困难的。

(3) 相互牵扯较大,事权比较分散。合伙制企业实行集体决策、共同管理,企业的重要经营事项,都要得到所有合伙人(隐名合伙人除外)同意。这虽有助于集中大家的智慧,以减少决策的失误,但也容易议而不决、决而不行,内部相互掣肘,以致造成决策延误,丧失市场机会,影响企业有效经营。

以上分析表明,合伙制企业虽然克服了业主制企业的一些缺点,但自身的局限性也是十分明显的。随着生产社会化特别是经济市场化程度的不断提高,资本使用的社会化问题也愈来愈突出,这客观上要求突破原有资本组织形式的限制。于是,便出现了公司制这种更为先进的企业组织制度。

(三) 公司制

公司制企业是指依法集资联合组成的、有独立的注册资产,并自主经营、自负盈亏的法人企业。从这个定义中我们可以看出,公司必须依法成立,其法律依据就是《公司法》,并受《公司法》规范和调节。公司必须有独立的可供自己支配的财产,因为它是法人企业。如果没有自己独立的财产,它就不可能在法律上具有独立的人格和生命,就不可能独立享有民事权利、承担民事责任。所以,公司制企业作为法人,就不像合伙制企业那样,因某一个人的行为就可能导致企业生命的终止。

根据公司承担债务责任的形式不同,公司制企业一般可分为无限责任公司、有限责任公司、股份有限公司和股份两合公司等多种类型,但其典型形式是有限责任公司和股份有限公司。

1. 有限责任公司

有限责任公司又称有限公司,是指由两个以上的股东出资组成,每个股东以其认缴的出资额对公司行为承担有限责任，公司以其全部资产对其债务承担有限责任的企业法人。

这里说的有限责任，就是"两个"有限，即股东以出资额为限、公司以全部资产为限，对公司债务承担责任。比如，某股东出资 100 万元，占公司股份的 1/10，当公司出现经营亏损以至负债过多、债权人依法要求偿还时，这个股东最多以他出资的 100 万元来对公司经营负责，公司的债务再多也不再殃及他的其他财产；而公司最多用其 10 个 100 万元，即 1000 万元的资产来对企业债务负责，如果 1000 万元全部还债尚不能清偿，那么该债权人就得认"倒霉"。这意味着股东投资的风险是有限的，不像无限责任和连带责任的风险那么大。因此，有限公司是实现资产集中的一种有效形式。

具体来说，有限责任公司具有以下几方面的特征。

(1) 公司不发行股票。股东各自的出资额，是相互间协商确定的，各股东交付他应该交的股金后，由公司出具书面的股份证书，作为各自在公司中享有权益的凭证。公司不能向公民公开出售其股份，也不允许其股份在证券交易所发售。

(2) 公司的股份一般不得任意转让。有限责任公司对股权转让有严格规定，一般不能任意转让。如遇特殊情况确实需要转让时，必须经全体股东的一致同意，并由公司批准登记，而且其他的原有股东有优先购买权。

(3) 公司的股东人数较少。有限责任公司的股东人数一般都有最高限额。比如，日本和美国的一些州，规定股东人数最多不得超过 30 人；英国和法国规定不得超过 50 人；我国《公司法》规定，有限责任公司由 2 个以上、50 个以下股东共同出资，就是说股东人数最高限额是 50 人。

(4) 股东一般直接参加公司管理。有限责任公司由于股东数量较少，企业规模有限，因而内部的组织机构也往往比较简单，董事和高层经理人员一般都是股东担任，并由大股东直接经营企业。这就使公司内部的所有权和经营权难以完全分离。

(5) 公司经营状况和财务不必公开。有限责任公司由于不发行股票、不公开向社会募股，所以其经营状况不涉及社会上其他公民的利益，也就不必像股份有限公司那样公开账日和资产负债表。

从有限责任公司的上述特点可以看出，它比较适合于经营中小企业。因为它既能够在出资人不多、企业规模不是很大的情况下，保持封闭式的经营，以避免股市波动的干扰和许多不必要的麻烦；又能利用公司法人制度的优势，使企业获得较持久的生命和政府给予法人组织的政策优惠。正因为这样，目前有限责任公司无论是在西方发达国家还是在我国，都是被普遍应用的一种基本的公司制的组织形式。

2. 股份有限公司

股份有限公司又称股份公司，是指注册资本由等额股份构成，并通过发行股票筹集资本，股东以其所认购的股份对公司承担有限责任，公司以其全部资产对公司债务承担有限责任的企业法人。

(1) 股份有限公司具有以下几方面的基本特征。

① 股份有限公司是独立的法人企业，股东对公司、公司对其债务负有限责任。

② 公司的全部资本必须划分为均等的股份，股票可向社会发行并自由转让。这是股份有限公司与有限责任公司的重要区别之一。有限责任公司的资本是由两个以上股东经过谈判协商，按一定比率出资而来的。而股份有限公司的资本筹集方式则不同，它是由符合法定

人数(一般5~7人)的公司发起人通过发行股票募集的,全部股本要划分为等额股份,比如每一股或5元或10元或20元等,都可以,但一种股票不能出现两种面值。认购者可根据自己的意愿认购,认购了股票,便是公司的股东,按其持股数拥有对公司的监督权、表决权、红利分配权以及公司清理时的财务分配权等,同时以其所持股份为限对公司承担有限责任。股票可以自由转让,但转让的范围或方式则因公司上市或非上市有所差别。

③ 公司的所有权与经营管理权是分离的。股东作为股份公司的出资人,其掌握的股权就是公司的最终所有权,并根据自己持有的股权享有相应的所有者权益。但是,股东一旦出资,就创造了一个独立于各股东之外的公司法人财产,由作为法人的股份公司实际占有、支配和使用。这种实际的占有、支配和使用权,在我国也叫法人财产权。

④ 公司的财务必须公开。股份有限公司的股东人数是开放的,也就是只有下限而没有上限,股票可以向社会发行,而千千万万个股东又远离企业,只是通过自己选举的董事会进驻企业,由董事会代表广大股东行使所有者职能。这样就有一个如何使广大股东了解企业经营状况的问题。为此,公司法要求,股份有限公司特别是上市公司,必须定期向社会公布公司的财务和资产负债情况,以便于股权持有者和社会公众"知情",并根据公司的经营状况决定自己的进退。

(2) 股份有限公司在市场经济运行中具有以下几方面的功能优势和作用。

① 它是实现大规模生产的有力杠杆。股份公司作为一种资本组织形式,大约产生于16世纪末、17世纪初。1581年,在资本主义生产关系发育较早的英国诞生了第一个真正意义上的股份制企业——利凡特公司。当时,这家公司为了扩大其海外贸易,就以公开招卖股票的方式募集了大量资本,并凭持股者持股的多少分给股息。以后,股份公司伴随着资本的原始积累和规模的扩大在海外贸易领域大量出现,到19世纪下半叶,已成为资本主义国家的一种典型的、普遍的企业组织形式。那么,股份公司为什么能够如此迅速地发展起来呢?大家知道,资本主义的商品生产是建立在大工业基础上的,生产规模的扩大和资本有机构成的提高,使得开办一个企业所需要的资本大大增加,显然,这是大多数的单个资本家所难以承受的。正是为了解决这一矛盾,资本家们采取了股份联合这种能够有效实现大规模资本集中的经营方式。股份公司的第一位功能就是能够把社会上闲散的资金集中起来,以便实现规模经营,适应大规模生产的需要。正如马克思所说:"假如必须等待积累去使某些单个资本增长到能够修建铁路的程度,那么恐怕直到今天世界上还没有铁路。但是,通过股份公司转瞬之间就把这件事完成了。"可见,股份公司的资本集中功能早在马克思那里就已得到充分的肯定。

② 有利于打破不同所有制之间的界限,促进横向经济联合。股份公司是通过发行股票实现资本集中的。在这个过程中,谁购买了股票,谁就有了公司的最终所有权,这就必然形成所有权的多元化。也就是说,在一个股份公司内部,可能既有私人资本,也有公有资本;既有自然人的资本,也有企业法人的资本;等等。这从资本所有者的角度看,就是不同所有者之间的联合;而反映在资本的所有制关系上,就是不同的资本所有制之间的横向联合。所以,在一般情况下,一个股份公司就是一个混合所有制经济的实体。股份公司的这种资本融合不会改变原有的资本所有制的性质。因为谁出资,谁就持有股权,谁就是公司的所有者,并按照出资和持股的多少享有所有者权益,这在所有制关系上是清清楚楚的。虽然说股份公司作为一个法人企业,其资产在性质上属于混合所有制,但这是就公司的法人财产而言

的，而公司的最终所有权仍然归出资者。谁出资，谁就享有所有者的权益；谁出多少，也就是持有多少股份，谁就享有多大的权益，比如，一年到头分多少红利，在公司重大决策、选择管理者等方面，有多少发言权等。从另一方面讲，股票作为资本的一种存在形式，是可以在市场上自由买卖的。而股票的易手就意味着资本的流动。在市场经济条件下，资本的流动过程实际上就是生产要素重新优化组合的过程。所以，从功能作用上讲，股份公司打破不同所有制的界限、促进横向经济联合的一个直接效果，就是有利于资本向高效率的行业和企业自由转移，实现资源的优化配置和有效利用。

③ 股份公司内部的组织机构（法人治理结构）和经营管理方式有突出的功能优势。股份公司是实现“两权分离”和专业化管理的有效形式。所谓“两权分离”，就是所有权和经营权的分离；所谓专业化管理，也就是由受过专门教育和训练的、具有专门知识和才能的企业家群体来管理。股份公司内部怎样实现“两权分离”和专业化管理的呢？股东是公司的所有者。现代股份公司规模巨大，股东成千上万而且遍布各地，这么多的大大小小的股东不可能也没有必要直接经营企业。于是，他们就通过股东大会的形式选举出自己的代表（按法定人数），组成董事会，并“委托”董事会行使所有权职能，同时董事会向股东大会负责。这就解决了所有者进入企业的问题。董事会一般享有三种权利：一是决策公司重大问题，如公司章程的制定和修改、公司的总体目标和战略规划、利润分成计划等；二是占有和支配资产收益，维护资产的完整性和资产增值；三是选择高层管理者。现代股份公司不仅规模大、资产多，而且业务十分复杂，要经营好仅靠几个董事是不行的。因此，必须聘用懂业务、会经营的专门人才，“代理”董事会管理业务。这就需要经理层也就是所谓的经营管理者。其主要职责有四项：一是代表董事会支配、使用公司财产，并承担企业盈亏责任；二是对企业日常经营管理实施决策和指挥；三是负责向董事会或所有者报告经营情况；四是聘任中、下层管理人员。同时，股东大会还选举产生监事会成员的股东监事，并组成监事会，受股东委托行使对董事会、总经理的监督权。实行这种“两权分离”的经营模式，是社会分工在企业内部的深化，也是企业管理上的一次重大变革，它对于实现资本与才能的有效结合，提高管理效率和决策水平，最终达到企业的经营目标，具有十分重要的意义。

复习思考题

1. 什么是具体劳动和抽象劳动？二者的关系怎样？

2. 为什么说马克思的劳动二重性学说是理解政治经济学的枢纽？

3. 为什么复杂劳动和简单劳动存在收入上的差别？这一理论有何现实意义？

4. 什么是社会必要劳动时间？它与商品价值量有何关系？怎样理解社会必要劳动时间的两层含义？

5. 什么是私人劳动和社会劳动？为什么说私人劳动和社会劳动的矛盾是商品经济的基本矛盾？

6. 什么是劳动生产率？影响劳动生产率变化的因素有哪些？劳动生产率与商品价值量有何关系？

7. 如何理解物质资料生产是人类社会存在和发展的基础？如何理解物质资料生产总过程四个环节的相互关系？

8. 何为生产力和生产关系？如何理解生产力和生产关系的辩证统一关系？

9. 资本积累的原因有哪些？资本积聚和资本集中有何区别与联系？影响资本积累规模的主要因素有哪些？

10. 为什么说资本有机构成提高是客观规律？

11. 如何理解资本积累的一般规律以及失业和贫困问题？

12. 何为个别资本？个别资本的所有制形式有哪些？如何正确认识个别资本的几种组织形式？

第四章

生产理论（二）

第一节　货币转化为资本

一、货币与资本的关系

（一）资本的最初表现形式

“商品生产和发达的商品流通，即贸易，是资本产生的历史前提”，而货币作为商品交换自我发展的产物，又是资本最初的表现形式。在市场经济的现实生活中，每一个新资本最初总是作为货币出现在市场上的，但这并不意味着货币就是资本，货币只有在一定条件下，经过一定的过程，才能转化为资本。

从历史发展角度看，资本是伴随商品经济的产生和货币的出现而来到人世间，最早的古老资本包括高利贷资本和商人资本，它们在最初都表现为货币。从现实状况看，现实的市场经济社会中，要从事生产经营活动，进行资本运作，没有货币作基础和先导是不行的。所以，货币是资本的最初表现形式。

（二）货币流通即商品流通与资本流通的区别

不能说货币就是资本，货币只有在一定条件下，经过一定的过程，才能转化为资本。货币与资本在静态上无法看出其相同点与区别，必须在运动中方可说明。作为流通手段和交换媒介的货币与作为资本的货币都反映了商品交换的关系，包括都必须有两个阶段，有媒介，在每个阶段都是商品与货币、卖者与买者的相互对立，有三个经济人参与等。但两者是有明显区别的，表现在以下两个方面。

(1) 从流通的形式上看，$W—G—W$ 是先卖后买，流通过程以商品作为起点和终点，并以货币作为流通的媒介；而 $G—W—G$ 是先买后卖，流通过程以货币作为起点和终点，并以商品作为流通的媒介。

(2) 从流通的内容和目的来看，在 $W—G—W$ 中，作为起点和和终点的商品是两种不同的商品，流通的内容是以一种商品与另一种商品相交换，其目的是取得商品生产者自己所需要的商品的使用价值；在 $G—W—G$ 中，作为起点和终点的是质上没有差别的货币，流通的内容是预付货币的回收，流通的目的是货币价值本身。

在 $G—W—G$ 中，如果作为起点的货币与作为终点的货币在数量上是相等的，流通对于货币所有者来说，就失去了意义。因此，要使流通对于货币所有者有意义，必须使作为终点的货币量大于作为起点的货币量，即要使 $G—W—G$ 有意义，它就只能是 $G—W—G'$（$G'=G+\Delta G$），通过流通，货币所有者预付的货币取得一个增值额（ΔG），这个增值额就是剩余价值，用 M 表示。

当货币在流通中发生了增值，取得了剩余价值，这个货币就已经不再是普通的货币，而成为资本。从这个意义上说，资本与货币的区别，就在于资本是能够带来剩余价值的货币，货币是在价值增值的运动中转换为资本的。

由此还可以看出，资本流通是无限运动，而一般货币流通是有限运动。

二、资本总公式及其矛盾

$G—W—G'$这一流通公式，对于一切形式的资本都是适用的，因为它概括了产业资本、商业资本和借贷资本的共同本质，即货币通过运动发生了价值增值，并由此转化为资本，因而 $G—W—G'$是资本的总公式或资本的一般公式。

但是，如果仅从形式上看，资本总公式本身存在着矛盾：按照价值规律，价值增值或剩余价值是不可能在流通过程中产生的，但从资本流通的结果来看，却发生了价值的增值，产生了剩余价值，这就是资本总公式的矛盾。

那么，作为流通过程终点的剩余价值（ΔG）是怎样产生的？剩余价值不可能在流通中产生，因为无论是等价交换还是不等价交换，都不可能产生剩余价值。在等价交换的情况下，由于交换双方的价值量相等，自然就不会发生价值增值。在不等价交换的情况下，虽然通过贱买贵卖能取得更多的价值，但这种行为并没有使流通过程中的价值总量有所增加，他所多得的价值，只是别人少得的价值。价值增价即剩余价值并没有产生。

剩余价值不能在流通中产生，那么，离开流通能不能产生呢？也不能。因为在流通领域以外，商品生产者只同自己的商品发生关系，商品的价值是由生产商品的社会必要劳动量决定的，这个社会必要劳动量不可能既表现为商品的价值量，又表现为一个大于这个价值量的价值量，因此，“商品生产者在流通领域之外，也就是不同其他商品所有者接触，就不能使价值增值，从而使货币或商品转化为资本”。

那么，剩余价值究竟是怎样产生的？怎样解决资本总公式的矛盾呢？分析 $G—W$ 和 $W—G'$这两个阶段，总公式矛盾的解决只有一种情况，即在 $G—W$ 阶段上买到的商品是一种特殊的商品，这种商品的使用价值本身具有成为价值源泉的特殊属性，即创造价值，并且能够创造出比自身价值更大的价值。这种特殊商品就是劳动力商品。资本价值不能在流通中增值，但又需要以流通为媒介，生产是资本价值增值的基础。所以，劳动力成为商品是问题的关键，它是解决资本总公式的矛盾，亦即资本价值增值的根本条件。

三、劳动力成为商品

（一）劳动力及其成为商品的条件

劳动力即人的劳动能力，是存在于人体中的体力和脑力的综合。劳动力成为商品，必须具备两个基本条件：①劳动者有完全的人身自由，从而他有权支配自己的劳动力；②劳动者除自己的劳动力以外一无所有，没有生产资料和生活资料。

（二）劳动力商品的使用价值和价值

劳动力成为商品是指劳动者把劳动力的使用权当作商品出让，而不像其他商品那样，转让它的所有权。劳动力的使用价值和价值与一般商品的使用价值和价值有所不同。劳动力的价值由生产和再生产劳动力商品的社会必要劳动时间决定，表现为劳动者维持劳动力再生产所必需的生活资料的价值，包括三个部分：①维持劳动者本人生存所必需的生活资料的价值；②为维持劳动者家属的生存所必需的生活资料的价值；③劳动者接受教育和训练所支出的费用。劳动力价值的决定“包含着历史的和道德的因素”，要受到一定历史条件下的经济和文化发展水平、历史传统、生活习惯、生活方式乃至自然条件等的制约。随着科学技术的发展和劳动生产率的提高，劳动力所需要的生活资料的价值有趋向下降的一面；同时，社会经济和文化的发展也使得必要生活资料的种类和数量不断增加，劳动力价值有提高的趋势。但在一个国家的一定时期，必要生活资料的种类和数量是一定的，因而劳动力价值又可以确定为一个社会平均的水平。

劳动力的使用价值就是劳动者进行生产劳动的能力，它的使用或消费就是劳动。劳动凝结在商品中形成价值。因此，劳动力的使用价值的特殊性就在于它是价值的源泉，劳动不仅能保存旧价值，而且能创造新价值，并能创造出比劳动力的价值更大的价值，即剩余价值或价值增值。

第二节 剩余价值生产

一、剩余价值的生产过程

（一）剩余价值的生产

企业从劳动力市场上购买了劳动力和从商品市场上购买了生产资料以后，便开始了生产过程。这时生产过程具有两重性：一方面，它是劳动过程，即使用价值的创造过程；另一方面，它是价值的增值过程，即包括剩余价值在内的新价值的创造过程。因此，市场经济生产过程是劳动过程和价值增值过程的统一。

劳动过程是人通过自己有目的的活动，运用劳动资料对劳动对象进行加工，创造具有特定使用价值的产品的过程。劳动过程这种一般的性质，是各个社会形态所共有的。但是，在市场经济下，由于生产资料所有者占有生产资料，劳动者一无所有，不得不把劳动力出卖给企业，因此，这个过程具有以下两个重要特点：①劳动者的劳动属于生产资料所有者，并在生产资料所有者的监督和支配下进行；②劳动过程的成果，即劳动产品，全部归生产资料所有者所有。

在企业劳动过程中，雇用工人为生产资料所有者生产某种使用价值。但是，生产使用价值并不是生产资料所有者的目的。生产资料所有者之所以要生产某种使用价值，只是因为使用价值是价值的物质承担者。生产资料所有者的目的，在于要工人为他生产一个比他预付资本价值更大的价值，即要工人为他生产剩余价值。因此，市场经济生产过程并不单纯是创造使用价值的劳动过程，更重要的是生产剩余价值的价值增值过程。

价值增值过程是以价值形成过程为基础的。为了弄清剩余价值是怎样生产出来的，必须先弄清价值形成过程，即补偿生产资料所有者预付资本价值的过程。我们以纺纱为例来说明这个问题。

某纱厂的生产资料所有者雇用工人生产棉纱，每天支付工人劳动力的价值即工资30元；这30元价值，纺纱工人劳动6小时就能创造出来。又假定工人劳动6小时，需要耗费10斤棉花，价值100元；还需要消耗纱锭等劳动资料，价值20元，这样生产资料所有者共预付了150元。

根据商品的二重性原理，纺纱工人的劳动一方面是创造使用价值的具体劳动，在创造使用价值的同时，便把已消耗的生产资料的价值转移到商品中去。在生产过程中，工人以他的具体劳动在6小时内将10斤棉花纺成10斤棉纱。这样纺纱工人的具体劳动创造了新的使用价值——棉纱，并把生产资料的价值(棉花、纱锭的价值)转移到新的产品棉纱中，使生产资料的价值在棉纱中再现出来。另一方面，纺纱工人的劳动，撇开它的具体形式，又是抽象劳动。作为抽象劳动，它创造了新价值，即把纺纱过程中所支出的劳动凝结在新产品棉纱中。按照上面的假定，把10斤棉花纺成10斤棉纱，需要6小时劳动，他就把6小时的劳动量，即一个等于30元的价值量，加到棉纱中去了，使劳动力价值再现出来。这样，10斤棉纱的价值，包括转移过来的生产资料价值(120元)和纺纱工人6小时劳动新创造的价值(30元)共计150元。生产资料所有者把10斤棉纱卖掉之后，收回来的仍然是150元，正好和他预先垫支的资本一样多，没有生产出任何剩余价值来。这样他一无所得，无利可图，他是不会进行这种生产的。那么怎样才能使价值发生增值呢？下面我们考察价值增值过程。

如上例，支付劳动力一天的价值是30元，工人只需要劳动6小时，就可以把这30元的价值创造出来。但是，对生产资料所有者来说，购买的是工人一天的劳动力，这样一天劳动力的使用权就完全属于生产资料所有者了。所以，他绝不会让工人仅仅劳动6小时，而是让工人劳动更长的时间。假定他要工人一天劳动12小时，这样工人12小时劳动生产的棉纱和消耗的生产资料都比原来增加了一倍。12小时可以纺出20斤棉纱，因而需要20斤棉花和价值40元的纱锭等生产资料。这样生产资料所有者用需要用240元购买生产资料，30元购买劳动力，共预付270元。而20斤棉纱的价值，等于被工人的具体劳动转移过来的240元生产资料的价值，加上工人12小时劳动创造的新价值60元，共300元。现在，新产品棉纱的价值，比生产资料所有者预付的价值多30元。这样，价值形成过程就变成了价值增值过程。可见，价值增值过程不外是超过一定点而延长了的价值形成过程。

从上面的分析可以看出，劳动力的价值和劳动力所创造的价值是两个不同的量。在市场经济生产过程中，工人一天的劳动时间，总是要超过补偿劳动力价值所需要的时间。劳动力在使用过程中所创造的新价值，总是要大大超过劳动力本身的价值。这样，工人的劳动时间就分为两部分：一部分是必要劳动时间，它用来补偿劳动力的价值；另一部分是剩余劳动时间，它用来创造剩余价值。剩余价值的产生是由于生产资料所有者把雇用工人的劳动时间延长到补偿劳动力的价值所需要的劳动时间以上，从而使劳动力的使用所创造的价值超过了劳动力的价值，这就是资本价值增值的秘密。

（二）资本的实质

在现实生活中，资本总是以物的形式表现出来，如原材料、机器设备、厂房等，但是，这些物本身仅仅是生产资料，并不就是资本。生产资料的自然属性并不能使其成为资本，只有在特定的历史条件下，它们担负着特殊的社会经济职能时，才成为资本。

生产资料所有者手中的生产资料之所以是资本，并不是因为它可以用于生产消费，而在于它被用于获得工人的剩余劳动。因此，生产资料只有在市场经济条件下，成为创造剩余价值的手段时，才成为资本。由此可见，资本是能够带来剩余价值的价值。资本的本质不是物，而是一种生产关系，资本是一个历史范畴，不是永恒的范畴。必须指出，资本是一种运动，只有在不断的运动中才能不断带来剩余价值。

（三）不变资本与可变资本

剩余价值是市场经济生产过程的产物，但是资本的不同部分在剩余价值的生产中所起的作用是不同的。资本在生产过程中以两种形式存在：一部分以生产资料的形式存在；另一部分以劳动力的形式存在。马克思根据这两部分资本在剩余价值生产中所起的不同作用，把资本区分为不变资本和可变资本。

在市场经济生产过程中，一部分资本以生产资料的形式存在着，它在生产过程中被消耗，生产出新的商品。生产资料本身的价值则被转移到新产品中，不会发生量的变化，即它转移的价值不会大于它原有的量。这部分以生产资料形式存在的资本，由于在生产过程中不改变自己的价值量，所以被称为不变资本，用 c 表示。另一部分资本以劳动力的形式存在，在生产过程中它的价值不会转移到新产品中去。因为，生产资料所有者在购买劳动力时所支付的价值，由工人用于个人消费了。劳动力的价值是由工人创造的新价值的一部分来补偿的。在生产过程中，劳动力发挥作用的结果，不仅仅是再生产出劳动力本身的价值，而且生产出剩余价值。这样，以劳动力形式存在的这部分资本的价值，在生产过程中发生了量的变化，即发生了价值增值，所以被称为可变资本，用 v 表示。

把资本分为不变资本和可变资本，是马克思的重要理论贡献，其重要意义在于：它进一步揭露了剩余价值的真正源泉。通过不变资本和可变资本的区分，说明了剩余价值不是由全部资本产生的，也不是由不变资本产生的，而是由可变资本产生的。因此，工人的剩余劳动是剩余价值的唯一源泉。同时把资本分为不变资本和可变资本，还为分析和研究市场经济其他经济问题奠定了扎实的基础。

（四）剩余价值率

由于剩余价值不是由全部资本，而是由可变资本产生的，因此，就应当用剩余价值与可变资本之间的比例关系来表明剩余价值率，用公式表示为

$$\text{剩余价值率}(m') = \frac{m}{v} = \frac{\text{剩余劳动}}{\text{必要劳动}} = \frac{\text{剩余劳动时间}}{\text{必要劳动时间}} \tag{3-1}$$

剩余价值率的不同计算方法，表现了同一关系。剩余价值率既可以用剩余价值与可变资本之间的比率表现，也可以用剩余劳动与必要劳动之间的比率表现。

剩余价值率是决定剩余价值量的一个因素，另外一个因素是雇用工人数量或可变资本量的多少。如果雇用工人的总数是一定的，那么剩余价值率越高，剩余价值的绝对量也就越多；如果剩余价值率是一定的，那么雇用工人的数量越多，剩余价值的绝对量就越多。

用 m 代表剩余价值量，则有

$$m = m' \cdot v \tag{3-2}$$

可见，企业要增加剩余价值总量，可以通过两条途径：提高剩余价值率；增加可变资本总量。

二、剩余价值生产的基本方法

市场经济生产是剩余价值的生产。剩余价值生产的基本方法有两种：一种是绝对剩余价值的生产；另一种是相对剩余价值的生产。

（一）绝对剩余价值的生产

所谓绝对剩余价值的生产，是指在雇用工人的必要劳动时间不变的条件下，通过绝对地延长工人的工作时间或提高工人的劳动强度来生产剩余价值的方法。通过这种方法生产的剩余价值，被称为绝对剩余价值。

在市场经济下，工人的工作日由必要劳动时间和剩余劳动时间两部分构成。在必要劳动时间不变的情况下，延长工作日的长度，就会增加剩余劳动时间，从而增加剩余价值的生产。比如，原来工作日的长度为 12 小时，其中，必要劳动时间为 6 小时，剩余劳动时间也为 6 小时，剩余价值率为 100％。如果必要劳动时间不变动，而工作日的长度延长到 15 小时，剩余劳动时间就从 6 小时变为 9 小时，剩余价值率就提高到了 150％。

如果不延长雇用工人的工作日长度，而是提高他们在单位时间中的劳动强度，那么，从劳动力的支出量来看，与延长了雇用工人的工作时间是一样的，即劳动强度的提高实际上等于变相地延长了原有劳动强度下的劳动时间。正因为这样，无论是不改变劳动强度而绝对地延长劳动时间，还是不改变劳动时间而提高劳动强度，所生产的剩余价值都属于绝对剩余价值。

由于绝对剩余价值的生产主要是通过延长或变相延长雇用工人的劳动时间来实现的，因此它与雇用工人一个工作日中劳动时间长度的确定有着密切的关系。工作日的长度是一个可变量，但是它的变动也是有一定限度的。工作日的最低限度必须大于必要劳动时间，如果等于必要劳动时间，就不能生产剩余价值。工作日的最高界限取决于两个因素：生理因素和道德因素。从生理界限看，劳动者在一天 24 小时之内，必须有一部分吃饭、休息和睡眠的时间，以满足生理上的劳动力恢复的需要；从社会道德的界限看，劳动者要有一定时间参加社会活动、文化生活、照顾家庭等，以满足精神的和社会生活的需要，这种需要的范围和数量由一个国家的经济文化发展状况决定。无论是生理界限还是道德界限，都有很大的伸缩性。

（二）相对剩余价值的生产

由于工作日的长度不可能无限延长，因此，绝对剩余价值的生产并不是理想的方法，还必须采取相对剩余价值生产的方法来进一步提高剩余价值率。

所谓相对剩余价值的生产，是指在工作日长度不变的条件下通过缩短工人的必要劳动时间，相对延长工人的剩余劳动时间来生产剩余价值的方法。通过这种方法生产的剩余价值，被称为相对剩余价值。

比如，原来工作日的长度为 12 小时，其中必要劳动时间为 6 小时，剩余劳动时间为 6 小时，剩余价值率为 100％。如果这时雇用工人一天的工作时间不变，但其中的必要劳动时间缩短为 4 小时，则工人的剩余劳动时间相应增加到 8 小时，从而剩余价值率提高到了 200%。

相对剩余价值生产的关键是缩短必要劳动时间。必要劳动时间是生产和再生产劳动力价值的时间，而劳动力的价值又是由劳动者及其家属所需要的生活资料的价值决定的。因此，要缩短必要劳动时间，就需要降低劳动力的价值；而要降低劳动力的价值，就需要降低生活资料的价值。商品价值与劳动生产率成反比，所以要降低生活资料的价值，就要通过改进生产技术、改善管理等措施，提高生活资料生产部门的劳动生产率。同时，与生产生活资料有关的生产资料的价值，也会影响生活资料的价值。因此，也需要提高这些生产资料部门的劳动生产率。随着社会劳动生产率的普遍提高，单位商品的价值就会降低，劳动力的价值就会下降，再生产劳动力的必要劳动时间也会缩短，剩余劳动时间就会延长，从而生产出相对剩余价值。可见，相对剩余价值生产是以社会劳动生产率的提高为条件的。相对剩余价值的生产，推动着各个企业不断改进技术、改善经营管理，从而推动着整个社会劳动生产率的提高和社会生产力的发展。

各个企业改进生产技术，提高经营管理水平，从而提高劳动生产率，虽然最终会促使相对剩余价值增加，但这并不是企业的直接目的，其直接目的是获得超额剩余价值。

超额剩余价值是企业商品的个别价值低于社会价值的差额。它是个别企业采用先进技术提高劳动生产率而获得的。例如，生产某商品的某部门的一般企业，工人在 12 小时工作日中生产 2 件商品，每件商品的社会价值为 12 元，其中生产资料转移价值 9 元，新创造的价值为 3 元，则工人新创造的价值总额为 6 元。假定个别企业提高劳动生产率 1 倍，生产 4 件商品，生产资料转移价值为 36 元，而工人新创造的价值总额仍为 6 元，共计 42 元，每件商品的个别价值为 10.5 元，按照社会价值 12 元出卖，其差额 1.5 元就是超额剩余价值，4 件商品共可获得超额剩余价值 6 元。

超额剩余价值的源泉也是雇用工人的剩余劳动。这是因为，个别企业工人使用先进的机器设备，其劳动复杂程度和效率高于一般的企业，因此他的劳动等于是加强的劳动，在同样多的时间里能够创造更多的价值。马克思指出："生产率特别高的劳动起了自乘的劳动的作用，或者说，在同样的时间内，它所创造的价值比同种社会平均劳动要多。"即在同样多的时间内创造的剩余价值比一般企业的工人多。

但是，个别或少数企业获得超额剩余价值只是一种暂时的现象。为了追求超额剩余价值，各个企业之间进行着激烈的竞争，其结果是个别企业不可能长期垄断着先进的生产技术，因为其他企业也会竞相采用新技术。当先进技术得到普及后，该部门的平均劳动生产率得以普遍提高，生产商品的社会必要劳动时间便会缩短，商品价值相应下降。原来先进的生产条件转化为一般的生产条件，商品的社会价值和个别价值之间的差额将不复存在，超额剩余价值便不存在了。这时，所有的企业却都因此而得到相对剩余价值，因为社会劳动生产率普遍提高的结果，使单位商品价值降低，从而劳动力的价值亦相应降低，必要劳动时间缩短，剩余劳动时间得以延长。因此，相对剩余价值生产是作为各个企业追求超额剩余价值的结果而实现的。就是说，追求超额剩余价值是每个企业提高劳动生产率的直接动机，而其结果是使各个企业普遍获得相对剩余价值。

（三）提高剥削程度的两种基本方法

绝对剩余价值生产和相对剩余价值生产是提高剥削程度的两种基本方法。从资本和雇用劳动的关系来看，两者在本质上是一致的，不论采取哪一种方法，其结果都是延长了工人的剩余劳动时间，增加了剩余价值生产。

从两者之间的联系看，绝对剩余价值生产是剩余价值生产的一般基础，也是相对剩余价值的起点。因为，任何市场经济生产都必须把工作日绝对地延长到必要劳动时间上，否则就不能产生剩余价值。同时，只有把工作日分割为必要劳动时间和剩余劳动时间两个部分，才能以此为出发点，缩短必要劳动时间，相对地延长剩余劳动时间，生产出相对剩余价值。

在市场经济发展的不同时期，生产绝对剩余价值和相对剩余价值这样两种方法起着不同的作用。在市场经济发展的初期，由于生产技术发展较慢，企业主要依靠绝对剩余价值生产。后来，随着市场经济的发展，生产的物质技术条件发生了重大的变化，特别是在机器大工业生产出现以后，技术日益进步，劳动生产率不断提高，相对剩余价值的生产逐渐成为主要的方法。

（四）剩余价值规律

"生产剩余价值或赚钱，是这个生产方式的绝对规律。"市场经济生产的直接目的是追求剩余价值；达到这个目的的手段是扩大和增加剩余劳动，这就是剩余价值规律的基本内容。它是市场经济的基本经济规律，在市场经济经济规律体系中，居主导地位，起决定作用。

(1) 剩余价值规律表明了市场经济生产的实质。生产和追逐最大限度的剩余价值，决定了市场经济生产发展的一切主要方面和一切主要过程，因而，决定市场经济生产的实质。马克思指出，"资本只有一种生活本能，这就是增值自身，获取剩余价值"。

(2) 剩余价值规律决定着社会资本运行的各个环节。市场经济的直接生产过程表明，剩余价值的生产过程是市场经济生产和再生产过程的基础和核心。市场经济的流通过程是为剩余价值生产准备条件，并使剩余价值得到实现的过程。市场经济的分配过程是剩余价值在各个部门各企业之间进行瓜分的过程。市场经济的消费过程，是剩余价值生产的要素，即劳动力的再生产过程，同时也是生产资料所有者消费剩余价值、维持生存的过程。

(3) 剩余价值规律决定着市场经济内在矛盾发展的全过程，决定着市场经济的生存、发展和灭亡。剩余价值是市场经济生存的基础和发展的动力。追逐剩余价值的目的与手段之间的矛盾决定着市场经济内在矛盾及其发展过程，决定着市场经济的高涨和危机、兴盛和衰败。

剩余价值理论是马克思经济理论的基石。马克思揭示了剩余价值的来源和市场经济生产的实质，这就解决了剩余价值理论的核心问题。这是马克思的伟大发现。由于这一发现，才完成了政治经济学的革命，建立起了科学的马克思主义政治经济学。对此，恩格斯给予了高度的评价。

（五）马克思剩余价值理论的意义

剩余价值理论是马克思经济理论的基石。马克思对资本主义生产过程的剖析，揭示了剩余价值的来源和资本主义生产的实质，这就解决了剩余价值理论的核心问题。这是马克思的伟大发现。由于这一发现，才完成了政治经济学的革命，建立起了科学的马克思主义政治经济学。马克思在批判的基础上建立起来的剩余价值学说，是理解全部资本主义经济关系的一把钥匙，并且为无产阶级指明了争取彻底解放的道路。对此，恩格斯给予了高度的评价。他说："这个问题的解决是马克思著作的划时代的功绩。它使社会主义者早先像资产阶级经济学者一样在深沉的黑暗中摸索的经济领域，得到了明亮的阳光的照耀。科学的社会主义就是从此开始，以此为中心发展起来的。"

剩余价值理论是以市场经济为基础展开研究得出的科学结论，因而对市场经济活动，包括社会主义市场经济活动有着重要的指导意义。剩余价值规律是市场经济的一个重要客观经济规律，市场经济活动中必须遵循这一客观经济规律，按照这一客观经济规律要求办事。

复习思考题

1. 名词解释

资本　不变资本　可变资本　剩余价值　劳动力　绝对剩余价值　相对剩余价值　超额剩余价值

2. 作为资本的货币与作为一般商品流通媒介的货币的根本区别是什么？资本运动总公式的矛盾如何解决？

3. 为什么说剩余价值既不能在流通中产生，又不能离开流通产生？剩余价值是如何生产出来的？

4. 劳动力成为商品的条件有哪些？劳动力商品的价值怎么决定？其使用价值有何特点？

5. 生产剩余价值的基本方法有哪些？

6. 如何认识剩余价值规律是市场经济的一条重要客观经济规律？

第五章

生产理论（三）

第一节　成　本　论

企业的生产成本通常被看成企业对所购买的生产要素的货币支出。然而，西方经济学家指出，在经济学的分析中，仅从这样的角度来理解成本概念是不够的。为此，他们提出了机会成本以及显明成本和隐含成本的概念。

一、稀缺性与机会成本

（一）资源的稀缺性与选择

在萨缪尔森的定义中，经济学是“研究一个社会如何利用稀缺的资源以生产有价值的物品和劳务，并将它们分配给不同的人”的科学。这一定义实际上隐含了经济学的两大核心思想：①物品是稀缺的；②社会必须有效率地利用资源。

人类的得以延续以及人类经济生活的维持和发展都必定与特定的资源发生直接或间接的联系。离开了资源，人类的生存和发展无从谈起。人类从太阳和地球那里可以得到满足个体生存以及种族维持的足够的，甚至可以说过剩的能量。但是，人的欲望是无限的，相对于人的无穷无尽的欲望而言，经济物品或生产这些物品的资源总是稀缺的。

从资源的稀缺性这一概念出发，如果进一步思考就会发现，人的欲望和满足欲望的手段，即生产资源和物质产品一般具有以下几个特征：①人的欲望或需要是无限的；②这些需要的轻重缓急各不相同；③满足人的欲望或需要的手段，即可以支配的生产资源是有限的，从而可生产的产品是有限的；④每一种资源在大多数情况下是可以有多种用途的。人的欲望和生产资源的上述四个特征就给人们提出了这样一个问题，即怎样使用和分配这些可以有多方面用途但数量有限的资源，来满足轻重缓急各不相同的无限的欲望或需要呢？解决这一矛盾的关键是选择，“鱼和熊掌不可兼得”。如何实现将有限的物品和劳务在有限的时间内去满足最重要最迫切的欲望，最有效地利用有限的资源，是人类必须作出的选择。

（二）机会成本

经济资源一般是可以有多种用途的，但一定的资源用来生产某种产品后，就不可能用来生产其他产品，这就意味着，一定数量的资源用来生产某种产品时，就必须放弃别种产品的生产。有选择就有放弃，这种选择的代价即“机会成本”(opportunity cost)可表述为，生产一单位的某种商品的机会成本是指生产者所放弃的使用相同的生产要素在其他生产用途中所能得到的最高收入。当资源具有多种用途，才会有机会成本，机会成本不是实际的支出，而是潜在的成本。在西方经济学中，企业的生产成本应该从机会成本的角度来理解。例如，土地可以有多种用途，既可以种稻谷，也可种棉花、蔬菜或其他农作物。假如有一亩土地，用来种粮食，可产稻谷 500 公斤，价值 800 元；如果用来种棉花，投入同样多的资本与劳动可产棉花 100 公斤，价值 700 元，则这一亩土地用来生产粮食的机会成本是 100 公斤棉花或 700 元。同样，用来生产棉花的机会成本就是 500 公斤稻谷或 800 元。例如，某人有 10 万元资金，开商店可获利 2 万元，炒股票可获利 3.5 万元，买债券可获利 1.8 万元，如果他选择开商店，则机会成本就是 3.5 万元。

由此可见，所谓机会成本，实质上是指选择的代价，即“选择成本”。它可以帮助人们进行可行性研究和最优化决策。当然，理解机会成本这一概念时，要注意以下四点。

(1) 机会成本不是作出某项选择时实际支付的费用或损失，而是一种观念上的成本或损失。

(2) 机会成本是作出一种选择时所放弃的其他若干种可能的选择中最好的一种，而不是其他。

(3) 机会成本并不全是由个人选择所引起的，其他人的选择会给你带来机会成本，你的选择也会给其他人带来机会成本。

(4) 运用机会成本这一概念时，要考虑两个条件：一是被配置的资源有多种用途(可以有多个投向)；二是资源用在不同用途都不受限制。

经济学研究就是使决策者在现有信息的情况下，如何使机会成本更小一些。

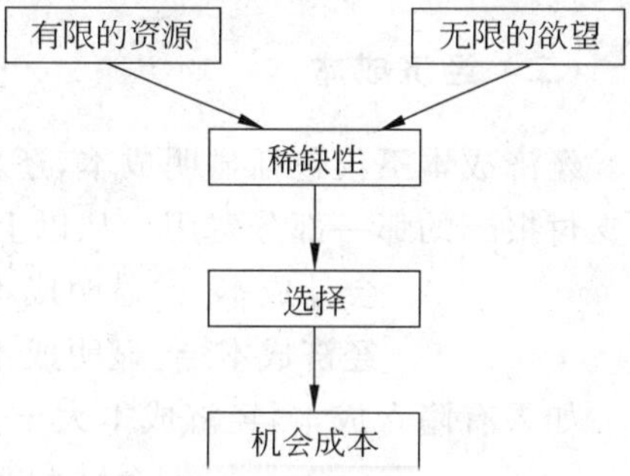

图 5-1　机会成本的理解

对机会成本的理解可概括为图 5-1。

二、显明成本和隐含成本

企业的生产成本可以分为显明成本和隐含成本两个部分。

(一) 显明成本

企业生产的显明成本是指厂商在生产要素市场上购买或租用所需要的生产要素的实际支出。例如，某厂商雇用了一定数量的工人，从银行取得了一定数量的贷款，并租用了一定数量的土地，为此，这个厂商就需要向工人支付工资，向银行支付利息，向土地出租者支付地租，这些支出便构成了该厂商生产的显明成本。显明成本具有两个特征：①生产要素来自外部；②涉及直接的货币支付。

(二) 隐含成本

企业生产的隐含成本是指厂商本身自己所拥有的且被用于该企业生产过程的那些生产要素的总价格。例如，为了进行生产，一个厂商除了雇用一定数量的工人、从银行取得一定数量的贷款和租用一定数量的土地之外(这些均属显明成本)，还动用了自己的资金和土地，并亲自管理企业。西方经济学家指出，既然借用了他人的资本需付利息，租用了他人的土地需付地租，聘用他人来管理企业需付薪金，那么，同样的道理，在这个例子中，当厂商使用了自有生产要素时，也应该得到报酬。所不同的是，现在厂商是自己向自己支付利息、地租和薪金。所以，这笔价值就应该计入成本之中。由于这笔成本支出不如显明成本那么明显，故被称为隐含成本。隐含成本也必须从机会成本的角度按照企业自有生产要素在其他最佳用途中所能得到的收入来支付；否则，厂商会把自有生产要素转移出本企业，以获得更高的报酬。隐含成本具有两个特征：①厂商自有生产要素；②不涉及直接的货币支付，代表厂商放弃的收益。

三、会计成本和经济成本

（一）会计成本

会计成本是指在购买生产要素时实际发生的、高度可见的成本。它包括：使用他人劳动力所支付的工资和奖金、从其他企业购买的原材料和半成品价值、租用他人拥有的厂房的租金、支付他人资本的利息等，这些成本被概括为显明成本。

（二）经济成本

经济成本不仅包括显明成本，还包括隐含成本。后者是指在生产过程中使用的，但又未被支付报酬的那一部分费用。从以上讨论可知

$$会计成本 = 显明成本 \tag{5-1}$$

$$经济成本 = 显明成本 + 隐含成本 = 会计成本 + 隐含成本 \tag{5-2}$$

如果有隐含成本，经济成本大于会计成本。相应的，会计利润和经济利润也不相等。

$$会计利润 = 销售收入 - 会计成本 \tag{5-3}$$

$$经济利润 = 销售收入 - 经济成本 \tag{5-4}$$

四、短期成本和长期成本

短期是指部分生产要素可以调整的时期，可以调整的生产要素主要是原材料、工人人数、燃料等，不可以调整的生产要素主要是机器设备、厂房、管理人员等。长期是指所有生产要素均可以调整的时期。长期和短期并不是指时间长短，而是根据生产要素是否可以调整来划分的。在短期内，有可变成本（VC）和固定成本（FC）之分，而长期就没有固定成本和可变成本的分别了，一切成本都是可变的。对应于生产分析中的短期和长期分析，成本分析也分为短期分析和长期分析。

第二节　生产可能性曲线

一、生产可能性曲线的概念

资源的稀缺性决定了在一定社会的一定时期内，可以利用的资源是有限的，从而可以生产的产品数量也是有限的。生产可能性曲线（production possibility curve）是指在资源既定条件下所能达到的两种要素最大产量的组合。生产可能性曲线主要用来考察一个国家应该

怎样分配其相对稀缺的生产资源问题。我们知道，一国可利用的资源，按用途来说，主要用来生产资本品和消费品。由于资源总量是一定的，因此，要多生产消费品就必须减少资本品的产量。那么，一个国家如何兼顾目前利益和长远利益，把有限的资本分配使用于消费品和资本品的生产，是经济学必须回答的一个重要问题。这个问题可以用生产可能性曲线来解释和回答。

现在，假定一国现有资源用来生产两种产品甲（消费品）和乙（资本品）。如果全部用来生产甲产品，可生产 OD 单位；如果全部用来生产乙产品，可生产 OA 单位；如果同时用来生产甲和乙两种产品，则可能有各种不同的甲与乙的产量组合。将甲和乙的各种不同的产量组合描绘在坐标图上，便可得出生产可能性曲线（见图 5-2）。图 5-2 中的 AD 线即生产可能性曲线，或称生产可能性边界（production possibility frontier），也可称为转换线。

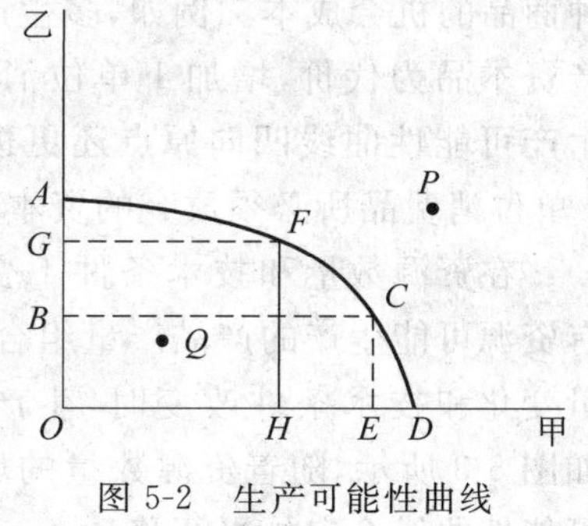

图 5-2　生产可能性曲线

二、生产可能性曲线的作用

生产可能性曲线是用来说明和描述在一定的资源与技术条件下可能达到的最大的产量组合曲线，它可以用来进行各种生产组合的选择。例如，图 5-2 中 F 点和 C 点相比较，少生产 GB 数量的乙产品（资本品），就可以多生产 HE 数量的甲产品（消费品）。因此可以说，生产 HE 数量甲产品的机会成本就是 GB 数量的乙产品。那么，一个国家关于消费品和资本品这两大部类的生产，到底是选择 F 点还是 C 点，或者是 AD 线上的任何其他一点呢？这是经济学所面临的和必须回答的问题。

生产可能性曲线还可以用来说明潜力与过度的问题。生产可能性曲线以内的任何一点（如 Q 点），说明生产还是潜力，即还有资源未得到充分利用，存在资源闲置；而生产可能性曲线之外的任何一点（如 P 点），则是现有资源和技术条件所达不到的。只有生产可能性曲线之上的点，才是资源配置最有效率的点。因为它说明了一个社会的全部资源都得到了充分利用，不存在闲置资源和失业，社会经济达到了充分就业的状态。生产可能性曲线对于我们理解许多经济问题都非常有帮助。

(1) 生产可能性曲线体现了稀缺性概念。正因为资源是有限的，所以，使用这些资源所能生产的各种产品的数量组合才有一个最大的限度。这种最大量的限制就是生产可能性曲线，生产可能性曲线的存在说明了稀缺性的存在。

(2) 生产可能性曲线表达了选择的含义。社会要在各种可能的生产组合中进行选择，这种选择表现在生产可能性曲线上就是选择某一点时消费品和资本品的组合。选择生产可能性曲线上的哪一点，取决于当时人们的偏好。如果人们更注意当前的消费，那么就会选择更多的消费品；如果人们更愿意在将来消费更多的商品，那么在当前他们就必须选择更多地生产资本品，较少地进行当下的消费。

(3) 生产可能性曲线包含了效率的概念。当生产的消费品和资本品的组合是生产可能性曲线上的任何一点时，表明了资源得到充分利用。如果生产消费品和资本品的组合在生产可能性曲线以内的任何一点，表明现有资源没有得到充分利用；而在生产可能性曲线之外的任何一点都不是凭现有的资源和技术条件可以生产出来的。

(4) 生产可能性曲线与机会成本关系密切。前面我们给机会成本下的定义是：机会成本是作出一项决策时所放弃的其他可供选择的最好用途。生产可能性曲线可以进一步解释机会成本的含义、衡量和变动特征。

在生产可能性曲线上，增加一种商品而必须放弃的另一种商品的生产就是被生产的这种商品的机会成本。例如，多生产资本品要以少生产消费品为代价，多生产消费品要以少生产资本品为代价，增加1单位消费品的机会成本可以通过所放弃的资本品的数量来衡量。生产可能性曲线凹向原点还更进一步地揭示出，随着生产消费品数量的不断增加，每增加1单位消费品所必须放弃的资本品的数量是增加的。

在资源数量和技术条件不变的条件下，一个社会现有资源可能生产的产品产量组合是既定的。但当资源数量变化和技术条件改变时，生产可能曲线会相应移动。如图5-3所示，随着资源数量的增加和技术的进步，生产可能性曲线会向外平行移动。

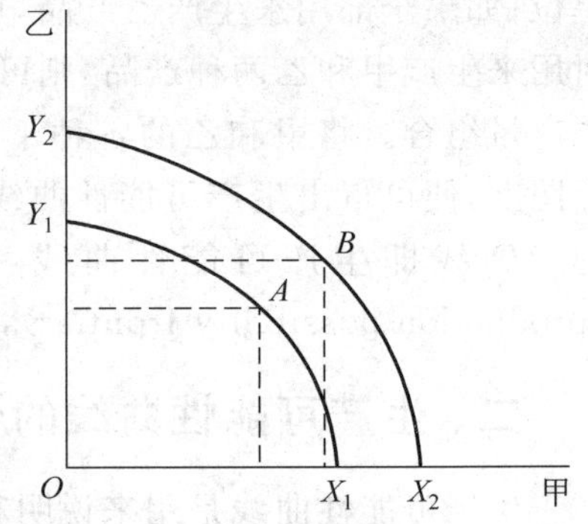

图5-3 生产可能性曲线与经济增长

图5-3中，在原来的技术水平和资源条件下，生产可能性曲线为X_1Y_1。现假定资源数量增加了，或者技术进步，劳动生产率提高了，使生产可能性曲线向外平移至X_2Y_2。在X_2Y_2上，每一点所代表的两种产品的产量组合都比X_1Y_1上相应的一点所代表的产量组合要大。因此，生产可能性曲线向外移动，代表着一个社会生产能力的提高。同时需要指出的是，生产可能性曲线也是有可能向内移动的。比如当自然灾害、经济危机、战争、政治动荡等发生时，造成资源的毁害或技术水平的下降时，就会发生这样的情况。

引起经济增长即生产可能性曲线向外移动的两个基本因素是资本积累和技术进步。资本积累是资本资源的增加，技术进步是生产物品与劳务的新的更好的方法的发展。资本积累和技术进步使生产可能性曲线扩大也是要付出代价的。由于资源有限，要实现资本积累或要技术创新，就必须将现有资源的一部分转移到增加资本品和技术研发上来。这意味着当前消费品的减少。也就是说，当前消费品的减少是未来产品增加量的机会成本，这就是经济增长的代价。

第三节 绝对优势与比较优势

一、生产率与生活水平

为了说明人们为什么选择在物品与劳务上依靠其他人，以及这种选择如何改善了他们的生活水平，下面我们来看一个简单的例子。假设世界上只有两个人，且只生产两种物品：一个农民，一个牧牛人，生产牛肉和土豆；他们每人都既喜爱牛肉，又喜爱吃土豆。假设农民和牧牛人每人每周工作40小时，并可以把这个时间用于种土豆、养牛，或两者的结合上。表5-1是农民和牧牛人的生产率，表明每个人生产1磅每种物品所需要的时间量：农民用10小时生产1磅土豆，20小时生产1磅牛肉；牧牛人在这两种活动中的生产率都较高，可以用8小时生产1磅土豆，1小时生产1磅牛肉。

表 5-1　农民和牧牛人的生产率

身份＼生产率	生产 1 磅的时间/小时		每周生产量/磅	
	牛肉	土豆	牛肉	土豆
农民	20	10	2	4
牧牛人	1	8	40	5

说明：每周按 40 小时工作时间计算。

假设牧牛人和农民各自既养牛又种土豆，且老死不相往来，这样，农民和牧牛人就处于自给自足的经济，他们每个人消费的就是他所生产的。这种情况下，生产可能性曲线也是消费可能性曲线。农民和牧牛人的生产可能性曲线分别如图 5-4 和图 5-5 所示。如果农民和牧牛人各自用一半的时间养牛，另一半时间种土豆，那么，图 5-4 中的 A 点和图 5-5 中的 B 点所表示的组合，便是农民和牧牛人各自的生产并消费点。

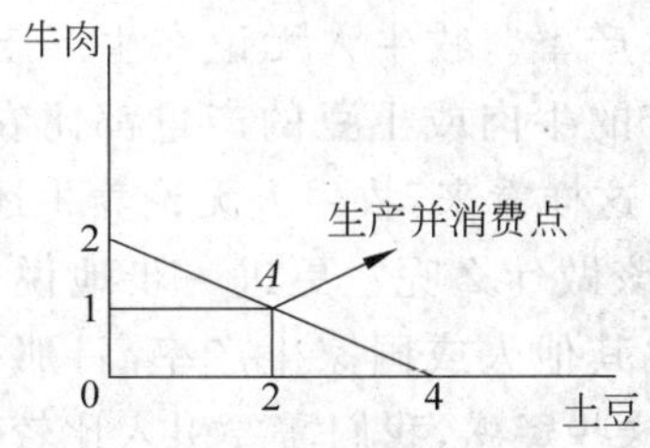

图 5-4　农民的生产可能性曲线

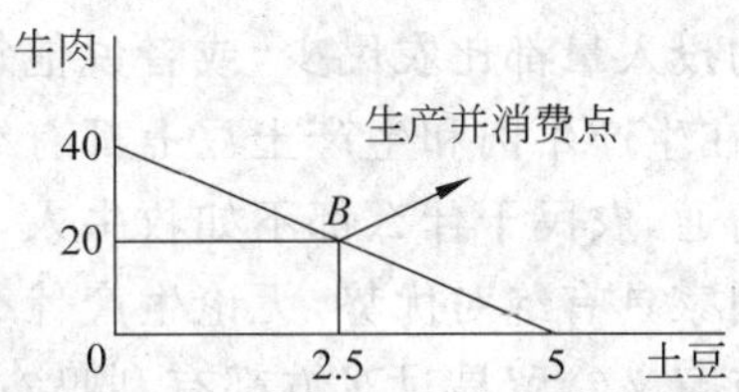

图 5-5　牧牛人的生产可能性曲线

（一）农民的生产可能性曲线

农民每周工作 40 小时，同时生产牛肉和土豆。图 5-4 是农民的生产可能性曲线，说明农民能生产的牛肉和土豆的数量。如果农民把全部 40 小时都用于生产土豆，他可以生产 4 磅土豆，但没有牛肉；如果他把所有时间用于生产牛肉，他可以生产 2 磅牛肉，但没有土豆。如果农民把他的时间平均分配在两种活动上（各用 20 小时），他就可以生产并消费 2 磅土豆和 1 磅牛肉（图 5-4 中 A 点的组合）。图 5-4 所表示的就是以上三种可能的结果以及介于三种情况之间的所有其他结果。这种情况下，生产可能性曲线是一条直线。

（二）牧牛人的生产可能性曲线

牧牛人每周工作 40 小时，同时生产牛肉和土豆。图 5-5 是牧牛人的生产可能性曲线，说明牧牛人能生产的牛肉和土豆的数量。如果牧牛人把全部 40 小时用于生产土豆，他可以生产 5 磅土豆，但没有牛肉；如果他把全部 40 小时用于生产牛肉，他可以生产 40 磅牛肉，但没有土豆。如果牧牛人把他的时间平均分配在两种活动上（各用 20 小时），他就可以生产并消费 20 磅牛肉和 2.5 磅土豆（图 5-5 中 B 点的组合）。

生产效率是用于生产的每单位时间所生产的产量，即 1 个工人 1 天（或 1 小时）所生产的物品和劳务量。同样的劳动时间投入，农民的生产率低，生活水平低；牧牛人的生产率高，生活水平比农民高。由此可见，生活水平的提高，可以归因于生产率的提高。生产率高的国家，大多数人享受高生活水平；生产率低的国家，大多数人必须忍受贫困。一国生产率的增长，决定着国民的平均收入增长率。高收入国家的公民比低收入国家的公民，拥有更多的电视机、更多的汽车、更好的营养、更好的医疗保健以及更长的预期寿命。

二、绝对优势

当比较一个人、一个企业或一个国家与另一个人、另一个企业或另一个国家的生产率时，经济学家用了绝对优势这个术语。亚当·斯密是英国古典经济学的奠基人，他在《国民财富的性质及原因的研究》中提出了绝对优势理论。

绝对优势理论的基本思想是：贸易的产生基于各国之间生产技术的绝对差别。如果外国的产品比自己国内生产的要便宜，那么最好是输出在本国有利的生产条件下生产的产品，去交换外国的产品，而不要自己去生产。国际分工的基础是有利的自然禀赋或后天的有利条件。各国取最优，各国均得利。假定 A、B 两个国家生产 X、Y 两种产品，A 国生产 X 的成本低于(劳动生产率高于)B 国，B 国生产 Y 的成本低于(劳动生产率高于)A 国，则 A 国在 X 产品的生产上具有绝对优势，在 Y 产品的生产上具有绝对劣势。

沿用前面的例子，牧牛人的生产率高于农民的生产率。牧牛人无论在生产土豆还是生产牛肉上的投入量都比农民少，或者说他每小时生产的牛肉或土豆的产量都比农民高。显然，牧牛人在生产牛肉和生产土豆上都有绝对优势。这样看来，牧牛人无论养牛还是种土豆都比农民精通，农民干什么都不如牧牛人，那么农民该做什么呢？更进一步地说，如果一个人或一个国家具有绝对优势，无论生产什么产品都比其他人或国家生产率高，那么，产品交易是否还有意义？贸易对双方都有利吗？为了解开这些疑惑，我们需要引入比较优势理论，用上面所学的机会成本来进一步阐明比较优势。

三、比较优势

比较优势又称相对优势，是由大卫·李嘉图提出的。其基本思想是：贸易的产生基于各国之间生产技术的相对差别。尽管一国在两种产品的生产上都处于绝对劣势，但它可以选择两种产品中劣势相对较小的那种产品，专业化生产并出口，这样做同样能获得贸易的好处。其基本思路是“两利相权取其重，两弊相权取其轻”，集中生产并出口其具有比较优势的产品，进口其具有比较劣势的产品。假定 A、B 两个国家生产 X、Y 两种产品，A 国生产 X、Y 的成本都低于 B 国，但生产 X 的成本比 Y 低得更多，则 A 国在 X 的生产上具有比较优势。同理，B 国生产 X、Y 的成本都高于 A 国，但生产 Y 的成本比 X 相比高得少些，则 B 国在 Y 的生产上具有比较优势。当生产者生产一种物品的机会成本较小时，该生产者生产这种物品就有比较优势。比较优势是根据机会成本来比较一种物品的生产。

沿用前面的例子中，农民和牧牛人生产牛肉与土豆的机会成本如表 5-2 所示。

表 5-2　农民和牧牛人生产牛肉与土豆的机会成本

产品 身份	牛肉(根据放弃的土豆计算)	土豆(根据放弃的牛肉计算)
农民	2	1/2
牧牛人	1/8	8

先考察农民的机会成本。当农民把 20 小时用于生产牛肉时，他就要减少用于生产土豆的 20 小时。由于他生产 1 磅牛肉需要 20 小时，生产 1 磅土豆需要 10 小时，因此，农民生产 1 磅牛肉的机会成本是所放弃的 20 小时能生产的 2 磅土豆；生产 1 磅土豆的机会成本是用

10 小时能生产的 1/2 磅牛肉。

再考察牧牛人的机会成本。由于牧牛人生产 1 磅牛肉只需要 1 小时，生产 1 磅土豆需要 8 小时。因此，牧牛人生产 1 磅牛肉的机会成本是 1 小时能生产的 1/8 磅土豆；生产 1 磅土豆的机会成本是用 8 小时能生产的 8 磅牛肉。

在这个例子中，农民生产土豆的机会成本低于生产牛肉的机会成本，同时低于牧牛人生产土豆的机会成本，说明农民在种植土豆上具有比较优势。同理，牧牛人生产牛肉的机会成本低于生产土豆的机会成本，同时低于农民生产牛肉的机会成本，说明牧牛人在生产牛肉上具有比较优势。

需要注意的是，牛肉的机会成本是土豆的机会成本的倒数。农民生产 1 磅土豆要放弃 1/2 磅牛肉，生产 1 磅牛肉要放弃 2 磅土豆。同样，牧羊人生产 1 磅牛肉要放弃 1/8 磅土豆，生产 1 磅土豆要放弃 8 磅牛肉。

这样一来，处于绝对劣势的农民找到了自己的优势——比较优势，处于绝对优势的牧羊人也仅是在生产牛肉方面具有比较优势。

比较优势的原理不仅适用于国家、地区、企业，也适用于个人。一家公司的总裁可能比他的秘书打字速度更快，但是让秘书打信件还是值得的，因为总裁在引进新客户方面具有比较优势，而秘书在打字方面具有比较优势。

理解比较优势时，需要注意以下三点。

(1) 同一个人不可能在生产两种物品中都有比较优势，因为生产一种物品的机会成本是另一种物品机会成本的倒数。如果一个人生产一种物品的机会成本较高，那么，他生产另一种物品的机会成本必然较低。

(2) 除非两个人具有相同的机会成本，否则一个人就会在生产一种物品上有比较优势，而另一个人将在生产另一种物品上有比较优势。

(3) 比较优势反映了相对低的机会成本(所以又称为相对优势)，是一种机会成本的比较，它既是主体在各项选择中机会成本相对低的一项(生产物品)，又是同客体比较相同项目(生产物品)的机会成本也相对低的一项(生产物品)。

四、比较优势与贸易

根据比较优势原理，农民和牧牛人都可以从事自己具有比较优势的生产。农民种土豆，牧牛人养牛，然后在相互交易中获益。我们假定农民和牧牛人达成一项协议：用 2 磅牛肉交换 1 磅土豆。据此，我们可以考察交易后的情形。

(一) 交易后农民的消费

在图 5-6 中，农民每周 40 小时全用来种土豆，生产 4 磅土豆。用 2 磅土豆换得 4 磅牛肉。这样一来，农民每周可消费 4 磅牛肉和 2 磅土豆(A_1 点的组合)，比原来(A 点的组合)多消费 3 磅牛肉，生活水平提高了。

(二) 交易后牧牛人的消费

在图 5-7 中，牧牛人每周 40 小时全用来养牛，生产 40 磅牛肉。用 4 磅牛肉换得 2 磅土豆。这样一来，牧牛人每周可消费 36 磅牛肉和 2 磅土豆(B_1 点的组合)。与专业化生产前

(B 点的组合)相比,虽然土豆消费少了 0.5 磅,但牛肉消费多了 16 磅,生活水平也提高了。这时,如果有第三个生产土豆或面包的人,牧牛人还可以拿出部分牛肉去交换,其状况会变得更好。

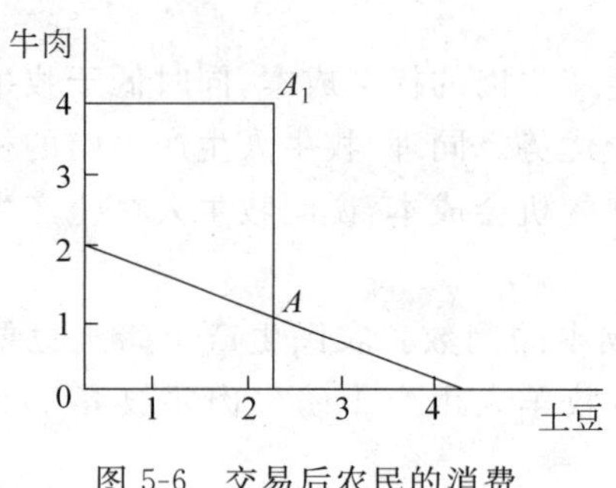

图 5-6　交易后农民的消费

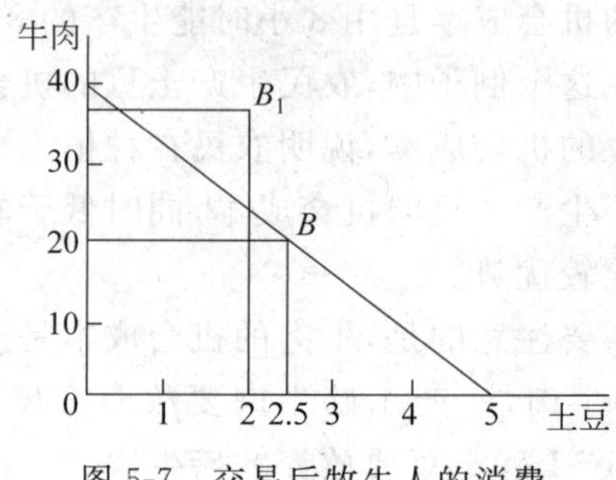

图 5-7　交易后牧牛人的消费

从农民和牧牛人的例子中可以看出,一个拥有绝对优势的人也不可能在每件事上都拥有比较优势。在专业化生产与贸易中,给双方都带来利益的不是绝对优势,而是用机会成本所表示的比较优势。

五、比较优势与专业化生产

无论国家、企业还是个人,往往最终都会在他们具有比较优势的物品上进行专业化生产,而少生产或者不生产他们处于相对劣势的物品。这样,比较优势导致专业化的出现,专业化增强了他们进行专业生产的能力,反过来又加强了原有的比较优势。

我们可以从一支普通的铅笔,来看专业化生产的好处。铅笔是一种简单的文具,但是世界上可能没有一个人能够制造出一支铅笔所需要的全部材料。要生产铅笔,必须先砍伐某种在某地生长的、有着合适木质的树,然后运到某一地方的木材加工厂,切开木材并进一步加工成有槽的木棍。铅笔中间的石墨、顶端的橡皮擦和连接部位的金属都是相当简单的材料,但是每一种材料都需要受过专门训练的人才能生产出来。

为什么专业化能够提高生产效率,其原因有三点:①专业化节约了工人从某一种生产任务转到另一种生产任务的时间;②重复同一工作使劳动技术得以提高;③专业化为发明创造提供了肥沃的土壤。专业化分工开始以前,工人们的技术水平可能相差不多。这时可以随意分工,谁去做哪项工作对生产效率影响不大。但是,在专业化分工之后再调换工人的工种,就可能产生效率下降。劳动分工可以产生巨大的生产能力。分工使每个工人反复运用某一种技术,可以使生产力提高数百倍或数千倍。几乎任何人重复从事缝扣子、投篮球或加减数字这类简单活动一两周之后,都会比没干以前熟练得多。如果一国专门生产赛车,它也会发展出比较优势,因为它具有相对大的生产规模,可以把工作分成不同的任务派给不同的人。随着每个人对他所从事工种的日益熟练,生产力就会提高。同时,劳动分工常常导致创造发明。当一个人把某一特定工作干得熟练之后,就会发现不满意的地方,就有可能想出改善工作的办法,还有可能发明一种机器代替简单而枯燥的工作。专业化与创造发明是互相推动的。某种物品由于最初的一点优势可能导致这种物品的更大规模生产,并由此导致更多的发明,进而导致更大规模的生产和进一步的专业化。

当然,专业化又会带来不利一面。例如,专业化的工作使工人长时间重复某一种劳动,会产生厌倦情绪，使生产力下降。另外，单调的专业化会使思维呆板，而新思维和新思想往往产生于不同学科、不同专业的相互渗透、相互滋养。这些不利的方面，要从管理等领域中去寻找解决办法。

六、决定比较优势的因素

仔细观察世界上的每一国家的出口和进口，就会看到一幅复杂的图像。例如，美国从中美洲进口香蕉、汽车和电视机，从日本进口个人电脑，从中国进口纺织品；又出口喷气式飞机、小麦和大型计算机。上面已经谈到比较优势决定贸易模式，但又是什么决定比较优势的呢？在现代世界，这是一个相当复杂的问题。

（一）自然禀赋

在前面的例子中，牧牛人在生产牛肉和生产土豆上都具有绝对优势。但是，在牛肉生产上他又具有比较优势，因为与农民相比牧牛人生产牛肉要更为擅长。这样，农民在生产土豆上具有比较优势。在以上分析中可以看出，一国的比较优势在很大程度上是由它的自然禀赋决定的。相对来说，具有比放牧更适于种土豆的土地和气候的国家会去生产土豆；相对来说，具有比种土豆更适于放牧的土地和气候的国家会去生产牛肉。在现代经济中，美国拥有大量可耕地，使得美国在农业上具有比较优势。相对于其他资源而言，像中国和韩国这些拥有大量低技术劳动力的国家，在生产类似纺织品这样需要大量手工劳动的物品上具有比较优势。尽管被称为地理决定论的这一理论现在仍适用于某些地方，但是显然已经落后于现代世界的经济现实了。在今天进入知识经济的时代，一个国家与其寻找大自然可能赋予它的比较优势，还不如采取行动来取得比较优势。

（二）后天禀赋

一国的禀赋没有必要受偶然性的地理因素的限制。日本没有什么自然资源，却成为国际贸易中的主要角色，部分原因在于它拥有后天的禀赋。“二战”以后日本经济高速发展的例子可以说明两条原则：一是通过节约和积累资本来建造大型工厂，一个国家可以获得像钢材这种需要大量资金才能进行生产的物品上的比较优势，即形成财力资源优势；二是把资源更多地用在教育上，一个国家可以发展出需要大量技术劳动才能进行生产的物品上的比较优势。由此，一个国家设法取得的资源——人力和物力也可以使它产生比较优势，即形成人力资源优势。

（三）技术知识

在现代经济中，重要的不在于占有资源的多少，而在于拥有高效率地使用这些资源的知识的多少。瑞士在手表生产上的比较优势的基础并不是天然拥有更好的制表原料和大量的资本物品，也不是受教育程度更高的劳动者，它的基础在于：在长时期中它积累了手表制造的优越的知识与专业特长。这是一种知识的积累。这种情况在很大程度上是由于历史的偶然性形成的。比利时在花边制造上具有比较优势，经过长期发展，它的工人掌握了所需要的技能。从历史上看，尽管专业化模式的出现大都出于历史的偶然性，但在现代经济中往往是有意决策的后果。在现代，一国获得比较优势的主要方式之一是在某一特定领域中建立和发展它们的技术知识。美国的半导体工业就是一个恰当的例子。半导体由美国人罗伯特·诺伊斯发明，20 世纪 70 年代的美国在半导体生产上具有强大的比较优势，主要是生产用来控制计算机的小型硅片。但是到了 80 年代，日本继而成为美国的最大竞争对手。

不论是美国还是日本，半导体工业的发展都得益于政府的决策以及政府的补贴和支持。当今，对于技术知识的培育，许多国家都通过政府决策采取贸易保护或科研支持等方法取得比较优势。随着更为复杂的计算机芯片的推出，说不定美国和日本的这种比较优势又被中国或者其他国家所代替。

（四）专业化

前面已经讨论了比较优势如何导致专业化。同时，专业化也可以导致比较优势。瑞士能够制造精美的手表，并且以多年独特的经验为基础在手表市场上占据了具有比较优势的地位。那么，这种技术知识为基础的比较优势能否解释汽车制造技术水平相差无几的英、德、美几国相互进行汽车贸易的原因呢？怎么可能每个国家都具有汽车生产的比较优势呢？问题在于专业化。如果英国专门生产赛车，德国专门生产豪华轿车，或者换过来，德国专门生产赛车，英国专门生产豪华轿车，两国都会取得比较优势，因为专业化能够提高生产率，提高技术。甚至当不同的公司专业化于相同产品的不同部分，它们也能够享受专业化的好处。如美国的英特尔公司致力于微处理器，微软公司致力于办公软件开发，都获得了巨大的成功。

第四节　生产函数与规模收益递减规律

一、生产函数

生产是把投入品变成产品的过程。生产中必须投入什么呢？经济学认为必不可少的投入品主要有劳动、资本、土地（自然资源）和企业家的才能，这被称为四大生产要素。投入与产出之间的关系，就是生产函数。在这里，自变量有四个，即四大生产要素；因变量有一个，即产量。用 L、K、N、E 分别表示劳动、资本、土地（自然资源）和企业家的才能，Q 代表产量，则生产函数的一般公式为

$$Q = f(L, K, N, E) \tag{5-5}$$

为了便于分析，一般人们所考虑的自变量就是劳动和资本两个，这时，生产函数就是劳动量和资本量的函数，其公式为

$$Q = f(L, K) \tag{5-6}$$

人们所面临的通常情况是，劳动或资本其中一个固定，需要考虑另一个的投入数量。假设固定的是资本，需要考虑的是投入多少劳动量，那么，就只有劳动量是在改变的，所以产量的改变就是劳动量改变的结果；反之，假设固定的是劳动，可以改变的是资本，那么，产量的改变就是资本改变的结果。如果我们假设不变的是资本，改变的是劳动，那么总产量就可以看成在其他生产要素固定的情况下，所投入的劳动生产出的全部产量；平均产量就是平均每单位劳动所生产的产量；边际产量就是每增加一单位劳动所增加的产量。用 TP 代表总产量，AP 代表平均产量，MP 代表边际产量，则有

$$TP_L = f(L,K) \quad (5\text{-}7)$$

$$AP_L = TP_L \div L \quad (5\text{-}8)$$

$$MP_L = \Delta AP_L \div \Delta L \quad (5\text{-}9)$$

二、边际产量递减规律

边际产量递减规律是指当其余的生产要素不变，而只改变一种生产要素时，一开始产量会增加；当到达一定限度时，增加的幅度（边际产量）就会开始递减，即“越增加越慢”；当递减到零时，总产量就到达最高值，然后总产量会开始下降。中国有句俗话：“一个和尚挑水吃，两个和尚抬水吃，三个和尚没水吃。”这句话讽刺了生活中互相攀比、人浮于事、吃大锅饭的现象，但也反映了经济学上的规律。水桶就好比是资本，和尚就好比是劳动者，庙里发生的故事就是在资本固定的情况下不断增加劳动的结果。一开始，由于资本没有被完全利用，所以增加劳动，总产量、边际产量、平均产量都增加了。后来，资本被完全利用，再增加劳动，边际产量开始下降，平均产量也随之下降，而总产量还在增加，但增加得越来越慢了。再后来，边际产量下降到零，总产量不再增加了。最后，劳动的增加会导致总产量下降。上述边际产量与总产量随劳动者数量变化的关系可用图 5-8 来表示。

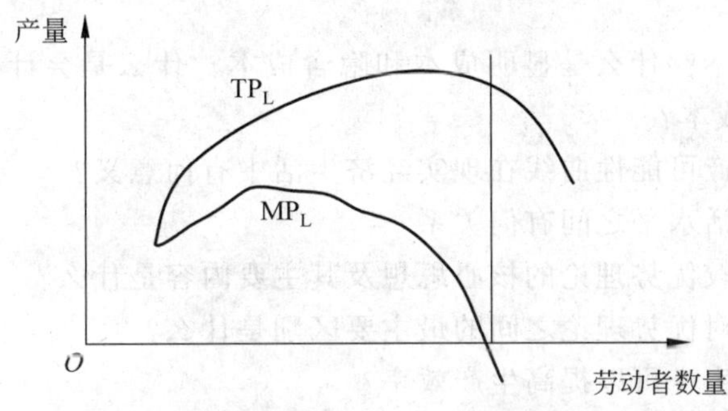

图 5-8　边际产量、总产量随劳动者数量变化的关系

三、规模收益递减规律

规模收益递减规律是指其他投入固定不变时，连续地增加某一种投入，所新增的产出最终会减少的规律。例如，生产中需要投入资本和劳动，当投入的资本量保持不变时，单单增加劳动的投入，最初增加的产出比较多，以后会逐渐减少，最后会达到饱和，投入的劳动根本不起作用。人们消费各种物质以得到生理的满足，也服从规模收益递减规律。肚子饿了吃馒头，最初觉得非常解饿，以后吃多了，满足感会逐渐减少，最后不但没有满足感，反而吃得发撑，觉得难受，产出变成负的。这就是规模收益递减规律在起作用。

设生产函数为 $Q=f(L,K)$，当 L 和 K 都加倍时，产量加倍，则有 $\alpha Q=f(\lambda L,\lambda K)$，如果 $\alpha>\lambda$，则规模收益递增；如果 $\alpha<\lambda$，则规模收益递减；如果 $\alpha=\lambda$，则规模收益不变。一般说来，随着生产规模的扩大，产量会依次经过规模收益递增、规模收益不变、规模收益递减三个阶段。所以，一个企业没有规模不好，但也不是规模越大越好，而是要保持适度规模。所谓适度规模，就是指产量最大时的规模。现代化企业一般都要求有一个基本的规模，因为可以得到规模扩大后效率的好处，导致规模收益递增；但如果一个企业扩大规模太大，又会出现

效率上的问题，从而导致规模收益递减；一个企业在控制自己规模的时候，经过多次调整，一般会保持在规模收益不变的阶段。

适度规模的具体大小是因各个行业、市场、技术水平等的不同而不同的。例如，重工业的适度规模一般比服装、食品等轻工业的适度规模要大。也就是说，重工业只有规模比较大时，才能取得比较好的产量和收益，而轻工业规模大了反而不好。一些重要的行业，在国际上都有通行的适度规模标准，例如，钢铁厂的适度规模是年产多少吨钢，冰箱厂的适度规模是年产多少台冰箱等。这些适度规模标准也是随着这个行业的技术水平的提高而变化的。

以上我们讲的市场规模与产量的关系，都是着眼于企业内部，所以谈的是内在经济与内在不经济问题，其实整个行业的规模也会对个别厂商的产量产生影响。尽管企业自己的生产规模不变，但是整个行业的规模扩大了，也会使企业的产量增加或者下降。如果企业因为得到了更多的信息、更好的人才，以及更先进的行业基础设备等，而使产量增加，就叫作外在经济；相反，如果企业因为行业内的竞争更加激烈而使产量下降了，我们就把它叫作外在不经济。

复习思考题

1. 什么是机会成本？什么是显明成本和隐含成本？什么是会计成本和经济成本？什么是短期成本和长期成本？
2. 机会成本与生产可能性曲线在现实经济生活中有何意义？
3. 生产效率和生活水平之间有何关系？
4. 绝对优势和比较优势理论的核心思想及其主要内容是什么？
5. 比较优势与绝对优势理论之间的最主要区别是什么？
6. 为什么专业化生产可以提高生产效率？
7. 决定比较优势的因素有哪些？
8. 生产函数是什么？如何理解边际产量递减规律和规模收益递减规律？

第六章

生产理论(四)

第一节 资本的循环

一、产业资本循环的三个阶段和三种职能形式

(一)产业资本的概念

产业资本是投资在物质生产部门的资本,即投资在工业、农业、矿业、交通运输业和建筑业等部门的资本。产业资本的最本质特征是生产剩余价值。

(二)产业资本循环的三个阶段

1. 购买阶段

在购买阶段,资本所有者带着货币到市场上去购买生产资料和劳动力,用公式表示为

$$G—W\left\langle\begin{matrix}A\\P_{\mathrm{m}}\end{matrix}\right. \tag{6-1}$$

从形式上看,这一阶段同一般商品购买没有什么区别,是一般的商品流通形式。但实质上是不一样的,因为这里的购买是一种资本性质的特殊购买,关键是要买到劳动力(A)这种特殊商品。同时,购买是为了生产消费,生产资料(P_{m})和劳动力必须有合适的比例,以保证生产资料吸收活劳动的需要。所以,这里的购买是资本流通的过程,是资本流通的起始阶段,其目的是为剩余价值生产准备条件。这里的 G、W 已变成资本,G 是货币资本,W 是生产资本。这一阶段的任务是完成货币资本向生产资本的转化。

2. 生产阶段

在生产阶段,资本所有者把购买到的生产资料和劳动力结合起来,进行生产($\cdots P\cdots$),生产出包含有剩余价值的新商品(W'),用公式表示为

$$W\left\langle\begin{matrix}A\\P_{\mathrm{m}}\end{matrix}\right.\cdots P\cdots W' \tag{6-2}$$

从表面上看,这一过程与一般物质生产没有什么区别,因为任何生产过程都表现为生产资料与劳动力相结合的过程。但从本质上讲,由于这里的生产阶段与资本运动的第一阶段相联系,它是资本运动的继续,因此,生产资料和劳动力在这里也就不是一般的生产条件,而是剩余价值的生产条件了。也正是由于生产资料与劳动力在这里是作为剩余价值的生产条

件发挥着资本职能，所以，它也就不是一般商品的生产过程，而是资本循环的决定性环节，其目的是生产剩余价值。这里的 A、P_m 是生产资本，W' 是商品资本。这一阶段的任务是完成生产资本向商品资本转化。

3. 售卖阶段

在售卖阶段，资本所有者把所生产的商品在市场上出售，换回货币，用公式表示为

$$W'—G'$$

这个公式从表面上看与商品流通中的出售差不多。但实质上，这里的商品是资本生产的产物。W' 从实物形式上看，是新制造出来的商品；从价值形式上看，它的量因为包含着新增值的剩余价值而大于生产过程开始前的 W 的价值。因此，这里的售卖阶段是资本价值和剩余价值的实现过程，是资本循环的一个特殊阶段。这一阶段关系到业主能否收回预付资本，能否最终实现赚钱的目的，是一个“惊险的跳跃”。所以，这里的售卖阶段，不是一般商品的出售过程，而是资本循环的致命阶段。这里的 W'、G' 都是资本形式，分别表示商品资本和货币资本。这一阶段的任务是完成商品资本向货币资本的转化。

（三）产业资本的三种职能形式

1. 货币资本

所谓货币资本，是指以货币形式存在的资本。其职能就是在资本循环的第一阶段购买生产资料和劳动力商品，为生产剩余价值做准备，并通过购买阶段，实现从货币资本向生产资本的转化。

2. 生产资本

所谓生产资本，是指以生产资料和劳动力形式存在、处于生产阶段的资本。其职能是将机器、厂房、原材料等生产资料和劳动力相结合，生产出带有剩余价值的新商品，并通过生产消费，实现生产资本向商品资本的转化。

3. 商品资本

所谓商品资本，是指以商品形式存在的资本。其职能是通过售卖，把包含剩余价值的新商品转化为货币，实现资本的价值和剩余价值，并通过销售行为，实现由商品资本到货币资本的转化。

（四）产业资本的总循环

通过上述对产业资本循环的三个阶段和三种职能形式的分析，我们可以对资本循环作出这样的概括：资本循环是资本依次经过三个阶段，相应采取三种职能形式，在运动中得到增值并回到原来出发点的运动，其全过程可用公式表示为

$$G—W\left\langle\begin{matrix}A\\P_m\end{matrix}\right.\cdots P\cdots W'—G' \tag{6-3}$$

为了进一步理解资本循环的定义及其公式，应重点把握以下三个要点。

(1) 产业资本的循环是生产过程和流通过程的统一。第二阶段是生产过程，而第一阶段和第三阶段则分别是购买和售卖，都属于流通过程。其中，生产过程起决定作用，因为它是生产剩余价值的，没有生产阶段就不能创造剩余价值。但它也离不开流通过程，因为流通

过程是为剩余价值的生产准备物质条件和实现剩余价值的，没有流通过程，剩余价值生产就失去了前提条件和实现条件。所以，资本循环既不是单纯的生产过程，也不是单纯的流通过程，而是生产过程和流通过程的有机统一。

(2) 资本循环的三个阶段是互相承接、互相依赖的。资本循环要正常地进行下去，就必须依次不断地通过三个阶段。无论在哪一个阶段上受阻碍，资本循环都会受到影响和中断。资本循环的各环节都是紧密联系的，只有每一个阶段都顺畅了，资本才能不断地循环下去，才有生命，才能完成资本的职能。

(3) 货币资本、生产资本和商品资本是产业资本循环过程中依次采取的三种职能形式，而不是三种独立的资本。也就是说，它们是一笔资本在循环中的"变形"，在不同阶段上的物质表现形式的转换，先由货币形式变成生产要素，再变成包含剩余价值的商品，最后又变回到在量上增多了的货币。其目的是完成资本在不同阶段上的职能。而从价值上看，它只是从同一资本在运动中所采取的不同形态，并不是三种不同的各自独立的资本。

总之，产业资本循环的实质是价值运动；运动的形式是顺次经过三个阶段，采取三种职能形式；要求是必须回到原来出发点；运动的目的是价值得到增值。

二、产业资本的三种循环形态

根据前面对产业资本一次循环的分析和理解，资本循环作为一个连续不断的过程，可用如下公式来表示

$$G—W\left\langle\begin{matrix}A\\P_m\end{matrix}\right.\cdots P\cdots W'—G'\cdot G—W\left\langle\begin{matrix}A\\P_m\end{matrix}\right.\cdots P\cdots W'—G'\cdots \quad (6\text{-}4)$$

通过这一连续不断的运动过程我们可以看到，在产业资本循环中，不仅货币资本要依次经过三个阶段不断地循环下去，而且生产资本和商品资本都要依次经过三个阶段，不断地循环下去。也就是说，产业资本的每一种职能形式都要经过三个阶段再回到原来的出发点，进行着各自的循环。因此，产业资本不只有一种循环形式，而是有三种循环形式。这里的三种循环形式与三种职能形式不能混淆。资本的职能形式是指资本的各种形态，而资本的循环形式是指各种形态的资本的运动方式。马克思把前者称为"三种资本形态"，把后者称为"三种循环"。

1. 货币资本的循环

货币资本的循环是指以货币资本为出发点和复归点的循环，用公式表示为

$$G—W\cdots P\cdots W'—G' \quad (\text{可简写为 } G\cdots G') \quad (6\text{-}5)$$

从这个公式可以看出，这一循环形式后起点和终点都是货币资本，其间依次经过购买、生产和售买三个阶段。其的特点在于：它清楚地表明了资本生产的目的是赚钱或增值，从而揭示了资本运动的实质。因此，它是产业资本循环的一般形式。但是，它掩盖了剩余价值的真正来源，形式上从货币到货币，容易给人造成好像钱能生钱的错觉。所以，马克思说它是产业资本循环最片面的也是最典型的表现形式。

2. 生产资本的循环

生产资本的循环是以生产资本为出发点和复归点的循环，用公式表示为

$$\cdots P\cdots W'—G'\cdot G—W\cdots P\cdots \quad (\text{可简写为 }\cdots P\cdots P\cdots) \quad (6\text{-}6)$$

这一循环形式的起点和终点都是生产资本，它从生产阶段开始，经过售卖、购买再回到生产阶段，以流通过程为媒介连接两个生产过程。其特点在于：它清楚地指出了剩余价值的来源是生产中创造的。但也有其片面性，就是掩盖了资本生产的目的，好像是为生产而生产。所以，马克思说它是“再生产的形式”。

3. 商品资本的循环

商品资本的循环是以商品资本为起点和回归点的运动，用公式表示为

$$W'—G'\cdot G—W\cdots P\cdots W\quad（可简写为 W'\cdots W'）\tag{6-7}$$

这一循环形式的起点是包含剩余价值的商品资本。在这个过程中，流通过程占有突出地位，其中，作为资本流通过程的售卖，不仅关系到资本价值和剩余价值能否实现及实现程度，而且直接制约着下一个购买阶段，决定着资本的连续运动能否正常进行；而资本流通的购买行为，又是制约下一个生产过程或生产消费的首要前提。这一循环形式的特点在于：包含剩余价值的商品价值全部实现，是资本再生产顺利进行的重要条件，揭示了流通过程对于资本循环的极端重要性，揭示了生产和消费的联系。但它也造成了一种假象，似乎资本生产的目的不是赚钱，而是满足社会需要，掩盖了资本所有者追求剩余价值的真实动机。

以上分析可以看出，每一种循环形式都各从一个侧面反映了资本运动的本质和特征，但又都有各自的片面性。实际上，作为连续的不间断的运动过程，产业资本的循环不仅有三种循环形式，而且是三种循环形式的统一。正如马克思所说：“产业资本的连续进行的现实循环，不仅是流通过程和生产过程的统一，而且是它的所有三个循环的统一。”也就是说，从产业资本的一次循环过程看，它是生产过程和流通过程的统一；而从生产资本连续的、不间断的循环过程看，它又是三种循环形式的统一。只有把握了三种循环形式的统一，才能避免每一个循环的片面性，掌握资本运动的全貌，才能真正认识它在运动中实现自身增值的本质特征。

三、产业资本循环正常进行（连续不间断进行）的条件

产业资本循环正常进行的标准是，社会化大生产正常进行的要求是生产必须连续不间断进行。要做到这一点，实现资本正常循环的关键在于资本运动的连续性，只有资本不断循环，才能使资本不断地发挥生产剩余价值的职能。

保持产业资本正常循环的必要条件有以下两个。

（1）产业资本的三种职能形式，即货币资本、生产资本和商品资本在空间上的并存性。企业必须按一定的比例把资本分成三部分，使它们同时处在三种职能形态上，各自执行货币资本、生产资本和商品资本的职能。如果产业资本都处在流通过程，采用货币资本或商品资本的职能形态，就会造成生产过程的中断；如果产业资本都处在生产过程，即采取生产资本的职形态，又会造成流通过程的中断。无论是流通过程还是生产过程的中断，都会使整个资本运动的连续性受到破坏。

（2）产业资本三种循环形式，即货币资本循环、生产资本循环和商品资本循环在时间上的继起性。产业资本每一种循环形式都必须同步运动，即货币资本循环由货币资本转化为生产资本，生产资本循环必须同时从生产资本转化为商品资本，商品资本循环也同时由商品资本转化为货币资本。这样产业资本循环的连续性才能得到保证，产业资本才能正常循环。否则，产业资本循环就不能顺利进行下去。

为保证资本循环的连续性，产业资本正常循环的两个必要条件，即产业资本三种职能形式在空间上的并存性，产业资本三种循环形式在时间上的继起性必须同时具备，因为这种并存性和继起性是互为前提，互相依存的。产业资本三种职能形态的并存性和产业资本三种循环形式在时间上的继起性，决定了“产业资本的连续进行的现实循环，不仅是流通过程和生产过程的统一，而且是它的所有三个循环的统一”。

资本循环理论进一步揭示了资本的本质和特点，丰富了资本的概念，说明资本是带来剩余价值的价值，而且揭示了资本处于一种不停息的运动状态，在不断循环中实现价值增值。产业资本循环是三个循环统一的原理，说明资本运动的各个环节的连续性不容破坏；否则，剩余价值就难以产生和实现。

产业资本要不断增值，就必须保证资本循环的连续性。但是，市场经济社会中，由于存在一系列的矛盾，这种统一性和连续性常常会遭到破坏，故常常发生周期性经济萧条。

第二节　资本周转

一、资本的周转时间和周转速度

市场经济生产的目的是追求剩余价值，企业对剩余价值的追求是无限的。因此，产业资本的循环是一个循环往复、连续不断的过程。这种周而复始、不断反复的资本循环，就叫资本周转。马克思说：“资本的循环，不是当作孤立的行为，而是当作周期性的过程时，叫作资本周转。”考察资本的循环和资本的周转，都是考察资本的运动，但是两者的侧重点不同。考察资本循环，重点在于分析产业资本在运动过程中的不同阶段及其采取的不同职能形式，说明怎样才能保持资本循环的连续性，使资本价值不断增值；而考察资本周转，主要是为了研究资本周转速度，找出它对剩余价值生产的影响，进一步揭示资本运动的规律和矛盾。

资本周转的中心问题是资本周转速度。所谓资本周转速度即资本周转的快慢，常用资本周转一次所花费的时间，或者在一定时间内资本可以周转多少次数来表示。资本周转可以用资本周转时间和周转速度两个概念表示。

资本的周转时间是指一定形式的预付资本经过循环运动，带着增值的价值回到原来形式的时间。资本周转要经过生产领域和流通领域。资本处在生产领域的时间是资本的生产时间，资本处在流通领域的时间是资本的流通时间。资本的周转时间等于资本的生产时间加上资本流通时间。

资本周转速度表示一定数量的资本在一定时间内（一般为一年）周转的次数，计算公式为

$$n = U/u \tag{6-8}$$

式中：n 表示资本周转次数，U 表示年，u 代表一定数量资本周转一次所需要的时间。

例如，假设一个资本周转一次的时间是 3 个月，另一个资本周转一次的时间是 6 个月，那么，前一个资本的周转次数 $n=12\div3=4$(次)，后一个资本的周转次数 $n=12\div6=2$(次)，前者的周转次数是后者的 2 倍，前者的周转速度比后者快。

由此可见，在一定时期内，资本周转一次的时间越短，周转次数就越多，周转速度也就越

快;反之,周转速度也就越慢。资本周转次数与资本周转速度成正比,与周转时间成反比。

二、生产时间和流通时间

资本的周转要经过生产领域和流通领域。资本的周转时间等于资本的生产时间和流通时间之和。资本的周转时间是反映资本周转速度的指标,因此,影响资本周转速度的因素除了资本的结构以外,还有生产时间和流通时间的长短。

(一)生产时间

生产时间由劳动时间、自然力作用时间和生产资料储备时间等构成。

劳动时间指某一部门为制成一件成品所需要的工作日总数。劳动时间的长短主要取决于产品的性质、生产技术水平和劳动生产率的高低。不同性质的产品所花费的劳动时间是不同的;同一产品的生产由于技术水平、劳动生产率的不同所需的劳动时间也是不同的。一般来说,技术水平和劳动生产率越高,所需劳动时间越短。

劳动时间是生产时间的主要部分,因此劳动时间的长短会影响生产时间的长短,从而影响资本的周转速度和预付资本的数量。劳动时间越长,生产时间越长,资本的周转速度越慢,所需的预付资本总量就越多;反之,劳动时间越短,生产时间越短,资本周转速度越快,所需的预付资本总量就越少。企业总是想方设法使劳动时间缩短,从而减少预付资本的数量,加速资本周转,以获取更多的剩余价值。

在有些生产部门中,生产时间包括自然力作用时间,即劳动对象受自然力作用的时间。自然作用时间在农业、林业部门中特别显著。例如,酿酒需要有一段时间的发酵时间、农作物的自然生长时间等。

生产时间还包括生产资料储备时间。生产资料在生产过程中不断地被消耗,同时也需要不断更新、补充。从生产资料的购买到使用总是存在着阻碍,一旦生产资料的供应不能满足生产的需要,生产过程就会出现中断。因此,为了保障生产过程继续进行,就需要储备一定数量的原料、材料和其他生产资料。至于储备多少和储备时间的长短,则要视生产状况和供应状况而定。合理的储备能在保证生产连续性的情况下尽量少地占用资金,又利于加速资本的周转。储备过少,生产过程可能中断,增加周转时间,资本周转速度减慢;储备过多,不但会占用更多的资本,而且会使资本周转速度减慢。

资本的生产时间比劳动时间长。其中,只有劳动时间能够创造剩余价值,而生产时间超过劳动时间的那一部分不能创造剩余价值。因此,企业总是尽可能地缩短生产时间和劳动时间之间的差距,加速资本周转。

生产时间和劳动时间的不一致,对流动资本的支出和固定资本的使用也有很大影响。生产时间和劳动时间的差距,使流动资本的支出极不平衡,也使固定资本的使用时而充分时而闲置。这些都需要企业付出更多的预付资本。

因此,为了加速资本周转速度,减少资本损失,企业总是尽可能在缩短劳动时间的同时,减少生产时间和劳动时间的差距。

(二)流通时间

资本流通时间是资本周转时间的构成部分,它的长短也会影响资本的周转速度。资本的流通时间由商品的购买时间和商品的销售时间两部分组成。商品的购买时间是企业购买各种生产要素所需的时间，是产业资本由货币资本职能形式转化为生产资本的时间；销售时间是企业出售商品所需时间，是产业资本由商品资本职能形式转化为货币资本的时间，它是由资本处在商品资本状态的期间决定的。

影响资本流通时间长短的因素主要有三个：①商品销售市场与生产地点的距离。产销两地之间的距离越远，购买或销售所花的时间越长，资本周转速度越慢；反之，产销两地之间距离越近，购买时间或销售时间越短，资本周转速度越快。②交通运输条件。交通运输工具越先进，运输速度越快，要素的购买时间和商品的销售时间越短，资本的周转速度越快；反之，交通工具越落后，运输速度越慢。③市场的供求情况（包括生产要素市场和商品市场供求）。生产要素的供给是否充足、完善、有效，供应的渠道是否畅通，商品市场是否繁荣，需求量大小，商品是否适销对路等都会影响到流通时间。

资本流通时间的长短会影响资本周转速度，从而也会影响剩余价值的生产。在市场经济下，企业出于对剩余价值的追求，总是尽力地想方设法缩短流通时间。但是，市场经济矛盾的发展，经济危机周期性地发生，使得资本的流通时间被大大拉长了。

三、固定资本与流动资本

影响产业资本周转速度的快慢，既取决于周转时间的长短或资本周转的次数多少，又取决于生产资本的构成。生产资本的各部分根据其价值周转方式的不同，可分为固定资本和流动资本。固定资本和流动资本的比重大小可以影响资本周转速度。

（一）固定资本和流动资本的概念及区别

1. 固定资本

固定资本是以机器、厂房、设备、工具等劳动资料形式存在的生产资本。其物质形态在生产过程中保持不变，其价值形态则一部分一部分地转移到新产品中去，并逐渐经过周转回到企业家手中。

固定资本有其特殊的流通方式。从其使用价值来看，固定资本在生产的整个过程中都保持完整的物质形态，不需要不断更新，直至完全报废。而固定资本的价值形态则按照其在生产过程中的磨损，逐渐地转移到新产品中去，并随着新产品流通，逐渐地一部分一部分地收回。固定资本这种特有的流通方式，并不是由它的物质属性或物的特性决定的，是由它在生产过程中的特殊作用方式决定的。位置固定不动的厂房、设备和会改变地理位置的船舶、火车都是固定资本，“决定一部分投在生产资料上的资本价值具有固定资本性质的，只是这个价值的独特的流通方式”。

固定资本也有其特殊的周转方式，固定资本的价值是一部分一部分地随着固定资本的磨损逐渐转移到新产品中去的，通过新产品的售卖而转化为货币，又回到企业家手中，并被一部分一部分地积累下来作为折旧基金，而没有转移的价值仍旧固定在生产过程的劳动资料上。

2. 流动资本

流动资本是指以原料、燃料、辅助材料等劳动对象形式存在的生产资本，以及用于劳动力的那一部分生产资本。流动资本周转方式的特点是在每次生产过程中其实物形态全部被消费，其价值形态是一次全部投入生产过程，又一次全部周转回到企业家手中。流动资本的各部分的价值周转方式都是相同的，而在价值形式中的作用却是不同的。购买原料、燃料、辅助材料等的生产资本是价值的形成，而购买劳动力的生产资本则是价值的创造和增值。

原料、燃料、辅助材料在一次生产过程中，物质形态便发生了变化，有的劳动对象直接加入新产品中，构成新产品的一部分；有的劳动对象在生产过程中完全被消耗掉，不留任何痕迹。它们的价值形态也在这一次生产过程中全部转移到新产品中，随着流通转化为货币，一次性全部重新回到企业家手中。

购买劳动力的那部分生产资本，它的价值不发生转移，工人消费掉了这部分生产资本，其价值是工人在生产过程中新投入的劳动创造出来的，加到商品价值之中，而不是像原料、燃料、辅助材料等在生产过程中发生价值转移，因而两者从价值形成方面来看是不同的。但是，两者从价值周转方式来看，却是相同的。企业家购买劳动力的资本价值，由工人在一次生产中创造出来，一次全部加入新产品中去，并通过新产品的流通，转化成货币后一次回到企业家手中。

应该注意的是，只有生产资本才能够划分固定资本和流动资本。因为固定资本和流动资本的划分标准是价值周转的方式，而只有在生产过程中资本处于生产资本形态时，才会发生价值转移的问题。在流通领域，即资本采用货币资本、商品资本职能形态时，只存在资本形态变化的问题，而不会发生价值转移的问题。

3. 固定资本和流动资本的区别

（1）两者价值转移的方式不同。固定资本的价值是经过多次生产过程，一次一次地逐渐转移到新产品中去的；流动资本的价值在一次生产过程中就全部转移到新产品中去了。

（2）两者周转时间不同。一般来说，固定资本周转一次要经历两个或更多的生产过程，因此时间较长；而流动资本周转一次的时间要短得多，固定资本周转一次的时间往往流动资本可以周转多次。

（3）两者的回收方式和期限不同。固定资本是一次预付，分批收回，形成折旧基金，全部收回需要的时间较长；流动资本是一次预付，一次全部收回，回收期限较短。

（4）两者物质更新的方法不同。固定资本在报废之前，能够完整地保持其物质形态，参加多次生产过程，其间不需要不断地购买和更新，直至其报废后，一次性更新；而流动资本在一次生产过程中就会被消耗掉，因此随着生产的不断持续，需要不断地购买和更新。

（二）固定资本的磨损和更新

固定资本的价值是随着磨损程度，一部分一部分地转移到新产品中去的，固定资本的磨损程度或者说价值转移的多少，都会影响资本周转的速度。

1. 固定资本的磨损

固定资本的磨损可以分成有形磨损和无形磨损。

（1）有形磨损又叫物质磨损，是指固定资本的物质要素由于使用以及自然力的作用而造成的损耗。它有两种情况：一种是由于使用，就像铸币由于流通而磨损一样；另一种是由于不使用，就像剑入鞘不用而生锈一样。而后一种情况下，机器的磨损是由于自然作用。前一种磨损或多或少同机器的使用成正比，后一种损耗在一定程度上同机器的使用成反比。

由于这种损耗是看得见，摸得着的，因此，叫有形磨损或物质磨损。有形磨损是从固定资产的物质形式进行考察的。

（2）无形磨损又叫精神磨损，是指固定资本在有效使用期限内由于技术进步引起的资本价值上的贬值。无形磨损也分为两种情况：一种情况是由于生产技术的改进和劳动生产率的提高，使生产同样机器设备所需的社会必要劳动时间减少了，从而引起原有机器设备的价值发生贬值；另一种情况是由于科学技术的进步，生产出质量更好、效率更高的机器设备，使原有机器设备的经济效能相对降低而引起的贬值。无形磨损是从固定资本的价值形式出发进行考察的。

固定资本的无形磨损和物质磨损是一种经济损失，得不到价值补偿。为了避免损失，企业家总以延长劳动时间、提高劳动强度、实行轮班制等办法来提高机器设备的使用率，加速固定资本的周转，尽快地收回固定资本的价值。固定资本由于使用而造成的有形磨损可以通过折旧加以更新。

2. 固定资本的更新

固定资本在物质形态上进行替换，在价值形式上进行补偿，这就是固定资本的更新。固定资本的更新是通过折旧实现的。固定资本按照它的磨损程度逐渐转移到新产品中去的价值，在产品销售以后作为折旧基金提取并积累起来，进行价值补偿叫作折旧。其中，折旧基金等于固定资本的价值除以它平均使用的年限。它是按照固定资本磨损程度而逐年提取的货币准备金。例如，一台机器价值 10000 元，使用 10 年，这台机器每年就需要提取 1000 元作为折旧基金，10 年以后，机器报废，折旧基金总额达到 10000 元，又可以用之重新购买新的机器，完成机器的更新换代。

固定资本的折旧基金是用来更新磨损掉的劳动资料，补偿其价值的，应该说属于简单再生产的范畴。但是固定资本在其使用年限内，从物质形态上看总是独立存在并发挥作用，直到报废后才需要使用折旧基金进行更新。因此，逐年提取并积累的折旧基金，从客观上可以起到积累基金的作用，用于扩大再生产。

3. 固定资本的维持和修理

固定资本在完全报废更新之前，保持其独立完整的物质形态参加生产过程，在其使用过程中不可避免地会出现一些故障和问题，为了保持其能正常地发挥作用，必须进行维持和修理。固定资本的维持和修理有两种方法：一是通过使用而维持，如上所述，固定资产不使用，会由于自然力的作用而损耗，所以如果使其正常运转，反而可以得到维持；二是通过直接支出劳动而维持，例如，工厂中为保证固定资产的正常运行常常会专门对机器设备进行擦洗、调整、修理等。

为维持固定资本所支出的费用就是固定资本的维持费用，它属于流动资本，这种费用按年平均后分摊到全部产品中去。

四、预付资本总周转

一般来说，固定资本和流动资本的价值周转方式的区别决定了两者周转时间和周转次数即周转速度的区别。预付资本由固定资本和流动资本构成，预付资本的总周转是它不同组成部分的平均周转。预付资本总周转的公式为

$$\text{预付资本的总周转速度}=\frac{\text{固定资产周转价值总额}+\text{流动资产周转价值总额}}{\text{预付资本总额}} \tag{6-9}$$

决定预付总资本周转速度的因素有两个：一个是固定资本和流动资本的比例；另一个是固定资本和流动资本分别的周转速度。流动资本的比重越大，预付资本的总周转速度越快。在市场经济社会，随着科学技术的进步，固定资本在预付资本中的比重日益加大，因此企业往往从加速固定资本和流动资本的周转速度着手，使预付总资本的周转速度加快。

五、资本周转速度对剩余价值生产的影响

资本周转速度对剩余价值生产的影响可以从两方面进行考察：一是资本周转速度对年剩余价值量的影响；二是资本周转速度对年剩余价值率的影响。

(1) 加快资本周转速度能减少预付资本特别是流动资本，增加年剩余价值量。在市场经济社会，企业要进行生产并获取剩余价值，在生产开始之前往往会垫付一笔货币资本，以购买生产资料和劳动力等生产要素，这一部分垫付的资本就叫预付资本。资本周转速度越快，企业所需的预付资本数量越少；反之，资本周转速度越慢，所需的预付资本数量越多。

从固定资本角度来看，资本周转速度越快，可以尽量避免出现无形磨损的损失，同时能提高固定资本的利用率，加速固定资本的更新。一台原本 20 年保费的机器设备，如果能在 10 年中就全部收回其价值，那么无论企业用这笔资金去购买效率更高的新设备来更新旧设备，还是用这笔资金扩大生产规模，最终都能够获取更多的剩余价值。

从流动资本角度来说，资本周转速度的加快，会使维持生产所需的流动资本数量相对减少，节省预付资本，节省的资本如果被用于扩大生产规模，也能带来更多的剩余价值。

从另一角度考察，资本周转速度的加快，流动资本的周转速度也会加快，流动资本中有一个特殊的组成部分即劳动力，它参加生产能使商品的价值增值，生产出剩余价值。它的周转速度加快，生产的剩余价值量越多。所以，资本的周转速度和年剩余价值量成正比，用公式表示为

$$M = m' \cdot v \cdot n \tag{6-10}$$

式中：M 为年剩余价值量，m' 为剩余价值率，v 为预付可变资本，n 为可变资本年周转次数。

(2) 加快资本周转速度能够提高年剩余价值率。资本周转速度对年剩余价值率也有影响。年剩余价值率是一年内生产的剩余价值总量同一年内预付可变资本的比率。可变资本周转速度的快慢与年剩余价值率成正比，用公式表示为

$$M' = \frac{M}{v} = \frac{m' \cdot v \cdot n}{v} = m' \cdot n \tag{6-11}$$

式中：M' 为年剩余价值率，m' 为剩余价值率，v 为预付可变资本，n 为可变资本年周转次数。

年剩余价值率和剩余价值率两个概念所表现的关系是不同的。年剩余价值率是年剩余价值总量和预付可变资本之比，表示预付可变资本的增值程度；剩余价值率是剩余价值和可变资本之比。

年剩余价值率和剩余价值率只有当 $n=1$，即当预付可变资本的年周转次数为 1 时，两者才相等。不然，在剩余价值率不变的情况下，可变资本年周转次数越多，发挥作用的可变资本越多，年剩余价值量和年剩余价值率越大。

(3) 加快资本周转速度能够减少以至避免无形损耗，加速折旧，加快固定资本更新，提高劳动生产率，从而获取超额剩余价值。

资本周转速度越快，所需的预付资本数量越少，实际发挥作用的可变资本数量越多，从而年剩余价值量越多，年剩余价值率越高；同时，还可以获取超额剩余价值。因而，企业必然想尽一切办法来加速资本周转速度。

六、加速资本周转的途径

(1) 努力提高企业的生产技术和管理水平，缩短生产时间，加快资本周转速度。

(2) 充分掌握市场需求及其变化规律，采用现代化手段，搞好市场营销，缩短流通时间，加快资本周转速度。

(3) 合理分配固定资本和流动资本的比例，分别加快固定资本和流动资本各自的周转速度。

第三节 社会总资本再生产

一、社会资本再生产的研究对象与理论前提

（一）社会资本运动的特点

1. 个别资本、社会资本与社会资本运动的概念

(1) 个别资本：独立进行循环和周转的资本。

(2) 社会资本：相互联系相互依存的个别资本的总和，又叫社会总资本。

(3) 社会资本运动：相互交错、互为条件的个别资本运动的总和构成社会资本运动。

2. 社会资本运动与个别资本运动的相同点和区别

社会资本运动与个别资本运动的相同点在于，两者都是资本的运动，因此都是价值增值的运动；都要顺次经过三个阶段并分别采取三种职能形式，都必须回到出发点。

社会总资本运动与个别资本运动是个别与一般、部分与整体的关系，其主要区别体现在以下四个方面。

(1) 单个资本循环不包括业主购买消费资料的过程，即剩余价值由货币形态向实物形态的再转化过程；社会资本运动除了预付资本价值的实现过程外，既有剩余价值由商品形态到货币形态的转化，还有剩余价值由货币形态向实物形态的再转化。

(2) 单个资本循环不包括业主和工人的个人生活消费；社会资本运动既包括生产消费，又包括业主和工人的个人生活消费。

(3) 单个资本循环只包括资本流通，不包括一般商品流通；社会资本运动既包括资本流通，又包括一般商品流通。

(4) 单个资本循环以货币资本为运动起点；社会资本运动以商品资本为运动起点。

（二）分析社会资本运动的核心问题

社会商品资本为运动起点的社会资本的运动公式为

$$W'(W+w)\begin{cases} W\cdots G \cdots W\Big\langle{}^{A}_{P_m} \cdots P\cdots W' \\ \qquad\quad G' \\ w\cdots g \cdots w \end{cases} \tag{6-12}$$

1. 社会总产品的概念

社会总产品是一个国家和地区物质生产部门一定时期(一般为一年)内创造的物质资料总和,实质是社会资本的商品资本。

2. 社会总产品的实现问题

社会总产品的实现即社会总产品的补偿,包括价值补偿和实物补偿两个方面。价值补偿指社会总产品各个组成部分的价值如何通过商品销售以货币形式收回;实物补偿指业主和工人如何买到所需要的生产资料和消费资料的问题。社会总产品的价值补偿是社会资本运动正常进行的基础;社会总产品的实物补偿是保证社会总资本运动正常进行的关键。也就是说,只有社会总产品的全部实现,社会资本再生产才能顺利进行。所以,社会总产品的实现问题是考察社会资本运动的核心问题。

3. 研究社会资本再生产的两个基本理论前提

(1) 社会总产品从实物形态上划分为生产资料和消费资料两大类。与此相对应,社会生产分为生产生产资料的Ⅰ部类和生产消费资料的Ⅱ部类。

(2) 社会总产品从价值形态上分为 $c+v+m$ 三个部分。

马克思研究社会资本再生产的两个基本理论前提是科学合理的抽象。

二、社会资本的简单再生产

(一) 从简单再生产开始分析社会总产品实现的原因和抽象假设

1. 从简单再生产开始分析社会总产品实现的原因

(1) 简单再生产是扩大再生产的基础、重要组成部分和现实因素。

(2) 考察社会总资本再生产的实现问题,在理论上分析的主要困难是简单再生产的实现条件。这一困难解决了,再分析扩大再生产的实现问题也就容易了。

2. 分析社会总产品实现的抽象假设

(1) 社会只有业主和雇用工人。

(2) 生产周期是一年,一年中生产资料全部耗费,其价值全部转到商品中。

(3) 商品都按价值交换,价值和价格不发生背离。

(4) 没有对外贸易。

(5) 年剩余价值率 $M'=100\%$。

(二) 社会资本简单再生产的实现情况

社会资本的简单再生产就是生产规模不变的社会总资本的再生产,其基本特点就是业主将剩余价值全部用于个人消费,而没有资本积累。

为分析社会资本简单再生产的实现条件,我们需做以下假设。

Ⅰ. $4000c+1000v+1000m=6000$

Ⅱ. $2000c+500v+500m=3000$

根据以上假设，我们来分析在简单再生产情况下社会总产品的实现过程。社会总产品的实现过程，是通过以下三种交换关系进行的。

1. 第Ⅰ部类内部的交换

Ⅰ$4000c$ 在价值上是第Ⅰ部类生产中消耗的不变资本的价值，在使用价值上是制造生产资料的生产资料。因而它只被投入本部类的生产，因此，Ⅰ$4000c$ 通过第Ⅰ部类内部的交换，便实现了价值补偿和实物补偿。

2. 第Ⅱ部类内部的交换

Ⅱ$(500v+50m)$ 在价值上是第Ⅱ部类创造的新价值，在实物上是消费资料。因而，Ⅱ$(500v+500m)$ 也可以通过内部交换得到实现。

3. 两大部类间的交换

Ⅰ$(1000v+1000m)$ 是以生产资料形态存在的，但第Ⅰ部类的工人和业主却需要生活资料；Ⅱ$2000c$ 是以生活资料形态存在的，但第Ⅱ部类现在却需要生产资料。因此，两大部类就要进行交换，使双方的价值补偿和实物补偿都能得以实现。

（三）社会资本简单再生产的实现条件

从上面的分析可以看出，社会总资本简单再生产实现的前提是第Ⅰ部类和第Ⅱ部类之间的顺利交换，都实现各自的价值补偿和实物补偿，即要求第Ⅰ部类的可变资本和剩余价值的总额 $(v+m)$ 必须等于第Ⅱ部类所消耗的不变资本 (c)，即Ⅰ$(1000v+1000m)=$Ⅱ$2000c$。可见，简单再生产实现的基本条件是：第Ⅰ部类的可变资本和剩余价值的总额等于第Ⅱ部类的不变资本。用公式表示就是

$$\text{Ⅰ}(v+m)=\text{Ⅱ}c \tag{6-13}$$

从这一基本的公式，可以推导出以下两个等式。

(1) 第Ⅰ部类的全部产品，在价值上必须等于两大部类的不变资本之和，即

$$\text{Ⅰ}(c+v+m)=\text{Ⅰ}c+\text{Ⅱ}c \tag{6-14}$$

(2) 第Ⅱ部类的全部产品，在价值上等于两大部类所创造的价值，即

$$\text{Ⅱ}(c+v+m)=\text{Ⅰ}(v+m)+\text{Ⅱ}(v+m) \tag{6-15}$$

上面三个公式，从不同方面表现了简单再生产过程中生产和消费之间，以及社会生产两大部类之间所必须遵循的基本比例关系。只有满足上述条件，简单再生产才能顺利进行。

（四）固定资本的补偿

上面对简单再生产的分析是抽象掉了固定资本的特点，而假定不变资本的价值会在一年内全部转移到新产品中去的。但实际上，不变资本中固定资本的价值一般是在多年使用中随着其磨损而逐渐移到新产品中去的。固定资本的这个特点，自然会影响到社会总产品的实现。

固定资本价值补偿的逐年进行和实物补偿的一次进行这一特点，反映在单个资本流通上，便是先卖而不买，即卖掉相当于补偿固定资本价值的那部分商品，而不卖进固定资本的

物质要素，接着是买而不卖，即利用积累起来的折旧资金一次性买进固定资本的物质要素。事实上，作为社会总资本的流通，在某一时期，空间上并存着每个资本，必然有一部分处在卖而不买的阶段；而另一部分处在买而不卖的阶段。如果这两部分的卖和买在价值上相等，固定资本的补偿问题就解决了。

因此，把固定资本的补偿问题考虑进来，要使社会资本正常实现简单再生产，需要保持这样的比例，即一年间更新的固定资本总额，应当等于当年在货币形态上积累的折旧费的总额。如果两者的价值不等，即使Ⅰ$(v+m)=$Ⅱc，社会再生产仍不能正常进行。

三、社会资本的扩大再生产

资本主义再生产总是扩大再生产。社会资本的扩大再生产是以资本积累为基础，将积累的资本作为追加资本，从而使社会再生产规模不断扩大的生产。积累的资本最初表现为一定量的货币形态，它要能变成实际发挥职能作用的资本，还必须具有一定的条件，即有可供追加的生产资料和消费资料。

（一）社会资本扩大再生产的前提条件

为了使社会资本再生产成为可能，社会总产品在价值上和物质上必须具备以下三个条件。

(1) 为了提供扩大再生产所追加的生产资料，第Ⅰ部类的产品除了维持简单再生产所必需的生产资料外，还要有一个余额，以用来满足两大部类因扩大再生产对追加生产资料的需要。因此，第Ⅰ部类的可变资本加上剩余价值必须大于第Ⅱ部类消耗的不变资本，即

$$\text{Ⅰ}(v+m)>\text{Ⅱ}c \qquad (6\text{-}16)$$

(2) 为了能够提供追加的消费资料，第Ⅱ部类的产品除了满足原来工人和资本家所需要的消费资料以外，还必须有一个余额，用于满足两大部类扩大再生产对追加消费资料的需要。因此，第Ⅱ部类不变资本和剩余价值用于积累部分之和，必须大于第Ⅰ部类可变资本和剩余价值中资本家用于个人消费部分之和，即

$$\text{Ⅱ}(c+m-m/x)>\text{Ⅰ}(v+m/x) \qquad (6\text{-}17)$$

式中：m/x 为资本家个人消费的剩余价值部分，则 $m-m/x$ 为积累的剩余价值部分。

(3) 为了给扩大再生产提供追加的新资本，两大部类一年内新创造的价值，不能全部用于生活消费，而必须从剩余价值中提取一部分用于积累。因此，第Ⅰ部类和第Ⅱ部类可变资本加上剩余价值之和，必须大于第Ⅱ部类全部产品的价值，即

$$\text{Ⅰ}(v+m)+\text{Ⅱ}(v+m)>\text{Ⅱ}(c+v+m) \qquad (6\text{-}18)$$

以上三方面互相制约、互为条件，只有这些条件同时具备，社会资本扩大再生产才成为可能。

（二）社会资本扩大再生产的实现情况

具备了上述三个条件，还只是为扩大再生产提供了可能。要把这种可能转化为现实，社会生产两大部类还必须建立一定的平衡关系。

在外延扩大再生产的情况下，剩余价值一部分用于业主个人消费 m/x；另一部分用于积累。其中，用于积累的部分又可分为追加的不变资本 Δc 和追加的可变资本 Δv 两个部分，即

$$m = m/x + \Delta c + \Delta v \tag{6-19}$$

因此，有

$$\text{Ⅰ}(c+v+m) = c+v+(m/x+\Delta c+\Delta v) \tag{6-20}$$

$$\text{Ⅱ}(c+v+m) = c+v+(m/x+\Delta c+\Delta v) \tag{6-21}$$

假设：

$$\text{Ⅰ}(4000c+1000v+1000m) = 6000$$

$$\text{Ⅱ}(1500c+750v+750m) = 3000$$

假设第Ⅰ部类先积累，积累率50%，则用500m进行积累，按原有资本有机构成追加，则第Ⅰ部类资本重新组合为

$$\text{Ⅰ}(4000c+1000v+1000m) = 4000c+1000v+(500m/x+400\Delta c+100\Delta v)$$

与此相对应，第Ⅱ部类根据第Ⅰ部类为其提供的生产资料也进行积累，第Ⅱ部类资本重新组合为

$$\text{Ⅱ}(1500c+750v+750m) = 1500c+750v+(600m/x+100\Delta c+50\Delta v)$$

扩大再生产的实现情况也是通过以下三种交换关系进行的。

(1) 第Ⅰ部类内部的交换。Ⅰ4400c在价值上是第Ⅰ部类生产中消耗的不变资本的价值，在使用价值上是制造生产资料的生产资料。故它只被投入本部类的生产，因此，Ⅰ4000c+400Δc通过第Ⅰ部类内部的交换，便实现了价值补偿和实物补偿。

(2) 第Ⅱ部类内部的交换。Ⅱ($750v+600m/x+50\Delta v$)在价值上是第Ⅱ部类创造的新价值，在实物上是消费资料。因而，Ⅱ($750v+600m/x+50\Delta v$)也可以通过内部交换得到实现。

(3) 两大部类间的交换。Ⅰ($1000v+500m/x+100\Delta v$)是以生产资料形态存在的，但第Ⅰ部类的工人和业主却需要生活资料；Ⅱ($1500c+100\Delta c$)是以生活资料形态存在的，但第Ⅱ部类现在却需要生产资料。因此，两大部类就要进行交换，使双方的价值补偿和实物补偿都能得以实现。

总之，Ⅰ($c+\Delta c$)在第Ⅰ部类内部实现，Ⅱ($m/x+v+\Delta v$)在第Ⅱ部类内部实现。而剩下的Ⅰ($v+m/x+\Delta v$)在使用价值上是生产生产资料，在价值上是代表第Ⅰ部类工人和资本家的收入部分，它要转化成消费资料；Ⅱ($c+\Delta c$)在使用价值上是消费资料，在价值上是代表第Ⅱ部类的不变资本部分，它要转化为生产资料。如果这两部分相等，两大部类的产品就全部得到实现。

（三）社会资本扩大再生产的实现条件

通过以上分析可以得出，社会资本扩大再生产实现的基本条件就是，第Ⅰ部类的可变资本加上追加可变资本，再加上本部类资本家用于个人消费的剩余价值的总和，必须等于第Ⅱ部类原有不变资本加上追加不变资本的总和，用公式表示为

$$\text{Ⅰ}(v+m/x+\Delta v) = \text{Ⅱ}(c+\Delta c) \tag{6-22}$$

这个公式表明第Ⅰ部类生产资料的生产和第Ⅱ部类对生产资料的需求（包括追加生产资料的需求）之间的比例关系，以及第Ⅱ部类消费资料的生产和第Ⅰ部类对消费资料的需求（包括追加工人对消费资料的需求）之间的比例关系。它是基本的实现条件，也是两大部类之间最基本的比例关系。

由上面的基本条件，可以派生出另外两个实现条件。

(1) 第Ⅰ部类的全部产品价值必须等于两大部类原有不变资本加上追加不变资本之和，用公式表示为

$$\text{I}(c+v+m) = \text{I}(c+\Delta c) + \text{II}(c+\Delta c) \quad (6\text{-}23)$$

(2) 第Ⅱ部类的全部产品价值必须等于两大部类原有的可变资本加上追加的可变资本，再加上资本家用于个人消费的剩余价值之和，用公式表示为

$$\text{II}(c+v+m) = \text{I}(v+m/x+\Delta v) + \text{II}(v+m/x+\Delta v) \quad (6\text{-}24)$$

上述三个实现条件，从各个不同的侧面反映了在扩大再生产条件下，社会生产和消费的内在关系，它们表明两大部类的积累和生产存在着互相依赖、互为条件的关系。第Ⅰ部类为第Ⅱ部类生产提供追加的生产资料，规定着第Ⅱ部类生产规模的扩大和积累率。同样，第Ⅱ部类生产为第Ⅰ部类提供追加的消费资料，又制约着第Ⅰ部类的积累规模。总之，社会总资本扩大再生产的积累规模，归根结底要受两大部类提供的追加的物质资料数量的制约。

（四）生产资料生产优先增长原理

1. 生产资料生产优先增长是一条客观经济规律

生产资料生产优先增长是指在其他条件不变的情况下，随着资本有机构成的提高，在社会总资本的扩大再生产中必然表现为Ⅰ部类的生产比Ⅱ部类的生产增长快些，即生产资料的生产比生活资料的生产优先增长。

2. 生产资料生产优先增长的条件和原因

(1) 条件：生产技术进步带来的资本有机构成提高。

(2) 原因：随着资本有机构成的不断提高，原有的预付资本以及追加的资本中，转化为不变资本的比重必然越来越大，转化为可变资本的比重必然越来越小，因而社会对生产资料的需求的增长必然快于对生活资料需求的增长。

3. 正确理解生产资料生产优先增长规律

生产资料生产优先增长，并不意味着生产资料生产可以脱离生活资料生产而孤立地、片面地增长，更不意味着生产资料生产比生活资料生产增长得越快越好。

（五）启迪与借鉴——社会化大生产的共同规律

马克思关于社会资本再生产理论揭示出社会化大生产的客观规律：社会生产必须按比例协调发展，社会生产方能正常进行。这一原理也适合于社会主义社会化大生产。我们必须运用这一理论指导我国的社会主义现代化建设。

复习思考题

1. 什么是资本循环？资本循环要经过哪些阶段？分别采取哪几种职能形式？各职能形式的主要职能是什么？

2. 产业资本要采取哪几种循环形式？产业资本循环正常进行的基本条件是什么？

3. 什么是资本周转、周转时间？资本循环和资本周转有何联系与区别？影响资本周转

速度的因素有哪些？

4. 生产资本有哪两种划分？这两种划分方法有何不同？

5. 何为固定资本和流动资本？二者有何区别？固定资本磨损有哪些形式？产生固定资本磨损的原因是什么？什么是固定资本折旧？

6. 什么是预付资本总周转？如何计算预付资本总周转速度？影响预付资本总周转速度的因素有哪些？

7. 加速资本周转速度的意义有哪些？加速资本周转的途径有哪些？

8. 马克思关于资本循环和周转理论对社会主义企业经营管理有何现实意义？

9. 什么是社会总资本？社会总资本运动有何特点？

10. 如何理解社会资本再生产的核心问题是社会总产品的实现问题？

11. 考察社会资本再生产的两个基本理论前提是什么？

12. 社会资本简单再生产的实现过程和实现条件是什么？

13. 社会资本扩大再生产的实现过程和实现条件是什么？

14. 如何理解生产资料生产优先增长理论？

15. 马克思关于社会资本再生产理论对社会主义建设有何重大现实意义？

第七章

分配理论（一）

第一节　国民收入分配

在市场经济体制下，市场机制不仅作用于生产和流通过程，同样也会在分配方面体现出市场机制作用的要求和特点。学习本章要求明确市场经济中国民收入初次分配和国民收入再分配的基本理论；认识按生产要素分配的必要性及其意义，从而正确处理社会生产、流通与分配之间的关系，促进社会经济的发展，更好地满足人民群众的需要。

一、社会总产品与国民收入

由于国民收入是社会总产品的一个组成部分，所以，分析国民收入的分配，需要从社会总产品的分析开始。

社会总产品是指一个国家在一定时期（通常一年）内所生产的物质资料的总和。在市场经济条件下，社会总产品表现为实物形态和价值形态。从实物形态来看，表现为社会当年生产出来的全部生产资料和消费资料；从价值形态来看，表现为社会总产值，包括三部分：①生产过程中已经消耗掉并转移到新产品中去的生产资料价值(c)；②劳动者劳动所创造的劳动力价值(v)；③劳动者创造的剩余价值(m)。社会总产品是社会进行分配的物质前提。

国民收入从实物形态看，是社会总产品中扣除用来补偿已经消耗掉的生产资料以后余下的那部分社会产品；从价值形态看，是社会总产值扣除生产中消耗掉的生产资料价值(c)以后余下的那部分价值，即劳动者当年创造的新价值($v+m$)。

分析国民收入的实物形态和价值形态，有利于国民收入分配过程中自觉协调实物和价值的平衡关系、积累基金和消费基金的比例关系，等等。

实现国民收入的增长，对任何一个国家都有十分重要的意义。国民收入总量的大小，是反映一个国家国民经济发展的综合性指标，它标志着一个国家在一定时期内扩大再生产和提高人民生活水平的能力。一个国家人均国民收入的多少，基本反映这个国家经济的发展水平，并在一定程度上反映人民生活的富裕程度。

国民收入的增长主要取决于以下三个因素。

(1) 劳动者的劳动生产率的提高，这是决定国民收入增长的决定性因素。提高劳动生产率，意味着投入生产的劳动总量虽然不变，但单位劳动时间生产的产品数量增多，这就直接增加了国民收入的实物量。

（2）投入生产中的劳动量的增加。在其他条件不变的情况下，投入生产领域的劳动量愈多，所创造的国民收入也就愈多。

（3）劳动者所使用的生产资料的节约。在社会总产品一定的条件下，生产资料消耗愈少，扣除用于补偿已经消耗的生产资料就愈少，从而国民收入就愈多。从长远来看，随着社会生产的发展和科学技术的不断进步，国民收入的增长，应主要依靠提高劳动生产率来实现。只有提高劳动生产率，才能不断提高人均国民收入水平，从而显著地提高人民群众的生活水平。

计算国民收入，可以采用现行价格和可比价格两种形式。采用现行价格计算国民收入，便于进行当年的国民收入分配和再分配；采用可比价格计算国民收入，考察国民收入的增长速度，实际上是反映实物形态的国民收入的增长速度。

国民生产总值是国（或地区）内生产总值和国（或地区）外净要素收入之和。国内生产总值是指一个国家（地区）领土范围内，本国居民和外国居民在一定时期内所生产和提供最终使用的产品和劳务的价值。从生产角度说，它是国民经济各部门的增加值之和；从分配角度说，它是这些部门的劳动者收入、福利基金（或公益金）、税金、利润和固定资产折旧等项目之和；从使用角度说，它是最终用于消费、固定资产投资、增加流动资产以及净出口的产品和劳务。国（或地区）外净要素收入是指本国居民对国外从事投资和提供劳务所取得的要素收入与外国居民对本国从事投资和提供劳务所取得的要素收入的差额。

国民生产总值同社会总产值、国民收入是有区别的。从核算范围看，社会总产值和国民收入都只计算物质生产部门的劳动成果，而国民生产总值除计算物质生产部门劳动成果外，还计算非物质生产部门的劳动成果。从这三个指标的价值构成看，社会总产值计算了社会产品的全部价值；国民生产总值计算在生产产品和提供劳务过程中增加的价值，即增加值，不计算中间产品和中间劳务投入的价值；而国民收入除了不计算中间产品价值外，还不包括固定资产折旧价值，即只计算净产值。计算国民生产总值，有利于比较全面地反映国民经济发展速度和水平，以及部门结构和产业结构的变化；有利于搞好宏观经济管理，实现产业结构的合理化；有利于进行国际对比，扩大国际经济交流。

二、国民收入的初次分配

国民收入在生产领域创造出来后，需要经过初次分配和再分配两个过程才能进入使用和消费阶段。但各个国家由于社会制度不同，国民收入分配的具体情况也存在较大差别。这里仅以我国为例进行分析。

社会主义国民收入的初次分配是在创造国民收入的生产部门内部进行的。由于我国现阶段实行社会主义公有制为主体、多种所有制经济共同发展的基本经济制度，所以，国民收入的初次分配在不同的所有制关系中采取不同的具体形式。

全民所有制企业职工创造的国民收入，表现为企业当年的总产值扣除生产中消耗掉的生产资料价值后余下的部分，即企业的净产值。全民所有制企业的净产值在初次分配中分为三部分：①职工工资，即职工个人劳动收入；②企业利润，作为企业基金用于企业发展生产、集体福利和奖励职工等；③以税金和利润形式上缴国家财政，成为国家集中的纯收入，在全社会范围内统筹安排使用。

社会主义国民收入在城乡集体经济单位中的初次分配，国家只规定其应纳税额，至于纳税后企业净收入如何分配，国家不作统一规定，而是由企业集体根据国家的政策自行处理。经过初次分配，城镇集体企业创造的国民收入一般分为四部分：①以工资形式分配给企业职工作为个人收入；②以企业基金形式由厂、社统筹安排，用于发展生产、职工福利和奖金等；③以合作基金形式上缴集资单位或主管部门，用于本集资单位或所属集体企业的生产发展和集体福利；④以税金形式上缴国家财政，形成国家集中支配的纯收入。

农村集体经济组织的劳动者创造的国民收入，经过初次分配分为：①以税金（农业税）形式上缴国家财政（现在已免除）；②以公积金、公益金形式上缴集体经济组织，用于本集体经济组织扩大再生产或举办集体福利事业（现在此项主要留给社员个人及家庭掌握）；③以集体经济组织成员的劳动报酬形式，形成个人收入。

非公有制企业的国民收入经过初次分配形成三个方面的原始收入：①以税收形式上缴国家财政；②以工资形式形成的企业职工收入；③以利润形式形成的企业收入。

国民收入经过初次分配形成三种原始收入：①国家集中的纯收入；②留归企业支配的收入；③劳动者及其家庭收入。可见，国民收入的初次分配直接关系到国家、生产单位和劳动者个人三方面的物质利益关系，必须统筹兼顾，正确处理；否则，不利于调动三方面的积极性，影响生产的发展。

三、国民收入的再分配

社会主义国民收入经过初次分配后，还必须在全社会范围内进行再分配，其原因有以下几点。

（1）为了保证非物质生产部门的存在和发展。国家除工业、农业等物质生产部门外，还有文化教育、科学研究、医疗卫生、国家行政等非物质生产部门。这些部门的劳动者虽然不直接创造国民收入，但他们的劳动对社会主义经济的发展、丰富人民的文化生活、保卫人民和平劳动等，是十分必要的。这些部门的维持和发展必须通过国民收入的再分配来保证。

（2）为了保证举办社会保障事业和建立社会后备基金。在社会主义社会，对于那些丧失劳动能力而生活无依靠的老、弱、孤、残者，社会必须对于他们的生活需要予以保障。此外，社会还要举办各种福利事业以及应付突然事故、灾害等建立必要的社会保证基金。这些都必须通过国民收入的再分配来解决。

（3）为了保证国民经济各地区、各部门经济的均衡、协调发展。在社会主义国家，通过国民收入初次分配集中起来形成的国家财政收入，需要依据国民经济按比例发展的客观要求，投入各地区、各部门和各企业，以保证社会生产力的合理布局、产业结构合理化，实现国民经济的协调发展，这同样要求通过国民收入的再分配来解决。

社会主义国民收入的再分配主要通过国家预算、价格杠杆、生活服务收费等途径实现。

社会主义国民收入再分配是关系整个社会各方面物质利益关系的重大问题。社会主义国家必须根据社会主义经济规律的客观要求，统筹兼顾，合理分配，妥善处理物质利益关系，正确处理人民内部矛盾，以促进社会生产的发展和人民生活的改善。

社会主义国民收入经过初次分配和再分配，按最终用途分为积累基金和消费基金两部分，其具体内容如图 7-1 所示。

（1）扩大生产基金：用于工业、农业和运输业等生产性基本建设和增加企业流动资金，以及直接为生产服务的科学技术方面的支出。

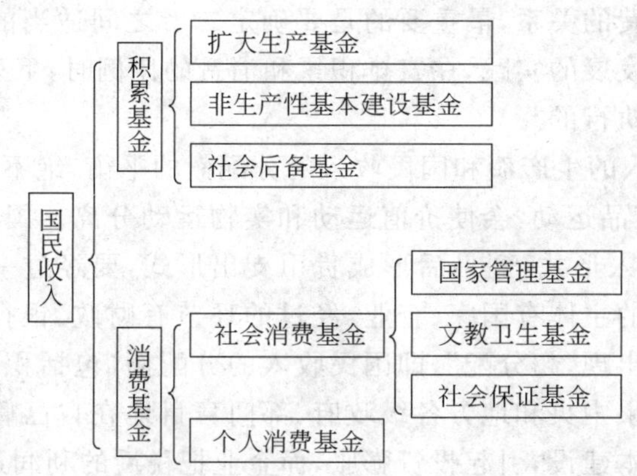

图 7-1　社会主义国民收入的分配

(2) 非生产性基本建设基金：用于文教、卫生部门、国家行政和国防部门的基本建设，以及工业、农业等物质生产部门的非生产性基本建设。

(3) 社会后备基金：用于国家和企业、事业单位用于应付意外事故、自然灾害的物资储备。

(4) 国家管理基金：用于国家行政管理、国防等方面的支出。

(5) 文教卫生基金：用于科学、文化教育、保健、艺术事业等方面的支出。

(6) 社会保证基金：用于国家、企业和集体经济组织用于社会救济、社会福利及劳动保险等方面的支出。

(7) 个人消费基金：用于生产部门和非生产部门劳动者的劳动报酬。

四、正确处理积累和消费之间的关系

积累和消费之间的比例关系是社会再生产中的一个重要的比例关系。在社会主义条件下，无论是积累还是消费，从本质上讲都是和劳动人民的根本利益相一致的，而且在积累和消费之间还存在着一种相互促进的关系。因为社会主义积累是社会主义扩大再生产的源泉，积累的增加意味着生产的扩大，可以生产更多的产品满足人民的需要，提高人民群众的物质和文化生活水平。人民群众生活水平的提高，将进一步调动他们的生产积极性和创造性，这又会反过来促进生产的发展和积累的不断增长。但是，社会主义积累和消费也存在一定的矛盾。社会主义积累基金的主要部分用于基本建设。在基本建设投资中，大部分不能在当年形成生产能力从而生产出新的产品来满足人民当前的消费需要。尤其是用于发展重工业的那部分基本建设投资，不仅要较长时间才能形成新增生产能力，而且生产的产品主要是生产资料，不能直接用于人民的生活消费。消费基金的主要部分则是用于个人消费，满足人民当前的生活需要。因此，在一定时期内，在国民收入总额既定的前提下，如果积累的部分占得过多，使消费的部分占得过少，势必影响当前人民消费水平的提高，不利于调动劳动者的积极性，甚至会影响生产的发展；如果消费基金部分占得过多，积累基金部分过少，又会削弱扩大再生产的能力，妨碍将来人民生活水平的进一步提高。社会主义积累和消费的矛盾，本质上是国家利益、集体利益和个人利益的矛盾，即社会需要和个人需要、长远利益和当前利益的矛盾在国民收入分配上的反映。所以，正确安排积累基金和消费基金的比例关系，不仅有重大的经济意义，而且有重大的政治意义。

正确处理积累和消费的关系，最重要的是要确定二者之间适当的比例。根据客观经济规律的要求和我国经济发展的实践，在安排积累和消费的比例时，下列的一些基本原则是绝对必须遵循和认真贯彻执行的。

(1) 要坚持国民收入的生产额和国民收入的分配额的平衡，绝不能搞国民收入的"超分配"。货币加入社会总产品运动，会使价值运动和实物运动分离。国民收入生产出来以后，从其价值转化为货币收入形式，到最后形成货币支出形式，要经过一系列分配和再分配过程。参与分配和再分配的主体有国家、企业，经过的环节有财政、银行、市场，这就有可能出现国民收入货币形式上出现"超分配"，即国民收入的分配额(包括积累基金和消费基金)超过国民收入生产额。如果中央和地方各级政府、部门盲目地在自己管辖的范围内搞扩大再生产和其他非生产性基本建设，引起投资膨胀，而企业把税后的利润过多地转化为个人消费基金，又尽量贷款进行基建投资，这在消费基金膨胀的同时又会出现投资膨胀。于是，就会出现财政挤银行，企业争贷款，银行发钞票。过量供应的货币没有物质保证，必然导致通货膨胀。所以，要尽可能保持财政收支、信贷收支等的平衡，以实现国民收入生产额和分配额的平衡，避免通货膨胀，使宏观经济运行有一个良好的环境。

(2) 要在生产发展和国民收入增长的前提下，使积累基金和消费基金都比上年有适度的增长，既不能只重视积累而轻视消费，也不能片面强调消费而忽视积累，二者必须兼顾。如果片面强调积累的重要性而任意提高积累率，妨碍人民消费水平必要的提高，必然挫伤人民群众建设社会主义的积极性；反之，如果不顾生产发展的可能，片面强调增加消费基金而压缩必要的积累基金，也不利于生产的发展和人民生活水平的进一步提高。从我国现阶段实际来看，由于人口众多、生产力水平低，人均国民收入很少，人民生活水平不高，在安排积累和消费的比例关系时，必须在生产发展的基础上使消费基金有适当的增长，使人民生活水平逐步得到完善。而为了保证生产的发展，积累基金也必须保持一定的增长。具体说来，消费基金绝对额的低限必须保证人均消费水平不致比上一年度降低，而消费基金增长的高限是保持积累基金绝对额不低于上一年度。积累基金绝对额的低限是不比上一年度减少，高限则是不使人均消费水平比上一年度降低。要在积累基金和消费基金绝对额变动的高限和低限之间作出正确的决策，保证积累和消费比例关系的协调，以促进经济的发展。

(3) 积累基金与消费基金的比例安排，要和国民收入的实物构成即生产资料和消费资料的比例相适应。这是因为积累基金和消费基金的实现，必须分别有相应的实物作保证。积累基金主要用来进行基本建设和增加机器设备等固定资产，其实物形态主要是生产资料，必须和社会提供的追加的生产资料相适应。如果积累基金安排过多，超过了社会所能提供的追加的生产资料的数量，那就必然会造成生产资料供应紧张，部分基本建设停工待料，使部分积累基金得不到实现；相反，如果积累基金安排过少，则会造成部分生产资料积压，延缓生产建设发展速度。消费基金和积累基金中用于个人消费的部分，其实物形态主要是消费资料，必须和社会所能提供的消费资料的数量相适应。如果消费基金安排过多，就会使消费品供应紧张，导致物价上升；反之，消费基金安排过少，又会造成部分消费品积压，妨碍人民生活应有的改善。由此可见，积累和消费的比例关系的安排，最终要受社会生产两大部类的比例关系的制约。

(4) 必须从保证国民经济协调发展出发，安排好积累基金和消费基金内部的各种比例关系。在积累基金和消费基金总的比例关系较为适当的情况下，如果积累基金内部和消费基金内部若干比例关系安排不当，也会影响国民经济的协调发展。积累基金内部有生产性积累与非生产性积累的比例，生产性积累中有农业、轻工业与重工业的投资比例；消费基金内部有个人消费与社会消费的比例，等等。如果这些比例安排不当，也会导致国民经济比例关系的失调，影响生产的发展和人民生活水平的提高。因此，为了保证整个国民经济的协调发展，不仅要重视积累和消费之间总的比例的协调，还必须重视积累基金和消费基金内部各种比例的协调。

第二节　以按劳分配为主体的收入分配与社会保障制度

一、以按劳分配为主体，多种分配方式并存的收入分配制度

社会主义初级阶段实行按劳分配为主体，多种分配方式并存的分配制度。在社会主义初级阶段，要把按劳分配和按生产要素分配结合起来，坚持效率优先，兼顾公平的原则，允许一部分地区一部分人先富起来，带动和帮助后富，逐渐走向共同富裕。

（一）按劳分配的主体地位

按劳分配是指社会和集体以人们付出劳动的数量和质量为尺度分配个人消费品。按劳分配是由生产资料的社会主义公有制和人们在生产过程中的相互关系决定的，归根结底，是受社会主义社会生产力发展状况所制约的。

按劳分配的主体地位包括以下三层含义。

(1) 在社会主义公有制中，虽然存在其他非按劳分配的形式，但按劳分配是主体。这是由于公有制经济在国民经济中占主要部分，在公有制经济中就业的劳动者占多数，因此，按劳分配在所有分配方式中必然居主体地位，其他的分配方式只是补充。

(2) 在公有制经济中，按劳分配是基本的收入分配方式。公有制经济中的收入分配也不纯粹是按劳分配，还包括其他分配方式，如股息和公司债券利息分配、经营分配以及按资本、技术等生产要素进行分配。但是，体现公有制本质的按劳分配是主要的，按其他生产要素分配是次要的。

(3) 公有制经济中劳动者的个人收入以按劳分配收入为主。劳动者的个人收入中也有一部分是非劳动收入，如股息、债券收入等。但劳动者的本职工作是公有制经济的各种活动，而不是各种投资活动。他们购买股票和债券的资金来源是劳动收入的储蓄，所带来的非劳动收入只是全部收入中的一部分。

在多种分配方式并存下，坚持以按劳分配为主体具有重要意义。首先，这是巩固和发展公有制的条件。按劳分配是社会主义公有制经济的实现方式，按劳分配主体地位是社会主义公有制经济主体地位的客观要求。如果公有制经济不实行按劳分配为主的原则，它就不再是为劳动者服务的经济，其性质就会发生变化。其次，它是实现社会主义共同富裕的基础。社会主义共同富裕的目标是以生产资料公有制和按劳分配为前提。如果整个社会收入分配中按劳分配的主体地位改变，就会出现两极分化。

（二）按劳分配与按生产要素分配相结合

按生产要素分配是指根据各个生产要素在商品、劳务的生产和流通中的投入比例及贡

献大小来分配国民收入。生产要素就是在物质生产和提供劳务过程中投入的资源,它包括土地、资本、劳动力以及技术、专利、信息等。按要素分配是凭借要素所有权,从生产要素使用者那里获得报酬的经济行为。通过按生产要素分配,劳动者取得工资收入,土地所有者取得地租收入,资本所有者取得利息、红利收入,技术、专利、信息的所有者也得到相应的收入。按生产要素分配是与按劳分配不同的一种分配方式。它的基本要求是按照投入的生产要素的多少分配社会财富。在生产资料私有制条件下,按生产要素分配是生产资料所有制在分配领域的实现;在市场经济条件下,它是通过商品生产和商品交换实现的一种通行的分配方式。

在社会主义初级阶段和社会主义市场经济条件下,按劳分配和按生产要素分配,是并行不悖的,两者相互结合,相互促进。公有制企业劳动者按劳分配的收入和私人企业中劳动者按劳动力价值分配的收入,主要是产品价值中的 v。国家、集体、劳动者个人及私人资本所有者等不同投资主体,按生产要素分配的收入,主要是产品价值中的 m。按劳分配和按生产要素分配相结合,既可以调动劳动者的生产积极性,又可以调动投资者的积极性,促进社会经济的发展。

二、收入分配中的公平与效率

在社会主义市场经济条件下,公平和效率是一个有机结合的整体。公平是指一定社会中人们之间利益和权利分配的合理化。公平是提高经济效益的前提和保证,是激发劳动者建设社会主义的积极性。但公平绝对不是平均分配,平均主义不利于调动广大劳动者的积极性,不利于经济效益的提高。但过大的收入分配差距,同样会挫伤劳动者劳动积极性,阻碍经济效益的提高。效率是指投入和产出比率的较快提高。效率是公平的物质前提,效率直接影响社会财富的增长,效率低下,就不能更好地为实现公平创造物质条件。因此要科学界定公平和效率之间的关系。党的“十七大”报告指出:“初次分配和再分配都要处理好效率和公平的关系,再分配更加注重公平。逐步提高居民收入在国民收入分配中的比重,提高劳动报酬在初次分配中的比重。创造机会公平,整顿分配秩序,逐步扭转收入分配差距扩大趋势。”

(一)效率仍是分配的最佳尺度

在市场经济条件下,我们必须发挥市场在资源配置中的基础性作用,使有限的资源流向那些为社会所需要、能够产生最大效益的生产领域,实现资源的优化配置。在社会主义初级阶段,分配过程中突出注重效率,适当拉开收入差距,有利于实现有限资源的合理配置,鼓励更多的人通过市场竞争走上富裕之路,激发不同生产要素所有者追求高效率的投资热情,创造更多的财富,从而提高整个经济运行的效率。

(二)初次分配中也要注重公平

初次分配是指企业单位内部的分配,其依据主要是效率原则,即根据各生产要素在生产中发挥的效率带来的总收益多少进行分配,高效率获得高回报。党的“十六大”提出:“初次分配注重效率,发挥市场的作用,鼓励一部分人通过诚实劳动、合法经营先富起来;再分配注重公平,加强政府对收入分配的调节职能,调节差距过大的收入。”“效率优先,兼顾公平”的分配原则，在当初打破平均主义，鼓励一部分人先富起来，确实起到了一定的作用，也有效促进了经济社会的快速发展。但是贫富差距问题却越来越突出了。究其原因，一个重要的方面是在初次分配领域存在不公平现象，像由于不合理的行业垄断所形成的企业之间市场竞争环境失衡所导致的分配不公；企业之间由于生产经营条件的差别而产生的分配不公平；企业内部资本所有者、经营管理者和劳动者之间的分配不公平等，造成了收入水平相差甚远。比如，一个电力抄表工年薪10万元，大量的农民工则只能踩着最低工资标准的底线。要真正改变收入分配不公的现状，实现一个“两头小、中间大”的分配格局，建设稳定的“橄榄型”社会，就必须兼顾好初次分配的公平性并着实提高劳动收入。

（三）再分配中更要注重公平

再分配是指在初次分配的基础上，政府通过税收、社会保障、公共建设等手段，调节各收入主体之间现金或实物的再分配过程。再分配注重公平，有利于保持社会稳定。在市场机制的作用下，由于人们所拥有的禀赋不同、对生产要素占有的差异，按生产要素分配必然带来社会成员收入上的差距。差距过大，会降低社会消费倾向，从而导致需求不足、投资相对过剩，影响经济发展，甚至激化社会矛盾，引起社会动荡。而且，收入结构的失衡会导致消费结构的失衡，最终影响经济总量的增长和经济结构的平衡，反过来又影响企业的效率。所以，再分配过程中，政府要充分发挥调节功能，实现收入分配的相对公平。通过扩大转移支付力度、加大财政对农村教育、卫生、就业等公共服务领域的投入、强化税收调节作用等方式使低收入阶层成为收入再分配的主要获益者。

第三节　社会主义市场经济的社会保障制度

一、社会保障

社会保障是指国家和社会通过立法对国民收入进行分配和再分配，对社会成员特别是暂时失去劳动能力及生活有困难的个人或家庭给予物质帮助，保证其基本生活的制度。社会保障体系主要由四部分构成：社会保险、社会救济、社会福利和优抚安置。

（一）社会保险

社会保险是社会保障体系中覆盖面最广、社会意义最大、涉及内容最多，也是最主要的保障形式。社会保障包括养老保险、医疗保险和失业保险。

（二）社会救济

社会救济是国家通过对国民收入的再分配，对因自然灾害或其他经济、社会原因而无法维持最低生活水平的社会成员给予救助，以保障其最低生活水平的制度。它是社会保障体系的最低层次，是保障社会安全的最后防线。

（三）社会福利

社会福利是国家和社会面向全体社会成员举办的福利事业和采取的福利措施。它是社会保障的最高层面。

（四）优抚安置

优抚安置的对象有：退伍义务兵、转业志愿兵、复员干部、军队离退休干部、义务兵家属、革命烈士家属、因公牺牲军人家属、革命伤残军人、复员退伍军人。他们可以享受各级政府规定的优待安置和物质抚慰政策。

二、坚持走共同富裕的道路

共同富裕是社会主义的目标，共同富裕是全体人民通过辛勤劳动和相互帮助最终达到丰衣足食的生活水平，是中国特色社会主义理论的重要内容之一。中国人多地广，共同富裕不是同时富裕，而是一部分人一部分地区先富起来，先富的帮助后富的，逐步实现共同富裕。共同富裕的实现前提是：解放和发展生产力，为实现共同富裕创造雄厚的物质基础；坚持社会主义，防止两极分化，为实现共同富裕提供牢固的政治保障。为了实现共同富裕，国家应采取适当政策和措施，避免贫富悬殊过大：一方面，要用税收手段对由于非劳动原因所导致的不同经济收入进行必要调节；另一方面，对经济条件很差、致富困难较大的地区和劳动者，进行必要的物质、技术等方面的帮助，提高他们的收入水平，逐步达到共同富裕的目标。

复习思考题

1. 名词解释

社会总产品　　国民收入　　积累基金　　消费基金　　按劳分配　社会保障
共同富裕

2. 国民收入如何进行分配和再分配？
3. 如何正确处理好积累基金和消费基金的关系？
4. 如何认识我国现阶段实行的按劳分配和按生产要素分配相结合的分配制度？
5. 如何正确处理好在分配中效率和公平的关系？
6. 如何认识我国社会主义市场经济的社会保障制度？
7. 如何认识我国社会主义市场经济条件下的共同富裕道路？

第八章

分配理论（二）

第一节　按生产要素分配的意义

一、生产要素的内涵和种类

（一）生产要素的内涵

所谓的生产要素，是指可直接运用于生产经营活动，参与或形成财富的一切现实的和潜在的物质要素与非物质要素，是物质资料生产所必须具备的基本因素或条件。各种生产要素的积聚、优化、组合，是物质资料生产得以顺利实现的必要前提。因此，从一定意义上说，经济就是生产要素的合理投入和创造产出的过程。经济活动的目的就是通过对各种生产要素的合理配置，以较少的投入获得较多的、能满足人们需要的产出。根据经济学的稀缺规律，一切用于经济增长的资源（即各种要素）都是有限的和稀缺的，因此必须提高资源的配置效率即生产要素的使用效率，做到对生产要素的节约。“economy”（经济）一词在英语中的原意是节约、节俭，因此我们认为，从生产要素的角度来说，经济活动的实质就是对生产要素的节约。

在经济发展的不同历史阶段，生产要素对物质资料生产的参与程度不同，其作用及对要素配置的效果也不一样，并形成了不同的经济体制。在自给自足为特征的自然经济条件下，生产要素只参与产品的生产过程，生产出来的产品只是用以满足生产者自身生产、消费的需要，不进行流通和交换，生产要素的配置效率（即投入产出比或效益）也就无法以商品交换价格或利润的量化形式表现出来，所以生产者在使用生产要素时实际上很难以效益最大化为主要目标，由于其生产技术和条件的限制，生产要素配置效率也较低；在商品交换为特征的商品经济条件下，生产要素参与商品的生产过程并通过商品交换间接参与流通过程，生产者为了获取最大利润，必须合理配置各种要素，使生产要素的使用效率大大提高；在市场经济条件下，生产要素不但参与生产环节，而且直接参与流通和交换环节，并享有分配的权利，从而激励各要素所有者节约使用其拥有的生产要素，使要素配置效率最大化，因此，从某种意义上可以说，生产要素直接参与流通和分配是市场经济的基本特征。市场经济就是以市场为基本手段对生产要素进行合理配置并使生产要素直接参与生产、流通和分配全过程的经济体制。

（二）生产要素的种类

关于生产要素的种类，国内外经济学界有不同的说法，其内容也不尽相同。中国传统认为生产要素（称为生产力因素）包括劳动者、劳动资料和劳动对象。其中，劳动者是指正在或能够在生产力系统运行过程中发挥劳动功能的人；劳动资料包括生产工具、能源设施和基础设施；劳动对象可分为天然存在的劳动对象和经过人类加工过的劳动对象，具体包括自然物（如土地）、原料和材料等。另外，随着经济的进步和经济理论的发展，科学技术、管理和信息也逐渐被列入生产要素的内容。

从西方经济学的角度来说，生产要素的种类经历了从二要素论、三要素论到六要素论的发展过程。早在17世纪，威廉·配第在《赋税论》一书中最早提出劳动价值论，认为劳动是商品价值的基础。威廉·配第同时又指出："土地是财富之母，劳动则为财富之父和能动要素"，即土地和劳动都创造财富和价值，从而生产要素又是二元的。1776年，亚当·斯密在其巨著《国民财富的性质和原因的研究》中提出，"一国国民每年的劳动，本来就是供给他们每年消费的一切生活必需品和便利品的源泉"，从而"只有劳动才是价值的普遍尺度和正确尺度"；但他同时又认为"无论是什么社会，商品的价格归根结底都分解成为劳动、资本和土地三个部分或其中之一"。从而又从劳动价值论转向生产费用论，确定了三要素说的雏形。萨伊在《政治经济学概论》一书中认为，"价值是劳动（或人类的勤劳）的作用、自然所提供的各种要素的作用和资本的作用联合产生的成果"，并明确提出劳动、资本和土地是最基本的三种生产要素。1890年，英国著名经济学家马歇尔在《经济学原理》一书中提出，"组织"（即我们现在所说的管理或企业家才能）对于生产起着重要的作用，因此他把"组织"列为第四要素。20世纪50年代后，由于科学技术在推动经济发展中发挥着越来越重要的作用，许多经济学家在进行经济分析时都认为，技术进步是除资本和劳动力之外的现代经济增长的第三个源泉。与此同时，随着知识经济的兴起和信息高速公路的普及，信息在生产中的地位也日益重要，六要素论的说法逐渐形成。

综合各方的生产要素学说，根据世界上多数经济学家的看法，我们认为，生产要素一般包括以土地为代表的自然资源、资本、劳动力、技术、管理和信息。

1. 以土地为代表的自然资源要素

传统的生产要素包括土地、资本和劳动，土地是其中最基本的一种要素。尤其是在以农业作为主要产业的经济起步阶段，土地可以说是最根本的财富之源。这里所说的"土地"，从广义上来说就是指包含土地在内的自然资源。自然资源是社会财富的源泉之一，是社会生产过程中不可缺少的物质要素，是人类生存和发展的自然基础。

自然资源作为一种生产要素，其赋存状况和空间分布对于国家、地区经济发展和总体竞争实力有着多方面的重要影响。①自然资源在很大程度上影响劳动生产率的提高。②自然资源也影响着生产力的空间分布。自然条件的地理差异是生产地理分工的自然基础，许多产品的生产都受着自然资源的影响。这种地理分工不仅影响着某一部门的经济活动，也间接地对与该部门相关的其他经济活动部门产生连锁影响，从而影响该地区的分工格局。③自然资源对于地区产业结构的形成、发展也有着较大的影响。

由于自然资源受地理、气候等天然条件影响较大，这就决定了自然资源是有限的和稀缺的。传统经济学认为自然资源尤其是土地资源的稀缺性既是限制和约束经济发展的重要条件，也是经济学建立的重要基础。经济学家舒马赫认为：“现在我们的确已经努力创造了有助于我们进行生产的部分资本——大量科学、技术及其他知识；复杂的物质基础结构，无数种先进设备，等等。但所有这些只不过是我们正在使用的全部资本中的一小部分。更多得多的资本是自然界提供的，不是人提供的，然而我们竟然没有看到这一点。这一部分较大的资本目前正以惊人的速度在耗尽。”正是因为自然资源的稀缺性，才要求在进行资源配置时要充分考虑各地区的资源禀赋状况，按照因地制宜的原则进行生产力布局，以充分体现各地区在自然资源上的比较优势。各地区自然资源的赋存条件差异很大，这些差异对各地区主导产业的选择和资源的重新配置以至各地区的竞争实力有着重要的影响。

自然资源主要包括水资源、能源资源、矿产资源、土地资源、气候资源等。水资源主要包括地表水和地下水，水资源数量的多少，对于各地区的工农业发展和人民生活有着重要影响；能源资源主要包括煤炭、石油、天然气、水力等常规能源和核能、太阳能等新能源，一个地区能源资源的构成和储量状况，对国民经济发展具有重大意义；矿产资源主要包括金属矿和非金属矿，矿产资源是工业生产的重要物质基础，对整个国民经济的发展和生产布局具有深远的影响；土地资源是所有资源中最基本的一种资源，土地不但是人类赖以生产和生活的场所，也是农业最基本的生产资料，土地资源的状况不仅影响农业生产的产量和农业生产的构成，还在很大程度上影响着工业的进一步发展；气候资源的优劣在很大程度上影响着当地的自然环境，气候条件的好坏不但影响着水资源、能源资源和矿产资源的形成及其状况，而且影响和制约农业生产及其布局，同时也对工业、运输业和建筑业有着很大的影响。

随着科学技术的进步和知识经济时代的到来，以有形物质资源消耗为基础的传统产业正在逐步衰退，而以无形资源即高科技含量为基础的知识产业正在迅速崛起，尽管某些特别稀缺的自然资源仍然会在生产力发展中保持重要地位，但从整体来看，自然资源在诸生产要素中的地位呈逐渐下降的趋势。

2. 资本要素

在各类生产要素中，资本是一种极为重要的要素。资本可分为货币资本和实物资本两大类。货币资本是指用于生产过程中购买劳动手段的、以货币形式存在的资本；实物资本则指的是以机器设备、厂房等形式而存在的生产手段。从货币资本的角度来说，资金是一种在一定程度上对其他要素具有替代作用的要素，土地、劳动力、技术、信息等其他要素都需要用资金去购买。从这个意义上说，资金是一种对其他要素具有一定配置权力的特殊要素。从实物资本的角度来说，实物资本只是货币资本的物化，两者都通过货币的运动对其他要素具有一定的配置作用。总的来说，“资本是一种不同形式的生产要素。资本（或资本品）是一种生产出来的生产要素，一种本身就是经济的产出的耐用投入品”。因此，资本既是生产的原因也是生产的结果。

一个国家或地区资本存量的多少，资本形成能力的强弱，是促进或阻碍经济增长的基本因素。资本在经济发展中的作用比较类似于发面团中的发酵面肥，没有发酵面肥面就不能发起来，而面发起来之后，发酵面肥就会越来越多，面团也就会越做越大。在经济发展中也存在同样的道理，资本越少，投资和经济规模越小，经济发展也就越慢；而资本越多，投资和经济规模越大，经济发展加快，资本也就像滚雪球一样越来越多。纳克斯的“贫困恶性循环”理论从相反的角度证明了资本的这一特点：在发展中国家因经济落后和收入贫瘠，导致储蓄和投资率较低，生产率低下，从而使收入更低，贫穷再造贫穷，陷入“贫困恶性循环”之中。

可见，资本的重要性不仅在于它的不可替代性，还在于它具有一个极为重要的特点：可以循环使用，并且只要使用得当，就会越用越多。美国著名发展经济学家赫希曼在其名著《经济发展战略》中指出："不同经济资源的利用会对这些资源可利用的存量产生相当不同的反响或'反馈'效应，某些自然资源，如矿产，毫无反馈效应，将被逐渐耗竭。资本具有众所周知的反馈效应，能产生收入并引起储蓄，在生产过程中消耗的资本通常又得到更多的补充。更为直接的是，将资本用在某一行业，可能会导致对另一行业的补充资本的形成。"所以，资本在经济活动中可以说具有举足轻重的作用。在经济不发达国家或地区的经济发展中，资本稀缺经常是最根本的和首要的限制、约束条件。在工业经济时代，资本要素在社会生产中起着关键性的作用；而在知识经济时代，资本要素相对于知识要素来说，其重要性会逐步削弱，但仍将保持重要的地位。

3. 劳动力要素

劳动力要素是指可用于生产过程的一切人力资源，不仅包括体力劳动者，也包括脑力劳动者。劳动力要素与其他要素既有相同性也有其特殊性。劳动力和其他生产要素的相同性在于，劳动力和其他要素一样，是社会生产过程不可缺少的必要条件。其特殊性在于，劳动力要素是一种对经济发展起决定性作用的要素。一切经济活动都是人的经济活动，没有劳动力这个能动要素的参与，其他要素只是一种可能的要素而并不能形成现实的财富，因而，劳动无疑是经济增长的重要动因。亚当·斯密在其巨著《国富论》的开篇就指出，"一国国民每年的劳动，本来就是供给他们每年消费的一切生活必需品和便利品的源泉"。

需要指出的是，劳动与劳动力是有区别的，从生产要素理论的角度来说，其重点研究对象是劳动力。在发展中国家，资本经常是最稀缺的要素，而劳动力则是最丰富的要素。美国普林斯顿大学教授哈比森曾经指出："人力资源是构成各国财富的根本基础。资本与自然资源都是被动的生产要素。只有人才是积累资本，开发自然资源，建立社会、经济和组织，并推进国家经济发展的能动力量。显然，一个国家不能开发其人民的技能与知识，就不能开发任何其他事物。"所以，对于发展中国家来说，对劳动力资源的开发、利用程度和状况，直接影响着经济的发展和社会的进步。劳动力对经济发展的影响是很明显的：在发展中国家，劳动力资源的利用程度，在很大程度上影响着其他资源的配置情况。资本、技术和自然资源等要素的使用效益和相互配置情况，在很大程度上要受到劳动力赋存状况的制约。因此，劳动力的数量、质量及其构成，直接影响着经济的发展。

4. 技术要素

技术要素是指制造某项产品、应用某项工艺或提供某项服务的系统知识。技术要素的表现形态可以是文字、表格、数据、配方等有形形态，也可以是实际生产经验、个人的专门技能等无形形态。随着生产力的发展和经济理论的发展，科学技术作为一种新兴的生产要素，对经济和社会发展正起着越来越重要的作用。"科学技术是第一生产力"这句话，精辟地概括了科技对经济发展的重要意义。在经济发达国家，技术进步对经济增长的贡献已远远超过资本和劳动投入量增加的贡献。科技进步对经济效益和经济增长的巨大推动作用主要表现在以下方面：①改善生产要素的质量，包括提高劳动者素质，改善设备装备水平，改良生产工具，革新工艺流程等，从而大大缩短劳动时间，提高原材料和能源的利用效率；②扩大劳动对象的种类，提高资源的利用程度和使用效率，节约和替代稀缺的生产资源；③改造传统产品和产业，创造新的产品和产业，促进产业结构和经济结构的不断高级化；④推动国家和地区间生产专业化和协作的发展；⑤提高管理决策水平，对管理手段和组织手段的现代化起到极大的促进作用。

发展经济学家波特将经济发展过程分为四个阶段，即要素驱动阶段、投资驱动阶段、创新驱动阶段和财富驱动阶段。其中创新主要是指通过技术的创新，对经济发展产生巨大的推动作用。创新阶段对于发展中国家来说是一个关键性的飞跃阶段，对于地区经济发展也同样具有极为重要的意义。随着知识经济时代的到来，技术作为知识的主要内容正成为一种强势要素和关键要素，并在经济发展中起着不可替代的作用。

5. 管理要素

经济管理要素又称生产组织要素或企业家才能要素，是指为了生产和生活的需要而采取的对经济活动过程的计划、决策、组织、指挥、控制和协调。管理的作用在于通过对其他要素的积聚、组合，使要素得到优化配置，从而实现单一要素所无法实现的整合效应、聚集效应，以取得最佳的经济效益。

早在19世纪末，英国经济学家马歇尔就在《经济学原理》中提出了第四生产要素，即组织要素，对传统的三要素说进行了补充和发展。马歇尔所说的“组织”，也就是指运用资本的经营才能，即管理。管理作为一种生产要素是至关重要的，管理不但关系到企业的效益和发展，更直接关系到企业的生存。管理是人们共同劳动得以顺利实现的必要条件，也是各种生产要素能够相互融合并释放出巨大能量的催化剂。经济越发达，劳动社会化程度越高，管理工作也就越复杂和越重要。因此，不管是哪种社会生产方式，只要是以分工协作从事集体劳动的大生产，都必须通过管理这种手段，才能使各种生产要素融合在一起，继而转变为先进的生产力。

6. 信息要素

信息是客观世界中各种事物的变化和特征的最新反映，是客观事物之间联系的表征，也是客观事物状态经过传递后的再现，是消息、情报、资料的统称。它具有可传递性、可再生性、可处理性、可贮存性和可共享性等特征。信息在经济中的主要作用在于，通过对信息的搜集、处理和传递，为生产者和管理者进行决策提供指导和参考。人们从事经济活动，不断产生着经济信息，并且通过经济信息的接收、传递和处理，反映和沟通各方面经济情况的变化，借以控制和管理生产，实现各管理环节之间的联系。伴随着生产现代化和社会化的进程，社会分工日益深化，经济活动空间日益广泛，企业间和部门间联系日益复杂，要求处理的信息量也不断增强，并且要求对纷繁的经济系统内外变化情况作出及时、准确的反映。可见，愈是管理现代化，信息的作用也愈突出，并成为经济、生产和管理的中心环节之一。

电子计算机和现代通信技术在管理信息系统中的应用，使高速、高效地大量收集、贮存和处理信息资料成为可能，从而大大提高了信息系统的工作质量和效率，并大大增强了其可传递性和流动性。

上述六种生产要素中，管理、技术和信息要素都具有高智力、高知识含量的特点，具有知识的共性，因此可以大致归类为知识要素。所以以上六种要素又可以简单概括为四种主要或基本要素，即自然资源、资本、劳动力和知识要素。

二、生产要素的供求

现代西方经济学一般将生产要素分为劳动、土地、资本、知识要素，将工资、地租、利息和利润说成是这些生产要素的报酬。因此，生产要素市场供给的是这些生产要素的劳务，而不是提供这些劳务的生产要素本身。生产要素价格是这些生产要素提供劳务的报酬，而不是它们本身的价格。

西方经济学认为，产品市场的需求是直接需求，来自消费者。消费者购买产品时为了满足自己的需要。与此不同，生产要素市场的需求是引致需求或派生需求，来自厂商。厂商购买生产要素是为了满足消费者的需要。消费者对产品的直接需求，间接地引致或派生了厂商对生产要素的需求。现代生产方法是迂回的生产方法，因而对生产要素的需求也是迂回的。例如，消费者需要面包，这种直接需求引致面包厂商购买生产要素生产面包。面包厂商对面粉的需求引致面粉厂商生产面粉，面粉厂商引致小麦厂商生产小麦，小麦厂商引致机器制造厂商生产农业机械，农业机械厂商引致钢铁厂商生产钢铁，等等。无论引致需求如何迂回，都从消费者的直接需求引致或派生而来。

按照西方经济学关于厂商和家庭两个部门的划分方法，厂商部门是生产要素的需求者，家庭是生产要素的供给者。家庭部门拥有并向厂商部门提供各种生产要素。

在生产要素市场上，生产要素的需求和供给这两种力量相互作用的结果，形成生产要素市场的均衡。生产要素的供求均衡决定生产要素的价格和使用量。

生产要素所有者按照生产要素的价格获得的报酬，即工资、地租、利息和利润，就是生产所有者的收入。因此，生产要素价格理论就是分配理论。

三、按生产要素分配的意义

按生产要素分配是市场经济的客观要求。市场经济是以市场作为资源配置基础力量的一种经济形式，市场经济的各个经济规律、各种经济运行机制在这里都在起作用。在市场经济条件下，社会资源都由市场进行配置，各种生产要素都作为商品，通过生产要素市场来配置。生产经营所必需的生产要素都要通过市场买卖，市场机制支配着这些生产要素的买卖和流动，从而实现有效的配置。在市场经济条件下，各种生产要素属于不同的所有者，生产要素作为商品的买卖及其在生产经营过程中的投入，自然要向生产要素的所有者支付一定数量的货币或为生产要素的所有者带来相应的收入，这就意味着对生产要素的所有者实现了按生产要素的分配。例如，在资本市场上的资本借贷和购买股票等，债权人可以获得利息、股息；房地产市场上土地或房产的租用，房地产所有者可得到地租、租金；技术、信息市场上谁提供取得经济效益的技术或信息，谁就能得到相应的报酬；等等，这些都属于按生产要素分配，是市场经济的必然要求。

按生产要素分配还是促进社会经济发展，更好地满足人民物质和文化生活需要的客观要求。我们知道，社会经济发展的基本条件是生产要素的大量投入和使用，按生产要素分配可以极大地调动生产要素所有者的积极性、主动性和创造性，使生产要素涌现出来，从而极大地推动社会生产力发展和社会进步，人民物质和文化生活需要的更好满足也才有可靠的保证。

第二节　平均利润与生产价格

在市场经济中，企业生产的目的是获取剩余价值，但是剩余价值在生产出来以后，还要以各种具体形式在社会的各个部门之间进行再分配。在剩余价值的各种具体形式中，利润是其他各种具体形式的基础。这里主要考察剩余价值在现实上如何转化为利润和平均利润，价值如何转化为生产价格，从而进一步揭示市场经济中剩余价值分配的内在规律和矛盾。

一、剩余价值转化为利润

（一）生产成本

1. 生产成本的概念

生产成本是企业生产商品时所耗费的不变资本和可变资本价值之和，又称为成本价格或生产费用。用 k 来表示生产成本，则商品价值的构成形式就变成了 $W=k+m$。生产成本不等于生产商品的全部劳动耗费即商品的实际生产费用。商品的实际生产费用是生产商品所耗费的全部物化劳动和活劳动的总和，它等于商品的价值，即 $c+v+m$。而生产成本则只是商品价值的一部分，即企业在生产商品时所耗费掉并已进入商品价值的那部分资本价值。还要指出的是，生产成本并不等于企业的全部预付资本。预付资本不仅包括生产商品耗费的生产成本，而且包括那部分继续在生产过程中发挥作用但其价值尚未转移到新产品中去的资本。

2. 生产成本的意义

首先，生产成本是补偿资本的耗费，保证再生产继续进行的基本条件。其次，生产成本是商品售卖价格的最低界限，是企业经营赚钱或亏本的标志。最后，生产成本是企业竞争能力大小的重要标志，是企业之间展开竞争的基础。生产成本这个范畴掩盖了不变资本和可变资本的区别，从而掩盖了剩余价值的真正来源。

（二）剩余价值与利润

1. 利润的概念

当剩余价值被看作企业全部预付资本的产物时，剩余价值就转化为利润，取得了利润的现象形态。剩余价值是利润的本质，利润是剩余价值的转化形式。

2. 剩余价值转化为利润

由于生产成本这个范畴掩盖了不变资本和可变资本的区别，剩余价值在现象上就表现为生产成本以上的一个增加额，表现为企业在生产商品时全部所费资本的产物。不仅如此，剩余价值又进一步表现为在商品生产过程中全部所用资本即预付资本的产物。这是因为，在商品生产过程中不仅已耗费掉从而构成生产成本的那部分资本在发挥着作用，而且实际上企业的全部预付资本都在发挥着作用。作为全部预付资本必然要求带来剩余价值。于是，剩余价值便转化为利润。剩余价值转化为利润掩盖了剩余价值的真实来源，表现为由企业的全部预付资本所产生，表现为资本价值自行增值的结果。随着利润范畴的出现，商品价值构成进一步转化为：$W=K+P$(利润)。利润是市场经济中的一个现实范畴，企业进行商品生产和相互竞争的直接动机和目的，就是追求获得更多的利润。

二、剩余价值率转化为利润率

（一）利润率的概念

利润率就是剩余价值与预付总资本的比率，其计算公式为

$$P'=\frac{P}{c+v}\times 100\% \tag{8-1}$$

式中：P'代表利润率，$c+v$代表预付总资本。

利润率是剩余价值率的转化形式。利润率和剩余价值率的不同之处有：①计算公式不同；②数量不同；③代表的意义不同。由于利润率表示预付资本自身的增值程度，因而追求最高的利润率就成为市场经济中企业经营的唯一目的，即以最少的资本投入获得尽可能多的利润。对比，马克思曾在《资本论》中引用英国托·约·登宁的一段话，形象地说明追求高额利润的本性："资本害怕没有利润或者利润太少，就像自然界害怕真空一样。一旦有适当的利润，资本就胆大起来。如果有10%的利润，它就保证到处被使用；有20%的利润，它就活跃起来；有50%的利润，它就铤而走险；为了100%的利润，它就敢践踏一切人间法律；有300%的利润，它就敢犯任何罪行，甚至冒绞首的危险。"

（二）影响利润率变化的主要因素

由公式"年利润率$=(m'\cdot v\cdot n)\div(c+v)$"可以得出以下结论。

(1) 剩余价值率的高低。剩余价值率越高，一定量预付资本所获得的剩余价值总量就越多，从而利润率也就越高；反之，利润率就越低。

(2) 资本有机构成的高低。剩余价值是由可变资本生产出来的。在剩余价值率和劳动力价值已定时，资本有机构成越低，同量资本中的可变资本部分就越大，所用劳动力就越多，创造的剩余价值量就越多，从而利润率就越高；反之，利润率就越低。

(3) 资本周转速度的快慢。在其他条件相同时，哪些资本的周转速度越快，也就意味着这些资本中的可变资本部分一年中周转的次数越多，从而所获得的年剩余价值总量也就越大，这就可以提高年剩余价值率，从而提高年利润率。

(4) 不变资本的节省程度。尽管不变资本的节省本身不会带来更多的利润，但是在其他条件不变时，不变资本的节约可以使生产同样多剩余价值只需要较少的预付资本，从而可以提高预付资本的利润率水平。

三、利润率转化为平均利润率和利润转化为平均利润

（一）市场经济中的两种竞争

市场经济中企业间的竞争包括部门内部的竞争和部门之间的竞争。部门内部的竞争，就是同一生产部门内生产同种商品的各个企业之间所进行的竞争。竞争的目的是追逐超额利润；竞争的手段是改进技术，提高劳动生产率，降低个别劳动时间；竞争的结果形成了商品的社会价值。部门之间的竞争，就是不同生产部门企业之间的竞争。竞争的目的是使自已

的投资获得更高的利润率；竞争的手段是从利润率低的部门向利润率高的部门转移资本；竞争的结果形成了平均利润率和平均利润。

（二）平均利润率与平均利润的形成

平均利润率和平均利润的形成是通过部门之间的竞争和资本转移来实现的。资本转移是指资本从利润率较低的部门转移到利润率较高的部门，它既包括原有社会资本在各部门之间的流入与流出，也包括新资本向利润率较高部门的投入。这种部门之间竞争的结果，使得利润率转化为平均利润率，利润转化为平均利润。这一过程是：为获得更高的利润率部门之间竞争→资本转移→供求变化→价格变化→利润率变化→再资本转移→供求变化→价格变化→利润率变化→形成等量资本获取等量利润趋势即平均利润率（见表 8-1）。

表 8-1　利润率的形成

生产部门	资　本	剩余价值率/%	剩余价值	商品价值	利润率/%
食品工业	$70c+30v$	100	30	130	30
纺织工业	$80c+20v$	100	20	120	20
机械工业	$90c+10v$	100	10	110	10

平均利润率就是全社会生产的剩余价值总额同社会预付总资本之间的比率，用公式表示为

$$平均利润率=\frac{剩余价值总额}{社会预付总资本总额}\times 100\% \tag{8-2}$$

平均利润率形成后，各部门的企业按照平均利润率所取得的利润，就叫平均利润，用公式表示为

$$平均利润=平均利润率\times 预付资本 \tag{8-3}$$

平均利润的形成如表 8-2 所示。

表 8-2　平均利润的形成

生产部门	资　本	剩余价值率/%	剩余价值	商品价值	利润率/%	平均利润率/%	平均利润	平均利润与剩余价值之差
食品工业	$70c+30v$	100	30	130	30	20	20	－10
纺织工业	$80c+20v$	100	20	120	20	20	20	0
机械工业	$90c+10v$	100	10	110	10	20	20	＋10
合　计	300	—	60	360	20	20	60	—

从表 8-2 可以看出，食品工业、纺织工业和机械工业三个部门的剩余价值总量和利润总量是相等的。可见，平均利润形成的过程，就是不同部门的企业按照等量资本获得等量利润的原则，通过竞争瓜分剩余价值的过程。平均利润仍然是剩余价值的转化形式。但是，利润率转化为平均利润率和利润转化为平均利润，并不是利润绝对平均化，而仅仅是一种趋势。事实上，各个生产部门的利润率仍然存在差别。同时，平均利润率形成后，也不排除各个部门内部少数企业获得超额利润。因为每个部门内部，各个企业的技术装备水平、资本有机构成和劳动生产率不同，所以利润率也一定会有差别。因此，在利润率平均化的过程中，仍然存在着部门内部各个企业之间为了获得超额利润而进行的激烈竞争。

平均利润率形成和利润转化为平均利润，进一步掩盖了利润的来源。

四、价值转化为生产价格

（一）生产价格的形成

由成本价格和平均利润所构成的价格，称为生产价格。随着利润转化为平均利润，商品价值就转化为生产价格。商品价值转化为生产价格的过程如表 8-3 所示。

表 8-3　商品价值转化为生产价格的过程

生产部门	资　本	剩余价值	商品价值	平均利润	生产价格	生产价格与剩余价值之差
食品工业	$70c+30v$	30	130	20	120	−10
纺织工业	$80c+20v$	20	120	20	120	0
机械工业	$90c+10v$	10	110	20	120	+10
合　计	$240c+60v$	60	360	60	360	0

生产价格形成后，商品按照生产价格出售，那些资本有机构成高的部门，商品的生产价格高于商品价值；那些资本有机构成低的部门，商品的生产价格低于商品价值；只有那些资本有机构成中等的部门，商品的生产价格才与价值相等。

生产价格形成后，价值规律作用的形式发生了变化。在此以前，商品的市场价格围绕价值上下波动；现在，市场价格的变动不再是以价值为中心，而是以生产价格为中心了。供求平衡时，市场价格与社会生产价格相一致；供过于求时，市场价格低于社会生产价格，平均利润有一部分不能实现；供不应求时，市场价格高于社会生产价格，不仅能实现平均利润，而且可以获得超额利润。通过市场价格的波动，生产价格规律自发地调节着市场经济的生产和流通。

生产价格形成后，同一个生产部门内部各个企业产品的个别生产价格与本部门平均生产价格是不一致的。因为生产价格高低取决于两个因素：成本价格和平均利润。虽然同量资本的平均利润相同，但由于各个企业的生产条件不同，个别成本价格不同，所以，个别生产价格与社会生产价格也不相同。一些生产条件较好的企业，个别生产价格低于社会生产价格，除了平均利润以外，还可以得到超过平均利润的超额利润；一些生产条件较差的企业，个别生产价格高于社会生产价格，就得不到平均利润。企业之间为了追逐超额利润，必然进行激烈的竞争。

（二）生产价格的实质

随着利润转化为平均利润，价值转化为生产价格，就使价值规律的基础被掩盖起来了，似乎价值与生产价格是没有内在联系的对立物。其实，生产价格是价值的转化形态，生产价格的实质是价值。商品按照生产价格出售，绝不是违背或否定价值规律，原因有以下几点。

(1) 从个别部门看，有些部门平均利润高于剩余价值，有些部门平均利润低于剩余价值。但是，从整个社会看，平均利润总额与剩余价值总额相等。

(2) 从个别部门看，有些部门生产价格高于价值，有些部门生产价格低于价值。但是，从整个社会看，生产价格总额与商品价值总额相等。

(3) 生产价格的变动归根结底取决于生产商品的社会必要劳动时间的变动。

由价值转化为生产价格，逻辑的过程与历史的过程也是完全一致的。商品交换和价值规律已经存在5000～7000年。在历史上，价值并不是一开始就取得生产价格这一形式的。在简单商品生产条件下，商品一直按照价值进行交换，价值是市场价格波动的中心。平均利润和生产价格的形成必须具备的条件是：完全自由竞争和资本自由转移。随着商品经济的发展，特别是进入社会化机器大工业阶段，这一条件最后完成，平均利润率形成，价值转化为生产价格也最后完成。

五、平均利润率下降趋势的规律

（一）资本有机构成的提高和平均利润率水平的下降

随着市场经济的发展，平均利润率水平有不断下降的趋势，其原因在于社会总资本的平均有机构成不断提高。社会总资本的平均有机构成是影响平均利润率的重要因素。在剩余价值率不变时，资本有机构成高，同量资本推动的活劳动少，利润率就低。由于市场经济的发展，各生产部门资本的有机构成都有不断提高的趋势，从而社会总资本的平均有机构成也就必然存在不断提高的趋势，这就使平均利润率水平具有下降的趋势。

平均利润率水平下降，并不等于社会总资本所获得的利润总量的减少，因为随着社会总资本平均有机构成的提高，社会资本的总量也在增长，其中可变资本的绝对量也在增加，因为这些现象都是由同一个原因即资本积累引起的。这样就出现了两方面的情况：一方面是利润率下降；另一方面则是利润总量的增长。所以，平均利润率下降趋势的规律也称为利润率下降但利润量同时增长的规律。

（二）阻碍平均利润率下降的因素

在市场经济发展的现实进程中，在平均利润率水平呈现下降趋势的同时，还存在着以下一些阻碍平均利润率下降的因素。

1. 剩余价值率的提高

剩余价值率的提高可以在可变资本绝对量不变甚至减少的情况下增加剩余价值的总量，从而阻碍平均利润率下降。

2. 不变资本各要素价值的降低

劳动生产率的提高一方面使同量的劳动力推动更多的生产资料，使不变资本数量增大；另一方面又会使生产资料的价值下降。这就意味着，在不变资本的物质要素增加时，这些物质要素的价值量并不是按同一比例增加的，而是以更小的比例增加甚至不变。这就会减缓资本有机构成提高的速度，从而阻碍平均利润率的下降。

3. 大量相对过剩人口的存在

由于存在大量廉价劳动力，就使一些部门的企业宁可使用手工劳动而不去采用机器设备。这些资本有机构成低、工资水平低、剩余价值率则较高的部门的存在，就对整个社会的资本有机构成的提高和利润率水平的下降形成了一定阻碍。

4. 对外贸易的发展

通过对外贸易的发展，一方面可以输入廉价的生产资料和生活资料，从而降低不变资本和劳动力的价值;另一方面商品销向国际市场可以获得较高的利润率。这二者都会阻碍或抵消本国平均利润率水平的下降趋势。

总之,上述因素在一定时期内都能够使利润率有某种程度的提高,从而可以阻碍、延缓或部分抵消平均利润率的下降,减缓它的下降程度和下降进程,因而使平均利润率下降规律只具有一种趋势的性质。但是,上述的各种因素都不能取消这一规律。正如马克思指出的:"引起一般利润率下降的同一些原因,又会产生反作用,阻碍、延缓并且部分地抵消这种下降。这些原因不会取消这个规律,但是会减弱它的作用。"

复习思考题

1. 什么是生产要素?为什么说生产要素需求是派生需求?按生产要素分配有何意义?
2. 何为生产成本?生产成本的出现有何现实意义?
3. 什么是利润?剩余价值怎样转化为利润?
4. 何为利润率?影响利润率变化的主要因素有哪些?
5. 平均利润率和平均利润是怎样形成的?
6. 何为生产价格?为什么按生产价格出售商品并没有违背价值规律?

第九章

分配理论（三）

第一节　地租及其本质

一、地租及其形成条件

任何地租都是土地所有权在经济上的实现，是土地所有者凭借土地所有权得到的收入。地租形成的基本条件是土地所有权和经营权的分离，经营土地者为了获得土地经营权，谋取自己的经济利益，必然向土地所有者交纳地租。所以，地租也可表述为土地所有者凭借土地所有权得到的由土地经营者交纳的收入。奴隶社会土地所有权和经营权合二为一，没有分离，因而没有地租。封建社会土地的所有权和经营权已有分离，地主拥有土地所有权，农民以交纳地租为代价，换取土地经营权，从而形成封建地租。但由于还存在人身依附和超经济强制，加之自给自足的自然经济占主体，没有充分自由的市场竞争和资本自由转移，因而封建地租仅是地租的不完善形式。社会主义条件下，由于社会主义制度和土地公有制的制约，土地的所有权和经营权分离不十分彻底，尽管存在充分自由的市场竞争和资本自由转移，因而社会主义地租的表现也是不完善的。只有在资本主义条件下，因土地私有制和市场经济，地租才表现为完善形式。因此这里研究的地租是资本主义地租，即市场经济条件下完善的地租。

二、地租的本质

现代农业中，土地归土地所有者所有，他自己不经营，租赁给土地经营者经营，土地经营者再雇用农业工人直接进行农业生产活动。在这样的生产关系下，土地所有者凭借对土地的所有权要求获得地租，而农业土地经营者经营也要求得到一定收入。从前面的分析我们知道，农业属于物质生产部门，投入这一部门的资本为产业资本。在充分自由的市场竞争和资本自由转移条件下，这一部门的资本按投资量与其他职能资本一样得到平均利润，土地所有者则得到地租。地租和土地经营者得到的平均利润，都是农业工人创造的剩余价值。所以，地租是农业工人创造的由土地经营者缴纳给土地所有者的超过平均利润的那部分剩余价值，即超额剩余价值或超额利润，体现着土地所有者、土地经营者、农业工人三者之间的经济关系。这就是地租的本质。为了认清地租的本质，应当进一步分清现代地租和封建地租的区别。

(1) 封建地租存在着不同程度的超经济强制和人身依附，而现代地租体现的是纯粹经济上的契约关系。

(2) 封建地租在数量上包括农民创造的全部剩余产品，有时甚至包括一部分必要劳动或必要劳动产品；而现代地租则是农业工人创造的超过平均利润以上的那部分剩余价值。

(3) 封建地租一般形式为实物地租；现代地租的一般形式是货币地租，是剩余价值的转化形式。

第二节　级差地租与绝对地租

现代地租的基本形态有级差地租和绝对地租，它们是由不同的原因和条件所引起的。

一、级差地租

(一) 级差地租形成的条件和原因

级差地租是租赁较好土地的土地经营者向土地所有者交付的超额利润。它是由优等地和中等地上所生产的农产品的个别生产价格低于按劣等地决定的农产品的社会生产价格之间的差额构成的。

级差地租产生的条件是土地的自然条件，即土地的肥沃程度和位置的好坏。土地是农业生产的基本生产资料，土地有肥沃程度的区别，因而提供的农产品数量也不相同。由于土地的差别，投在较好土地上生产农产品，借助于有利的自然条件，能够提高劳动生产率，减少生产成本，降低个别生产价格，获得超额利润，形成级差地租。

级差地租产生的原因是土地数量有限性决定土地经营权的垄断。

首先，由于土地经营权的垄断，使农业中的超额利润具有相对稳定性。工业中的超额利润是极不稳定的，它对于个别企业来说只是一种暂时的现象。随着新技术的普遍运用，个别企业获得的超额利润就转化为相对剩余价值。可是，由于农业中的土地数量是有限的，尤其是好地更为有限。有限的好土地如果被某些经营者所占用，就排斥了他人对这些土地的利用，造成了对这些土地的经营垄断，从而限制了竞争，使超额利润相对稳定地留在农业，形成级差地租。

其次，土地经营权的垄断使农产品的生产价格不是由农业生产的平均条件决定，而是由劣等地所生产农产品的个别生产价格决定，即由耕种劣等地的生产条件决定。因为如果由农业生产的平均条件决定，劣等地的经营者得不到平均利润，就不再经营。只靠优、中等地耕种，农产品不能满足需求，农产品价格只有上涨到保证租种劣等地的经营者获得平均利润时为止，这样使农产品的生产价格由劣等地所生产农产品的个别生产价格决定，经营优等地和中等地的经营者都能够获得超额利润，形成级差地租。

由此可见，农业中超额利润、级差地租形成的原因是土地的有限性所引起的土地的经营权垄断，而与土地所有权的垄断无关，即使废除了私有制，只要存在土地经营权的垄断，就必然存在级差地租。土地的所有权只是决定级差地租应归谁所有。

级差地租是农产品的个别生产价格低于社会生产价格而产生的超额利润构成的，和工业中的超额利润一样，都来自雇用工人的剩余劳动。级差地租由于形成的具体条件不同，可以分为级差地租Ⅰ和级差地租Ⅱ。

（二）级差地租Ⅰ

级差地租Ⅰ是因为土地等级较优而获得的超额利润所转化的地租。产生于两种情况：一是土地肥沃程度不同的条件下，租种优等地和中等地的经营者所得到的超额利润转化而来；二是土地位置距离市场较近，经营者因为成本低而得到的超额利润转化而来。

由于农产品的生产价格取决于劣等地的生产条件，经营劣等地的经营者获得平均利润，经营中等地和优等地的经营者，由于土地比较肥沃，农业工人的劳动生产率较高，他们用等量的投资可以获得较高的产量。当把农产品按劣等土地的生产价格出售时，就可以获得一笔超额利润。此外，土地位置的优劣，如离市场的远近，离市场近的农场运费少，成本低；离市场远的农场需要运费多，成本高。如果离市场远的农场在出售农产品后可获得平均利润，离市场近的农场按同一价格出售农产品，就可以获得超额利润。这种由于土地肥沃程度不同、地理位置优劣不同所产生的超额利润而转化成的地租，是级差地租的第一形态，即级差地租Ⅰ。

（三）级差地租Ⅱ

级差地租Ⅱ是对同一土地连续追加投资造成的不同生产率所产生的超额利润转化而成的地租。

当地租额确定后，经营者为提高土地的单位面积产量，采用对土地连续追加投资的方法，如使用各种农业机械、良种、高效化肥和农药、新的农业生产技术等，可以使同一块土地的产出水平不断提高。因增加投资而增加的产品在市场上出售后，便可获得超额利润。由这种方式所产生的超额利润转化成的地租，称为级差地租Ⅱ。

（四）级差地租Ⅰ和级差地租Ⅱ的联系与区别

1. 级差地租Ⅰ和级差地租Ⅱ的联系

（1）两者都是农产品的个别生产价格与社会生产价格之间的差额所形成的超额利润转化而成的。

（2）级差地租Ⅰ是级差地租Ⅱ的基础，级差地租Ⅱ的形成必须以级差地租Ⅰ的存在为前提。

2. 级差地租Ⅰ和级差地租Ⅱ的区别

（1）形成的具体条件不同。级差地租Ⅰ是由于自然条件不同而产生的超额利润，级差地租Ⅱ是由于经营方法不同而产生的超额利润。

（2）提供级差地租Ⅰ的，只有优等地和中等地，而能提供级差地租Ⅱ的还包括劣等地。

（3）构成级差地租Ⅰ的超额利润一般在租约内作了规定，归土地所有者所有。而构成级差地租Ⅱ的超额利润，在租约期内归农业经营者所有，当租约期满签订新租约时，就会通过提高地租额而转归土地所有者所有。农业经营者和土地所有者之间常常为了租约期长短与租约额多少展开斗争。

二、绝对地租

（一）绝对地租及其形成条件

分析级差地租时，我们假定租种劣等地的经营者是不缴纳地租的。实际上，在土地私有制条件下，土地所有者是绝不肯把土地白白地交给别人租种的。因此，无论耕种什么土地，都必须缴纳地租。所以，绝对地租是租种任何土地都必须交纳的地租，它是不以土地优劣为转移的。它是农产品价值高于社会生产价格的差额，是农业工人创造的剩余价值的转化形式。

绝对地租形成的条件在于，农业资本有机构成低于社会平均的资本有机构成。从平均利润和生产价格理论得知，资本有机构成低的部门的产品价值必然高于其社会生产价格。在这种情况下，农产品按高于社会生产价格的价值出售，就形成了农产品的社会生产价格与价值之间的差额，这个差额就构成了绝对地租的内容。

（二）绝对地租形成的原因

我们知道，工业生产中各部门由于资本有机构高低不同，部门工人创造出来的剩余价值多少不同，利润率高低不同，但是，由于各部门之间存在着竞争，资本自由转移，使得原来不同的利润率形成一个平均利润率，使商品的价值转化为生产价格。因此工业品只能按生产价格出售，经营者只能获得平均利润。在农业生产中，由于土地的数量是有限的，土地被私人占有，形成土地私有权的垄断，阻碍了工业资本向农业的自由转移，因此，农业工人创造的剩余价值不参加社会利润率的平均化过程，超过平均利润的那一部分剩余价值就被截留在农业生产部门内部。这样，农产品不是按生产价格出售，而是按照其价值（劣等土地上农产品的个别价值）来出售的。通过农产品的出售，使经营劣等地的经营者不仅能够得到平均利润，而且还会获得高于平均利润以上的超额利润，形成绝对地租，归土地所有者占有。

土地所有权的垄断只是形成绝对地租的原因，而绝对地租实现量的变动，则取决于农产品的供求状况和农业资本有机构成的高低。当农产品供不应求，市场价格上涨，农产品按其价值出售，此时，农产品价值和生产价格的差额全部转化为绝对地租。当农产品供过于求时，农产品的市场价格跌落到它的价值以下，此时，农产品价值和生产价格的差额，只是部分的转化为绝对地租。同时，在社会平均资本有机构成一定的情况下，农业资本有机构成的高低与绝对地租量的大小成反方向变化。

绝对地租是农产品的价值高于社会生产价格的差额构成的，是价值的一部分，它仍然是由农业工人所创造的剩余价值转化来的。

三、其他地租

其他地租主要是指垄断地租、建筑地段地租和矿山地租等。

(1) 垄断地租是指由垄断价格产生的超额利润转化而成的地租。垄断地租只存在于少数自然条件特别优越的土地上。因为在极少数自然条件特别有利的土地上能生产稀有和名贵产品，但产品的社会需求又比较强烈，从而可以按照高于生产价格和价值的垄断价格出售。这种垄断价格只与购买者的购买欲望和支付能力有关，而与一般生产价格或产品价值无关。由垄断价格产生的高额利润会因土地私有权而落入土地所有者手中，转化为垄断地租。

（2）建筑地段地租是工商业经营者为建造住宅、工厂、商店租用土地而缴纳给土地所有者的地租。它和农业地租一样，具有级差地租、绝对地租和垄断地租三种形式，同时又具有自身的特点。农业中级差地租产生的条件是土地的肥沃程度和位置的差别，而在建筑地段级差地租的形成中，土地的位置起决定作用。

（3）矿山地租是工业企业为了开采矿藏而缴纳给矿山土地所有者的地租。矿山地租和农业地租一样，具有级差地租、绝对地租和垄断地租三种形式。形成矿山级差地租的条件包括：①各个矿山矿藏丰度和开采难易程度的不同；②矿山距离矿产品销售地的远近不同；③对矿山进行追加投资所获得的生产率不同等。

四、土地价格

在市场经济条件下，土地之所以有价格，是因为凭借土地所有权能够取得地租收入。这个道理是和股票价格一样的。土地所有者出卖土地，实际上是出卖这块土地索取地租的权利，而地租不过表现为他用以购买土地以及地租索取权的那个资本的利息。因此，土地价格并不是土地本身的购买价格，而是资本化的地租。也就是说，为了要取得相当于地租量的利息所需要的资本量便是土地价格。

土地价格既然是资本化的地租，因此，地价的高低首先决定于地租的大小；其次，土地价格还决定于当时的存款利息率水平。地价是和利息率成反比例变化的。土地价格的公式为

$$\text{土地价格}=\frac{\text{地租}}{\text{利息率}} \tag{9-1}$$

随着市场经济发展，地价有上涨的趋势，原因有两个：①土地作为最基本的生产资料，整个社会对其需求量不断增长，刺激了地价的上涨；②资本有机构成不断提高，导致利润率有下降并引起利息率随之下降的趋势，这反过来使地价呈增长趋势。

复习思考题

1. 地租形成的条件是什么？其本质又是什么？
2. 何为级差地租？级差地租产生的条件和原因是什么？
3. 何为绝对地租？绝对地租产生的条件和原因是什么？
4. 如何认识土地价格？
5. 如何理解市场经济条件下地租的本质？

第十章

分配理论（四）

第一节　劳动与工资

一、工资的一般现象与本质

工资是劳动力价值或价格的转化形式，它有以下两层含义。

（1）工资的本质是劳动力的价值或价格，因为工人在市场上出卖的不是劳动而是劳动力。在这里必须对劳动力和劳动加以科学的区分。劳动力是潜藏在人身体内的劳动能力，劳动力的使用才是劳动。劳动力的存在以健康人的生存为条件，而劳动的实现则以生产资料和劳动力相结合为条件。劳动不是商品，既无法确认其使用价值，也无法确定其价值；而劳动力在一定历史条件下则可以成为商品，它具有价值和使用价值。

（2）由于劳动力的价值或价格采取了工资的形式，便把工资的本质给掩盖起来，表现为劳动的价值或价格。所以说，工资是劳动力价值或价格的转化形式。

由此可见，工资实质上不是劳动的价值或价格，而是劳动力的价值或价格。所以，不能把劳动力和劳动混为一谈，科学地区分劳动力和劳动，是揭示市场经济工资本质的关键。第一，如果劳动是商品，价值量就无法计算。第二，劳动不是独立存在的实体，不能作为商品出卖。第三，把劳动看作商品，不是违背价值规律，就是违背剩余价值规律。

在现实中，工资表现为劳动价值或价格这种虚幻的外观和现象，是由雇用劳动关系决定的。

（1）劳动能力存在于活的人体中，使用前看不到，工人出卖的虽然是一定时间的劳动力，但是看起来是一定时间的劳动。

（2）工资的支付方式是先劳动后支付，因此误认为是对劳动而不是劳动力的支付。

（3）工资的多少与劳动时间、劳动强度和效率直接相连。

（4）劳动是工人的谋生手段，也很容易将工人出卖劳动力所得看成是劳动的报酬。

二、工资的形式

市场经济工资有各种各样的形式，但其基本形式不外两种，即计时工资和计件工资。

计时工资是按照工人的劳动时间支付的工资，如月工资、周工资、日工资、小时工资等。它们是劳动力的月价值、周价值、日价值、小时价值的转化形式。

计时工资在市场经济早期曾广泛地被采用。以后，随着市场经济的发展，计时工资虽然仍是工资的基本形式之一，但计件工资却逐渐广泛地流行起来。

计件工资是按照工人所完成的产品件数或作业量来支付的工资。在其他条件不变的情况下，工人生产的产品数量越多，得到的工资额也越大，因此，乍看起来，好像在计件工资形式下，企业所购买的是工人的物化劳动，而不像在计时工资形式下所表现的那样，是购买工人的活劳动。

其实，计件工资和计时工资并没有本质的差别，它只是计时工资的转化形式或者说是变相的计时工资。这是因为，计件工资的确定，是以计时工资为基础的。企业在规定计件工资单价（单位产品的工资额）时，既要考虑到计时工资形式下一个工人的日工资额，又要考虑到他一天的产品数量。

在实行计件工资时，工人收入的多少与自己的劳动成果有着直接的联系，工人为了能够多得一点工资，以维持自己低下的生活水平，便只好最大限度地支出自己的劳动，尽可能地增加产品的数量。这样就刺激工人更有效地利用技术设备，提高劳动生产率，延长劳动日，充分利用劳动时间，提高劳动强度，从而为企业创造出更多的剩余价值。

每个工人的劳动质量和劳动强度是由计件工资形式本身控制着，因而企业对劳动过程的直接监督就没有必要了，这样，企业就有可能将某些工作交给分散的家庭劳动者去进行。这对企业来说有很多好处。比如，它可以由此节省劳动资料（厂房、设备、照明和取暖资料等）方面的开支；可以降低工资单价，因为家庭劳动可以广泛吸收妇女和儿童参加，他们的工资是特别低微的。

计件工资也为市场经济的等级制度奠定了基础，使那些从事中介机构更易于进行活动。这种等级制度有两种主要形式：一种是企业把工作整批地包给中间人，中间人再把工作分给各个家庭劳动者，这时，劳动者实际得到的工资，比企业支付的要低得多，其差额被中间人从中拿去了；另一种是企业同工头签订合同，规定每件产品的工资单价，由工头负责招募工人和发放工资。

目前，随着西方国家生产自动化的发展，计时奖励工资制愈来愈广泛地流行起来。这是因为，在实行生产自动化的企业内，自动化装置本身制约着工人的劳动强度和劳动质量，工人之间的劳动技能、体力、精力等方面的差别被缩小了。在这种情况下，实行计时奖励工资制比计件工资制对企业家更为有利，企业家可以在不提高工资或者甚至降低工资的情况下，利用机器的加速运转，来提高工人的劳动强度，并且可以避免在计件工资制度下由于不断降低工资单价而引起的工人的不满。

由此可见，实行计时工资还是实行计件工资，这完全是以企业的利益为转移的。在某些企业或部门中，往往同时采用这两种不同的工资形式，或是将两种工资形式的特点结合起来，组成各种各样的其他派生形式。

在现代市场经济国家，在计时工资和计件工资的基础上，创立了各种形式的工资制度。这种工资制度的特点，是利用科学技术的进步，采用所谓“科学的劳动组织”，提高工人的劳动强度，以便从工人身上获得更多剩余价值。比较流行的当代工资制度有“泰罗制”和“福特制”。

在市场经济企业中，还有一种“分红”的工资制度，即根据企业的获利情况，在每年年终分给工人一点红利。它造成这样一种印象：在实行“分红”制的企业中，工人和企业的利益是一致的，企业赚的利润越多，工人分的红利也越多。它使工人去积极提高劳动强度和劳动生产率，接受企业规定的各种条件，从而为企业生产更多的剩余价值。

第二节　借贷资本、银行资本与利息

一、借贷资本与利息

（一）借贷资本及其特点

借贷资本是市场经济制度下的生息资本。所谓生息资本，是指货币所有者为了获利而把它借给别人使用的货币资本。生息资本是资本的古老形态之一，高利贷资本和借贷资本是生息资本的两种形式。

高利贷资本是利息很高的生息资本，在前资本主义社会，高利贷得到了广泛的发展，成为信用的基本形式。

借贷资本是在市场经济的基础上产生和发展起来的生息资本形式，它是从职能资本的运动中独立出来的闲置货币资本转化而来的。借贷资本的形成与社会化商品生产过程即市场经济有着密切的联系，资本的循环运动为其形成提供了可能和必要的条件。借贷资本的贷款对象主要是工商企业，借贷目的主要是取得利润。贷款利息来源于产业工人创造的剩余价值。

借贷资本的形成是在产业资本运动中逐步形成和发展起来的。随着产业资本运动，即循环与周转，一方面，必然形成大量暂时闲置的货币资本，包括未用于扩大再生产的积累资金、出售商品后暂时未使用的流动资金、暂时未使用的固定资本折旧基金等。资本的本性决定了这些货币资本需要寻求运动场所来实现价值增值，于是所有这些暂时闲置的货币资本，必然形成货币资本的供给；另一方面，一部分企业为了不使生产过程中断或为了获取更多的剩余价值，要扩大生产规模（如需要固定资本更新，需要购买原材料或支付工资，扩大再生产需要追加资本），但自有资本尚有欠缺，从而会产生对货币资本的临时需求。这样，一方面有货币资本的供应；另一方面又有货币资本的需求。在追求剩余价值这一共同目的的驱使下，货币资本所有者与货币资本需求者之间就会形成调剂货币资本的借贷关系。于是，这些暂时闲置的货币资本就变成了借贷资本。因此，职能资本的循环和周转是借贷资本形成的基础，借贷资本的来源主要是产业资本循环中产生的大量的闲置货币资本。

借贷资本是货币资本所有者为了取得利息而暂时贷给货币资本需求者（包括物质生产部门和商业企业）使用的货币资本，它具有通过定期让渡使用权瓜分剩余价值的特殊职能。借贷资本的借贷关系是资本使用权的转让关系，贷款者保留资本所有权，转让使用权；借款者取得资本使用权。借贷资本不同于高利贷资本的根本点在于，无论对借者还是贷者，都是作为资本来发挥职能的。货币资本需求者借入货币资本是为了用于生产和流通。获得利润；货币资本所有者贷出货币资本是为了获得利息，分占一部分剩余价值。

综上所述，借贷资本是适应社会化商品生产和流通的需要而产生的，是在职能资本运动的基础上形成并为职能资本的周转服务，它是从属于职能资本的一种形式。借贷资本一经形成，就成为一种独立的资本形式，并具有与职能资本不同的特点。

1. 借贷资本是一种资本商品

在市场经济条件下，作为资本的货币，具有双重使用价值：一是作为单纯货币的使用价值，即充当一般等价物，执行流通手段和支付手段的职能；二是作为资本的使用价值，即具有生产利润的能力。借贷资本所有者把货币资本贷给别人时，实际上他转让的是货币作为资本的使用价值，利用它可以生产利润。借贷资本使用者之所以借入货币资本，是由于它能实现价值增值，可以用来获取利润。因此，货币资本在借贷中作为可能的资本，作为生产利润的手段，是作为一种特殊商品让渡的。

不过，借贷资本这种商品不同于普通商品。①普通商品的使用价值是它的自然属性，被消费使用后就会消失；借贷资本的使用价值是一种具有生产利润的能力，这种能力可以反复使用，不具有消失性。②普通商品的转让是买卖关系，是商品所有权的转让。而资本商品的转让是借贷关系，借贷资本所有者在贷出货币时，并没有放弃他对资本的所有权，只是暂时让渡资本的使用权。③普通商品的买卖贯彻等价交换原则，卖方转让商品，买方按等价支付货币，发生的只是价值形态的变化而没有价值的增值。而资本商品的转让并没有同时收回它的等价物，只是暂时让渡资本的使用权，到期它要收回资本，并带来一定的利息，实现价值的增值。④在普通商品的买卖中，买方支付的是商品的价值。而在资本商品的借贷中，借方支付的是利息，利息不是资本商品价值的货币表现，而是对使用借贷资本的报酬。

2. 借贷资本具有双重身份

借贷资本的运动具有双重支出和双重回流的特点，第一重支出是借贷资本所有者把货币借给借贷资本需求者使用；第二重支出是借贷资本使用者将借入的货币资本投入生产过程和流通过程，变为再生产的要素。第一重回流是借贷资本使用者将商品销售出去，收回已经增值的货币资本；第二重回流是借贷资本使用者以还本付息的方式把货币归还给借贷资本所有者。这样，同一个资本就具有双重存在：对借贷资本所有者来说，它是所有权资本，即财产资本，他可以凭借资本的所有权定期从借贷资本使用者那里获得利息；对于借贷资本使用者来说，它是职能资本，生产或者实现剩余价值。所以，借贷资本是所有权与使用权分离的货币资本。资本的所有权属于借贷资本所有者，使用权属于借贷资本使用者。

3. 借贷资本具有不同于职能资本的特殊运动形式，是最具有拜物教性质的资本形式

借贷资本的运动公式是 $G—G'$。也就是说，借贷资本所有者把货币资本贷放出去，经过一定时期收回更多的货币，包括原有资本和利息。这种特殊的运动形式造成一种假象，似乎不经过任何的生产过程和流通过程，货币本身可以生产出更多的货币。借贷资本的这一特点，进一步掩盖了经济关系的实质，使资本拜物教达到了顶峰。

（二）利息和利息率

利息是货币资本需求者为取得资本使用权而付给货币资本所有者的平均利润的一部分，是剩余价值的特殊转化形式，体现着资本使用者和货币资本所有者共同瓜分剩余价值的经济关系。

资本发生借贷时，资本所有权和使用权发生分离。借贷资本所有者保留所有权，转让使用权。借贷资本所有者正是凭借资本的所有权，要求以利息的形式参与对剩余价值瓜分的。与此相适应，货币资本需求者使用借贷资本所获得的平均利润也要分割成两部分：一部分采取利息的形式付给借贷资本的所有者,作为出让资本使用权的报酬;另一部分留归自己所有,采取的是企业利润的形式。利息表现为资本所有权的产物,企业利润表现为货币资本需求者经营企业的劳动报酬。所以,平均利润分为利息和企业利润,进一步掩盖了剩余价值的来源。

利息量取决于借贷资本数额和利息率的高低。利息率是一定时期内的利息量和借贷资本量的比率。其计算公式为

利息率=利息÷借贷资本

一般情况下,利息率低于平均利润率,高于零。在实际生活中,决定和影响利息率高低的因素主要有以下两个。

(1) 平均利润率。在其他条件不变的情况下,利息率与平均利润率按相同的方向变动。平均利润率上升,利息率也会上升;反之,则会相应地下降。由于利息只是平均利润的一部分,因此,平均利润率就构成了利息率的最高界限。

(2) 平均利润率既定时,利息率的高低则取决于资本市场上借贷资本的供求状况。当借贷资本供过于求时,利息率下降;反之,利息率上涨。当借贷资本的供求平衡时,利息率就由社会的习惯和法律等因素决定。利息率不同于利润率的一个重要特点是:在每次借贷行为中,利息率都是事先确定的,而利润率则是预期的。

二、银行资本和银行利润

(一) 银行资本和银行业务

现代社会中,货币资本的借贷主要通过银行进行。银行是专门经营货币资本,充当借贷关系中介人的企业。银行通过吸收存款的形式把社会上分散、闲置的货币聚集到自己手里,又以各种贷款形式,把集中起来的货币资本交给工商企业去使用。银行所支配的货币资本,就是银行资本。

银行资本由两部分构成:一部分是自有资本,即银行经营者自己的资本金,这只占银行资本很小的一部分;另一部分是银行通过负债业务吸收的存款,这是银行资本的主要部分。

银行业务主要有负债业务、资产业务和中间业务三种类型。

负债业务是银行资本的主要业务。负债业务主要是吸收资金,将工商企业在生产过程中暂时闲置的货币资本、借贷资本所有者或食利者的货币资本、社会上的小额货币吸收到银行,形成巨额借贷资本。

资产业务或贷款业务采取多种多样的方式,其中主要有期票贴现、抵押贷款和长期投资等。

中间业务是指银行在开展负债与资产这两项基本业务的基础上,利用现有技术、信息和人员为客户提供的各种金融服务。

(二) 银行利润

经营者经营银行的目的,是获得银行利润。银行利润主要来自贷款利息和存款利息之间的差额。银行贷款利息一般都高于存款利息,两者之间的差额减去经营银行业务的费用,就构成银行利润。由于银行业也是社会经济中的一个部门,在银行业和工商业之间,也存在

着竞争和资本的自由转移，银行资本也参与平均利润率的形成，因此，银行利润也是平均利润。

由于贷款利息实质上是剩余价值，银行利润归根结底也来源于产业工人创造的剩余价值。

银行业务是由银行职工完成的。银行职工的劳动属于纯粹的流通活动，不创造价值和剩余价值。但是，银行职工的劳动也分为必要劳动和剩余劳动。在剩余劳动时间里，银行职工实现了银行利润。

三、市场经济条件下的信用

借贷资本和其他资本形式一样，经常处于运动之中，不断地由资本所有者贷给资本使用者，然后，又由资本使用者加上利息归还资本所有者。市场经济信用就是借贷资本的运动形式。借贷资本有两种形式：一种是商品形式；另一种是货币形式。因此，根据贷放资本的不同形式，市场经济条件下的信用有商业信用和银行信用两种基本形式。

（一）商业信用

商业信用就是工商企业之间用赊账方式买卖商品时彼此提供的信用。在赊售商品时，商品虽然从卖者手里转移到买者手里，但是，卖者并没有从买者那里取得现款，而是得到了一张延期支付的票据。因此，把商品赊售出去，实际上等于在商品形式上把资本贷放出去，这时买卖双方的关系，也就成了债务人和债权人的关系。赊购的价格往往比现款支付的价格要高一些，两者之间的差额就是赊购者向赊售者支付的利息。

商业信用有以下三个特点：①商业信用的对象是处在产业资本循环一个阶段上的商品资本；②商业信用的债权人和债务人都是工商企业，因此，商业信用体现着工商企业彼此之间的经济关系；③商业信用还要受到企业资本数量和商品流转方向的限制。商业信用是一种单向信用，因而它限制了商业信用的规模。

商业信用的工具是商业票据，它是商业信用中债权人和债务人之间的债务凭证。商业票据分为期票和汇票两种。期票是债务人对债权人开出的承诺在一定时期内支付现款的债务凭证。期票经过债权人在它背后作了转让债权的签字(背书)之后，在到期之前，可以当作流通手段或支付手段，用来向别的工商企业购买商品或偿付债务。这样，期票的新的持有者就成了债权人，他有权在期票到期时向最初的开票人(债务人)兑取现款。由于在赊销、赊购过程中，许多工商企业既是债权人，又是债务人，因此，到期的期票常常可以互相抵销，只有抵销不完的余额才用现款来支付。因此，商业信用和期票的流通对于加速商业资本的周转和节省货币流通费用具有很大作用。与期票不同，汇票是由债权人向债务人开出的令其向第三者或持票人支付一定款项的凭证。汇票在债务人签名盖章承认以后才生效，这种手续叫“承兑”。

（二）银行信用

所谓银行信用，是银行以贷款方式向工商企业提供的信用。银行信用突破了商业信用的种种局限性。

(1) 银行信用是由银行提供给工商企业的信用。由于银行能把社会上的各种游资集中起来,形成了庞大的借贷资本,因此,这种信用就不会受到个别企业资本数量和资本归流的限制。

(2) 由于银行贷出的是闲置的货币资本,因此,银行信用的范围也就不受商品流转方向的限制。商业信用只能由商品的出售者提供给商品的购买者,而银行信用却可以由银行提供给任何一个工商企业。因此它能提供更多的借贷资本和更长的借贷期限,可以在更大程度上满足扩大再生产的需要。

银行信用业务包括负债业务和资产业务,其目的是获取银行利润。

现代社会信用形式还包括国家信用、消费信用和企业信用等。

第三节　商业资本与商业利润

一、商业资本的本质和职能

(一) 商业资本的概念

商业资本又叫商人资本,是历史最悠久、最古老的资本形态之一。现代或市场经济中的商业资本指从产业资本中分离出来专门从事商品买卖以攫取商业利润为目的资本,是独立化的商品资本。

(二) 商业资本形成的必然性

商业资本是随着生产社会化和商品经济的不断发展而逐渐形成的。

1. 必要性

在生产社会化和商品经济发展初期,由于当时生产规模小,三种资本职能都是由生产企业完成。随着生产社会化和商品经济的进一步发展,企业规模越来越大,市场也越来越广阔,流通中的商品数量大大增长。这时,仍然由生产企业从事商品购销活动,独立完成资本循环已有了很大的困难。这是因为:①生产企业这时需要拿出很多资本用于商品购销活动,这势必减少用于生产经营活动的资本;②商品流通量的迅速增大,也要求生产企业经营者投入更多的人力去从事商品购销活动,这势必影响和制约其生产活动的发展,影响和制约生产企业的利润。因此,客观上就要求把流通领域中的销售这一职能分离出来,交由专门的经营者去从事,这就是把从事商品销售的职能分离出来的必要性。

2. 可能性

在产业资本循环过程中,商品资本原来就与货币资本和生产资本并存,在产业资本循环中,必须经常使一部分资本处于商品资本状态,同时,商品资本职能本来就不同于货币资本和生产资本职能。这样,商品资本就有可能独立。

正因为如此,就逐渐分离出了一部分经营者,专门投资于商品销售活动,于是,就形成了商业资本和商业经营者。

(三) 商业资本的本质

商业资本的本质在于它是独立化的商品资本,或商品资本的独立化形态。

商业资本和商品资本的相同点：都是资本运动的组成部分，实质都是产业资本运动形态。

商业资本和商品资本的区别：商品资本还是产业资本的一种职能形态，一个组成部分；商业资本已从产业资本中分离出来，并在流通领域独立发挥作用，这种独立性表现在：①有独立的代表，即商业经营者，他专门从事商品买卖；②商业经营者有自己的独立投资，通过商品经营获得商业利润。

（四）商业资本的职能

商业资本从产业资本运动中分离出来以后，它所执行的职能仍然是商品资本的职能，专门从事商品价值和利润的实现活动，即完成 $W'—G'$ 形态的变化，并通过商品买卖获取利润。所不同的是：以前商品资本职能由生产企业完成，现在这个职能则独立化为商业资本的专门职能。商业资本成为与产业资本相并列的部门资本。

（五）商业资本的作用

商品资本职能独立化为商业资本职能，对于商品经济的发展具有重要的作用。

(1) 有利于生产企业经营者集中精力进行生产经营活动。有利于生产的发展，增加利润。

(2) 有利于节省流通资本，增加用于生产的资本。当商业经营者独立从事商品销售活动时，由于他们了解市场、精通业务，一个商业资本同时可为多个生产企业销售商品，有利于减少流通资本和流通费用，相应地会增加生产企业用于生产活动的资本，从而有利于生产的发展。

(3) 有利于加速资本周转。商业经营者专门从事销售活动，同时为多个生产企业销售商品。这样，必然会使商品流通速度加快，从而会加快整个社会资本周转速度。

(4) 有利于社会分工的发展和市场的扩大。商品资本独立化为商业资本，进一步扩大了社会分工，也促进了商品市场的发展。社会分工和市场的发展，有利于推动生产力的发展。

商品资本职能独立化为商业资本职能，虽然有利于促进商品经济的发展，但也给社会经济带来了新的矛盾和问题。商业资本形成以后，生产和流通活动由不同的企业从事，这就会加深生产和流通、生产和消费之间的矛盾，容易造成生产与销售、生产与消费脱节的现象，给社会再生产造成困难和障碍。

二、商业利润

（一）商业利润的来源及实现形式

商业利润是商业经营者从事商业经营活动所获得的利润。商业经营者投资于商业活动，其目的就是赚取商业利润。由于商业资本同产业资本之间的竞争，并通资本转移和利润率的变化，使得商业经营者与生产企业一道，按照平均利润率瓜分剩余价值，得到平均利润。

商业利润来自何处？商业利润是否来自流通领域呢？不是，因为商品流通活动不能创造价值。商业利润只能来自生产领域，它是生产企业让渡给商业经营者的由产业工人创造的一部分剩余价值。商业经营者从事商品流通活动，为生产企业销售商品，这样，生产企业就不能够将剩余价值全部据为己有，而必须将其中的一部分以商业利润的形式让渡给商业经营者。因此，商业利润的真正来源是产业领域中雇用工人创造的剩余价值。

商业企业取得商业利润的途径是价格差额，即生产企业以低于生产价格的市场价格将商品出售给商业企业，商业企业再按照相当于生产价格的市场价格将商品出售给消费者，两者的差额就形成了商业利润。假定社会预付的产业资本为 $720c+180v=900$，剩余价值率为 100%，剩余价值为 180，这样，商品总价值为 $720c+180v+180m=1080$（假定不变资本价值全部转移），利润率为 20%。这时，商业企业为生产企业销售商品，需要付出 100 资本，总资本就由从前的 900 变为 1000 了，现在 180 剩余价值要在总资本 1000 中进行分配，则利润率就变为 180/900＋100＝18%。产业资本和商业资本都按这个利润率分配剩余价值，产业利润＝900×18%＝162，商业利润＝100×18%＝18。于是，生产企业按照"生产成本＋产业利润"，即按照 $720c+180v+162m=1062$ 的价格将商品出售给商业企业；商业企业再加上商业利润，即按照 1062＋18＝1080 的价格将商品出售给消费者，1080 相当于生产价格。这就是商业利润取得的途径或过程。

由于商业资本参与了剩余价值分配，剩余价值分解为产业利润和商业利润，因此，商品的生产价格就可写作"生产成本＋产业利润＋商业利润"，即 $k+p+h$。

从上面可以看出，由于商业资本参与了剩余价值的分配，使得平均利润率降低，从原来的 20%降为 18%。但由于商业经营者从事商品销售活动，从而使得生产企业节省了大量资本用来进行生产活动，因而，实际上平均利润率不但没有下降，还有所上升。如果由生产企业自己从事商品销售活动，则投入的流通资本会更大，平均利润率会更低。

商业资本总的讲也获得平均利润，但是，在商业资本内部，如果哪个商业企业率先降低商业成本，加快流通速度，以同一流通费用推动更多的商品销售量，则该商业企业仍可获得超额利润。不同的商业企业，由于其商业经营条件、经营水平等存在各种差别，它们所获得的实际商业利润也是不同的。

（二）商业流通费用及其补偿

商业流通费用是指商业企业从事商业活动所要支付商品流通过程中的各种费用。流通费用包括生产性流通费用和纯粹流通费用两类。

1. 生产性流通费用及其补偿

由于商品具有二因素——使用价值和价值，从而使得商品在流通活动中也具有二重属性：一方面是商品本身的运动变化，即商品使用价值的运动；另一方面是商品具有的价值形态的运动。商品流通过程中的包装、保管、运输等劳动，属于生产性劳动。这种劳动不仅会把劳动过程中所消耗掉的物质资料价值转移到商品中去，还能够创造出新的价值，即能够增大商品价值，创造出剩余价值。因此，这部分生产性流通费用同生产性费用一样，可以从已经增大了的商品价值中得到相应的补偿，也就是说，既可收回这部分流通费用，又为商业企业带来商业利润。

2. 纯粹流通费用及其补偿

商品流通过程中的直接在买卖过程中的劳动，属于非生产性劳动。这种劳动只是体现商品价值形态的变化，不能够增大商品价值，不能够创造出剩余价值。与这种非生产性劳动有关的费用，如商业店员工资、广告费、簿记费、办公费、店房和设备费等都属于纯粹流通费用。纯粹流通费用因为不是生产性费用，不能够从增大了的商品价值中得到补偿，而只能从剩余价值的扣除中得到补偿。商业企业支付纯粹流通费用，既要求得以补偿，还要求为它带回商业利润，这类流通费用的补偿及其商业利润归根结底来源于产业工人所创造的一部分剩余价值。

纯粹流通费用是如何得到补偿的呢？沿用上例，假定商业企业在从事流通活动时，除了预付 100 作为购买商品的费用外，还支付了 50 作为纯粹流通费用。这样，商品资本的实现过程就是，产业资本为 900，产生剩余价值 180，这 180 剩余价值要扣除 50 纯粹流通费用，变为 180－50＝130，这样，平均利润就变为 130÷(900＋100＋50)＝12.38％。据此，生产企业得到产业利润为 900×12.38％＝111.43；商业企业得到商业利润为(100＋50)×12.38％＝18.57；生产企业卖给商业企业的商品价格为 $720c+180v$＋111.43(产业利润)＝1011.3；商业企业卖给广大消费者的商品价格为 $720c+180v$＋111.43(产业利润)＋50(纯粹流通费用)＋18.57(商业利润)＝1080。通过上述买卖活动，生产企业得到产业利润，商业企业得到商业利润，还使得纯粹流通费用得以补偿，此时商业流通活动可以继续进行下去。

（三）商业劳动的特点

商业店员进行商业流通活动，其劳动是一种纯粹的买卖活动，并不能直接创造价值和使用价值，但是，这种劳动的作用在于实现价值和剩余价值。如果没有商业店员的劳动，商业企业就不可能得到商业利润。因此商业店员的劳动是社会的必要劳动。

商业店员通过自己的劳动实现剩余价值，他们的劳动也分为必要劳动(时间)和剩余劳动(时间)。在必要劳动时间里所实现的剩余价值，用以补偿劳动力价值；在剩余劳动时间里所实现的剩余价值，除其中一部分用来补偿工资以外的纯粹流通费用外，其余部分形成商业利润。

三、商业资本的周转

（一）商业资本周转和社会资本再生产的关系

商品资本转化为商业资本后，一方面，受产业资本周转的影响，主要表现在：①产业资本生产和再生产过程越迅速，商业资本周转越迅速，反之则相反；②商业资本的周转还要受个人消费的规模和速度的限制。因此，它一方面依赖于生产；另一方面依存于消费。生产和消费的更新是商业资本周转的两个界限。

另一方面，商业资本周转又形成独立于产业资本的特有周转，具有相对独立性。主要表现在：商业资本可以在一定时期和限度内不受消费的制约，连续进货，实现合理囤积。而信用制度的发展，又使商业资本不受自有资本量的制约，利用信贷大量进货，实现囤积。这都会造成虚假需求，推动生产进一步扩大。这就是说，商业资本周转可在一定程度上不受生产、消费和自有资本量的制约。尽管这是有限独立性。

（二）商业资本周转的作用

商业资本周转速度对平均利润率和商品销售价格有重要影响。

(1) 商业资本的周转速度对利润率的影响：间接影响利润率。商业资本参加了平均利润率的决定，在产业资本和总剩余价值既定条件下，商业资本的周转速度越快，商业资本的绝对量就小，社会总资本量就越少，利润率就越高；反之，则相反。

(2) 商业资本的周转对商品销售价格的影响：商业资本的周转速度的差别虽不能使商业部门的平均利润率变化，但却会直接影响不同商业部门商业"加价"的大小，从而会直接影响商品销售价格。

应当指出，商业资本这一周转规律总是适用于该部门的平均周转的。如果单个商人资本的个别周转快于平均周转，他就可以获得商业上的超额利润。如果这种周转的加速是因店铺地理位置优越造成的，他就要为此支付额外的租金。

第四节　企业家才能与利润

一、企业家才能

企业是市场经济发展的细胞和基础，企业家是企业发展的主导和灵魂。一个企业能否取得好的效益，首先取决于人，尤其是企业家。在市场经济的今天，企业家是经济增长和发展的发动机，企业家又是建立现代企业制度的倡导者、推行者和执行者。因此，企业家在当今企业发展中扮演着不可替代的重要角色，是现代企业走向市场、走向世界、走向未来的关键所在。知识经济和经济全球化是当今世界经济发展的两大趋势，这给企业的内外经营环境带来了前所未有的影响和变化。简言之，当今时代是一个充满风险和快速变化的时代，企业经营管理者是否具有应对这种风险和变化的能力决定着企业的命运。

企业家的人力资本也就是企业家才能具有极大的市场价值，因此，企业家的人力资本价格高低要由市场来评价，人们只有从人力资本中获得足够高的收益，才能为他们足额支出人力资本和进一步对人力资本投资提供激励机制。在现行的公司治理结构下，允许企业家与物质资本所有者分享经济剩余。这种制度安排是有效率的。企业家是企业内生产要素的组织者，经营风险的承担者，同样也是经济剩余的创造者，在企业家身上体现着更多的人力资本，因而企业家(才能) 可以看作人力资本的代表。

作为对企业家才能这种特殊的生产要素的报酬，利润有着与工资、地租等要素收入不同的特点：①利润可大可小、可正可负，不像劳动、土地那样，其收入可以事先通过合同确定并只能是正值；②利润是与市场的不确定性联系在一起的，所以可能出现剧烈的波动，不像其他生产要素有一个社会平均的价格水平作保证。

在社会化大生产之前，由于企业主同时又是企业家，利息与利润事实上不可分，因而利润问题并不是经济学要研究的重要课题。随着大规模生产的出现，许多企业的所有权和经营权逐渐分离，所有权归企业主而经营权归企业家，企业家才能作为一种独立的生产要素才得以出现。在经济学中，常常把利息作为资本收入而把利润作为企业家才能的收入。

二、利润的分类

利润通常分为两种：正常利润和经济利润。

（一）正常利润

关于正常利润的内容，大致有两种说法：①正常利润包括三方面，即企业家才能的报酬、平均分摊收益和风险的报酬，这些收益之和正好等于企业家愿意从事生产经营所必需的报酬；②正常利润包括平均分摊收益和风险报酬两部分，企业家才能的报酬通常是以薪金的形式给付的，因此列入工资当中。

上述三部分收入的具体内容为：①企业家才能的报酬就是企业家组织管理企业的才能这个生产要素的报酬；②平均分摊收益指企业家自有资本的报酬，即股息和红利，股息一般应大于同额货币在同时间内所能取得的利息；③风险收入是指由于企业家承担投资风险所应得的那部分收入，通常风险越大，风险收入也就越大。

（二）经济利润

经济利润是超过正常利润的那一部分利润。企业得到经济利润的途径主要有两个：一是创新；二是垄断。创新是著名经济学家熊彼特提出的一个理论，他认为创新是企业家独特的任务，它包括这样一些活动：引进一些新产品、开辟一个新市场、引进一种新技术、获得一种新原料的新来源、生产组织方法上的新发明及其应用等。有了创新，即使市场的价格不变，企业也照样可以得到经济利润。在不断有其他企业模仿之后，企业的创新利润就会逐渐消失。但创新的过程是动态的，当旧有的创新利润尚未消失之前，新的创新就会出现，所以在整个经济中，经济利润总是存在的。在企业对产品市场具有垄断能力的时候，企业通过降低产量、提高价格而获得超额垄断利润。

三、企业家追求利润的意义

(1) 正常利润中包含了企业家承担风险的报酬，因此鼓励了企业家去承担企业经营的不确定性风险，有利于企业的发展壮大。如果没有利润的诱惑，凡是有风险的产品生产就没有人愿意去从事。

(2) 经济利润向企业指出了哪些行业应该发展，哪些企业应该压缩，这就是利润导向机制。某些企业获得经济利润就会促使其他企业调整自己的生产方向和规模，也可能退出某个行业进入另一个行业。所以经济利润导致了资源在经济中的重新配置。

(3) 超额利润是企业进行创新的动力和物质基础。企业为了追求超额利润，就必须不断进行创新，创新产品的不断推广也会有利于社会。同时，要进行新技术的改进和发明等创新活动，就必须有充分的财力作保障。经济利润的存在为创新活动提供了重要的财力支持。

(4) 超额利润也为企业进一步扩大生产规模创造了条件，为企业的发展提供了资金。

复习思考题

1. 何为商业资本？如何认识商业资本的形成和作用？何为商业利润？如何认识商业利润的本质和量的规定？

2．何为利息和利息率？影响利息率变动的主要因素有哪些？

3．何为银行资本？如何认识银行利润的本质？

4．何为商业信用？商业信用有何特点？何为银行信用？银行信用有何特点？

5．如何理解市场经济下工资的本质？

6．何为借贷资本？如何理解借贷本产生的必然性？借贷资本有何特点？

7．何为企业家才能？企业家追求利润有何意义？

第十一章

交换理论（一）

第一节　市场、市场体系与市场结构

一、市场

市场是商品经济特有的范畴，有商品生产和商品交换，就必然有市场。市场有多种含义，从一般意义上来说，市场具有以下两层含义。①市场是商品交换的场所，商品交换通常需借助一定的场所来完成。列宁曾指出："哪里有社会分工和商品生产，哪里就有市场。"②市场是商品生产者、中间商和消费者之间各种交换关系的总和。场所不过是提供一个载体，它所负载的经济内容却是商品的交易，因此，从内容上来说，市场是各种交换关系的总和。此外，市场还指"消费者需求"，由此引申出市场包括现实市场和潜在市场：现实市场是具有现实支付能力的消费者需求；潜在市场是没有现实支付能力的消费者需求。从企业微观经济看，市场可用公式表示为

市场＝消费者(顾客)＋购买力＋欲望(需要)

市场作为商品经济的产物，随着商品经济的发展而发展。从市场的最初形成来看，市场首先是指商品交换的场所。在原始社会初期和中期，由于社会生产力水平很低，没有剩余产品，没有商品交换，因而也没有市场。到了原始社会末期，随着社会分工和商品交换的产生，人们需要一个集中的地点和统一的时间来进行交易，于是便产生了市场。随着交易的扩大，市场也不断扩展，并逐渐固定下来，形成了各种各样的市场，如各种商店、贸易集市等。可见，在商品经济不发达的时期，市场只是一个空间概念，即商品交换的场所。但是，市场又不仅仅是指一定的交换场所。随着商品经济的发展和交易手段的日益进步，交换既可以在有形的空间、一定的场所进行，也可以在没有任何场所的条件下进行。例如，随着计算机的普遍应用，形成了全球范围的信息网络，在这种条件下，市场不再局限于一定的交易场所，而是交易的一种渠道和纽带。此外，市场并不只是一个外在形式，它还有丰富的特定经济内容。人们在市场上进行的经济活动，就构成它的内容，包括由买卖双方的交换活动构成的供求和价格关系的总和。因而从市场的内容和形式相统一的观点来看，市场应是商品交换的方式和商品交换关系的总和。

与简单商品生产阶段相对应的市场，主要是商品市场。随着商品经济的不断发展，商品交易活动开始由短期交易向长期交易延伸；商品交易的形式越来越多元化，交易关系越来越

复杂;市场的范围也不断扩大,地区市场逐渐向全国市场甚至国际市场扩展;进入市场的商品不断增多,除了劳动产品之外,劳动力、资本等也成为交易的对象。因而,在现代市场经济条件下,市场既包括一切物质劳动产品的市场,即商品市场;也包括一切非物质劳动产品的市场,如技术市场、金融市场和信息市场等。

市场是由市场要素构成的。其中,市场主体和市场客体是两个最基本的要素。市场主体是指市场上从事交易活动的组织和个人,它既包括自然人,也包括以一定组织形式出现的法人;既包括营利性机构,也包括非营利性机构。在通常情况下,市场主体包括企业、居民、政府和其他非营利性机构。其中,企业是最重要的市场主体。市场主体也包括一些中介机构,这些中介机构既可以利用自己的中介地位,直接销售商品,也可以单纯为买卖双方提供商品信息,解决生产与消费的时空差异,使商品交换能够顺利进行。市场客体是市场交换的对象,即市场上待售的各种商品、服务和要素等。市场客体多种多样,既有有形的,也有无形的。

二、市场体系

所谓市场体系,是指以商品市场为主体,包括各类市场在内的有机统一体,也就是以商品市场和生产要素市场组成的相互影响、相互作用的各种类型市场的总和。

完整的市场体系既包括商品市场,也包括生产要素市场。商品市场包括消费品市场、生产资料市场和服务贸易。消费品市场直接满足人们的物质文化需要;生产资料市场满足社会再生产的需要;服务贸易包括金融、电信、交通、旅游等,它们有的满足最终消费,有的满足社会再生产的需要。生产要素市场提供各类生产要素的交易,包括金融市场、产权市场、劳动力市场、土地市场等。

人类的一切经济活动都是为了满足人们的消费需要,生产资料为生产消费品提供物质条件,生产要素则为生产生产资料和消费品提供物质条件,因此,商品市场是市场体系的基础,商品市场的价格信号引导着生产要素资源的配置,对商品的最终消费需求会形成对生产要素的派生需求,商品市场上供求不平衡引起价格变动,价格信号传导到生产要素市场上,对生产要素的派生需求发生变动,引导生产要素资源实现再配置。如果商品市场价格形成机制存在扭曲,必然使生产要素资源的配置发生扭曲。

在市场经济的发展过程中,生产要素市场具有十分重要的地位。没有发达的生产要素市场,市场机制在资源配置中的基础性作用就不可能实现。这是因为:①社会再生产过程实际上就是生产要素的配置过程,如果生产要素市场发育不全,生产要素配置的价格扭曲甚至失真,商品市场的供求也就不能及时达到平衡,市场机制对资源的有效配置就不可能实现;②企业作为市场主体要受生产要素市场发育的制约,只有形成完善的生产要素市场,从而使企业的产出不仅要面向市场,接受市场的检验和选择,而且其投入的各种生产要素也能从市场上获取,但也要受市场价格与竞争机制的调节,进而企业的经济行为才能真正趋向合理,市场机制的优胜劣汰功能才能充分发挥出来;③国家对市场运行过程的有效调控、监督和引导,也需要一个发育良好的生产要素市场,完善的生产要素市场和价格可以准确反映宏观经济的运行状况,为国家的宏观调控提供充分的信息。

完整的市场体系必须是统一、开放、竞争和有序的。①所谓统一,是指市场体系的发展要冲破空间和地域的限制。统一的市场体系首先必须打破条块分割、地区封锁,保证商品和生产要素在不同行业、部门、地区之间的自由流动。统一的市场体系还意味着市场按照统一的制度和规则来进行组织和运作，政府或监管机构能够利用市场调节工具和监管手段，克服商品流通和资源流动的障碍，协调各方利益。②统一的市场体系必然要求对内对外开放，反对地域和空间上的分割。只有对内开放才能促进市场体系在全国范围的统一；只有对外开放才能与国际市场进行广泛联系，积极参与国际分工与竞争，充分发挥比较优势，在更大范围实现资源的优化配置。③所谓竞争，是指市场体系必须有众多的具有不同利益主体在公平的环境下较量，只有打破垄断，消除各种壁垒和歧视，为市场主体营建公开、公正、公平的竞争环境，才能充分实现优胜劣汰，形成合理的价格信号，引导商品和生产要素的有效流动。④所谓有序，是指必须建立相应的市场制度和规则，包括法律、法规以及正式或非正式的行业规范、国际惯例和商业信用等，反对垄断、欺诈、不正当的行政干预，以保证市场的正常秩序。

市场体系的产生，对于市场经济来说具有重要的意义。市场经济是由市场机制发挥资源配置功能的经济，而市场体系则是市场机制发挥作用的必要条件。市场机制是在竞争市场中通过供求与价格互动来进行资源配置的，它作用的发挥只能体现于相互依存、相互制约的各种各类市场的共同作用之中。这是因为，当商品市场上价格随着供求变化而变化时，作为市场主体的商品生产者根据市场提供的价格信号进行决策。如果价格上涨，商品生产者就会作出增加生产或扩大投资的决策，相应的必须有可供其融资的资本市场和可供其获得新增劳动力的劳动力市场，这是最基本的条件，否则价格无法发挥其调节供求的作用。因此，如果市场体系没有形成，只有商品市场而无生产要素市场，市场机制的配置资源功能就难以发挥作用。

三、市场结构

在进行市场结构分析时，市场就是行业，一个行业就是一个市场。例如，钢铁行业就是钢铁市场，家电行业就是家电市场，零售行业就是零售市场。市场结构是指市场的垄断与竞争程度。不同的企业处于不同的市场，其竞争目标与手段也不同，所以，市场结构对企业的竞争战略具有重大影响。要了解市场结构，应先了解划分市场结构的标准。

微观经济学以市场竞争程度来划分市场结构的类型。影响市场竞争程度的具体因素主要有以下几个。

（一）市场上厂商的数目

厂商数目的多寡是影响市场竞争特性的最基本因素。一般而言，处于平等地位的厂商越多，市场竞争程度就越高。而当存在一个或几个厂商处于支配地位时，市场竞争程度通常被削弱，相应的垄断程度就提高了。

（二）厂商所提供的产品的差别程度

产品差别是同一种产品在质量、牌号、形式、包装等方面的差别。每种有差别的产品都以自己的某些特色引起消费者的注意。这样，有特色的商品就在喜爱这一特色的消费者中形成了自己的垄断地位。在这种意义上，经济学家认为，商品差别引起垄断，商品差别越大，垄断程度越高。所以，商品差别越高的市场，垄断性越强；商品差别越低的市场，竞争性越强。

（三）单个厂商对市场价格的控制程度

单个厂商对市场价格的控制程度是衡量厂商的市场垄断力的最全面和权威的指标。厂商的定价能力越强，市场的竞争程度越低，垄断性越高；反之，厂商对市场价格的影响力越弱，市场的竞争性越强，垄断程度越低。

（四）厂商进入或退出该市场的难易程度

进入的壁垒越高，会使得市场上现有的厂商的数目越少；退出的沉没成本越高，会使得厂商在决定进入时更加谨慎。这些都会增强市场的垄断性。相反，如厂商进入或退出该市场都十分容易，市场上的竞争程度就会提高。

以上四个因素中，第一个因素和第二个因素是基本的决定因素。第三个因素是第一个因素和第二个因素的必然结果，第四个因素是第一个因素的延伸。我们正是综合这四个因素来判断一个市场的垄断和竞争程度，从而确定市场结构类型。

根据上述四个因素，我们可以把市场结构划分为四种类型（见表 11-1）。

表 11-1　市场结构的四种类型

类　型	厂商数目	产品差别程度	厂商对价格的控制程度	进出市场的难易程度	售卖方式	举例说明
完全竞争	非常多	完全无差别	完全不能控制	非常容易	市场交易	农副产品市场
完全垄断	一个	独特产品，无接近的替代品	很大程度控制，但经常受管制	非常困难，几乎不可能	广告宣传和加强服务	公用事业、水、电等
垄断竞争	许多	有一定差别	有一定程度控制	比较容易	广告宣传、质量、管理、价格等竞争	零售业、服务业
寡头垄断	几个	有一定差别或无差别	有相当程度控制	比较困难	广告宣传、质量、管理、价格等竞争	汽车、飞机、钢铁、石油

四、完全竞争市场

完全竞争又称纯粹竞争，是指一种竞争不受任何阻碍、干扰和控制的市场结构。完全竞争市场具有以下几个特征。

（一）市场上有无数多的生产者与消费者

正因为市场上有为数众多的商品需求者和供给者，所以每一份交易在整个市场交易额中微不足道，好比大海中的一滴水。换句话说，由于买者众多，任何一个人都可以按照市价出卖他所愿意卖出的商品数量。由于卖者众多，任何一个人都可以按照市价买到他所想要购买的商品数量。而且，他们中的任何人买与不买，或者卖与不卖，都不会对整个市场的交易水平与价格有任何影响。而且，每个生产者和消费者的规模都很小，即任何一个市场主体所占的市场份额都极小，都无法通过自己的行为影响市场价格和市场的供求关系，因而，每个主体都是既定市场价格的接受者，而不是决定者。

（二）市场上每一个厂商提供的商品都是同质的

这里的商品同质，是指厂商提供的商品是完全相同的，它不仅指商品的质量、规格等完全相同，还包括购物环境、售后服务等方面也完全相同。这样一来，对于消费者来说，无法区分商品是由哪一家厂商生产的，或者说，购买任何厂商的商品都是一样的。在这种情况下，如果有一个厂商提价，那么，它的商品就会完全卖不出去。当然，各厂商也没有必要单独降价。因为，在一般情况下，单个厂商总是可以按照既定的市场价格实现属于自己的那一份相对来说很小的销售份额。所以，厂商既不会单独提价，也不会单独降价。可见，完全竞争市场的第二个特征，进一步强化了在完全竞争市场上每一个买者和卖者都是被动的既定市场价格的接受者的说法。

（三）厂商进入或退出某一行业是完全自由的

所谓完全自由，是指厂商进入某一行业不存在障碍，所有的资源都可以在各行业之间自由流动，这意味着任何一个厂商可以按照自己的意愿自由地扩大或缩小生产规模，及时地进入盈利的行业或退出亏损的行业。在这样的过程中，缺乏效率的企业将被市场淘汰，取而代之的是具有效率的企业。

（四）市场上的每一个买者和卖者都掌握自己决策所需要的所有信息

市场上的每一个买者和卖者都掌握与自己决策有关的一切信息，这样，每一个消费者和每一个厂商都可以根据自己所掌握的信息，作出自己的最优经济决策，从而获得最大的经济利益。而且，由于每一个买者和卖者都知道既定的市场价格，都按照这一既定的市场价格进行交易，这也就排除了由于信息不通畅而可能导致的一个市场同时按照不同价格进行交易的情况。

具有上述特征的市场就叫作完全竞争市场。很显然，在现实中很少存在这样的市场结构，比较近似的有农副产品市场。

五、垄断竞争市场

垄断竞争是指厂商间存在着商品差别，以竞争因素为主，又存在一定垄断因素的市场结构。一方面，与完全竞争市场相比较，垄断竞争最显著的特征是各厂商的商品间存在着某种差异性，因而能使厂商对其商品的价格具有某种控制能力，在市场上具有一定的垄断因素；另一方面，在垄断竞争市场中，厂商数目很多，厂商有差别的商品之间又具有很高的替代性，且新旧厂商比较容易进出行业，因而，这种市场内存在着激烈的竞争，近似于完全竞争市场。一般来说，垄断竞争市场具有以下几个特征。

（一）市场中存在着许多厂商

垄断竞争市场上的厂商一般都是中小企业，它们对市场可以施加的影响有限，不可能达到互相勾结、控制市场价格的程度。由于厂商的规模不是很大，因而任何一个厂商的决策对其他厂商的影响不大，彼此可以独立行动，而又不必顾及其他厂商的对抗行动。

（二）市场内各厂商生产有差别的商品

所谓有差别的商品，是指从消费者的角度看，各厂商的商品之间存在着差异。垄断竞争市场上每一个厂商都力图使自己的商品和其他厂商的商品稍有不同，以避免典型的完全竞争干预这种商品的价格竞争。这种商品差别可以是实质上的差别，如由于设计方案、工艺技术等的不同而带来的功能、质量上的差别；也可以只是想象上的差别而没有实质上的差别，即由广告等造成购买者主观感觉上的差别；甚至可能是销售点的地理位置（比如距消费者居住地区的远近）、服务态度、服务时间长短等的差别。正是由于商品的差别，使得商品之间不能完全替代，构成了垄断因素，且商品差异越大，垄断程度就越高。但商品的差别是同种商品的差别，商品之间存在着很强的替代性，这又构成了竞争因素。替代程度越高，竞争也就越激烈。因此，商品差别是形成垄断竞争市场的基本条件。

（三）厂商进出行业比较容易

这点不同于完全垄断市场，垄断竞争市场中阻碍新厂商进入的主要因素是现有厂商已经建立起来的信誉，因而这对新厂商而言并不是不可逾越的障碍。由于新厂商进入行业比较自由，长期来看垄断竞争市场上的经济利润将趋于零。

西方经济学家认为，垄断竞争是现实经济生活中带有普遍性的现象。各类生产同类商品的工厂，比如不同的肥皂厂、牙膏厂、服装厂、餐馆等，都被部分西方经济学者视为近似于垄断竞争的市场形态。因此，对垄断竞争市场的研究具有重要的现实意义。

六、寡头垄断市场

寡头垄断市场又称寡头市场，介于垄断竞争市场和完全垄断市场之间，是由少数几家大型厂商控制某种商品的绝大部分乃至整个市场的一种市场结构。一般来说，寡头市场具有以下几个基本特征。

（一）厂商极少

寡头市场上的厂商只有少数几个，每个厂商对市场都有相当大的控制力，它们的行为会直接影响到整个市场的价格水平。如果市场中只有两个厂商，又被称作双头垄断市场，如国内的石油产品市场就是典型的双头垄断，它是由中国石化和中国石油两家厂商控制着。

（二）厂商之间的相互依存性

寡头市场中的寡头行为是相互依存的。由于寡头市场中厂商数目不多，每个厂商都会意识到自己的行为将会影响其他厂商的行为；反之，其他厂商的行为也会影响自己的行为。因此，任一厂商在作出产量和价格决策时，都必须考虑其他厂商可能的反应。但是这些反应往往难以确知的，所以每个厂商往往又都是在不确定条件下作出决策的。由于寡头间存在着这种相互依存、相互制约的关系，因此，每个寡头既不是价格接受者，也不是价格制定者，而是价格搜寻者。

（三）厂商不能自由进出市场

与完全竞争市场和垄断竞争市场中厂商可以自由进出市场不同，在寡头市场中，厂商进出市场相当困难。其中难以进入市场的原因与完全垄断市场相似，包括行业本身的规模效益、进入的资源障碍、技术障碍、资金障碍和法律障碍等。而由于寡头间的相互依存，原有寡头若要退出市场也是比较困难的。

寡头市场的行业特点是规模大才能实现最低成本。换言之，形成这种市场的关键是规模经济。不论商品是否有差别，只要规模经济出现，就会形成寡头市场。这种市场在现实经济生活中也是普遍存在的。

七、完全垄断市场

完全垄断市场是指整个行业只有唯一的一家厂商的市场结构。具体来说，完全垄断市场的条件主要有以下三个。

(1) 市场上只有唯一的一家厂商生产和销售商品。

(2) 该厂商生产和销售的商品没有任何近似的替代品。

(3) 其他任何厂商进入该行业都极为困难或不可能。

在这样的市场中，排除了任何竞争因素，独家垄断厂商控制了整个行业的生产和市场销售。所以，在完全垄断市场上，厂商可以控制和操纵市场价格。

形成垄断的关键条件是进入限制，即其他任何企业无法进入这个市场。这种限制可以来自自然原因，如在一个行业中只有一家企业才能实现平均成本最低，或者说该企业垄断了这个行业的关键资源，这种垄断称为自然垄断。进入限制也可以来自立法，如特许专营或专利权，这种垄断称为立法垄断。与完全竞争市场一样，完全垄断市场也是一种抽象的市场结构。在实际经济生活中，能够同时满足垄断市场三个条件的市场几乎是不存在的，很多市场往往都是一种近似完全垄断的情况，如各种公用事业市场。

第二节　市场机制

市场机制属于经济机制范畴。机制这一概念，原义指机器的构造和原理。机器都是由一定的零部件构成的，各个零部件根据机械原理形成因果关系，相互联结，并按一定的方式运转。后来，人们通过类比方式把机制概念引入其他学科。在现实世界，机制作为一个系统中各构成要素之间稳定的相互作用和因果联系，广泛存在于自然界和社会领域。经济机制是指一定经济机体内各构成要素之间相互关系和作用的制约关系及其功能，它存在于社会再生产的生产、交换、分配和消费的全过程中。

市场机制作为一种经济运行机制，是指市场机体内的供求、价格、竞争、风险、利率、工资等要素之间相互联系和作用的机理，主要有价格机制、供求机制、竞争机制和风险机制。市场机制的功能对市场经济的发展有着至关重要的作用和意义。

一、价格机制

价格机制是指在市场竞争过程中，商品的价格变化与市场上该商品供求关系变动之间的有机联系和运行。供求关系变化引起价格波动,价格变动又引起供求变化,如此循环往复,周而复始。在运动中,供求趋向平衡,价格与价值趋于一致,价值规律的作用与要求得到实现。在市场经济中,没有价格的变动,供求就难以趋于一致,价格也难以与价值趋于一致,价值规律的要求与作用也就难以实现。因此,价格机制实际上是价值规律发挥作用的一个重要机制。价格机制的作用主要体现在以下四个方面。

(一)调节社会资源

在其他条件不变的情况下,哪个部门的商品价格上升,资源就会较多地流入该部门;反过来,哪个部门商品价格下降,资源就会从这个部门流出来,流到价高利大的部门去。经济资源的流动在全社会各部门、各行业、各企业之间经常交织地发生,促进了社会资源在全社会范围内的调整及合理分配。

(二)促进企业改进技术和改善经营管理

企业商品的个别价值如果低于该商品市场价值,就可获得较多的盈利。为了降低产品成本,增强市场占有率和竞争力,企业必然会千方百计地提高劳动生产率,加强经营管理,生产价廉物美、适销对路的商品。

(三)引导并调节消费方向与结构

消费结构是指消费者用其货币收入购买各种消费品和劳务的比例与构成,市场上商品价格的变化会直接引起人们的消费方向与消费结构发生变化。自觉运用市场价格机制的变化,可以调节和促进社会消费方向与结构的合理化。

(四)调节社会物质利益合理分配

对于一般商品来说,商品价格上涨,生产者会从中受益,消费者利益则会受损;反之,则会使消费者受益,生产者受损。

在市场经济条件下,正确运用市场价格机制的上述功能,可以有效地促进社会物质利益分配格局合理化,保障社会的稳定发展。

二、供求机制

供求机制是指在市场运行中反映价格与供求关系之间内在联系的机制。供求机制是市场经济的保证机制。

供求机制是通过价格与价值的背离及其趋于一致的过程来发挥作用的。在市场上,当某种商品供不应求时,这种商品价格就会上涨。一方面,这会使消费者减少对它的购买量;另一方面,原来这种商品的生产者扩大生产,其他商品生产者也会转产来生产这种商品。于是,供给量增加,供求在新的基础上达到平衡。反之,当某种商品供过于求时,其价格会相应下降,一方面导致消费需求量增加;另一方面使生产者压缩生产,减少供给,最终同样使供求在新的基础上达到平衡。

可见,供求机制与价格机制、竞争机制的作用联系密切:价格与价值的背离以及它们趋于一致,都是在供求变动中形成的。没有供求机制作用于价格与价值的相互关系之间,价格机制就不能发挥它的作用；没有竞争机制的作用，供求也不能达到新平衡。在市场经济运行中，市场供求关系影响价格，价格的变化又引起资源的流动，反过来影响供求关系，从而使各项经济活动遵循价值规律的要求，实现社会资源的合理配置。

三、竞争机制

（一）市场竞争的概念、特点、类型、功能

1. 市场竞争的概念

市场竞争是指市场主体为在市场上争夺经济利益而进行的较量，它表现为市场主体力图胜过其他主体的各种行为和过程。在特定条件下的某项经济活动能产生的利益是一个定量，竞争的实质是争夺其中一个较大的份额。在商品经济中，不同的经济活动主体是各自独立的经济主体，其经济活动的根本目标是实现自身经济利益的最大化，在资金、技术、人才等资源占有上以及在商品销售市场分割上，彼此之间存在竞争关系。竞争是商品经济与生俱有的机制。资本主义经济与社会主义经济都是商品经济，各微观主体都是经济主体，都存在为实现利益最大化而进行的竞争。

2. 市场竞争的特点

（1）广泛性。在商品经济中，各微观主体是自主的经济主体，在经济活动中并不以占有或获得某种实物形态的财富为目标，而是以获得价值形态的财富为目的。这使几乎全部微观主体都具有直接的和间接的、显见的和隐蔽的、现实的和可能的竞争关系，使竞争达到最广泛的程度。

（2）深刻性。商品经济的竞争主体最终追逐的不是一时一刻的成败得失，也不是某种表面的短期利益，而是一种由于在竞争性资源的占有和利用上具有显著的优势而获得的生存和发展能力。因此，商品经济的竞争虽然也有许多具体目标和行为，但从根本上说是增强或提高生存和发展的能力，是关系竞争主体长远的深层次的根本问题。

（3）强制性。在市场经济中竞争是不可回避的，任何一个经济主体都不能因不愿竞争而回避竞争，竞争是所有经济活动主体都必然要主动地或被动地参与的利益角逐。消极被动的竞争，成功的可能性要小得多，要想在竞争中取胜，实现利益目标，微观主体必须主动积极地竞争。

3. 市场竞争的类型

在市场经济中，竞争是比较复杂的经济现象，可以进行不同的分类。

（1）根据竞争的手段，可把竞争区分为价格竞争和非价格竞争。生产同类商品的不同企业通过降低商品价格争夺市场份额的竞争是价格竞争。价格竞争是基本的、主要的竞争手段，同种商品生产者争夺市场最直接、最典型和最有效的手段是降低商品价格。企业通过价格以外的其他方法和途径去争夺市场份额，就是非价格竞争，如提高商品质量、增加商品的花色品种、提高售后服务质量、改善销售方法、改进商品包装、扩大广告范围及提高广告水平等。

（2）从竞争的主体关系角度，可把竞争分为卖方之间的竞争、买方之间的竞争、买方和卖方之间的竞争。其中以卖方之间的竞争最为典型，在买方市场为主的现代经济中，它是竞争的主要方面。

(3) 根据竞争主体所在的领域，可把竞争分为部门内部各企业之间的竞争与不同部门企业之间的竞争。

(4) 从竞争的市场性质来看，可把竞争分为商品市场的竞争和生产要素市场的竞争。

4. 市场竞争的功能

市场经济是普遍竞争的经济。竞争对市场经济的运行乃至市场经济的形成和完善都具有以下特殊的功能。

(1) 市场竞争使各竞争主体的利益都能比较充分地实现，维护和实现经济公平。

(2) 市场竞争能在整个社会经济范围内形成优胜劣汰机制，优化资源配置。

(3) 市场竞争能激励各经济主体改善微观经济行为，促进微观效率的提高。

（二）充分发挥市场竞争机制的作用

市场竞争机制是价值规律发生作用的过程，它是市场经济的关键机制。竞争机制作为市场经济的内在机制，强行制约着人们的行动，竞争机制的强制性外在地表现出来时，就是通常在市场上两个领域中存在的两类竞争活动：一类是流通领域中买者与卖者之间、卖者与卖者之间、买者与买者之间的竞争；另一类是生产领域中部门内部和部门之间的竞争。

在流通领域中，买者与买者之间的竞争出现于供不应求时，"抬价求购"，这种竞争使商品价格上升或超过价值；卖者与卖者之间的竞争出现于供大于求时，"降价求售"，这种竞争使价格下降或低于价值；买者与卖者之间的竞争主要表现为讨价还价，这会使价格与价值趋向大致均衡。

在生产领域中，部门内部的竞争是生产同类产品的各个企业之间为了获得有利的销售条件、提高市场占有率而展开的竞争，竞争的结果是形成统一的市场价值，即形成社会必要劳动时间。在部门内部，企业为争夺市场，不得不积极进取，改善经营。企业一方面争先采用先进生产技术，提高劳动生产率，降低成本，争取以较低廉的价格取胜；另一方面努力改进产品的样式、性能，不断推出新产品，争取以新产品取胜。通过同一生产部门内部的竞争，成本低的生产代替成本高的生产，资源自动配置到效率最高的生产企业中去，使社会资源得到最有效的利用，同时极大地促进了社会的技术进步。

部门之间的竞争是指生产不同产品的企业为了争夺更有利的投资场所而展开的竞争，它表现为资本和劳动力在不同部门之间的转移。资本和劳动力通常从低利润率部门向高利润率部门转移，而低利润率部门一般是基础部门、生产过剩的部门和衰落部门。资本和劳动力从后两类部门转移出去，必然流向生产不足部门和新兴部门，这意味着社会经济资源得到了优化配置，从而促进了产业结构合理化。各部门之间的竞争，会促使人们不断开辟新的生产领域，发展新兴产业，扩大产品的门类和种属，从而推动技术进步和生产力发展。部门之间的竞争会实现利润的平均化。

要使竞争机制在市场经济运行中充分发挥应有作用，必须满足竞争机制在运行过程中所需要的两个条件：①企业要有市场主体地位，是独立的商品生产者和经营者，这是竞争机制得以开展的先决条件；②防止垄断，保护竞争，培育市场，为竞争创造良好的市场环境。

竞争是市场经济所特有的能推动社会经济发展的重要力量，也是市场机制形成并发挥作用的制度基础。在市场经济的形成和完善过程中，必须大力促进竞争：一方面，通过限制垄断行为以保护竞争；另一方面，通过确认优胜劣汰以激励竞争，使竞争成为社会经济运行的基础。

竞争要合理地发挥其积极作用，必须保持公平性和正当性。公平的和正当的市场竞争具有多方面的积极作用，不公平的和不正当的市场竞争则具有较多的副作用。要实现公平的竞争，需要具备以下几个条件：①要求各市场参与者地位平等，各自独立地从事经营活动，这是公平的市场竞争的必要条件；②要实行机会均等原则，做到各市场主体能机会均等地占有生产经营条件、平等地承担社会税负等负担，并按市场形成价格出售商品；③必须实行公平交易的制度，使商品交易在自愿、自主和公平的基础上进行；④公平的竞争应该受到法律的保护，是合法的竞争、文明的竞争、正当的竞争。因此，要实现公平的竞争必须反对不正当的竞争。

不正当竞争是损害其他经营者的合法权益、扰乱社会经济秩序、违反市场秩序和市场规则及相应的法律规范的竞争。不正当竞争的具体做法有很多，最主要的有：①采取贿赂或变相贿赂等手段推销商品或采购商品，如采用各种形式的账外回扣和奖金等方式推销商品或采购商品；②弄虚作假，进行商业欺诈，如假冒名牌商品、以次充好、虚假宣传、掺杂使假、从事虚假的有奖销售等非法营销；③搭售商品，将紧俏商品与滞销商品搭配销售等；④强买强卖，欺行霸市，如强迫交换对方接受不合理的交易条件，限制购买者的购买选择，用行政等手段限制商品流通等；⑤编造和散布有损于竞争者的商业信誉和产品信誉的不实信息，损害竞争者形象和利益；⑥侵犯其他经营者的商业秘密；⑦为排挤竞争对手而以低于成本的价格倾销商品；⑧串通投标，有组织地抬高标价或压低标价，或者投标者和招标者相互勾结，以及排挤竞争对手的公平竞争；等等。

不正当竞争具有两个基本特征：①违反市场经济运行的公平合理原则和市场规则，对市场经济的正常运行起着干扰和破坏作用；②不正当竞争行为一般都直接和严重地损害竞争者或消费者的经济利益。因此，各个市场经济国家在通过立法保护正当竞争的同时，对不正当竞争也都拟定了相应的法律加以限制和取缔，对有不正当竞争行为的企业和个人实施经济的和法律的制裁。

四、风险机制

在市场竞争中，竞争的基本动机和目标是实现收入最大化。但是，竞争者的预期利益目标并不是总能实现的。实际上，竞争本身也会使竞争者面临不能实现其预期利益目标的危险，甚至在经济利益上也受到损失。这种实际实现的利益与预期利益目标发生背离的可能性，就是竞争者面对的风险。风险是由不确定性因素造成的损失的可能性。在市场竞争中，不确定性因素很多，虽然每个竞争者都期望实现其预期利益目标，但总不能全都成功，必然会有某些竞争者在竞争中败下阵来，承担竞争的损失。

市场主体在竞争中面对的风险可以区分为以下两大类。

(1) 自然或社会风险。自然灾害、个人或社会团体的某些行为，如水灾、火灾、偷盗、战争等，都可能给某些市场主体造成重大的经济损失，形成自然或社会风险。

(2) 经营风险或市场风险。企业在投资、生产和销售等市场经济活动中，都会因为决策依据的信息不完全、决策手段不完善、决策执行不及时和不充分以及竞争的加剧等原因而蒙受经济损失，形成经营风险。自然或社会风险一般来说是可以运用概率方法进行预测的，是属于可保险的风险，能通过投保而减少和转移；经营风险或市场风险与经营者的主观因素和市场运行状态相关，其可能的损失及其程度无法测算，是不可保险的风险，从而不能通过投保进行转移，只能通过改善经营决策和经营活动而降低损失的可能程度。

市场风险的大小主要取决于以下三个基本因素。

(1) 市场竞争的规模。竞争双方投入的竞争力量和成本越大，竞争规模越大，市场风险就越大。

(2) 市场竞争的激烈程度。市场竞争的激烈程度主要表现为企业间在争夺市场占有率、提高销售额和盈利率等方面的抗衡状态。市场竞争越激烈，竞争双方所面临的风险就越大。

(3) 市场竞争的方式。竞争方式是竞争双方在竞争时所采取的手段和策略，一般可以划分为价格竞争和非价格竞争两类。一般来说，价格竞争较为激烈，特别是竞争双方轮番降价，经常会造成两败俱伤。

风险的存在对于市场竞争者具有双重意义。①风险意味着损失的可能性，对于市场竞争主体来说，必然会形成巨大的和现实的经营压力，促使企业等竞争主体为避免损失而尽力提高决策水平，改善企业的经营管理，规避风险损失，提高经营效益。②风险也意味着获取高额收入的可能性。具有大风险的事业往往是少有人问津的事业，由于从事者过少甚至没有，一旦成功，便会有较高的收获。所以，风险的存在不仅会形成一种压力机制，而且还会形成一种动力机制，从两个方面促进企业发展。

所谓风险机制，就是市场经济运行中经济利益与风险对经济主体的一种客观制约关系。在市场经济条件下，企业作为独立的商品生产者和经营者，其生存和发展的基础是利益和资产，企业生产经营是追求利益和资产增值。但是在市场经济中，经济主体从事任何一项经济活动都面临着盈利与亏损、成功与失败、景气与破产的可能性，收益与风险是经济活动的伴生现象。一般情况下，风险与收益是正相关关系：收益越大的经营活动，风险程度越高；收益越小的经营活动，风险程度越低。对于市场主体，每一项经济活动都同时意味着收益和风险，前者给它动力，后者给它压力。

风险机制的作用是迫使企业在机会与风险之间进行权衡选择。风险大的投资活动，带来巨额盈利的可能性往往也很大，这对诱发新的投资和对高新技术产业的形成有很大的推动作用。亏损、破产的压力作用于企业，促使企业增强了企业经营决策的可行性与科学性，减少决策中的盲目性、随意性，从而客观上避免或减少资源的闲置与浪费，有利于社会资源的合理配置。当风险机制的作用与竞争机制的作用相结合时，会促使企业更加注重搞好经营管理、改进技术、提高质量、降低成本，努力提高企业经济效益。

建立社会主义市场经济体制，必须要建立和完善风险机制。而建立和完善社会主义市场经济运行中的风险机制，关键是要塑造适合市场经济要求的、能独立承担利益风险的市场主体。这需要进一步确立现代企业制度，使企业真正成为自主经营、自负盈亏的商品生产者和经营者，真正成为适合市场经济要求的市场主体。

市场机制作为市场特有的运动过程，在不同市场上表现为不同的方式。如，在商品市场上表现为价格机制，在资金市场上表现为利率机制，在劳动力市场上表现为工资机制。这些机制与供求、竞争等市场要素相互结合，互为影响，在运动过程中对经济进行调节。例如，在一个具有充分竞争的商品市场上，某种商品价格上涨，该产品的生产和供给会呈现增长，投资需求扩大。当该商品的增长数量达到一定点时，由于该商品的价格上涨与数量的供过于求，该商品生产领域的资本便会流出，产量下降。在价格的涨落中，商品的供给与需求会趋向一致。因此，在商品市场上，竞争—价格—供给—需求—竞争之间有一种内在联系，产生彼此之间的相互作用。由此，市场机制通过内在的因素调节总供给与总需求之间的平衡与经济的运行。

第三节　资源配置与市场经济

一、资源配置的含义和方式

（一）资源配置的含义

所谓资源配置，就是社会如何把有限的资源配置到社会需要的众多领域、部门、产品和劳务的生产上去，而且配置得最为有效或较为有效，产生最佳的效益，以最大限度地满足社会的需求。这包含两个要求：①资源必须用于生产社会最需要的产品；②在满足前一个要求的前提下，资源必须分配给最能发挥其效能和生产水平高的企业。前者是要求产业结构、地区布局和产品结构合理，是生产什么、生产多少以及何时生产的抉择问题；后者是要求企业结构合理，保优汰劣，保证资源的合理使用和最优结合，发挥最大能量。

从内容上看，资源配置主要包括以下四个方面：①部门间的资源配置，即资源在不同部门之间分配的比例关系；②区域配置，指各种产品生产在各空间地域上的分布状况；③技术配置，指资源在不同技术等级的企业间分配的比例关系；④规模配置，指资源在不同生产规模的企业之间分配的比例关系。

（二）资源配置的方式

在现代社会化生产中，资源配置方式主要有两种：一种是计划方式；另一种是市场方式。资源配置的计划方式和市场方式各有其长短优劣。凡是社会资源的配置由市场或市场机制起决定性作用的资源配置方式叫作市场经济；凡是社会资源的配置由计划或计划机制起决定性作用的资源配置方式叫作计划经济。

任何社会都存在着资源的配置，从而存在着资源的配置方式，但选择什么样的资源配置方式最合理，从而最能有效地配置资源，并非人们主观意志决定的。从根本上说，是由生产力发展状况和相应的社会经济条件决定的。当生产力水平使社会处于自然经济状况时，只能是以家庭为单位自给自足来配置资源，既不要求由社会中心来协调生产和消费，也没有一定规模的商品经济和市场；在这种条件下就是想实行市场经济或计划经济都是不可能的。当生产力发展到了一定高度，商品经济发展比较充分，市场覆盖面不断扩大，市场体系也比较完善，价值规律在经济领域充分发挥作用，这时，不管人们是否意识到，市场对资源的配置都会起着支配作用，即客观经济条件要求实行市场经济。在这样的经济条件下，如果人们按照客观规律办事，选择市场经济体制，那么社会资源的配置就能够实现合理而有效；如果人们不按规律办事，主观地选择其他的资源配置方式，最终会影响资源配置的合理性和有效性，导致社会经济发展的缓慢和不协调。同样，对计划经济体制的选择，也绝非人们主观意志所能决定的，也必须要有生产力的高度发展和其他相关的经济条件为前提。按照马克思、恩格斯的思想，实行计划经济至少具备以下条件：社会生产力高度发达的社会化大生产；全社会实行单一的生产资料社会所有制；商品货币关系以及市场都不复存在，即进入了产品经济时代。在今天看来，还应加上高度发达的科学技术，从而能成为人们提供准确而及时的、掌握复杂多变社会需求的技术手段。所以，当实行计划经济的条件不具备而人为地实行计划经济时，那就像当年列宁针对当时俄国的情况所说的，“现在对我们来说，完整的、无所不包的、真正的计划等于‘官僚主义的空想’”。八十多年来，社会主义国家都是在计划经济条件不具备的情况下实行计划经济，当然不可能使计划经济的优越性得到充分的发挥。应当指出，计划经济的理论是正确的，计划经济是更高的社会生产形式下合理有效的资源配置方式，计划经济是由一个社会中心真正按照社会的各种需要来组织生产分配和流通，避免资源的浪费，具有巨大的优越性，绝不能因为在实行计划经济的实践中，由于条件不成熟所产生的种种弊端而否定计划经济的优越性，应当把计划经济本身的优越性，同计划经济在条件不具备情况下实施而不能体现其优越性这两个问题区分开。

过去社会主义国家实行的计划经济的主要特征是：①高度集中的行政性指令计划由中央机构制订，以行政指令形式层层下达给企业，集中决策权力掌握在中央机构手中，企业只是行政机构的附属物，没有独立的经济决策权；②生产要素统一调拨，按计划供应，不存在或很少存在企业间的自由流动，企业仅仅是一个单纯的生产单位，或者说只是一个工厂，而不是一个微观经济主体；③计划平衡决算的差额或缺口成为显示产品稀缺程度的主要信号，固定价格仅仅是一种国民经济的核算手段，企业既没有产品定价权，也不对价格作出任何反应；④收入统一分配，企业利润全部上缴，所需开支再逐项下拨，个人收入实行固定等级工资制，奖金非常有限，不能发挥刺激作用。

社会主义国家计划经济体制的产生，并不是由于经济条件已经具备应运而生，而是在特定的历史条件下不得不作出的选择。这就决定了计划经济体制在特定历史条件下具有积极作用的一面；另一面则是由于条件不成熟实行计划经济，必然会产生种种弊端。计划经济体制在苏联和改革前的中国以及其他社会主义国家实行了几十年，这些社会主义国家经济比较落后，缺乏外援甚至存在外来威胁，要想在短期内靠自力更生把工业化基础建立起来，只有依靠本国集中有限的人力、财力和物力，靠本国经济的自身积累来保证工业化基础项目的建设，这时，集中型的计划经济体制发挥了很大的积极作用。苏联通过集中型的计划经济，集中起全国的经济力量，用了短短几十年时间，建立起了强大的工业化基础，经济实力赶上和超过了许多发达的资本主义国家，甚至曾一度跃居世界第二位。我国也是靠这种集中型的计划经济体制，用了比资本主义国家短得多的时间建立起自己的比较完整的工业体系。这些历史事实表明，在特定的条件下，集中型计划经济体制起过积极的作用。而且，在经济比较落后的社会主义国家，为了保障广大劳动人民的基本生活需要，从而保证社会安定，巩固国防，计划经济体制也功不可没。

同时必须看到，这种高度集中统一的计划经济，否定或限制了发展商品经济所必需的种种要求。随着社会主义国家经济建设规模的扩展、经济结构逐渐复杂和经济发展目标日益多元化，高度集中的计划经济体制在一定时期的积极作用逐渐下降，消极作用和弊端日益表现出来。《中共中央关于经济体制改革的决定》将这一弊端概括为：政企职责不分，条块分割，国家对企业统得过多过死，忽视商品生产、价值规律和市场的作用，分配中平均主义严重。这就造成了企业缺乏应有的自主权，企业吃国家的“大锅饭”，职工吃企业的“大锅饭”的局面，严重抑制了企业与广大职工群众的积极性、主动性、创造性，使本来应当生机盎然的社会主义经济在很大程度上失去了活力。这种经济体制已经不能使社会主义经济制度的优越性得到发挥。所以，邓小平同志指出，对这种经济体制，不改革就没有出路，必须从实际出发实行市场经济。

二、市场经济的概念

（一）市场经济的含义

资源配置方式是以市场为主的，或者说，以市场作为资源配置的基础性调节方式的经济就叫市场经济。市场经济是以市场机制的作用为基础配置社会经济资源的经济方式。这种资源配置方式是建立在利益主体多元化的基础上，其实质是以市场运行为中心环节来构架经济流程，通过市场机制作用进行资源配置和生产力布局，用价格信号来调节社会生产的种类和数量以协调供求关系，按照优胜劣汰的竞争机制来进行国民收入分配，从而实现国民经济均衡、稳定地发展。所以，市场经济在本质上是资源配置的一种形式。无论是市场经济还是计划经济，都是就资源配置方式而言的，都属于经济体制范畴。

市场经济是按照市场上的供求变动，通过市场机制的作用过程来进行资源配置。与计划经济相比较，市场经济主要有以下几个特征。

(1) 经济主体的分散决策，即经济决策是由各个独立的经济主体分散进行的。这是因为，在市场配置中，各个经济主体都拥有财产的所有权或控制权，因而具有自身的经济利益，都要追求自身的经济利益，并对其决策后果承担经济责任。实现自身利益的最大化是衡量决策的唯一标准，这样客观上形成了一种约束，促使它们慎重地进行决策。

(2) 生产要素的流动和其生产规模、结构由市场需求决定。企业生产什么、生产多少取决于市场需求的规模和结构，企业要在竞争中取胜，实现利润最大化，就必须生产出符合市场需求的产品。

(3) 市场价格和竞争机制调控资源配置过程。资源配置的核心问题是如何把有限的资源配置送到最为需要的地方，从而使资源得到最有效的利用，满足社会生产和消费需求。在市场经济中，资源的配置主要是通过市场上商品价格的涨落以及买卖双方之间的竞争或买者之间和卖者之间的竞争来实现资源的有效配置。

(4) 按生产要素贡献和市场效率进行分配。各种不同的生产要素都具有一定的要素价格，它是由生产要素在经济活动中的贡献决定的。由于各种生产要素的供求关系不同，运用过程中的市场效率不同，要素价格是不断变化的。

市场经济的发展经历了古典市场经济与现代市场经济两个阶段。

（二）市场经济与商品经济的关系

市场经济和商品经济是既相互联系又相互区别的经济范畴。

1. 商品经济和市场经济的联系

(1) 商品和市场相互以对方的存在为自己存在的条件，二者同步孕育，相互促进，一道形成和发展起来。就商品而言，它本身是用于交换的劳动产品，其价值和使用价值的实现离不开商品交换，即离不开市场；就市场而言，商品是市场的客体，商品生产者和经营者是市场主体，商品货币关系是市场发挥作用的基础，失去了市场的客体和主体，市场就会架空。

(2) 市场经济是以社会化大生产为基础的,市场经济是商品经济的发达形态或是近代、现代的商品经济形态。古代处在自然经济缝隙中的商品经济虽有市场,但不是市场经济,只是孕育了市场经济的萌芽。以社会化大生产为基础的近代或现代商品经济,是市场经济的内在的经济机体,而市场经济是近代或现代商品经济必然的资源配置方式,或称经济运行方式。二者是内在的经济机体和外在的经济运行形式的关系。

(3) 商品经济和市场经济都受价值规律支配。价值是商品的社会属性,而市场是价值规律作用的舞台。价值规律是支配商品经济的规律,而市场功能本质上正是价值规律作用的生动体现。市场是在价值规律的支配下,在市场竞争和供求变动中,对资源配置起基础性作用。

2. 商品经济和市场经济的主要区别

(1) 对应的概念不同。商品经济是相对于自然经济、产品经济而言的,是指在社会分工条件下具有不同经济利益生产者之间交换劳动、进行劳动联系的特定方式,即通过商品货币关系实行等价交换的经济形式。市场经济对应的是计划经济。市场经济和计划经济都是社会经济资源的配置方式。无论是否有计划,只要是以市场机制作为资源配置基础的经济都是市场经济。

(2) 理论层次不同。商品经济及支配商品经济的价值规律的理论概括,侧重于通过对经济本质进行分析,揭示经济关系内在的发展趋势,属于抽象的理论研究。而市场经济是近代和现代商品经济的运行方式,是价值规律现实存在和作用的形式,是看得见摸得到的事物,是具体的存在。

(3) 历史条件不同。包括原始商品经济在内,商品经济的存在和发展至今已有八九千年的历史。在古代和中世纪,也曾有过发达的商业城市,有过千里跋涉、漂洋过海的商业活动。但是,处于自然经济缝隙中的商品经济,只是孕育了市场经济的萌芽。只是在社会化大生产登上历史舞台,包括劳动力在内的各种资源纷纷进入市场,商品经济取代自然经济居于支配地位,在形成比较完备的市场体系以后,经济资源才可能在全社会范围内自由流动,市场机制才可能在资源配置中起基础作用。从这个意义上说,市场经济是近代和现代商品经济的产物。

三、现代市场经济的形成

(一) 现代市场经济与古典市场经济的主要区别

市场经济或以社会化大生产为基础的商品经济,作为一种社会生产形式,其固有特征是:商品生产和商品流通相统一,以价值规律为基本经济规律,市场在社会资源配置中起主要作用。市场经济可以分为古典市场经济和现代市场经济。

古典市场经济有以下特点:①市场主体一般是业主制和合伙制企业,公司制企业处在形成和发展过程中;②市场体系以商品市场为主,生产要素市场不够发达;③市场经济的运行完全由价值规律这只"看不见的手"自发调节,国家宏观调控体系和社会保障体系还远未建立。古典市场经济作为市场调节的社会生产形式,对促进生产社会化和社会经济发展发挥了很大的积极作用。但是,由其特征所决定,古典市场经济具有一些明显的缺陷:它不能解决失业和经济周期波动问题,不能较好地解决经济外部性问题,也不能解决收入分配不公问题等。经常存在失业、频繁发生经济危机和贫富悬殊、社会矛盾尖锐化等现象，成为古典市场经济的固有弊病。

与古典市场经济相比，现代市场经济是存在国家宏观调控的成熟的市场经济。它的主要特点是：①从市场主体来看，企业主要采取公司制形式，居民成为自觉的投资者；②从市场体系来看，商品市场更加发达，生产要素市场特别是资本市场具有重要作用，健全的市场体系已经成为资源流动和配置的载体，市场对资源配置全面发挥基础性作用；③从市场调控来看，政府干预或政府宏观调控已成为弥补市场缺陷和市场失灵的必要手段，社会保障体系已成为经济运行的"稳定器"。在现代资本主义市场经济条件下，计划的引导和调控作用已经开始显现，社会保障体系已经比较完善。

"传统的"、"古典的"、"自由放任的"市场经济有两个信条：①完全依靠"看不见的手"调节经济；②"管得最少的政府是最好的政府"。现代市场经济，也有两个信条：①要依靠"看不见的手"和"看得见的手"来调节经济；②"管得适当的政府是最好的政府"。

现代市场经济体制是迄今为止最具效率同时又是相对公正的经济体制。由于它的基本经济结构是市场经济，因而保持了市场经济的高效性；同时它又融进了宏观管理机制、社会保障和法律保证制度，因此，它保持了经济发展的稳定性、国民收入的相对公正性以及平等竞争的法律环境，从而有效地克服了自由资本主义时代的个别企业的计划性与整个社会生产的无政府状态的矛盾。市场经济的"现代体制"集中了市场经济与计划调节的各自优势，同时又较好地克服了各自的内在矛盾。我国社会主义市场经济属于现代市场经济。

（二）市场经济从古典形态到现代形态的转变

两百多年前，作为一面倡导自由竞争、自由放任的市场经济的旗帜——亚当·斯密的巨著《国富论》的问世，标志着一个新时代的到来。随着商品经济的发展及市场调节机制的成熟，自由放任、自由竞争的市场经济体制终于战胜封建经济制度，突破重商主义国家干预的桎梏，首先在英国并相继在西欧各国崛起，从而使人类社会的生产活动基本上仰仗市场上的一只"看不见的手"来决定，通过市场调动微观经济主体的活力和效率，通过市场实现资源的配置和经济的均衡发展，而政府则远离市场不加以具体的、直接的干涉。这种自由放任的市场经济体制似乎具有无比神奇的法术，呼唤出巨大的生产力。但是，这种古典的自由放任的市场经济体制逐渐被生产的社会化与生产资料的私人占有以及个别企业生产的计划性与整个社会生产的无政府状态的两大基本社会矛盾所困扰，甚至带来残酷剥削、贫富两极分化、社会矛盾尖锐、过度竞争造成的资源浪费以及破坏力极大的周期性经济危机等一系列的社会弊端。正因为如此，以 20 世纪 30 年代的经济大危机为标志，古典的自由竞争型的市场经济体制走到了它的历史尽头，整个资本主义世界陷入了空前的单靠市场调节机制难以解脱的经济危机的灾难之中。人们发现，市场失灵、生产给产品创造需求（萨伊定理）的供求自然平衡的和谐已不复存在。

市场经济从"古典体制"到"现代体制"的演进，经历了三个发展阶段，即体制上的三大变革。

1. "古典体制"阶段

从 18 世纪中叶到 20 世纪二三十年代是市场经济的"古典体制"阶段，或者说是"自由放任体制"阶段。市场经济制度的萌生始于 14、15 世纪欧洲封建经济瓦解的时期，1776 年诞生的《国富论》,则是自由市场经济创立与兴起的"圣经"。自18世纪中叶到20世纪二三十年代这段较长的历史时期内,市场经济制度下的各国经济运行体制基本上是自由竞争和自由放任,政府只是执行"守夜人"的职责而远离市场,不干预经济主体的经营活动。19世纪40年代以来,由于市场失灵现象日益严重,批判自由市场经济体制的各种思潮及经济体制变革的实践不断涌现,但并没有从根本上动摇这一体制的统治地位。直到20世纪20年代苏联计划经济体制的崛起,才打破了市场经济自由放任体制一统天下的格局。20世纪30年代大危机的冲击,使得传统的自由放任的运行体制开始改弦易辙,在这一阶段中人们经历了单一市场调节机制下的市场失灵的困惑。

2. 市场经济的"古典体制"向"现代体制"的过渡阶段

从20世纪30年代大危机结束到20世纪70年代末80年代初,是市场经济的"古典体制"向"现代体制"的过渡阶段。在这一历史阶段中,计划经济体制和资本主义国家干预体制、福利国家体制取代了市场经济的"古典体制",并创造了非凡的经济增长业绩。同时,上述体制也不同程度地抑制了市场效率,在其发展的尽头出现了严重的政府失灵。20世纪70年代末80年代初,几乎在这同一的历史时点上,东西方国家乃至世界各国都进入了经济体制的改革时期。

在美国,1980年里根总统上台,宣布放弃凯恩斯主义的国家干预,促进经济自由发展,并以供给经济学为理论指导,通过减税、削减社会福利和财政赤字、刺激商品供给、提高利率控制通货膨胀以及平衡国际收支等方式,彻底变革运行了几十年的凯恩斯式的国家干预体制。里根的上台标志着凯恩斯式的国家干预体制的终结。曾经于1920年宣布《自由放任主义的终结》的凯恩斯,或许不会想到60年后美国总统会宣布凯恩斯主义的终结。然而,事实上终结的只是两种不同的经济体制,而两种体制的合理内核,两种主义的真理成分,又在新的经济体制中保留下来。从这个意义上说,经济自由和国家干预又都没有终结,而且在相当长的历史时期内不会终结。

在英国,1979年撒切尔夫人领导的保守党上台执政,揭开了西欧福利国家经济体制变革的序幕。英国的体制改革以货币学派的理论为武器,通过实施私有化计划,达到恢复市场作用的目的。

进入20世纪80年代,西欧国家纷纷对本国的社会福利体制作出调整和变革。

上述史实证明,至20世纪70年代末80年代初,市场经济制度的发展完成了从"古典体制"向"现代体制"的过渡。现代市场经济不是传统的粗陋的放任自流的市场经济,而是融入了宏观调控、社会保障、分配相对公正、法律规范、公平竞争和政治民主等社会主义因素的市场经济。

3. "现代体制"发展、完善、变革阶段

从全球范围看,自20世纪八九十年代起,市场经济"现代体制"出现了三种发展趋势。

(1) 体制趋同化趋势。由于市场经济的"现代体制"体现了市场与计划二元机制及效率与公正的并存,是更高层次的更完善的市场经济运行体制,因而成为世界各国在经济体制上的共同选择。当今世界,几乎所有的国家和地区,无论它们是何种文化传统、何种意识形态乃至何种政治制度,在建立现代市场经济体制上都取得了共识,出现了世界范围内的现代市场经济一体化的总潮流。

(2) 模式多元化趋势。由于世界各国市场经济发育的历史进程以及发展市场经济的条件不同,加上各自的政治体制、文化背景、地理位置、生产力发展水平、要素禀赋、国民素质、国民的竞争力和创造力等方面诸多的差异,各国经济发展的模式从来都是各异的、多样化的。在市场经济的"古典体制"下,各国的发展具有差异性,但模式较为单一。

在市场经济从"古典体制"到"现代体制"的过渡阶段中,多元模式首先表现为两种经济制度下的市场经济模式,包括社会主义市场经济模式和资本主义市场经济模式;其次表现在同一市场经济制度下又有多种市场经济模式,例如资本主义市场经济模式下,又有美国的自由市场经济模式、德国的社会市场经济模式、法国的计划指导型市场经济、日本的政府主导型市场经济模式等。

在市场经济"现代体制"全球一体化的趋势下,发展模式的多元化不仅仍然存在,而且具有不拘一格、多姿多彩甚至一个国家、一个地区、一种发展模式(各种模式中又有许多相交之处)的模式不断增多的趋势。但这是市场经济"现代体制"趋于全球一体化的多元模式,并由此形成现代市场经济全球一体化与发展模式多元化并存的格局。

(3) 新一轮的繁荣、危机及变革趋势。市场经济的"现代体制"在全球范围内的确立,使得世界经济进入了一个新的繁荣期。美国经济经过里根政府对经济体制的改弦易辙,创造了战后持续时间较长的经济繁荣。20 世纪 90 年代以来,基本上医治了凯恩斯主义带来的"滞胀病"痼疾,而且实现了高就业和低通货膨胀的经济健康发展的理想目标。它的财政赤字占 GNP 的比率为 1.4%,是主要工业国中最低的。体制的变革推进了美国高新技术产业的崛起,在连续多年的世界经济竞争力排行榜(世界经济论坛提供)上名列前茅,显示出美国经济的强劲实力。英国经济经过 20 世纪 80 年代的体制改革,也出现了英国战后最长的繁荣期,长期困扰英国经济的"英国病"终于得到一定程度的治疗。近年来,英国经济再现活力,在世界经济竞争力的排行榜上后来居上,进入了前十名的行列。大多数西欧国家经过定程度的福利制度的改革调整,危机也随之不同程度地减轻,其中荷兰、芬兰、瑞典等国成绩显著,近年来,国际竞争力明显提高,令人刮目相看。计划经济转轨国家,正在完成从转轨期的无序状态向有序化的现代市场经济发展。中国作为东亚大国和计划经济转轨国家,经济体制改革获得了巨大成效。广大发展中国家成为吸引资金的新兴市场,市场经济的"现代体制"为经济落后国家提供了经济赶超的体制载体,就连似乎被遗忘了的非洲也出现了现代市场经济的曙光。

由于现代市场经济在全球的胜利进军,在 20 世纪 90 年代中期,全世界经济增长几乎达到前 20 年的两倍,而且是在计算基数不断增大的前提下的两倍。不管是计算机网络、生物技术等高科技领域,还是其他经济领域,由制度变革引发的革新速度不断加快,创造出一系列全新的行业。

然而,市场经济"现代体制"的全球一体化及金融自由化、国际化、信息网络化,使各国经济发展中你中有我、我中有你的互动效应和一损皆损、一荣皆荣的连锁效应更加明显,经济中的金融投机因素也随之增大,全球经济无政府状态加重。这种状况要求各国对市场和政府二元调节机制的结构必须作出相应的调整,如果处理不好,将会产生危机并波及周边国家乃至整个世界经济。这种状况也使一国的宏观政策常常因国际市场因素的影响而失效,一国经济均衡发展常常不是单一国家的宏观政策所能解决的。经济的全球化呼唤宏观调控的全球化,而现行的国际经贸体制及各种国际经贸组织对全球宏观经济的监管显得力不从心。

如果对全球经济无政府状态加重的现象不能加以抑制或加大国际协调的力度，将会出现全球性的经济危机，2008 年的世界金融危机就是铁的例证。

市场经济“现代体制”面临着新的市场失灵和政府失灵的挑战，面临着市场与政府二元调节机制优化组合在全球范围内扩展的挑战，面临着新的体制变革的挑战。

第四节 市场经济的特征、功能和缺陷

一、市场经济的特征

（一）市场经济的一般特征

市场经济的发展经历了古典市场经济与现代市场经济两个阶段。一般而言，市场经济具有以下特征。

1. 市场经济的平等性

市场经济的平等性是指在市场上经济活动参加者之间的关系是平等的，它首先意味着交换的当事人没有社会地位的差别，在市场上都是身份平等的买者或卖者，是商品和货币的持有者；其次意味着在市场交换中，必须遵循平等交换的原则，任何人都不得利用强制手段占有他人的劳动成果。

2. 市场经济的竞争性

市场经济的竞争性是指经济活动参加者之间存在广泛的竞争。竞争是商品经济的必然产物，也是市场经济的特征。只有通过竞争，优胜劣汰，才能有效地引导商品流通和生产要素的合理流动，实现资源的优化配置。所以竞争是市场有效运转的必要条件。没有竞争，也就没有真正的平等可言。竞争是市场经济的灵魂，每个主体都按竞争的原则办事，优胜劣汰、适者生存；都要在竞争中求生存、求进步、求发展。市场竞争是多方面的，可以说交易双方自始至终都充满着各个方面的较量。市场竞争作为外在的压力迫使企业不断改进生产，提高效率。

3. 市场经济的法制性

市场经济的法制性是指社会经济运行有健全的法制基础，生产者和经营者的经济活动要依据市场经济的法规来进行。整个市场经济运行完全建立在法制的基础上，市场的有序性是由各种有关法律条文和健全的法规体系来提供保证的。市场经济是一种法制经济，健全法制是市场经济的内在要求。法律不仅为经济发展扫清外部阻力和障碍，为经济发展创造良好的外部环境和条件，而且直接渗透到经济发展的各个环节，直接规范各种经济行为，调节各种经济利益关系。

4. 市场经济的开放性

市场经济的开放性是指市场不是相互封闭的，而是全国统一的大市场，并同世界市场联系在一起。开放性是市场经济的内在属性，是社会分工和生产专业化广泛发展的客观要求。只有开放才能使商品和生产要素突破行业、部门、地区甚至国家的界限而自由流动，从而实施资源的优化配置。市场经济是以社会化大生产为基础的高度发达的商品经济。

（二）现代市场经济的基本特征

现代市场经济包括当代资本主义市场经济和社会主义市场经济。与古典市场经济相比，现代市场经济具有以下两个基本特征。

（1）从资源配置方式看，古典市场经济完全由市场调节，西方称之为自由放任的市场经济，而现代市场经济是国家宏观调控下的市场经济。

细微地考察，由于宏观调控本质上是社会化大生产的客观要求，而古典市场经济也是建立在社会化大生产基础的上商品经济。因此，在古典市场经济中也存在着国家干预，只是干预得比较少，没有成为明显的经济特征。

宏观调控根源于社会化大生产这一物质基础的客观要求，其直接依据则是市场功能的局限和缺陷，又称为市场失灵或市场失误。市场功能的局限和缺陷是客观存在的，甚至是难以避免的，依靠市场机制本身运作是无法排除的。因而客观上要求在市场机制之上产生出一个超市场的社会机制来调节市场活动，以创造市场机制正常运行的基本条件。这种超市场的调节市场活动的社会机制，就落到了国家的身上。只有依赖国家的宏观干预，才可能部分地弥补和缓解市场的失灵或失误。

在西方发达国家，国家垄断资本主义的形成和发展，为国家的宏观干预提供了经济基础。现代新科技革命的兴起和电子计算机的广泛应用，为经济信息的广泛收集和传播，提供了技术手段。以凯恩斯主义为核心的现代西方经济理论，为西方国家的宏观干预提供了理论依据和政策建议。国家财政被改造成宏观调控的重要手段。现代信用制度为宏观调控提供了灵敏有效的现成机构和金融工具。国家作为国有资产所有者，加大了参与经济活动实施国家干预的力度。总之，国家对市场经济的宏观调控，不仅具有必要性，而且具备可行性。国家干预的形式和程度在各国各有不同，但国家干预本身已成为现代市场经济的一个基本特征。

（2）从资源的财产关系及企业组织形式看，以股份公司为代表的现代企业制度的出现和法人产权制度的诞生，成为现代市场经济的基石。

从企业组织形式看，在古典市场经济中，企业组织形式主要是独资企业和合伙企业。合伙企业不过是独资企业的简单联合，在这类企业中，所有权及其内含的占有权、使用权、收益权、处分权全部合而为一，产权关系比较简单，所有权和经营权没有分开。企业财产或者与独资企业主个人财产合为一体，或者与合伙企业众多合伙人的个人财产融合在一起，他或他们对企业负无限责任。构成古典市场经济产权基础的，是自然人原始产权。

以电子的发现和使用为标志的第二次科技革命和以重工业为中心的工业体系的建立，使社会生产力发展到一个新的更高的水平。适应生产力这一变化趋势，在现代信用制度形成和发展的基础上，现代股份制形成并发展起来。股份制的形成和发展，意义不仅在于它是企业制度演进中一个划时代的阶段，而且其中悄悄发生了一场产权制度的革命。

法人产权从自然人原始产权中独立出来，自然人原始产权转变为股权。法人产权不仅有了边界清晰、主体明确、独立完整的存在，而且适应社会分工和现代市场经济的需要，又在法人产权内部派生出独立的操作区间清楚的经营权。法人产权的独立性和完整性就在于分散的股权主体，谁也无法分割或直接处分法人产权，谁也不能直接干预企业经营，它只能在股份公司内部通过股东大会制，在外部通过“用脚投票”买进或卖出股票，对法人产权的企业经营权实施监控和制约。法人产权在股权的监控与制约下，权力集中于董事会。经营权在法人产权界定的界区内，权力集中交付给董事会选定的经理。经理通过董事会对全体股东承担企业财产保值和增值的责任。股权、法人产权、经营权相互独立又相互制约，彼此边界清楚，这为产权投入市场开通了道路。通过股票的发行和交易，在市场评估中，企业产权有了明确而又灵活变动的市场价格。这推动了企业资产存量与增量的市场流动，推进了企业组织结构的调整如企业的扩张、联合与兼并等。这样就保证了在现代市场经济中，以产权流动带动资源流动，实现资源的合理配置。

产权亦称财产权。从法律角度看，产权是人身权的对称。广义的产权和所有权等价，即广义的产权包含所有权内含的全部权利。狭义的产权是指企业的市场经营中，适应资源合理配置的需要，对稀缺而又有用的资源排他性的占有、使用、收益和处分的权利。相对于所有权，狭义的产权制度具备独立性完整性，因此，在所有制关系不变的条件下，可以选择不同的产权制度。如在资本主义生产资料私有制条件下，在古典市场经济中，产权的组织形式是建立在自然人原始产权制度基础上的独资企业或合伙企业；而在现代市场经济中，产权的组织形式是建立在法人产权制度基础上的股份公司等。产权实际上就是对稀缺而有用的资源的一种排他性所有、占有、使用、收益、处分的权利。不理顺产权关系，不协调好所有制内含的归属、结构及其实现形式之间的关系，所谓通过市场优化资源配置就是一句空话。透视古典市场经济向现代市场经济的历史演变，剖析西方产权组织形式和产权制度变革的轨迹，人们可以看出市场化必然导致股份化。以股份公司为代表的现代产权组织形式及法人产权制度，不仅支撑了西方现代市场经济的运作，而且又为公有制和市场经济的兼容开通了前进道路。

综上所述，上有国家的宏观调控，下有以股份公司为代表的现代产权组织形式和法人产权制度的支撑，构成了现代市场经济的两个基本特征。此外，现代市场经济也还包含其他一些特征，如现代市场经济是市场机制完善、体系健全、组织发达、规则齐全的经济；是国内市场与国际市场沟通，追随全球一体化进程，在世界范围内实现资源优化配置的经济等。

二、市场经济的功能

（一）促进社会资源的优化配置

优化资源配置是市场经济机制的主要功能。市场通过价格机制、供求机制、竞争机制和风险机制的共同作用，可以灵活地引导各种生产要素在企业和部门之间自由流动，使经济资源向效率高的地方流动，从而实现资源配置的高效率。只要价格信号能够准确地反映市场的供求关系，企业就可以根据市场供求关系、价格的变化和风险的判定，及时调整经营战略和投资方向，不断改善资源增量和存量的配置组合，将资金、劳动力等生产要素由获利少的部门转向盈利水平高的部门。由于市场本身具有比较利益原则，促使资源利用趋向节省，促使市场供给结构和需求结构趋向大致平衡，最终会在竞争的作用下，达到供求平衡的价格均衡，从而实现资源的优化配置。

（二）调节社会经济供求平衡

在市场经济条件下，社会的总供给和总需求始终是动态的，在供求的总量上不可能完全平衡，在结构上也不可能完全协调，总量和结构总是处在不断的变化之中。如果市场机制是有效的，那么市场将会通过价格信号及时、准确地反映市场供求状况的变动，自发地引导生产和消费。当某类商品的市场价格比较高，企业会增加生产和供应，消费者会减少一定的需求，这样就会使价格降低；如果某商品市场价格低，生产者无利可图，就会减少生产和供应，消费会因为价格低而增加，这样就会使价格上升。因此，市场机制是对供求关系进行双向调节，使社会的供给和需求在总量和结构上大体趋于平衡。

（三）刺激经营者改进生产，提高劳动生产率

优胜劣汰是市场竞争的基本法则，没有竞争机制和风险机制就没有市场经济。竞争和风险给企业带来盈利的动力，也给企业带来亏损的压力。在这一市场动力和压力作用下，企业为了使自身的活动符合市场要求，实现成本的最小化和收益的最大化，就必须努力拼搏，改进生产，不断提高劳动生产力，从而推动整个社会生产力的发展。

（四）促进生产技术和管理水平的不断提高

市场的竞争说到底是效率的竞争，这是价值规律的内在作用，只不过通过市场竞争机制表现出来。在市场竞争中，哪个企业的个别劳动时间低于社会必要劳动时间，哪个企业就能够获得超额利润。降低个别劳动时间的主要途径是加快技术进步，提高管理水平，实现生产和经营管理的创新。不断追求技术进步，提高企业的经营管理水平，既是企业提高劳动生产率的手段，又是企业适应千变万化的市场作出正确决策的保证。

三、市场经济的缺陷

在现代市场经济中，市场机制优化资源配置的基础作用是无可替代的。但是，市场机制的作用绝非万能。市场机制存在着功能性的局限和缺陷，从而使市场经济具有明显缺陷，主要表现在以下几个方面。

（一）市场的盲目性和自发性问题

在市场经济中，市场经济主体都拥有财产的所有权或控制权，为了追求自身的经济利益最大化，各个独立的经济主体分散进行经济决策。同时在市场资源配置中，各个经济主体的决策是由市场来调节的。由于市场调节是一种事后调节，从价格形成、信号反馈到产品产出，存在着一定的滞后性，尤其在那些生产周期长的产业中表现得更为明显。在竞争中价格、利率、工资等市场信号的自由涨落，只能反映资源的近期相对稀缺程度而不能反映供求变动的长远态势。微观经济主体只能依据市场信号和市场反馈的信息调节自身的生产和经营，无法左右他人。市场主体依据市场信号分散决策和市场机制调节的滞后性，必然造成市场的盲目性和自发性问题，导致在一定时期内重复生产、重复引进、重复建设，进一步导致经济的周期性波动和资源的浪费。

为了减少经济波动，保持经济稳定发展，除了要在市场制度的范围内寻求改进的办法外，国家应在中长期预测的基础上制订宏观经济计划，并提供有关当前情况和发展趋势的信息，为市场经济主体的微观决策提供指导。对于带有发展方向和长远的经济计划，市场不会有积极的表现。所以，政府制定科学的产业政策和发展规划，并且加以积极地引导，就显得

相当重要。

（二）市场的外部性问题

经济的外部性是指有些经济活动的社会效用同个体效用之间、社会成本同个体成本之间存在差别，它们的结果无法在一个企业内部表现出来。如兴建一个化工厂，从企业来看可能具有较高的经济效益，但从社会角度讲就可能污染了环境，损害生态效益；反之，有些项目可能对社会效益、地区经济发展很有好处，但在企业内部的经济核算上并不理想。这种由于外部原因所导致的企业收益和成本之间的不对称在经济学上被称为外部性。这种外部的经济和不经济情况不可能通过市场作用自发地得到调节，最终势必影响社会资源的有效配制。因此，凡是会引起经济外部性的行为，就需要政府进行宏观调控和干预，采取非市场方式的行政规划或经济奖惩办法进行调控和引导，以纠正经济行为的外部性问题。

（三）公共产品问题

公共产品是指在享用上不具有排他性和在市场上不具有竞争性的产品。例如灯塔、天气预报、环境保护、社会秩序、国内法律和规章、基础科学和公共卫生等。因为公共产品的利益是如此广泛地分布于居民，以致没有一个厂商有提供公共产品的足够动力，公共产品的私人生产特别缺少积极性，造成市场中的公共产品问题。政府必须介入公共产品的供应，或者直接投资生产，或者由政府出面“订货”，引导资源流到各企业，解决公共产品供给问题。

（四）垄断问题

在规模经济意义显著的行业，市场机制必然产生垄断的可能。而垄断又势必影响市场机制的有效运作和各市场主体的平等竞争，甚至导致整个竞争性市场的解体，最终损害的是整个经济效率的提高。因此，反对垄断和非公平竞争就成了政府行政干预的重要内容和必不可少的职责。在市场条件下，政府应通过一定的法律、法规和行政手段防止垄断产生和保证市场竞争秩序。

（五）收入分配问题

在市场经济条件下，收入分配的依据是个人的贡献，由于主观和客观多种因素的作用，个人的贡献存在着较大差距，从而使收入分配往往会产生一定的差距。但这种差距应当控制在一定的范围内，才能保证既能调动各方面的积极性，又能维持社会稳定。然而，这个比较合适的差距却是市场本身所不能解决的。因此，市场经济国家总是通过各种手段，其中特别是各种税收手段，例如累进税、累退税以及社会捐助等加以调节。

（六）信息不对称问题

在市场中，由于主观和客观多种因素的作用，市场主体获得的市场信息必然不同，造成信息不对称问题。信息不对称讲的是信息的分配是不均匀的，知情的经济行为者很自然地表现为信息的垄断者。例如在证券市场里，内部人员可以知道外部人员不知道的内情，内部人员和外部人员存在着明显的信息不对称问题，即使在一般的交易过程中，也同样存在信息不对称的问题，即“买者没有卖者精”。市场经济中信息不对称是一个普遍问题，知情者所掌握的信息是重要的和潜在的利益,造成市场主体事实上的不平等问题,这是产生商业欺诈等现象的重要原因。政府必须制定相关政策和法律、法规,干预市场经济中的信息不对称问题。

第五节 完善我国社会主义市场经济体制

党的"十六大"宣布我国社会主义市场经济体制已初步建立的同时,立即适时地提出把完善社会主义市场经济体制确定为本世纪头20年的首要任务,要求建立比较完善的社会主义市场经济体制。这一任务的实现,要进一步解决很多长期积累的历史难题,要消除一系列深层次的体制性障碍,这些工作更为艰巨而复杂。党的十六届三中全会专门作了讨论,通过了《中共中央关于完善社会主义市场经济体制若干问题的决定》,对完善我国社会主义市场经济提出了具体的方针、政策和措施。

一、完善社会主义市场经济体制的紧迫性及目标、任务

我国的社会主义市场经济体制只是初步建立,当然还存在着许多不完善的地方,经济发展上仍然存在诸多体制性的障碍。在我国进入全面建设小康社会、经济全球化和世界科学技术迅猛发展的国内外形势下,只有加快推进改革,完善社会主义市场经济体制,才能进一步解放和发展生产力,才能不断增强我国的国际竞争力和抵御风险的能力,才能完成全面建设小康社会的历史任务。

党中央从我国经济与社会发展的实际出发,根据成熟的社会主义市场经济体制的要求,科学地确定了我国完善社会主义市场经济体制的目标:按照"五个统筹",即统筹城乡发展、统筹区域发展、统筹经济社会发展、统筹人与自然和谐发展、统筹国内发展和对外开放的要求,更大程度地发挥市场在资源配置中的基础性作用,增强企业活力和竞争力,健全国家宏观调控,完善政府社会管理和公共服务职能,为全面建成小康社会提供强有力的体制保障。这一目标体现了经济社会和人的全面发展观,体现了改革、发展、稳定三者紧密结合、相互统一的战略思想,充分体现了我们党对发展社会主义市场经济规律认识的不断深化。

完善社会主义市场经济体制的主要任务是:完善公有制为主体、多种所有制经济共同发展的基本经济制度,建立有利于逐步改变城乡二元经济结构的体制;形成促进区域经济协调发展的机制;建设统一开放竞争有序的现代市场体系;完善宏观调控体系、行政管理体制和经济法律制度;健全就业、收入分配和社会保障制度;建立促进经济社会可持续发展的机制。

二、完善社会主义市场经济体制的基本措施

(一)进一步巩固和发展公有制经济,鼓励和引导非公有制经济发展

坚持公有制主体地位和发挥国有经济的主导作用,积极推行公有制的多种有效实现形式,加快调整国有经济布局和结构。进一步增强公有制的活力,大力发展国有资本、集体资本和非公有资本等参股的混合所有制经济,实现投资主体多元化,使股份制成为公有制的主要实现形式。对国有经济,要完善其有进有退、合理流动的机制,进一步推动国有资本更多地投向关系国家安全和国民经济命脉的重要行业和关键领域,增强国有经济的控制力。发

展具有国际竞争力的大公司大企业集团。继续放开搞活国有中小企业。对集体经济，以明晰产权为重点深化集体企业改革，发展多种形式的集体经济。

大力发展和积极引导非公有经济。要清理和修订限制非公有经济发展的法律、法规和政策，消除体制性障碍。放宽市场准入，允许非公有资本进入法律法规未禁入的基础设施、公用事业及其他行业和领域。非公有制企业在投融资、税收、土地使用和对外贸易等方面，与其他企业享受同等待遇。非公有制经济企业要依法经营，照章纳税，保障职工的合法权益。改进对非公有制企业的服务和监督。

产权是所有制的核心和主要内容，包括物权、债权、股权和知识产权等各类财产权。产权制度是在既定产权关系下产权的组合、调节、保护的制度安排，是对产权关系、产权界定、产权经营和产权转让的法律确定。现代产权制度的基本特征是：归属清晰，权责明确，保护严格，流转顺畅。建立现代产权制度，是完善基本经济制度的内在要求，是构建现代企业制度的重要基础。

（二）完善国有资产管理体制，深化国有企业改革

改革好国有资产管理体制，一是要处理好国有资产管理机构和国有企业的关系，实行政企分开，所有者职能和经营者职能分开，国有资产管理机构不能直接干预企业的生产经营活动；二是要处理好国有资产监督管理和有效经营的关系，促进国有资本的优化配置。为此，要求国有资产管理机构对授权监督的国有资本依法履行出资人职责，维护所有者权益，维护企业作为市场主体依法享有的各项权力，督促企业实现国有资本保值增值。

积极探索国有资产监督和经营的有效形式。要建立规范的公司法人治理机构，按照现代企业制度的要求，规范公司股东会、董事会和经营管理者的权责，完善企业领导人员的聘任制度。企业党组织要发挥政治核心作用，并适应公司法人治理结构的要求，改进发挥作用的方式。要坚持党管干部原则，并同市场化选聘企业经营管理者的机制相结合。要加快推进和完善垄断行业改革，对垄断行业要放宽市场准入，引入竞争机制。

（三）深化农村改革，完善农村经营体制

深化农村改革，必须做好四项工作：第一，完善农村土地制度。土地家庭承包经营是农村基本经营制度的核心，必须稳定和完善这一制度。要实行最严格的耕地保护制度，保证国家粮食安全。按照保障农民权益、控制征地规模的原则，改革征地制度，完善征地程序，严格界定公益性和经营性建设用地，征地时必须及时给予农民合理补偿。第二，要健全农业社会化服务、农产品市场和对农业的支持保护体系。支持农民按照自愿、民主的原则，发展多种形式的农村专业合作组织。鼓励工商企业投资发展农产品加工和营销，积极推进农业产业化经营，形成科研、生产、加工、销售一体化的产业链。深化农业科技推广体制和供销社改革，形成社会力量广泛参与的农业社会化服务体系。完善农产品市场体系，放开粮食收购市场，把通过流通环节的间接补贴改为对农民的直接补贴，切实保护粮农的利益。加大国家对农业的支持保护，增强对农业和农村的投入，国家新增教育、卫生、文化等公共事业支出主要用于农村。加强粮食综合生产能力。完善扶贫开发机制。第三，要深化农村税费改革。要加快推进综合配套改革，在完成试点的基础上逐步降低农业税率，切实减轻农民负担。第四，要改善农村富余劳动力的转移就业的环境，为此既要大力发展县域经济，积极开拓农村

就业空间，又要形成城乡劳动者平等就业制度，取消对农民进城就业的限制性规定，为农民创造更多的就业机会。在户籍管理上要相应进行必要改革。

（四）完善市场体系，规范市场秩序，加快建设全国统一市场

大力推进市场对内对外开放，加快生产要素价格市场化，发展现代流通方式，促进商品和各种要素在全国范围内的自由流动和充分竞争。废止各种分割市场的规定，打破行业垄断和地区封锁。积极发展独立公正、规范运作的专业化市场中介服务机构，按市场化原则规范和发展各类行业协会、商会等自律性组织。完善行政执法、行业自律、舆论监督、群众参与相结合的市场监管体系，健全产品质量监管机制，严厉打击制假售假、商业欺诈等违法行为，维护和健全市场秩序。大力发展资本和其他要素市场。积极推进资本市场的改革开放和稳定发展，扩大直接融资。建立多层次资本市场体系，完善资本市场结构，丰富资本市场产品。加快发展土地、技术、劳动等要素市场。规范发展产权交易。积极发展财产、人身保险和再保险市场。稳步发展期货市场。建立、健全社会信用体系，形成以道德为支撑、产权为基础、法律为保障的社会信用制度。政府、企业事业单位和个人都要把诚实守信作为基本行为准则，加快建设企业和个人信用服务体系，建立信用监督和失信惩戒制度，逐步开放信用服务市场。

（五）继续改善宏观调控，加快转变政府职能

完善国家宏观调控体系，要进一步健全国家计划和财政政策、货币政策等相互配合的宏观调控体系，完善统计体制，健全经济运行监测体系，提高宏观调控水平。加快转变政府经济管理职能，深化行政审批制度改革，切实把政府经济管理职能转到主要为市场主体服务和创造良好发展环境上来。加强国民经济和社会中长期规划的研究和制定，提出发展的重大战略、基本任务和产业政策，促进国民经济和社会全面发展，实现经济增长与人口资源环境相协调。加强对区域发展的协调和指导，积极推进西部大开发，有效发挥中部地区综合优势，支持中西部地区加快改革发展，振兴东北地区等老工业基地，鼓励东部有条件的地区率先基本实现现代化。完善政府重大经济社会问题的科学化、民主化、规范化决策程序，增强透明度和公众参与度。

深化投资体制改革，进一步确立企业的投资主体地位，国家只审批关系经济安全、影响环境资源、涉及整体布局的重大项目和政府投资项目及限制类项目，其他项目由审批制改为备案制，由投资主体自行决策。国家主要通过规划和政策指导、信息发布以及规范市场准入，引导社会投资方向，抑制无序竞争和盲目重复建设。

（六）完善财税体制，深化金融改革

按照简税制、宽税基、低税率、严征管的原则，稳步推进税收改革。改革出口退税制度，统一各类企业税收制度。增值税由生产型改为消费型，将设备投资纳入增值税抵扣范围。完善消费税，适当扩大税基。改进个人所得税，实行综合和分类相结合的个人所得税制。实施城镇建设税费改革，条件具备时对不动产开征统一规范的物业税，相应取消有关收费。在统一税政前提下，赋予地方适当的税政管理权。创造条件逐步实现城乡税制统一。

财政管理体制改革要健全公共财政体制，明确各级政府的财政支出责任。进一步完善

转移支付制度，加大对中西部地区和少数民族地区的财政支持。深化部门预算、国库集中收付、政府采购和收支两条线管理改革。清理和规范行政事业性收费，凡能纳入预算的都要纳入预算管理。改革预算编制制度，完善预算编制、执行的制衡机制。加强审计监督，建立预算绩效评价体系。实行全口径预算管理和对有负债的有效监控。加强各级人民代表大会对本级政府预算的审查和监督。

深化金融企业改革。选择有条件的国有商业银行实行股份制改造，加快处理不良资产，充实资本金，创造条件上市。深化政策性银行改革。完善金融资产管理公司运行机制。鼓励社会资产参与中小金融机构的重组改造。在加强监管和保持资本金充足的前提下，稳步发展各种所有制的金融企业。完善农村金融服务体系，国家给予适当政策支持。逐步把农村信用社改造成为农村社区服务的地方性金融企业。要健全金融调控机制，稳步推进利率市场化，建立、健全由市场供求决定的利率形成机制，中央银行通过运用货币政策工具引导市场利率。完善人民币汇率形成机制，保护人民币汇率在合理、均衡水平上的基本稳定。在有效防范风险前提下，有选择、分步骤放宽跨境资本交易活动的限制，逐步实现资本项目可兑换。建立和完善统一、高效、安全的支付清算系统。改进中央银行的金融调控，建立、健全货币市场、资本市场、保险市场有机结合、协调发展的机制，维护金融运行和金融市场的整体稳定，防范系统性风险。要完善金融监管体制。依法维护金融市场公开、公平、有序竞争，有效防范和化解金融风险，保护存款人、投资者和被保险人的合法权益。健全金融风险监控、预警和处置机制，依法严格实行市场退出制度。强化金融监管手段，防范和打击金融犯罪。加强监管信息透明度并接受社会监督。鼓励金融企业探索金融经营的有效方式。建立、健全银行、证券、保险监管机构之间以及同中央银行、财政部门的协调机制，提高金融监管水平。

（七）深化涉外经济体制改革，完善对外开放的制度保障

按照市场经济和世贸组织规则的要求，加快内外贸一体化进程。形成稳定、透明的涉外经济管理体制，创造公平和可预见的法制环境，确保各类企业在对外经济贸易活动中的自主权和平等地位。要建立、健全外贸运行监控体系和国际收支预警机制，维护国家经济安全。抓住新一轮全球生产要素优化重组和产业转移的重大机遇，扩大利用外资规模，提高利用外资水平。结合国内产业结构调整升级，更多地引进先进技术、管理经验和高素质人才，注重引进技术的消化吸收和创新提高。继续发展加工贸易，着力吸引跨国公司把更高技术水平、更大增值含量的加工制造环节和研发机构转移到我国，引导加工贸易转型升级。增强参与国际合作和竞争能力，继续实施“走出去”战略，完善对外投资服务体系，赋予企业更大的境外经营管理自主权，健全在境外投资企业的监管机制。

（八）推进就业和分配体制改革，完善社会保障体系，实施积极的就业政策，努力改善创业和就业环境

坚持劳动者自主择业、市场调节就业和政府促进就业的方针。改革发展和结构调整都要与扩大就业紧密结合。从扩大就业的要求出发，在产业类型上，注重发展劳动密集型产业，在企业规模上，注重扶持中小企业；在经济类型上，注重发展非公有制经济；在就业方式上，注重采用灵活多样的形式。完善就业服务体系，加强职业教育和技能培训，帮助特殊困难群体就业，保障劳动者合法权益。

推进收入分配制度改革。完善按劳分配为主体，多种分配方式并存的分配制度，坚持效率优先、兼顾公平，各种生产要素按其贡献参与分配。整顿和规范分配秩序，加大收入分配调节力度，重视解决部分社会成员收入差距扩大问题，以共同富裕为目标，扩大中等收入者比重，提高低收入者收入水平，调节过高收入，取缔非法收入。

加快建设与经济发展水平相适应的社会保障体系。完善企业职工基本养老保险制度，坚持社会统筹与个人账户相结合，逐步做实个人账户，将城镇从业人员纳入基本养老保险。建立、健全省级养老保险调剂基金，逐步提高社会统筹层次。要健全失业保险制度，实现国有企业下岗职工基本生活保障向失业保险并轨。继续改革城镇职工基本医疗保险制度，完善城市居民最低生活保障制度。采取多种方式包括依法划转部分国有资产充实社会保障基金。鼓励发展企业补充保险和商业保险。农村养老保障以家庭为主，同社区保障、国家救济相结合，有条件的地方探索建立农村最低生活保障制度。

（九）深化科技、教育、文化、卫生体制改革

深化这些社会领域的各项改革，要体现以下基本要求：第一，发挥市场机制的作用，引入竞争机制。加快社会事业的发展，政府要逐步增加投入，同时要调动各方面的积极性，鼓励社会资金投入。第二，对公益事业和经营性产业实行不同管理体制。经营性单位要加快向企业化转制，面向市场，壮大实力，加快发展。公益性事业单位也要深化劳动人事、收入分配和社会保障制度改革，加大投入，增强活力，改善服务。第三，强化政府的社会管理和公共服务职能。要加强政策引导，规范市场秩序，为社会领域各项事业的发展创造良好的环境。

（十）深化行政管理体制改革，完善经济法律制度

继续改革行政管理体制，加快形成行为规范、运转协调、公正透明、廉洁高效的行政管理体制。进一步调整各级政府机构设置，理顺职能分工，实现政府职责、机构和编制的法定化。推进依法行政，严格按照法定权限和程序行使权力，履行职责。发展电子政务，提高服务和管理水平。建立、健全各种预警和应急机制，提高政府应对突发事件和风险的能力。深化地方行政管理体制改革，精简机构和人员。继续推进事业单位改革，完善基层群众性自治组织，发挥城乡社区自我管理、自我服务的功能。合理划分中央和地方经济社会事务的管理责权。按照中央统一领导、充分发挥地方主动性、积极性的原则，明确中央和地方对经济调节、市场监督、社会管理、公共服务方面的管理责权。根据经济社会事务管理责权的划分，逐步理顺中央和地方在财税、金融、投资和社会保障等领域的分工和职责。

全面推进经济法制建设。依照依法治国的基本方略，着眼于确立制度、规范职责、保障权益，加强经济立法，完善市场主体和中介组织法律制度。完善产权法律制度，规范和理顺产权关系，保护各类产权利益，完善市场交易法律制度，保障合同自由和交易安全，维护公平竞争。完善预算、税收、金融和投资等法律、法规，规范经济调节和市场监督。完善劳动、就业和社会保障等方面的法律、法规，切实保护劳动者和公民的合法权益。完善社会领域和可持续发展等方面的法律、法规，促进经济发展和社会全面进步。加强执法和监督。按照权力和责任挂钩、权力与利益脱钩的要求，建立责权明确、行为规范、监督有效、保障有力的执法体制。改革行政执法体制，推进司法体制改革，维护司法公正。实行执法责任制和执法过错追究制，做到严格执法。

（十一）加强和改善党的领导

适应社会主义市场经济发展的新形势，改革和完善党的领导方式和执政方式，坚持谋全局、把方向、管大事，进一步提高科学判断形势的能力、驾驭市场经济的能力、应对复杂局面的能力、依法执政的能力和总揽全局的能力。要加强和改进党风廉政建设，建立、健全与社会主义市场经济体制相适应的教育、制度、监督并重的惩治和预防腐败体系。坚持社会主义物质文明、政治文明和精神文明协调发展。

复习思考题

1. 名词解释

市场　　市场体系　　市场结构　　市场机制　　资源配置　　市场经济　　计划经济

2. 如何理解完整的市场体系必须是统一、开放、竞争和有序的？

3. 影响市场竞争程度的具体因素主要有哪些？如何认识完全竞争市场、完全垄断市场、垄断竞争市场和寡头垄断市场的区别？

4. 价格机制的作用主要有哪些？何为市场竞争？市场竞争具有哪些特点？如何认识市场竞争的作用？如何充分发挥市场竞争机制的作用？市场风险的大小主要取决于哪些基本因素？如何认识风险的存在对于市场竞争者的双重意义？

5. 如何认识市场经济与商品经济的关系？如何认识现代市场经济与古典市场经济的区别？如何认识原社会主义国家实行的计划经济？

6. 市场经济的基本特征有哪些？主要功能有哪些？如何认识市场经济的缺陷？

7. 如何完善我国的社会主义市场经济体制？

第十二章

交换理论（二）

第一节　需求定理

一、需求、需求表与需求定理

在经济分析中使用的需求这一概念，是指消费者在某一时期内，在一定市场价格水平下对某一物品或劳务愿意并且能够购买的该物品与劳务的数量。因此，需求这个概念有其特定的内涵在里面：一方面，它被限定在一定的时间范围和市场条件之下，而这一具体的时间范围如何划分则随着经济分析的需要可以灵活掌握；另一方面，它意指购买者有支付能力的需求，因而有别于人的无限多量、多样的欲望。特别值得注意的是，需求涉及两个变量：一是价格；二是需求量。在假定其他条件不变的前提下，需求可以表示为这两个变量的函数。这样简化的结果，可以大大方便我们的分析。

需求与价格密切相关，在影响需求的其他因素既定不变的条件下，一种商品的价格越高，人们愿意购买的数量越少；价格越低，愿意购买的数量越多。个人需求的加总，就可得到市场需求。这一物品与价格之间的关系具有普遍性或一般性，经济学称之为需求定律。具体可以表述为：在其他条件不变的情况下，需求量与其自身的价格呈反向变动关系，即价格越高，需求量越小；价格越低，需求量越大。

图 12-1 描述了某一市场上一定时期内（如一个星期内）对某种商品的个人需求和市场需求。它表示甲的需求状况是这样的：当价格为 1 元/kg 时，甲愿意买进的数量是 8kg，当价格为 2 元/kg 时，甲愿意买进的数量为 6kg；当价格涨到 6 元时，甲就只愿意购买 2kg 了。同样，对乙、丙、丁和市场上的其他所有消费者都可以做这样的类推。描述某一消费者与任一价格相对应的需求数量的表格，称为个人需求表。把需求表对应的数量关系在坐标平面上表达出来，就可得到这个消费者的需求曲线。需求表和需求曲线简练地表达了某一个消费者对某一商品的需求状况。

市场上所有消费者对某一商品的个人需求加总，也就是把每一个价格水平对应的每个人的需求量加在一起，就构成了市场对这一商品的需求（见表 12-1）。

表 12-1 中，当市场价格为 1 元/kg 时，市场上所有的消费者的加总需求量为 12t，这就是市场需求；当价格上涨到 6 元/kg 时，市场需求就只有 2t 了。

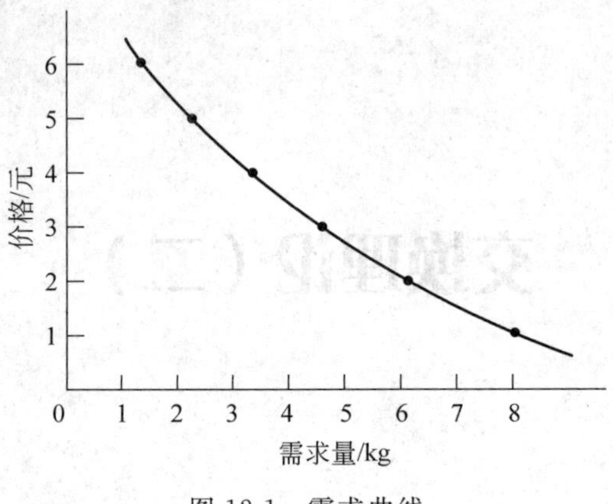

图 12-1 需求曲线

表 12-1 个人需求和市场需求表

价格/元	需求量					
	个人需求量/kg					市场需求量/t
	甲	乙	丙	丁	…	
6	2	1	4	…	…	2
5	3	2	6	…	…	3
4	4	3	7	…	…	4
3	5	4	8	…	…	6
2	6	5	13	…	…	9
1	8	7	15	…	…	12

二、影响需求的因素与需求函数

在一种商品市场上，影响该商品市场需求的因素一般有以下几种。

(一) 消费者的收入

一般来说，在其他条件不变的情况下，消费者的收入越高，对商品的需求越多。但随着人们收入水平的不断提高，消费需求结构会发生变化，即随着收入的提高，对有些商品的需求会增加，而对有些商品的需求会减少。经济学把需求数量的变动与消费者收入同方向变化的物品称为正常品，把需求数量的变动与消费者收入反方向变化的物品称为劣等品。随着收入的增加，人们会逐渐用正常品替代劣等品。

(二) 消费者的偏好

所谓偏好(又叫嗜好)，在很大程度上与个人对某一物品与劳务的喜好或厌恶有关，但又根源于一定的人类基本需要，如需要粮食充饥和需要衣服御寒等。而喜欢红色还是绿色的外套，就更多地决定于所谓个人喜好，并与所处的社会环境及当时当地的社会风俗习惯等因素有关。

与其他影响需求的因素之间最根本的差别是，偏好是无法直接观察的，而且无法度量。

（三）相关商品的价格

当一种商品本身的价格不变，而和它相关的其他商品的价格发生变化时，这种商品的需求数量也会发生变化。如果其他商品和被考察的商品是替代品，如牛肉和猪肉、苹果和梨子等。由于它们在消费中可以相互替代以满足消费者的某种欲望，故一种商品的需求与它的替代品价格成同方向变化，即替代品价格的提高将引起该商品需求的增加，替代品价格的降低将引起该商品需求的减少。如果其他商品和被考察的商品是互补品，如汽车与汽油、影碟与影碟机等，由于它们必须相互结合才能满足消费者的某种欲望，故一种商品的需求与它的互补品的价格成反方向变化，即互补品价格的提高将引起该商品需求的降低，互补品价格的下降将引起该商品需求的增加。

（四）消费者对商品价格的预期

当消费者预期某种商品的价格在将来某一时期会上升时，就会增加目前的需求；当消费者预期某商品的价格在将来某一时期会下降时，就会减少对该商品的现期需求。

此外，还有很多因素会影响商品的需求，如人口数量、结构和年龄以及政府的消费政策等。

将上面决定需求的各种因素综合起来，便可得到需求函数。需求函数就是在某一时期某种物品的各种可能的购买量和决定这些购买量的因素之间的关系。用公式表示为

$$Q_d = f(T, Y, P, P_X, P^e) \tag{12-1}$$

式中：Q_d 代表对某商品的需求数量；T 表示消费者偏好；Y 表示消费者收入；P 表示该商品价格；P_X 表示其他商品价格；P^e 表示预期的该商品的未来价格。

由于影响一种商品的市场需求的因素很多，在具体的分析中往往假定除该种商品价格外的其他因素保持不变（当然也可假定除收入外的其他因素不变来考虑需求和收入之间的关系）。这样就可以认为，引起需求量变化的唯一原因是该种商品的价格，于是上述需求函数可以简化为

$$Q_d = f(P) \tag{12-2}$$

该函数只是一般地表示 Q_d 与 P 之间存在函数关系。我们还可以进一步假定需求函数是线性的，如采取如下的形式

$$Q_d = a - bP \tag{12-3}$$

如果我们假设方程中的 $a=20, b=2$，则该函数代表的需求曲线可以表示为图 12-2。

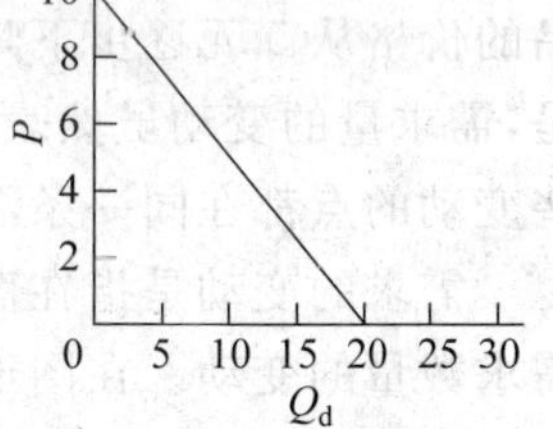

图 12-2　需求曲线

三、需求定理与替代效应和收入效应

在影响需求量的其他因素给定不变的条件下，对于一种商品的需求量与其价格之间存在着反方向关系，即价格提高，需求减少；价格降低，需求增加。商品需求量与其价格之间存在着这种反方向变化的依存关系，因而需求曲线是一条自左向右下方倾斜的曲线，这就是需求定理在几何图像上的表达。

需求量与其价格之间存在这种关系，可以用替代效应和收入效应来解释。需求定理之所以发生作用，是因为有替代效应和收入效应在发挥作用。

我们用苹果和香蕉的例子来说明，其中香蕉是作为苹果的替代品出现的。

假设苹果价格下降，如果香蕉的价格没有变化，那么，人们在一定限度内会少买香蕉，把原来用来购买香蕉的一部分收入转而用于购买苹果。也就是说，苹果价格下降促使人们用苹果替代香蕉，因而引起对苹果需求量的增加。同样，当香蕉价格保持不变，而苹果价格上升时，人们就会用香蕉替代苹果，从而引起苹果需求量的减少。香蕉价格不变，苹果价格上升或下降，会引起消费者用香蕉替代苹果或是用苹果替代香蕉，从而引起苹果需求量与其价格之间的反方向变化，这种效应就被称为替代效应。

再来看收入效应。假设苹果价格下降，其他商品价格没有变化，这就意味着同样的货币收入在不减少其他商品消费数量的情况下，可以买进更多的苹果，也就是苹果价格的下降引起了消费者实际收入的提高。这种因价格下降带来的实际收入的提高导致需求量的增加，称为对商品需求的收入效应。同理，苹果价格提高导致消费者实际收入水平的下降，使得消费者对苹果的需求量减少。

四、需求的变化与需求曲线的移动

在微观经济分析中特别要注意区分需求量的变动与需求的变动。需求量是指在某个特定的价格水平下消费者愿意并且有能力购买的商品数量。在需求曲线图上，需求量是需求曲线上的一个点。需求是指在各种不同价格水平下的不同需求量的总称。在需求曲线图上，需求是指整个需求曲线。

需求量的变动和需求的变动都表现为需求数量的变动，它们的区别在于引起这两种变动的原因是不同的，而且这两种变动在几何图形中的表示也是不同的。

需求量的变动是指在其他条件不变的情况下，由于商品本身价格变动所引起的该商品的需求数量的变动。这里的其他条件是指消费者的收入水平、相关商品的价格、消费者的偏好及对未来价格的预期等影响需求的因素。在需求曲线图中，需求量的变动表现为曲线上的点沿着同一条需求曲线上下移动，而需求曲线本身并未发生变化。如图 12-2 所示，当商品的价格从 5 元逐步下降为 2 元时，该商品的需求量会由 10 逐渐增加到 16。需要指出的是，需求量的变动虽然表现为需求数量的变化，但并不表示整个需求状态的变化。因为，这些变动的点都在同一条需求曲线上。

需求的变动是指在商品本身价格不变的情况下，由于其他因素变动所引起的该商品的需求数量的变动。在图形中，需求的变动表现为整个需求曲线的位置发生移动。如图 12-3 所示，商品的需求曲线用 D 表示。如果价格不变，而市场上卖的替代品通通涨价，则消费者对该商品的需求必然增加，需求曲线 D 向右上方移动到曲线 D_1 的位置；如果价格不变而消费者的收入减少，那么，在每一价格水平下，消费者所能购买的该商品数量都会减少，即需求减少，需求曲线就会向左下方平移到曲线 D_2 的位置。显然，需求的变动所引起的需求曲线的移动，表示整个需求状态的变化。

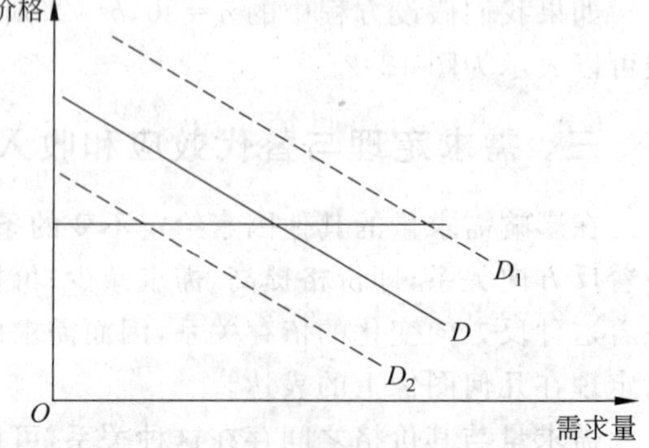

图 12-3 需求状况的变动引起需求曲线的移动

综上所述，需求量由商品本身的价格决定，需求则是由商品本身的价格以外的各种因素决定。需求量的变动是在其他条件不变的情况下由商品本身的价格变动引起的，在需求曲线图中表现为沿着需求曲线的移动。而需求的变动则是由商品本身的价格以外的因素发生变化引起的，在需求曲线图中表现为需求曲线本身的移动。

第二节　供给定理

一、供给表和供给曲线

和需求一样，在进行经济分析谈到对一种商品的供给的时候，总是指一定市场上在一定时期内与每一种销售价格相对应的，生产者愿意供给的数量。表 12-2 表示了一种商品的价格与供给量的关系。它表示，当销售价格为 1 元/t 时，没有任何一个生产者愿意提供该产品；当价格为 2 元/t 时，市场上各个生产者愿意销售的数量合计为 3t；当价格为 3 元/t 时，市场供给量为 6t；以此类推，当销售价格上升到 6 元/t 时，市场供给量合计将达到 11t。将表 12-2 用图形表示出来，就可以得到如图 12-4 所示的供给曲线。

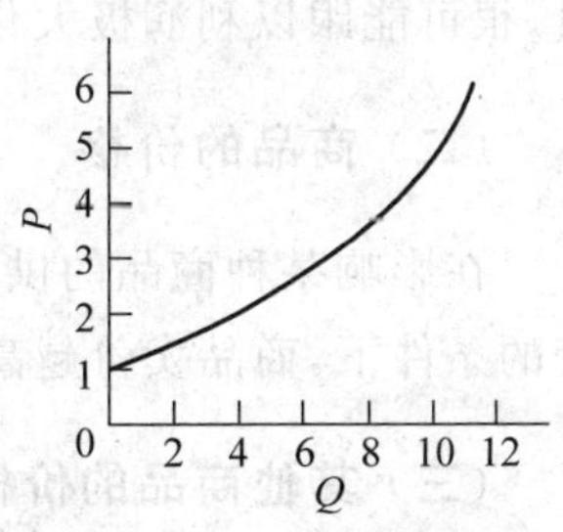

图 12-4　供给曲线

表 12-2　价格与供给量

价格/(元/t)	1	2	3	4	5	6
供给量/t	0	3	6	8	10	11

假设某种商品的供给数量 Q_s 及其变化取决于其销售价格 P，则可以得到供给函数 $Q_s=g(P)$。若假定供给数量与价格同方向变化，即价格越高，生产者愿意供给的数量愈多；反之，价格越低供给越少，并进一步假定 Q_s 与 P 之间具有直线关系，则供给方程可以表示为

$$Q_s=-c+dP \tag{12-4}$$

式中：参数 $-c$ 表示价格 $P=0$ 时的供给数量。如果 $P=0$，则 $Q_s=-c$。但因为生产者的产量显然不可能为负数，所以其经济含义是：销售价格必须高于 c/d，生产者才会进行生产，提供供给。式中的 d 同时表示了供给曲线的斜率，它表示当 P 发生微小变动时引起的 Q_s 的微小变化，用公式表示为

$$\frac{\mathrm{d}Q_s}{\mathrm{d}P}=\lim_{\Delta x\to 0}\frac{\Delta Q_s}{\Delta P}=d \tag{12-5}$$

式中：d 的符号为正，它表示供给量随销售价格同方向变动，即价格上升，供给量相应增加；价格下降，供给量相应下降。供给量是价格的增函数，即供给曲线自左向右上方延伸，称为供给定理。

二、供给的变化和供给曲线的移动

以上分析了产品的供给量与销售价格之间的函数关系，实际上包含着与每一供应量相对应的生产者要求一个最低限度的卖价，低于这一价格，生产者将不会提供这么多的产品。

之所以会有这样的情况出现，需要对生产者行为做详细的考察，这超出了本书的范围，下面我们只粗略地列举一些影响供给的主要因素。

影响供给的因素很多，有经济因素，也有非经济因素，概括起来主要有以下几种。

（一）生产者从事生产的目标

经济分析中一般假定厂商的目标是利润最大化，即耗费给定成本所赚得的利润为最大；或者换一种说法，赚得给定的利润所费成本为最小。但是，假如厂商的目标是使得销售产量或销售金额最大，则厂商的供给曲线，即与任一给定的销售价格相对应，厂商愿意供应的产量，很可能跟以利润极大化为目标的厂商供给曲线有所不同。

（二）商品的价格

在影响某种商品的供给的其他因素（如其他有关商品的价格和生产要素的价格）既定不变的条件下，商品卖价越高，生产者愿意供给的产量越高。

（三）其他商品的价格

例如小麦价格不变而棉花价格提高，生产者将缩减麦地种植面积，多生产棉花。这表示棉花价格的提高会引起小麦供给的减少。

（四）生产技术和管理水平

生产技术和管理水平的提高，可以降低原有的生产成本，使在同一价格水平下，可以提供更多的产品，供给量增加。

（五）生产要素的价格

生产要素价格的变化直接影响到商品的生产成本。在其他条件不变的情况下，要素价格上升，厂商利润减少，供给也会减少；反之，则供给增加。

（六）政府的租税政策

对一种产品的课税使卖价提高，在一定条件下会通过需求的减少而使供给减少。反之，减低商品租税负担或政府给予补贴，会通过降低卖价刺激需求，从而引起供给增加。

（七）厂商对未来的预期

如果厂商对未来的经济持乐观态度，则会增加供给；如果厂商对未来的经济持悲观态度，则会减少供给。

影响供给的因素要比影响需求的因素复杂得多，在不同的时期、不同的市场上，供给要受多种因素综合影响。还应该强调的是，供给的变动与时间因素密切相关。一般来说，在价格变动之后的极短期内，供给只能通过调整库存来作出反应，变动不会很大。在短期内可以通过变更原料、劳动力等生产要素来调节供给，变动会较大。但只有在长期中才能变更厂房、设备等生产要素，使供给适应价格而充分变动。

第三节　供求均衡及弹性理论

一、均衡价格的决定

（一）均衡

在经济学中，均衡指变动着的各种力量处于一种暂时稳定（或相对静止）的状态。均衡并不意味着不会再变动。若条件变了，原来的均衡就不存在，进而会产生新的均衡。从动态的观点看，均衡是短暂的，是一个不间断的过程。均衡是一种分析方法，通过对均衡价格的分析，可说明需求、供给与价格之间的关系。均衡可划分为局部均衡和一般均衡。

局部均衡是指在其他条件不变时，一种商品的价格只取决于它本身的供求状况，而不受其他商品的价格与供求的影响。局部均衡用来分析单个市场、单个商品的价格与供求关系的变化情况。

一般均衡是指一种商品价格的变动，不仅受它本身供求的影响，而且要受到其他各个市场、各种商品的供求与价格的影响。即一种商品的价格与供求的均衡，只有在所有商品的价格与供求达到均衡时才能确定。一般均衡用来分析市场上所有各个市场、所有各种商品的价格和供求关系的变化情况。

（二）均衡价格的含义

所谓均衡价格（equilibrium price），是指一种商品的市场需求与其市场供给相等时的价格，或者说一种商品的市场需求曲线与其市场供给曲线相交时的价格。

根据市场需求规律和供求规律，分别确定市场的需求曲线和供给曲线，而在这两条曲线的交点，生产者愿意出卖的价格和消费者愿意支付的价格以及生产者愿意供给的数量和消费者愿意买进的数量恰好相等，这时市场达到均衡状态。这种在需求状况和供给状况为已知和确定不变条件下，市场供求达于平衡状态时的价格，就称为均衡价格。与均衡价格相对应的供（需）量，称为均衡产（销）量。如图 12-5 所示，DD 和 SS 分别为需求曲线和供给曲线，两线交点 E 所对应的价格 P 和产量 Q 就是均衡价格和均衡产量。

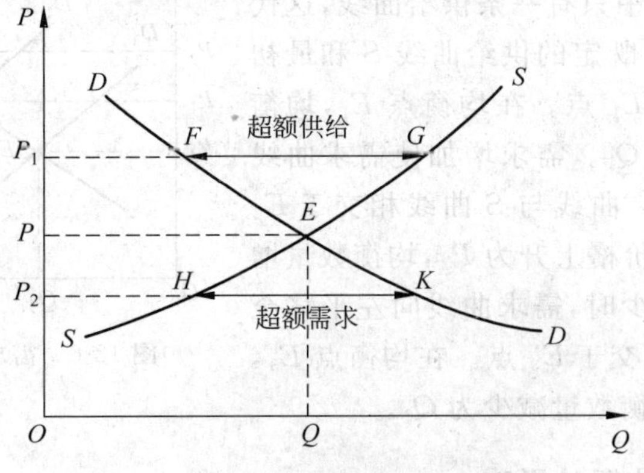

图 12-5　均衡价格和均衡产量的确定

（三）均衡价格的确定

显然，均衡价格和均衡产量只是一种理想状态，并且是市场竞争的结果。通常，销售者总想提高价格，而购买者总想降低价格。

(1) 当市场价格高于均衡价格时，由于需求少，供给多，一方面，会使需求者压低价格来得到他所要购买的商品量；另一方面，又会使供给者减少商品的供给量。这样，必将导致价格下跌。在此过程中，只要供求曲线不发生移动，价格就会一直下跌到 P 为止，从而使供求量相等，又恢复了均衡。

(2) 当市场价格低于均衡价格时，由于需求量大于供给量，一方面，迫使需求者提高价格来得到他所要购买的商品量；另一方面，又会使供给者增加商品的供给量。这样，必使价格上升。在此过程中，只要供求曲线不发生移动，价格就会一直上升到 P 为止，从而使供求量相等，又恢复了均衡。总之，市场均衡价格的形成，取决于供需双方。均衡是市场的必然趋势，也是市场的正常状态。而脱离均衡点的价格必然形成供过于求或求过于供的失衡状态。由于市场中供求双方竞争力量的作用，存在着自我调节的机制，失衡将趋于均衡。

二、需求与供给的变动对均衡价格的影响

均衡价格由需求和供给决定，所以，需求的变动（不是需求量的变动）和供给的变动（不是供给量的变动），就会引起均衡价格和均衡数量发生变动。需求与供给的变动对均衡价格与均衡数量的影响就是供求定理，其内容包括：在其他条件不变的情况下，需求变动引起均衡价格与均衡数量同方向变动；供给变动引起均衡价格反方向变动，均衡数量同方向变动。最后，需要指出的是，如果需求和供给同时发生变动，则商品的均衡价格和均衡数量的变化是难以肯定的，这要结合需求和供给变化的具体情况来决定。下面，我们通过对比进行详细的分析。

（一）需求变动对均衡的影响

在供给不变的情况下，需求增加会使得需求曲线向右平移，从而使得均衡价格和均衡数量都增加；需求减少会使得需求曲线向左平移，从而使得均衡价格和均衡数量都减少。

如图 12-6 所示，图中只有一条供给曲线，这代表了供给面保持不变。既定的供给曲线 S 和最初的需求曲线 D_1 相交于 E_1 点。在均衡点 E_1，均衡价格为 P_1，均衡数量为 Q_1。需求增加使需求曲线向右平移到 D_2 位置，D_2 曲线与 S 曲线相交于 E_2 点。在均衡点 E_2，均衡价格上升为 P_2，均衡数量增加为 Q_2。相反，需求减少时，需求曲线向左平移至 D_3，D_3 曲线与 S 曲线相交于 E_3 点。在均衡点 E_3，均衡价格下降为 P_3，均衡数量减少为 Q_3。

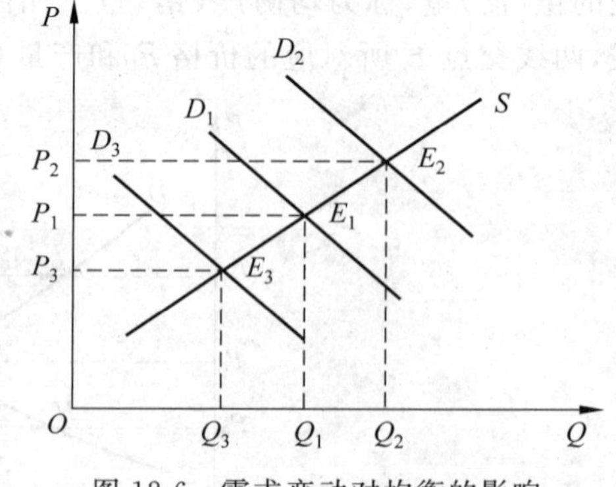

图 12-6　需求变动对均衡的影响

（二）供给变动对均衡的影响

供给的变动一般是由于生产技术提高，或由于生产要素价格降低等引起的。供给增加

会使供给曲线向右移动，从而使得均衡价格下降，均衡数量增加；供给减少会使得供给曲线向左移动，从而使得均衡价格上升，均衡数量减少。这一变化可从图 12-7 中清楚地看出来。

在图 12-7 中，唯一的一条需求曲线代表了不变的需求状况。这条既定的需求曲线 D 和最初的供给曲线 S_1 相交于 E_1 点。在均衡点 E_1，均衡价格和均衡数量分别为 P_1 和 Q_1。供给增加使得供给曲线向右平移至 S_2，并与 D 曲线相交于 E_2 点。在均衡点 E_2，均衡价格下降为 P_2，均衡数量增加到 Q_2。相反，供给减少使得供给曲线向左移动至 S_3，与需求曲线相交于 E_3 点。在均衡点 E_3，均衡价格上升为 P_3，均衡数量减少为 Q_3。

（三）供给和需求同时变动对均衡的影响

当供给和需求同时发生变动时，均衡数量和均衡价格的变化方向是不确定的，最终的结果有多种可能。我们把这各种变化可能直观地在图 12-8 中表达出来。读者可以自己进行分析。

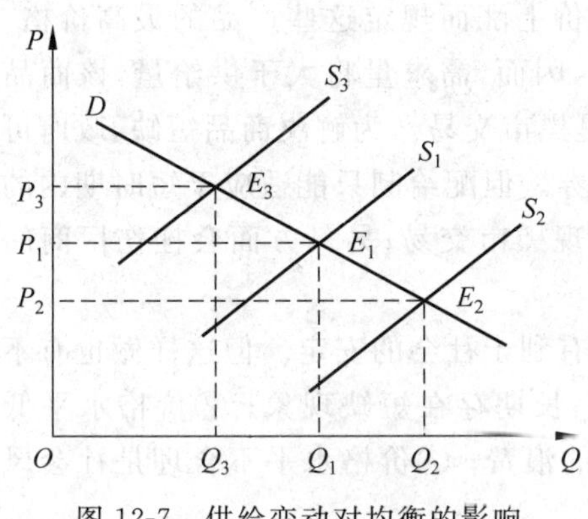

图 12-7 供给变动对均衡的影响

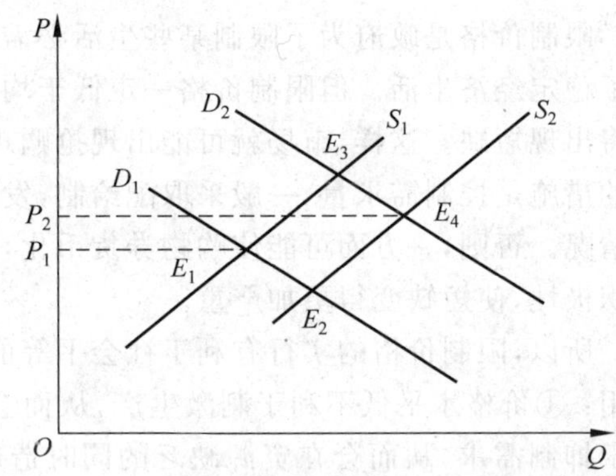

图 12-8 需求和供给同时变动对均衡的影响

三、价格对经济的调节和价格政策

（一）价格调节及其局限性

均衡价格形成与变动的过程实际上就是价格调节经济的过程，在现实中价格的形成及价格对经济的调节是同一社会经济过程。

在市场经济中，价格在经济中的作用可以归纳为：①价格在经济中的作用是传递信息、提供刺激，并决定收入分配；②作为指示器反映市场的供求状况；③价格的变动可以调节需求；④价格的变动可以调节供给；⑤价格可以使资源配置达到最优状态。

理论上说，通过价格调节，就可以使资源配置达到最优状态。但是在现实中，由于种种条件的限制，价格调节并不一定能达到理论上的这种完善境地。而且，从经济的角度看，也许价格的调节能达到那种理论上完善的境地；但从社会或其他角度看，不一定是最好的。这就是经济学家所说的市场失灵。为此，通过一定的经济政策来纠正这种失灵就成为必要的。

价格政策就是为了纠正市场失灵采取的政策。价格政策包括许多种，我们这里主要介绍两种：支持价格和限制价格。

（二）支持价格

支持价格是政府为了扶植某一行业的生产而规定的该行业产品的最低价格。支持价格一定高于市场均衡价格。由于高于均衡价格，供给量将大于需求量，该商品市场将出现过剩。为维持支持价格，政府就应采取相应措施。这类措施有：①政府收购过剩商品，或用于储备，或用于出口，在出口受阻的情况下，这样做必将增加政府财政开支；②政府对商品的生产实行产量限制，但在实施时需有较长的指令性且有一定的代价。

在我国目前的情况下采取对农业的支持价格政策是有必要的，对于稳定农业经济的发展有着积极的意义：①稳定了农业生产，减缓了经济波动对农业的冲击；②通过对不同农产品的不同支持价格，可以调整农业结构，使之适应市场变动；③扩大农业投资，促进了农业现代化的发展和劳动生产率的提高。

（三）限制价格

限制价格是政府为了限制某些生活必需品的物价上涨而规定这些产品的最高价格，是为了稳定经济生活。但限制价格一定低于均衡价格，因而，需求量将大于供给量，该商品市场将出现短缺。这样，市场就可能出现抢购现象或是黑市交易。为解决商品短缺，政府可采取的措施是控制需求量，一般采取配给制，发放购物券。但配给制只能适应于短时期内的特殊情况。否则，一方面可能使购物券货币化，还会出现黑市交易；另一方面会挫伤厂商的生产积极性，使短缺变得更加严重。

所以，限制价格的实行有利于社会平等的实现，有利于社会的安定。但这样做也有不利作用：①价格水平低不利于刺激生产，从而会使产品长期存在短缺现象；②价格水平低不利于抑制需求，从而会在资源缺乏的同时造成严重的浪费；③价格水平不合理是社会风气败坏、官员腐朽等不良风气的经济根源之一。

第四节　需求弹性与价格弹性

一、需求价格弹性

（一）弹性和需求价格弹性的含义

商品的需求和供给随着影响它们的各种因素的变化而变化。例如，当一种商品的价格发生变化时，这种商品的需求量会发生变化。除此之外，消费者的收入水平或者相关商品的价格等因素发生变化时，也会影响商品需求的变化。同样，当影响供给的因素发生变动时，也会引起供给的变化。在上一节我们讨论了它们之间变化的一般规律，对这种变化做了定量的描述。如果我们想更详细地了解这种变化，比如我们如果想知道当商品价格上升10%时，这种商品的需求量究竟会发生怎样的变动，就需要用到下面将要介绍的弹性概念。

弹性概念在经济学中有着广泛的应用。一般而言，只要两个变量之间存在函数关系，我们就可以用弹性来表示因变量对自变量的变化的反应敏感程度。通过弹性概念，我么可以知道，当一个经济变量发生1%的变化时，由它引起的另一个经济变量变动的百分比。弹性的大小可以用两个变量变动的比率之比（即弹性系数）来表示。例如，设变量X为自变量，

Y 为因变量，E 为弹性系数，则：

$$E=\frac{\Delta Y/Y}{\Delta X/X}=\frac{\Delta Y}{\Delta X}\cdot\frac{X}{Y} \tag{12-6}$$

需求弹性一般是指需求价格弹性，它指的是价格变动所引起的需求量变动的程度，或者说需求量变动对价格变动的反应程度，其公式为

$$E_{\mathrm{d}}=\frac{\Delta Q/Q}{\Delta P/P}=\frac{\Delta Q}{\Delta P}\cdot\frac{P}{Q} \tag{12-7}$$

如果价格的变动趋于无穷小，即当上式中的 $\Delta P\to 0$，且 $\Delta Q\to 0$ 时，则弹性公式可以用极限表示为

$$E_{\mathrm{d}}=\lim_{\Delta P\to 0}\frac{\Delta Q/Q}{\Delta P/P}=\frac{\mathrm{d}Q/Q}{\mathrm{d}P/P}=\frac{\mathrm{d}Q}{\mathrm{d}P}\cdot\frac{P}{Q} \tag{12-8}$$

在理解需求价格弹性的含义时要注意以下几点。

(1) 在需求量与价格两个变量中，价格是自变量，需求量是因变量。所以，需求价格弹性是价格变动所引起的需求量变动的程度，或者说需求量变动对价格变动的反应程度。

(2) 需求价格弹性系数是价格变动的比率与需求量变动的比率的比，而不是价格变动的绝对量与需求量变动的绝对量的比。

(3) 对于任何一种正常商品来说，需求价格弹性都是负数，这是因为价格与需求量成反比关系。但一般取其绝对值。

(4) 需求价格弹性是一个具体的数字，它与自变量和因变量的度量单位无关，是一个无量纲量。

（二）需求价格弹性的计算：点弹性和弧弹性

根据需求价格弹性的定义公式，当 $\Delta P\to 0$ 时，则可得到式(12-8)所示的点弹性计算公式。

用求导数的方法计算点弹性，只要知道一条需求曲线的函数形态，就可以求得弹性系数的公式。

例如，某种需求曲线函数为 $Q_{\mathrm{d}}=32-4P$，则 $\mathrm{d}Q/\mathrm{d}P=-4$，$E_{\mathrm{d}}=(-4)\times P/(32-4P)=P/(P-8)$。这时，可求出任何价格水平下的弹性系数。

当 $P=2$ 时，$E_{\mathrm{d}}=2/(2-8)=-1/3$(取其绝对值即等于 1/3)；

当 $P=4$ 时，$E_{\mathrm{d}}=4/(4-8)=-1$(取其绝对值即等于 1)；

当 $P=6$ 时，$E_{\mathrm{d}}=6/(6-8)=-3$(取其绝对值即等于 3)。

由此可以看出，一般而言，在同一条需求曲线的不同点上，需求价格弹性的大小是不同的。

点弹性还可用几何图形来表示和测度。在下列表示需求量与价格关系的坐标图(见图 12-9)上，线性需求曲线为 CD，其中 A 点的需求价格弹性 $E_{\mathrm{d}}=AD/AC$。

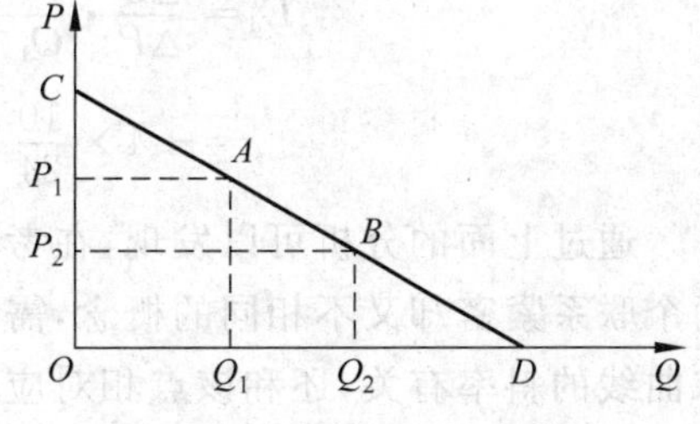

图 12-9　需求的价格点弹性

证明：在 A 点时价格为 P_1，需求量为 Q_1。假定价格由 OP_1 降到 OP_2，此时 $\Delta P=P_1P_2$，$\Delta Q=Q_1Q_2$，A 点的弹性系数为

$$E_d = \frac{DQ_1}{AQ_1} \cdot \frac{AQ_1}{OQ_1} = \frac{DQ_1}{OQ_1} = \frac{AD}{AC} = \frac{OP_1}{P_1C} \tag{12-9}$$

由此可见,如果需求曲线为直线,则需求曲线 CD 上任何一点的需求价格弹性均可用 AD/AC 来表示。若 A 位于 CD 的中点,则该点的弹性系数的绝对值等于 1;若 A 位于 CD 的中点以上,则该点的弹性系数的绝对值大于 1;若 A 位于 CD 的中点以下,则该点的弹性系数的绝对值小于 1。

一般来说,对于非线性的需求曲线,需求曲线上任一点 A 的需求价格弹性,可以过 A 点作一条 dd 线的切线,与纵轴相交于 C,与横轴相交于 D,则 A 点的弹性系数仍可由 AD/AC 来决定。

若求两点之间一段弧的需求价格弹性,如果简单套用定义式,则在具体应用时会产生如下矛盾。

如果在价格下降时,其计算公式写为

$$E_d = \frac{\Delta Q}{\Delta P} \cdot \frac{P}{Q} = \frac{Q_2 - Q_1}{P_2 - P_1} \cdot \frac{P_1}{Q_1}$$

则在价格上升时可写为

$$E_d = \frac{\Delta Q}{\Delta P} \cdot \frac{P}{Q} = \frac{Q_1 - Q_2}{P_1 - P_2} \cdot \frac{P_2}{Q_2}$$

其中 $\frac{Q_2-Q_1}{P_2-P_1}=\frac{Q_1-Q_2}{P_1-P_2}$,但 $\frac{P_1}{Q_1}\neq\frac{P_2}{Q_2}$,因此得到不同的值。

如前例,需求曲线为 $Q_d=32-4P$,在 $P_1=4,Q_1=16$ 和 $P_2=6,Q_2=8$ 两点间的弧弹性系数为

$$E_d = \frac{Q_2 - Q_1}{P_2 - P_1} \cdot \frac{P_1}{Q_1} = \frac{8-16}{6-4} \times \frac{4}{16} = -1 \quad \text{(取其绝对值即等于 1)}$$

而在上升时,两点间的弧弹性系数则为

$$E_d = \frac{Q_1 - Q_2}{P_1 - P_2} \cdot \frac{P_2}{Q_2} = \frac{16-8}{4-6} \times \frac{6}{8} = -3 \quad \text{(取其绝对值即等于 3)}$$

为了计算价格中上升与下降时计算的弹性系数值的差别,价格和需求量都取变动前后的平均值,所以,计算弧弹性的公式一般为

$$E_d = \frac{\Delta Q}{\Delta P} \cdot \frac{\frac{P_1+P_2}{2}}{\frac{Q_1+Q_2}{2}} = \frac{\Delta Q}{\Delta P} \cdot \frac{P_1+P_2}{Q_1+Q_2} \tag{12-10}$$

上式在 $P_1=4,Q_1=16$ 和 $P_2=6,Q_2=8$ 两点间的弧弹性系数均为

$$\begin{aligned} E_d &= \frac{\Delta Q}{\Delta P} \cdot \frac{P_1+P_2}{Q_1+Q_2} = \frac{8-16}{6-4} \times \frac{4+6}{16+8} \\ &= -4 \times \frac{10}{24} = -\frac{5}{3} \quad \left(\text{取其绝对值即等于}\frac{5}{3}\right) \end{aligned}$$

通过上面的分析可以发现,在考察需求价格弹性时,需求曲线的斜率和需求价格弹性是两个联系紧密却又不相同的概念,需要严格加以区分。需求曲线上某一点的斜率不仅和需求曲线的斜率有关,还和该点相对应的价格和需求量的比值有关,把需求曲线的斜率和需求价格弹性等同起来是错误的。

（三）需求弹性的类型

不同商品的需求价格弹性也是不同的。根据它们的弹性系数绝对值的大小，可分为以下五种类型。

（1）需求完全无弹性，即 $E_d=0$（见图 12-10）。在这种情况下，无论价格如何变动，需求量都不会变动。需求曲线是一条垂直于数量轴的直线，垂直的需求曲线表示在任何价格水平，需求数量都是不变的，需求量对价格变化完全不敏感。接近需求完全无弹性的一个例子是糖尿病人对胰岛素这种药品的需求。这种药品对糖尿病人是必需的，而且在目前的技术水平下很难寻找到替代药物。

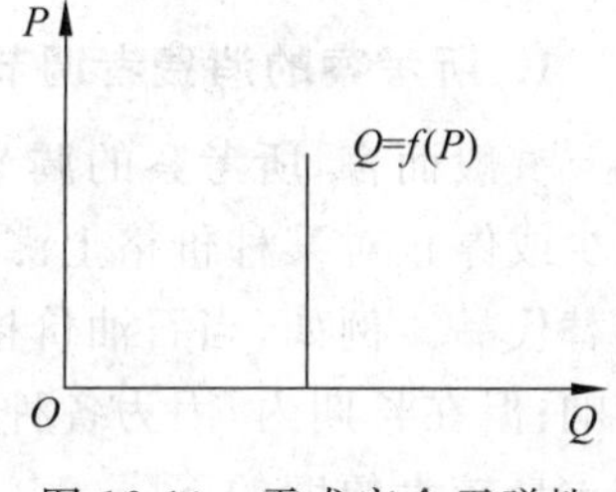

图 12-10　需求完全无弹性

（2）需求完全弹性，即 $E_d=\infty$（见图 12-11）。在这种情况下，需求曲线是一条平行于数量轴的直线。这表示，在既定的价格水平下，需求量是无限的。微小的价格上升也会使无穷大的需求量一下子减少到零。例如，银行以一固定价格收购黄金，无论有多少黄金都可以按这一价格收购，银行对黄金的需求是无限的。

（3）单位需求弹性，即 $E_d=1$（见图 12-12）。在这种情况下，需求量变动的比率与价格变动的比率在任何一点都相等。这时的需求曲线是一条正双曲线。

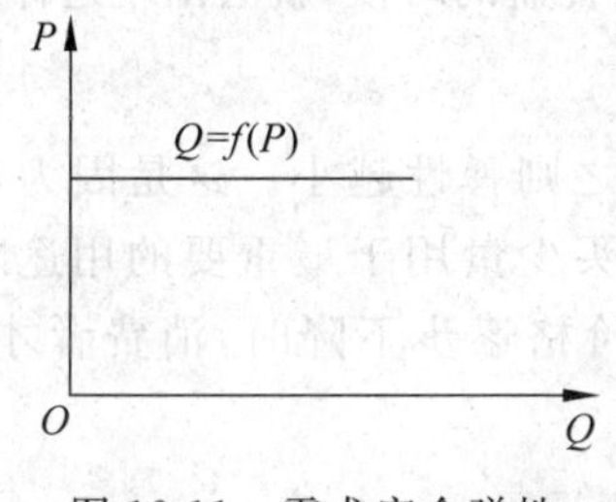

图 12-11　需求完全弹性

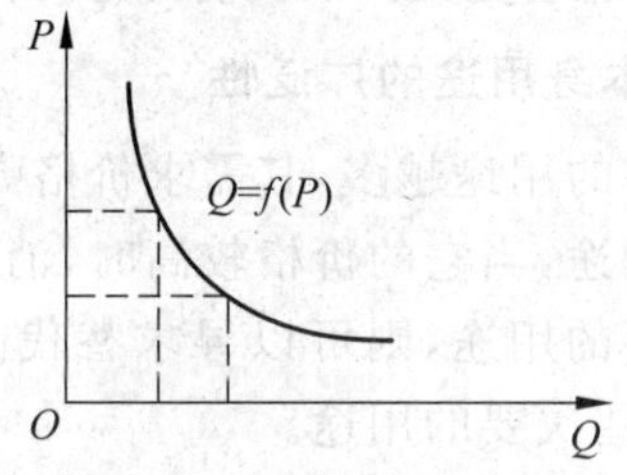

图 12-12　单位需求弹性

（4）需求缺乏弹性，即 $0<E_d<1$（见图 12-13）。在这种情况下，需求量变动的比率小于价格变动的比率。生活必需品，如粮食、蔬菜等属于这种情况。直观地看，需求缺乏弹性的需求曲线在坐标轴上表现得比较陡峭，这通常称为我们判断弹性大小的一种简便的方法。但必须明确的是，当坐标轴的单位变化时，反映在图中则需求曲线看起来就会变化，因此计算需求价格弹性的最好方法还是根据公式进行。

（5）需求富有弹性，即 $1<E_d<\infty$（见图 12-14）。在这种情况下，需求量变动的比率大于价格变动的比率。奢侈品，如汽车、珠宝、国外旅游等多属于这种情况。

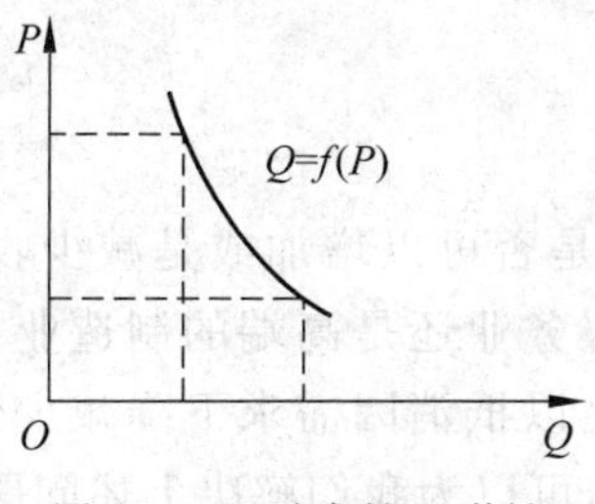

图 12-13　需求缺乏弹性

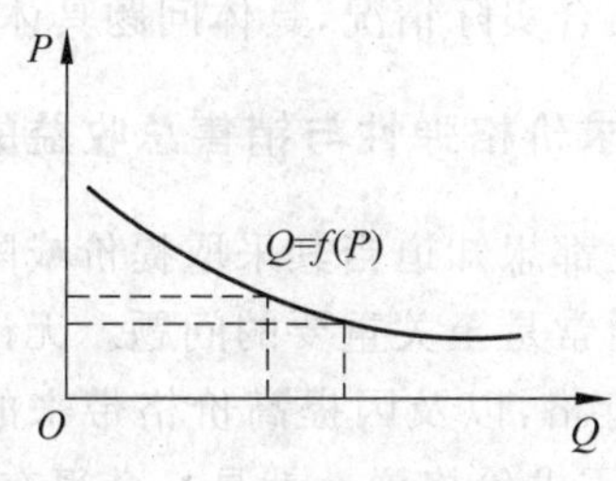

图 12-14　需求富有弹性

前三种情况都是需求价格弹性的特例，在现实生活中是很少见的。现实中常见的是后两种情况。

（四）影响需求价格弹性的因素

1. 所考察的消费者调节需求的时间

一般而言，所考察的调节时间越长，则需求价格弹性就可能越大。因为，当消费者决定减少或停止对某种价格上涨的商品的购买之前，他通常会花费时间去寻找和了解该商品的可替代品。例如，当石油价格上升时，在短期内，因为替代品的缺乏，需求量可能不会受太多影响；但在长期内，因为各种替代能源的出现，使得消费者可以选择其他能源，因此导致石油需求量较大幅度的下降。

2. 商品的可替代程度

一种商品的可替代品越多，相近程度越高，该商品的需求价格弹性往往就越大；相反，如果一种商品不容易寻找到替代品，那么其需求价格弹性往往就很小。前者可以以水果来代表，如果苹果涨价而香蕉价格不变，那么就会有很多的消费者选择用香蕉来替代苹果，苹果就表现出很大的需求价格弹性；反之，食盐则很难被其他调料所替代，因此，食盐价格变动很少引起销售量的变动。同时，对一种商品所下的定义越明确、狭隘，其被替代的可能也就越大，需求价格弹性也会变大。如我们考虑两种不同品牌的食盐的时候，就会出现这样的情况。

3. 商品本身用途的广泛性

一种商品的用途越多，其需求价格弹性越大；反之则弹性越小。这是因为，如果一种商品具有多种用途，当它的价格较高时，消费者只会购买少量用于最重要的用途之上，而对于其他比较次要的用途，则可以寻求替代品。当它的价格逐步下降时，消费者才会增加购买量，以满足一些次要的用途。

4. 商品对消费者生活的重要程度

一般而言，生活必需品的需求价格弹性较小，非必需品的需求价格弹性则较大。例如上面的食盐就是生活必需品的一个很好的例子，而音乐会的门票则是非必需品的一个例子。

5. 商品在家庭支出中所占的比例

在家庭支出中所占比例小的商品，价格变动对需求的影响小，因此通常需求价格弹性较小；在家庭支出中所占比例大的商品，价格变动对需求的影响大，通常需求价格弹性较大。

需要指出，上面只是简单列举而非穷尽了影响商品需求价格弹性的部分因素，而且这些因素影响也并非绝对的。决定一种商品需求价格弹性大小的因素是综合复杂的，在分析的时候一定要结合实际情况，具体问题具体对待。

（五）需求价格弹性与销售总收益的关系

众多企业都想知道当其采取提价或降价措施时，是否可以增加或是减少收益。这对一个企业来讲通常是至关重要的问题。无论是一般的服务业还是高端的制造业，都得决定是否值得提高价格，以及因提高价格带来的收益是否足以抵消因需求下降减少带来的损失。这种情况下，需求价格弹性就是一个很有用处的工具，可以为我们解决上述问题提供很大的帮助。

我们用下式定义生产者的总收益(TR)

$$TR = P \cdot Q \tag{12-11}$$

式中：P 代表产品价格，Q 代表销售数量。

(1) 需求富有弹性($E_d>1$)的商品需求价格弹性与销售总收益之间的关系。价格下降时，需求量(从而销售量)增加的幅度大于价格下降的幅度，所以总收益会增加。这个结论可以解释"薄利多销"这类现象。需要说明的是，同一种商品，对不同的消费者而言，其需求弹性可以是不同的，有时候差别甚至很大。这意味着，生产者可以针对不同的客户群采取不同的定价策略。

航空机票就是这样的一个例子。对于商务人员来说，他们对机票的需求往往缺乏弹性，因此提高这些人的票价有助于增加收益。相反，自助旅游的乘客对于机票的需求弹性就要高得多，因此他们对于旅行的目的地、时间和出行方式有更多的选择余地。因此，提高票价会降低总收益。这里的唯一问题是，航空公司能不能找到一种切实可行而且成本低廉的方法区分这两种不同的乘客，从而可以让其针对不同的对象实行差别定价(实际上是一种价格歧视)。现在的航空公司已经设计出复杂的计算机程序来对其售票系统进行管理。如给予团体购票以一定的折扣，给予提前半个月预订机票的乘客也打折，因为对这些提前做好计划的乘客而言，他们可以有多种选择，因而具有较大的需求弹性；但是对于购买两小时之后航班的乘客，通常是全价，因为售票系统会认为你很可能要去处理一项意外的商务工作——这是一种缺乏弹性的情况。

(2) 需求缺乏弹性($E_d<1$)的商品需求价格弹性与销售总收益之间的关系。价格下降时，需求量(从而销售量)增加的幅度小于价格下降的幅度，所以销售总收益会减少。这个结论可以解释"谷贱伤农"的现象，有时候也被称为"丰收悖论"。

经济学家萨缪尔森讲过一个故事：有一年寒冷的冬季冻死了害虫，适于播种的春季早早到来，春雨滋润了成长中的秧苗，阳光灿烂的秋季使得农作物收割顺利，并运往市场。这一年，农业获得了大丰收。可是到了年底，当农民琼斯一家高高兴兴地坐下来计算一年的收入时，结果让他们大吃一惊：好年景和大丰收反而降低了他们家的收入，其他农民的收入也都比往年有所减少。

这是怎么回事？农业丰收了但农民的收入反而降低了，这真是不可思议。经济学家把这种不可思议的现象称为"丰收悖论"。

"丰收悖论"的成因何在？萨缪尔森用需求弹性分析了这种奇特的矛盾现象。他认为，"答案就在于人们对食品的需求弹性"。需求弹性是衡量需求量对价格变动反应程度的概念。如果一种物品的需求量对价格变动的反应大，可以说这种物品的需求是富有弹性的；如果一种物品的需求量对价格变动的反应小，可以说这种物品的需求是缺乏弹性的。一般来说，必需品倾向于需求缺乏弹性，而奢侈品倾向于需求富有弹性。"丰收悖论"的主要成因在于小麦、玉米等基本粮食作物缺乏需求弹性。因而，就这些必需品而言，消费者对于小麦、玉米这类产品的价格变动反应迟钝。这就意味着，收成好时，农民整体的总收益低于收成不好的时候。也就是说，粮食收成好时，供给增加从而降低了价格，但粮食价格降低并不会刺激需求有较大增加。因此，收成好反而使全体农民的总收益下降了。用"丰收悖论"还可以在一定程度上解释我国出现的农业增产不增收的现象。有些学者运用经济学的"丰收悖论"来解读这种增产不增收的现象，并试图避免在农产品市场上不断出现的“丰收悖论”。

(3) 当需求具有单位弹性时,价格变化不会引起总收益的任何变化。

二、供给价格弹性

供给弹性通常包括供给价格弹性、供给交叉价格弹性和供给预期价格弹性等。但在一般情况下,供给弹性指的就是供给价格弹性。

供给价格弹性表示在一定时期内一种商品供给量的变动对于该商品价格变动的反应程度。它是商品的供给量变动率与价格变动率之比。供给价格弹性也有点弹性和弧弹性的区分。

供给价格弧弹性表示某种商品供给曲线上两点之间的弹性。供给价格点弹性表示某种商品供给曲线上某一点的弹性。假定供给函数为 $Q=g(P)$,以 E_s 表示供给价格弹性,则供给价格弧弹性的公式为

$$E_s = \frac{\Delta Q}{\Delta P} \cdot \frac{P}{Q} \tag{12-12}$$

供给价格点弹性的公式为

$$E_s = \frac{\mathrm{d}Q/Q}{\mathrm{d}P/P} = \frac{\mathrm{d}Q}{\mathrm{d}P} \cdot \frac{P}{Q} \tag{12-13}$$

通常情况下,商品的供给量和商品的价格变化多是同方向的,供给的变化量和价格的变化量符号是相同的,所以供给弹性系数一般是正数。

供给价格弹性根据大小也可分为五种类型:大于 1 表示富有弹性;小于 1 表示缺乏弹性;等于 1 表示单一弹性或单位弹性;趋于无穷表示完全弹性;等于 0 表示完全无弹性。

(一) 供给弹性各种类型的图形表示

(1) 供给完全无弹性,即 $E_s=0$(见图 12-15)。在这种情况下,无论价格如何变动,供给量都不变。例如,土地、文物、某些艺术品的供给。

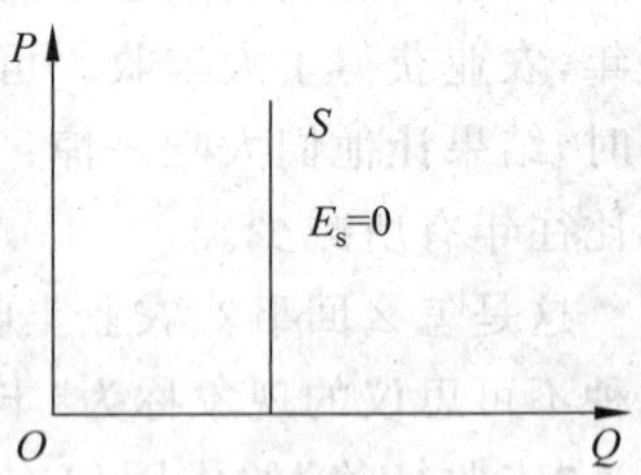

图 12-15 供给完全无弹性

(2) 供给完全弹性,即 $E_s=\infty$(见图 12-16)。这种情况下,价格既定而供给量无限。

(3) 单位供给弹性,即 $E_s=1$(见图 12-17)。这种情况下,供给变动的比率与价格变动的比率相等。这时的供给曲线是通过原点的一条与横轴成 45°,并向右上方倾斜的线。

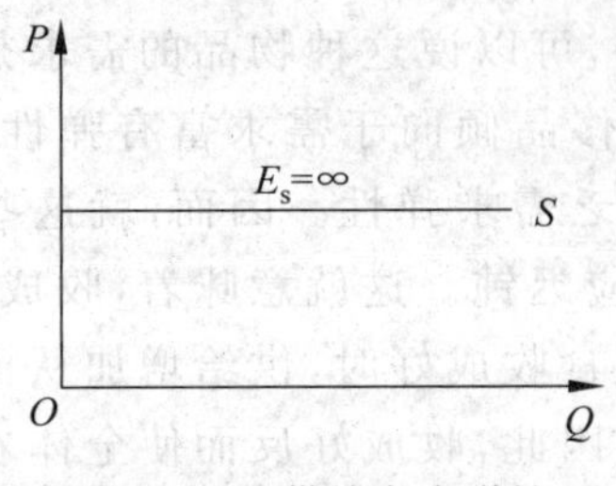

图 12-16 供给完全弹性

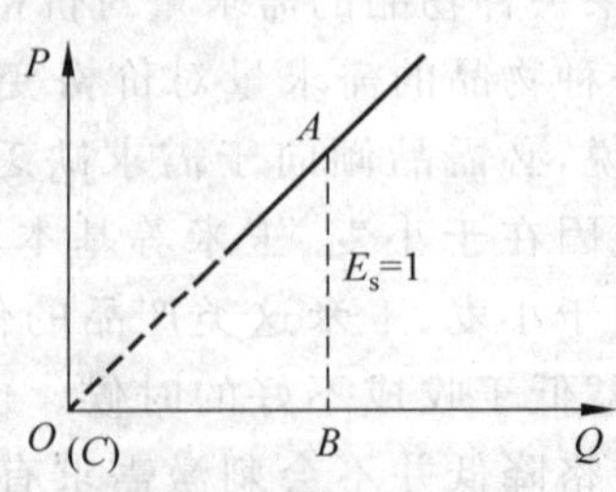

图 12-17 单位供给弹性

(4) 供给富有弹性，即 $1<E_s<\infty$（见图 12-18）。这种情况下，供给量变动的幅度大于价格变动的幅度。这时的供给曲线是一条穿过价格轴的向右上方倾斜且较为平坦的线。

(5) 供给缺乏弹性，即 $0<E_s<1$（见图 12-19）。这种情况下，供给量变动的幅度小于价格变动的幅度。这时的供给曲线是一条穿过数量轴的向右上方倾斜且较为陡峭的线。

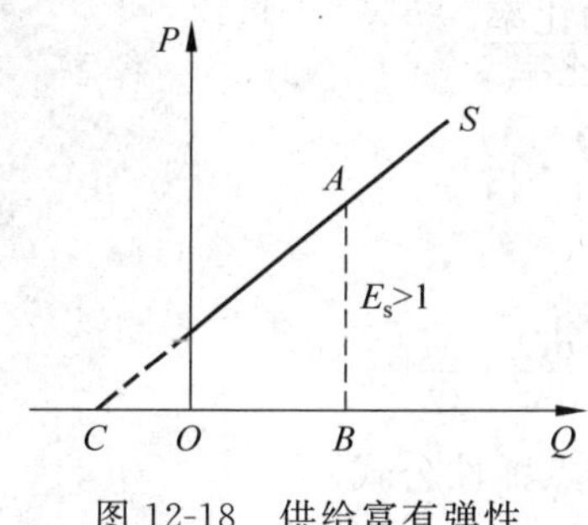

图 12-18　供给富有弹性

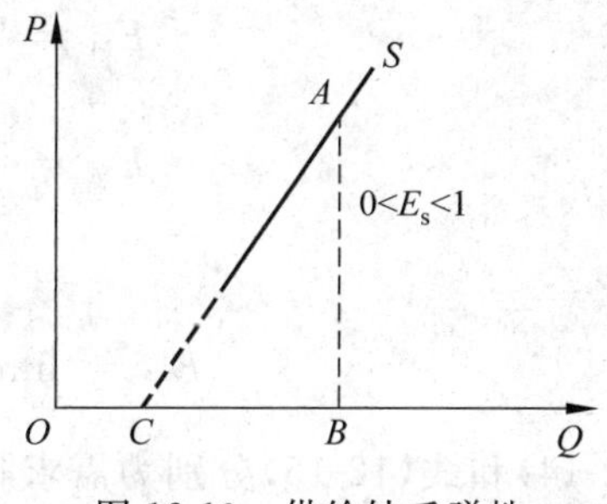

图 12-19　供给缺乏弹性

（二）影响供给价格弹性的因素

影响供给价格弹性的因素很多，其中主要有以下几项。

1. 时期的长短

当商品价格发生变化时，厂商对产量的调整需要一定的时间。由于在短期内，厂商的生产设备等无法改变（增加或减少），如果厂商要根据商品的涨价及时地增加产量，或根据产品的降价及时缩减产量，都存在不同程度的困难，即供给价格弹性比较小。但在长期中，生产规模的扩大与缩小，甚至转产都可以实现，即供给量可以对价格变动作出充分反应，即供给价格弹性也就比较大。

2. 生产规模和规模变化的难易程度

一般来说，生产规模大的资本密集型企业，因受设计和专业化设备等因素的制约，其生产规模变动较难，调整的时间长，因而其产品的供给价格弹性小；反之，规模较小的劳动密集型企业，其产品的供给价格弹性相对更大一些。

3. 生产的难易程度与生产周期的长短

通常，容易生产的产品，如技术要求低，生产周期很短，则产量调整比较快，供给价格弹性大；反之，较难生产的产品，如果生产周期长，则供给价格弹性小。

4. 生产成本的变化

在其他条件不变的条件下，如果生产成本随着产量的增加不会增加太多，则产品的供给价格弹性就大；反之，如果产品增加促使成本显著增加，则供给价格弹性就小。

三、需求收入弹性和需求交叉弹性

除了商品本身价格因素之外，商品的需求和供给还会由于其他因素或其他商品价格的变动而变动。因此，相应的就还有存在其他因素的需求弹性和供给弹性。此处，我们只介绍需求收入弹性和需求交叉弹性。

（一）需求收入弹性

需求收入弹性是指在一定时期内，一种商品的需求量变动对消费者收入变动的反应程度，是需求量变动的比率与收入变动的比率之比。其公式为

$$E_{\mathrm{M}}=\frac{\text{需求量变动的比率}}{\text{收入变动的比率}}$$

$$E_{\mathrm{M}}=\frac{\Delta Q/Q}{\Delta M/M}=\frac{\Delta Q}{\Delta M}\cdot\frac{M}{Q} \tag{12-14}$$

或

$$E_{\mathrm{M}}=\lim_{\Delta M\to 0}\frac{\Delta Q}{\Delta M}\cdot\frac{M}{Q}=\frac{\mathrm{d}Q}{\mathrm{d}M}\cdot\frac{M}{Q} \tag{12-15}$$

式(12-14)和式(12-15)分别为需求收入弧弹性和点弹性公式。

在影响需求的其他因素既定的条件下，需求收入弹性系数可正可负，并可据此来判别该商品是正常品还是劣等品。

如果某种商品的需求收入弹性系数为正值，即 $E_{\mathrm{M}}>0$，表示随着收入水平的提高，消费者对此种商品的需求量随之增加，该商品即称为正常品。正常品的需求收入弹性系数可等于1，大于1（奢侈品）或小于1（必需品），它们也分别为单元弹性、富有弹性和缺乏弹性。由此也就可以说明，为什么随着家庭收入的增加，食物开支所占的比例会越来越小。所谓恩格尔系数（=食物支出÷全部支出），可以反映一国或一个家庭的富裕程度与生活水平。恩格尔定律指出：在一个国家或在一个家庭中，食物支出在收入中的比例随着收入的增加而减少。用弹性概念来理解恩格尔定律就是：对于一个家庭或一个国家而言，富裕程度越高，则食物支出的收入弹性越小；反之，则越大。

如果某种商品的需求收入弹性系数是负值，即 $E_{\mathrm{M}}<0$，表示随着收入水平的提高，消费者对此种商品的需求量反而下降。该商品即称为劣等品。那些低档的日用消费品，就可能具有负的收入弹性。因为随着人们收入水平的提高，人们会更多地购买高档的消费品取而代之。

需要进一步指出的是，不同商品在一定的收入范围内具有不同的收入弹性，同一商品在不同的收入范围内也有不同的收入弹性。收入弹性并不取决于商品本身的属性，而取决于消费者购买时的收入水平。这是因为，收入水平提高时，本来被认为是奢侈品的东西也许会被认为是必需品；本来被认为是正常商品的东西，可能会被认为是劣等品。

（二）需求交叉弹性

需求交叉弹性是需求交叉价格弹性的简称，它是指在一定时期内，一种商品需求量变动对另一种商品价格变动的反应程度，其弹性系数是一种商品(X)需求量变动的比率与另一种商品(Y)价格变动的比率之比。其公式为

$$E_{XY}=\frac{\Delta Q_X/Q_X}{\Delta P_Y/P_Y}=\frac{\Delta Q_X}{\Delta P_Y}\cdot\frac{P_Y}{Q_X} \tag{12-16}$$

或

$$E_{XY}=\lim_{\Delta P_Y\to 0}\frac{\Delta Q_X/Q_X}{\Delta P_Y/P_Y}=\frac{dQ_X}{dP_Y}\cdot\frac{P_Y}{Q_X} \tag{12-17}$$

式(12-16)为需求交叉弧弹性公式，式(12-17)为点弹性公式。需求交叉弹性可以是正值，也可以是负值，它取决于商品间关系的性质，即两种商品是替代品还是互补品，并由此可通过交叉弹性来度量商品之间关系的密切程度。

如果商品X、Y的需求交叉弹性是正值，即$E_{XY}>0$，表示随着Y商品价格的提高(降低)，X商品的需求量也随之增加(减少)，则X、Y商品之间存在替代关系，为替代品。其弹性系数越大，替代性越强。

如果商品X、Y的需求交叉弹性是负值，即$E_{XY}<0$，表示随着Y商品价格的提高(降低)，X商品的需求量也随之减少(增加)，则X、Y商品之间存在互补关系，为互补品。其弹性系数越大，互补性越强。

当然，如果商品X、Y的需求交叉弹性为零，即$E_{XY}=0$，则说明X的需求量并不随Y商品的价格变动而发生变动，X、Y既非替代品亦非互补品，它们之间没有什么相关性，是相对独立的两种商品。

四、弹性理论与经济政策

本章中我们较为详细地介绍了供求关系和弹性的概念。需求和供给会随市场价格的变化而变化，这是马克思主义经济学历来都承认的。供需价格弹性是对这一种经济现象进行定量分析和数量描述的有力工具。所以，马克思主义经济学与这一种分析和描述工具之间并不是对立的。西方经济学者为求得需求曲线而“发明”了一个边际效用价值论作为其理论基础，其实并无必要，也并不能达到否定马克思主义劳动价值论的目的。

在马克思主义者看来，有关价格的理论并不是价值理论本身。恩格斯早就指出：“《资本论》中有一个注说，亚当·斯密和李嘉图把价值和生产价格(因此更不要说市场价格了)混为一谈是错误的。”“从这个注里就可以看到，‘价值’和‘生产价格’之间，因而，‘价值’和围绕‘生产价格’而波动的市场价格之间的关系，根本不属于价值理论本身。”所以，供需价格弹性既不需要什么边际效用价值学说，也与劳动价值论本身并不矛盾，是相容的而非对立的。弹性理论和供求分析，在本质上是一个分析技术的问题。在我国建立和完善社会主义市场经济体制的过程中，理应合理地吸收这些有力的工具，为我国的经济建设服务。合理地利用供求关系和价格信号的调节作用，不仅对于企业生产具有重要意义，也是国家进行宏观调控时必须重视的因素之一。

我们承认供求关系在资源配置的过程中起着重要作用，但我们并不认为供求关系能以最优的方式配置资源。事实上，包括社会主义市场经济在内的一切市场经济中，供求关系都是配置资源的一个非常重要的手段，而且通常还发挥着基础性作用，但这并不排除对于经济的宏观调控。这一点也早已为世界各国的经济发展实践所证明。

复习思考题

1. 名词解释

需求　供给　需求定理　供给定理　替代效应　收入效应

需求弹性　供给弹性

2. 影响需求和供给的因素各是什么？

3. 什么是均衡价格？它是如何形成的？供给和需求如何影响均衡价格？

4. 什么是支持价格和限制价格？政府采取支持价格和限制价格政策的利弊有哪些？

5. 需求弹性有哪几种类型？影响需求弹性的因素有哪些？

6. 供给弹性有哪几种类型？影响供给弹性的因素有哪些？

7. 试运用价格、供求和弹性理论剖析“谷贱伤农”、“税负归宿”、“禁毒与毒品犯罪之间的关系”、“薄利多销”等现实问题。

第十三章

消费理论（一）

第一节　消费的地位和环境

一、消费的属性和地位

消费是人们消耗一定的生活资料和劳务以满足生活需要的过程。一方面，它是人们维持自身生存和发展的自然过程；另一方面，它又是在一定社会关系中进行的社会过程。不同的社会集团和个人在消费中形成一定的社会关系就是消费关系。社会主义消费是社会主义再生产过程的重要环节。生产决定消费，社会主义生产关系的性质决定社会主义消费的性质。社会主义消费作为社会主义再生产过程的一个环节，一方面受社会主义生产的制约；另一方面对生产、分配和交换也产生重要作用。

(1) 消费对生产有积极的反作用。首先，消费的状况决定着再生产出来的劳动力素质，并且影响劳动者的积极性，从而对生产发展起着重要作用；其次，生产过程结束时生产出的产品，只有通过消费才作为生产成果实现，从而生产过程才最终完成，再生产过程才能进行；最后，消费需要为生产提供内在动力，推动生产向广度和深度发展。

(2) 消费使分配最终实现。分配是生产和消费的中间环节，分配的结果最终要体现在消费上，分配的差别最终要落实到消费的差别上。

(3) 消费使交换最终完成，并促使交换扩大。交换是为了换取自己所需要的特殊产品，以便用于消费，因此，在消费中使交换的目的得到实现。交换既然服务于消费，消费的规模和过程必然成为交换发展的一个重要因素。消费规模的扩大，为交换开拓市场；消费构成的变化，引导着交换方向的发展。

二、消费心理

消费心理是指消费者在购买、使用及消耗商品过程中的一系列心理活动。消费者的心理活动是消费者在购买、使用及消耗商品或劳务过程中反映出的心理态势。而在社会范围内消费者千万次的购买、使用和消耗行为的总和，就构成消费者心理活动的社会总体消费行为。在一定时期内，社会总体消费行为又影响并制约着消费者个体的心理变化趋向及发展趋势。消费者的消费行为不仅表现在购买、使用及消耗各种物质产品方面，同时也表现为对精神文化等非物质产品的需要与追求。随着生活水平的不断提高、消费内容的日趋多样化，物质产品与非物质产品的消费在总消费中所占的比重将出现较大幅度的变化，这种变化曲线与社会总体消费环境的变化趋向一致。因此，消费心理是指消费者在社会总体消费环境影响下，调节、控制自身消费行为的心理现象。消费心理分为本能性消费心理与社会性消费心理两大类。

（一）本能性消费心理

本能性消费心理是指由人的生理因素决定的、自然状态下的心理需要的反映。它是以消费者的生理因素作为基础和载体进行的一般心理活动，也是人类全部消费活动的基础。例如，饥饿的人在他人的食品面前，可表现出抢夺、乞讨或忍耐等截然不同的反应。

（二）社会性消费心理

社会性消费心理是指由人所处的社会环境因素决定的，以某种生理因素为条件，在社会状态下的心理需要反应。它是人类特有的、高级的、以社会因素为基础和载体进行的具有某种社会意义的心理活动。它使人类的消费活动由简单的满足生活需要，变为具有特定含义的社会行为。例如，人类由穿衣蔽体开始，发展为衣着服饰成为人对美的追求。人的社会性消费心理，主要受社会、政治、经济、文化环境的影响，并受其自身经济水平的制约，同时以自身的本能性消费心理为基础。

（三）两者关系

本能性消费心理作为人类生存与发展的基础，是人类心理活动的自然流露与反映。社会性消费心理则是由人类特有的社会性功能反映出的源于本能又高于本能的心理活动，是以本能性消费心理为基础，以社会、政治、经济、文化环境为条件，具有特定内涵的高级心理活动。因此，本能性消费心理与社会性消费心理是一种相互依存、相互联系的关系。前者是后者的前提和基础，后者是前者的发展和提高。本能性消费心理取决于人的生理因素，而社会性消费心理则是由社会、政治、经济发展水平所决定的消费者心理。在社会、经济、文化高速发展的今天，消费者的本能性消费心理反应已越来越被社会性消费心理活动所掩盖，并以一种隐性的、内在的形式发挥其最本质和基础的作用，而社会性消费心理则成为显现的、主流的表现形式。

三、消费环境

消费环境是指消费者在生存和发展过程中面临的、对消费者有一定影响的、外在的、客观的因素。消费环境包括自然环境与社会环境两方面。

（一）自然环境

自然环境是地球的表面层，如水、光、热、岩石、土壤等，它是地理地貌、水文气候、野生生物、水资源、矿产资源等的总称。自从有了人，它们就成为人类消费的环境。人们的消费需要体系中包括生态需要。生态需要反映人与自然的关系，不仅是最基本、最重要的生存需要，也是很重要的享受需要和发展需要，自然环境对满足人们的这种生态需要、提高消费质量是十分重要的。大自然是人类消费资料的主要来源。消费的自然环境对消费的影响主要表现为：①自然禀赋决定着对消费对象的偏好；②自然资源对生产力的作用，决定着对消费对象的供给水平和加工程度；③自然环境保护的程度决定消费对象的可持续提供；④自然环境好坏决定着消费的质量高低，自然环境受到污染，将危及消费品的质量和消费者的身体健康。

自然环境日益恶化，导致消费质量下降，严重威胁人的生存和发展。大气臭氧层耗损导致皮肤癌增加；森林减少造成水土流失，洪涝灾害频发，给人类生命和财产带来巨大损失；水作为生命之源，被污染后严重危害人体健康；气候变暖使不少疾病在蔓延和复发；噪声和空气污染使人类健康受到严重损害；等等。因此，积极培育一个良好的自然环境，促进生态平衡，提高消费环境的质量，是当代消费者一项极为重要的任务。

（二）社会环境

社会环境是指消费者在消费时面临的各种社会因素。任何人的消费都无法脱离社会。消费者生存和发展离不开各种社会关系，这些社会关系构成了消费者的各种集体。每一个消费者在消费时，其实都处于不同的集体或团体之中。从广义上来说，消费的社会环境中还包括消费的文化环境和消费的制度环境。

社会环境对消费的影响主要体现在以下三个方面。

（1）消费的大社会环境，不仅对人的生存和发展有很大作用，而且对两个文明建设有重要的影响。人与人之间的社会关系、社会风气、秩序、社会治安等都直接与消费活动相关。社会风气好、社会秩序好、人人有道德、有文化、有纪律、讲文明礼貌，就会大大提高消费质量。如果社会风气不好，犯罪率高，人们就会没有安全感、舒适感，就不能开展正常的消费活动。

（2）不同社会文化环境对消费的影响表现在以下四个方面。①宗教信仰。一旦形成就易被后人沿袭继承，形成一种模式，影响人们的消费需求和消费行为。②价值观念。生活在不同社会文化环境中的人有不同的价值观念。③消费习俗。消费习俗作为人们历代传递下来的一种消费方式、消费习惯，对消费具有重要引导作用。健康的消费习俗，有利于正确、主动地引导健康的消费，表达人们美好的心灵、良好的祝愿、奋发向上的情感。而庸俗的消费习俗要进行纠正，使其能健康地发挥引导消费的作用。④道德规范。不同的道德规范决定人们不同的交往行为，决定不同的家庭模式和消费方式。

（3）制度环境对消费起着重要制约和引导作用。①经济制度促进或制约着消费。中国传统的计划经济体制是一种压抑消费、注重积累的制度。而社会主义市场经济新体制是一种促进消费，注重通过消费需求满足来实现人的全面发展的制度。②政治与法律制度为消费提供安全的环境。随着经济体制、政治体制改革的逐步深入，法律制度的健全和完善对于维护社会稳定、社会主义经济秩序（包括市场秩序），规范企业运行，保护企业竞争，打击假冒伪劣，保障消费者权益和社会的长远利益，都起到促进消费的作用。③国家的方针、政策对消费压抑或鼓励。中国正积极改革原计划经济体制下抑制消费的政策，变为鼓励消费政策。国家还对精神文化消费、绿色消费、旅游消费、假日消费、教育消费等，提供相应的配套政策，促进消费的发展。

四、保护消费者权益

消费者权益是指消费者依法享有的权利及该权利受到保护时给消费者带来的应得的利

益。它是国家法律、法规及地方性法规所确认的、独自享有的权益。它包括消费者在购买、使用商品时应享有的权益,也包括消费者在接受服务时应享有的权益。

消费者权益在许多国家是由法律界定并受法律保护的,它是公民的一项基本权利。1993 年 10 月 31 日,第八届全国人民代表大会常务委员会第四次会议通过了《中华人民共和国消费者权益保护法》,该法于1994 年1 月1 日开始实施。2013 年10 月 25 日,第十二届全国人民代表大会常务委员会第五次会议对该法进行了修正。修正后的《消费者权益保护法》规定,消费者的权利共有九项:安全权、知情权、自主选择权、公平交易权、求偿权、结社权、获知权、受尊重权、监督权。具体条文如下:

(1) 消费者在购买、使用商品和接受服务时享有人身、财产安全不受损害的权利。

消费者有权要求经营者提供的商品和服务,符合保障人身、财产安全的要求。

(2) 消费者享有知悉其购买、使用的商品或者接受的服务的真实情况的权利。

消费者有权根据商品或者服务的不同情况,要求经营者提供商品的价格、产地、生产者、用途、性能、规格、等级、主要成分、生产日期、有效期限、检验合格证明、使用方法说明书、售后服务,或者服务的内容、规格、费用等有关情况。

(3) 消费者享有自主选择商品或者服务的权利。

消费者有权自主选择提供商品或者服务的经营者,自主选择商品品种或者服务方式,自主决定购买或者不购买任何一种商品、接受或者不接受任何一项服务。

消费者在自主选择商品或者服务时,有权进行比较、鉴别和挑选。

(4) 消费者享有公平交易的权利。

消费者在购买商品或者接受服务时,有权获得质量保障、价格合理、计量正确等公平交易条件,有权拒绝经营者的强制交易行为。

(5) 消费者因购买、使用商品或者接受服务受到人身、财产损害的,享有依法获得赔偿的权利。

(6) 消费者享有依法成立维护自身合法权益的社会组织的权利。

(7) 消费者享有获得有关消费和消费者权益保护方面的知识的权利。

消费者应当努力掌握所需商品或者服务的知识和使用技能,正确使用商品,提高自我保护意识。

(8) 消费者在购买、使用商品和接受服务时,享有人格尊严、民族风俗习惯得到尊重的权利,享有个人信息依法得到保护的权利。

(9) 消费者享有对商品和服务以及保护消费者权益工作进行监督的权利。

消费者有权检举、控告侵害消费者权益的行为和国家机关及其工作人员在保护消费者权益工作中的违法失职行为,有权对保护消费者权益工作提出批评、建议。

五、消费教育与引导

消费教育(或称国民消费教育)是指有组织、有计划地向居民传授消费知识和技能,培养科学、文明的消费观念和维权意识,提高消费者素质的教育活动。消费教育是从思想认识上提高保护消费者权益的自觉性,它与从物质上对商品和服务质量的监督是相辅相成的。消费教育主要有学校的正规消费教育和社会的非正规消费教育(主要是利用社会媒体宣传消费知识)两种形式。消费教育对于培养健康文明的消费观念、形成节约资源和保护生态环境的消费模式，意义重大。长期以来，我国对消费教育认识不足，消费教育还比较滞后。绝大多数大中小学尚未开设消费教育课程；企业和社区的消费教育基本上没有开展起来；媒体对消费教育内容的传播也不够经常、全面、系统。这就导致一些消费者缺乏必要的消费知识、消费技能、消费法律观念和消费自制能力，出现了盲目消费、奢侈浪费等现象。

在社会主义市场经济条件下，消费是生产的目的，又引导着生产。特别是在当前大力启动内需的情况下，扩大消费、引导消费是十分重要的。因此，加强消费教育刻不容缓。应考虑把消费教育纳入国民教育体系，抓紧建立和完善包括家庭消费教育、学校消费教育和社会消费教育在内的国民消费教育体系，全面推进全民消费教育工程。在日常生活之中，政府及各级地方城府和管理机构要围绕消费引导的工作主题，积极开展各项工作，充分利用多元化载体的平台，例如电视媒体、广播电台、报纸杂志、网络媒体等相关媒体的合作，制订宣传教育计划，统筹兼顾，共同营造良好的引导氛围。

第二节　消费需求与消费市场

一、消费需求

消费需求是指消费者对以商品和劳务形式存在的消费品的需求和欲望。当商品经济处于不发达阶段时，消费者的消费领域比较狭窄，内容很不丰富，满足程度也受到限制，处于一种压抑状态。随着人们物质文化生活水平的日益提高，消费需求也呈现出多样化、多层次，并由低层次向高层次逐步发展，消费领域不断扩展，消费内容日益丰富，消费质量不断提高。

二、消费市场

（一）消费者市场的概念

消费者市场又称最终产品市场，是指为满足生活消费需要而购买产品或服务的一切个人和家庭。消费者市场是通向最终消费的市场，是实现企业利润的最终环节，是一切社会生产的终极目标，因此，其他的产业市场都是为消费者市场而存在的。对消费者市场的研究，是对整个市场研究的核心与基础。

（二）消费者市场的特点

1. 非营利性

消费者购买商品是为了获得某种使用价值，满足自身的生活消费的需要，而不是为了营利去转手销售。人们购买有机蔬菜或来农场观光旅游都是为了满足自身的生活消费的需要，不是为了营利。

2. 需求的层次性

消费者的需求是多层次的，既包括生存、安全等低层次需求，也包括享受、发展等高层次需求。当低层次的物质生活需要得到满足后，消费者就会追求高层次的社会性、精神性需求的满足。也就是说，由于消费者的收入水平、文化修养、信仰观念、生活习惯等方面存在着差异，会有各种各样的需要，但不可能同时得到满足，可根据需要的轻重缓急，有层次地逐步实现。即使是在同一类商品市场，消费者购买层次也是不同的。

3. 需求的发展性

消费者的需求不是一成不变的，随着社会经济的发展和生活水平的提高，消费者需求的内容、构成和总量都会不断变化和发展，即使同一层次的需求，其内涵也是可变的，原有的需求会被新的需求所取代，潜在的、未来的需求会不断转化为现实的需求。也就是说，人们的需求是无止境的，不会停留在一个水平上。消费者的一种需求满足了，又会产生出新的需求，循环往复，以至无穷。

4. 需求的可诱导性

消费者需求的产生，大部分可以通过环境的改变或外部诱因的刺激、诱导而发生变化和转移，也就是说，消费者需求是可诱导和调节的，具有较大的弹性。

消费者需求的这一特征，为企业提供了巨大的市场潜力和市场机会。企业可以通过卓有成效的市场营销活动，如广告宣传、营销推广等，使无需求变为有需求，潜在需求变为现实需求，未来需求变为现实需求，从而使企业由被动地适应、迎合消费者需求，转化为积极主动地引导、激发和创造需求。

5. 需求的相关性

消费者的不同需求具有相互关联、补充、替代的关系。这些关系包括三种情况：①彼此独立不能互补或替代的需求；②彼此相连，相互补充的需求；③彼此可以替代的需求。

6. 需求的分散性

消费者人数众多，分布面广，购买流动性较大，每次购买数量较少，购买频率较高。多数消费者对大多数商品缺乏深入的了解，还缺乏商品的专门知识。这就需要营销者担任起引导消费者的责任，争取以灵活多样的售货方式，不断提高为消费者服务的质量。

7. 需求的周期性

从商品的消费情况来看，有些商品是常年均衡消费，需要经常购买；有些商品属季节性或节日消费，如时令服装等。

三、完善消费市场，扩大消费需求

（一）消费需求不足及其原因

在全球性金融危机中，我国和美国等发达国家同样面临内需不足的问题，但不同的是我国的内需不足主要是消费需求不足而不是投资需求不足。美国等发达国家的内需不足在相当大的程度上主要是投资需求不足。我国扩大内需的真正困难主要集中在如何扩大消费需求，而不像西方发达国家扩大内需的真正困难集中于如何扩大投资需求。制约消费的因素主要有两个：一是消费能力，取决于收入水平；二是消费意愿。收入水平是决定消费需求的主要因素。当前扩大居民消费需求的主要障碍表现在以下几个方面：①居民收入差距进一步拉大，广大中低收入阶层的购买力水平提高缓慢。世界银行发展报告提供的数据显示，我国的基尼系数从1980年的0.33扩大到1988年的0.38、1999年的0.437，2004年已扩大到0.458，有的地区超过了0.46。如果任由这一趋势延续，到2020年基尼系数将会上升到0.474；②居民预期收入下降，而预期支出反而增加，导致储蓄倾向过高，弱化了即期消费；

③广大农村的消费环境较差，农村消费市场的主导地位难以发挥；④国民消费教育远远滞后于现实需要。

（二）扩大消费需求的途径

1. 增强居民特别是中低收入者的消费能力

收入是消费的主要决定因素。从源头上解决消费需求不足的问题，必须努力提高居民的收入水平，特别是广大中低收入群体的收入水平。抓紧制定调整国民收入分配格局的政策措施，逐步提高居民收入在国民收入分配中的比重，提高劳动报酬在初次分配中比重。

2. 改善居民消费预期，增强消费意愿

保障和改善民生，既是发展的目的，也是发展的动力，是拉动居民最终消费最有效的手段。把更多的财政资源用于改善民生和发展社会事业，加快包括养老、医疗、失业保险等在内的社会保障体系建设，推进基本公共服务均等化，使人民生活有基本保障、无后顾之忧。

3. 尽快完善消费信贷制度

消费信贷不仅可以更好地满足人们物质生活和精神生活的需要，而且可以带动相关行业如建筑业、房地产业、汽车工业、交通通信业、文化教育业、旅游业等的发展，使之成为我国经济持续发展的支柱行业。

4. 继续优化消费环境

加强商贸流通体系等基础设施建设。切实加强市场监管，加大市场秩序的整顿和规范力度，努力为城乡居民创造健康安全的消费环境，保护消费者正当合法权益。进一步强化食品安全保障措施，严厉打击制售假冒伪劣食品等违法行为。支持批发市场和农贸市场升级改造。积极发展电子商务，规范和促进网上消费，给消费者提供一个更加便利、更加安全、更加有效的网络购物环境。切实加强诚信体系建设，大力推动行业信用体系建设，促进企业完善信用交易风险防范机制。

第三节　消费者行为与效用理论

一、消费者行为和消费者偏好

根据需求定理，商品的需求量同价格之间存在反方向的关系。为什么存在这种关系？需求曲线为什么是一条向右下方倾斜的曲线？需求曲线是从哪里来的？经济学家认为，对产品和劳务的需求，来自消费者的消费需求。因此，只有研究消费者行为，才能说明上述问题。

消费者行为是指人们为满足自己的欲望而购买、使用物品的一种经济行为。消费者理论研究消费者在市场上如何作出购买决策。这里，消费者是指能够作出统一的消费决策的家庭或居民户，而不论家庭中的人数多少。由于经济学把消费理论视为欲望的满足过程，因此，解释消费者行为的理论基础是效用论。效用可以分为基数效用和序数效用两种，相应

地，有关消费者行为的分析，通常也是分别以基数效用和序数效用为基础而展开的。这两种分析得出的结论是殊途同归的。

消费者偏好是消费者行为决策中最重要的一个因素。在现实生活中，有些人喜欢读莎士比亚的作品，有些人欣赏巴尔扎克的小说；有些人喜欢听古典音乐，有些人则偏爱流行音乐。这些不同的偏好无疑会导致消费者对商品或劳务的购买作出不同的决策。所以，作为消费者行为分析的第一步，经济学家通常对消费者偏好性质作出以下三个基本假定。

（一）偏好的完全性

偏好的完全性即消费者能够对任意两种物品的任意数量的组合确定偏爱程度。例如，消费者面临着 A、B 两种商品组合，商品组合 A 包括 1 单位可乐和 2 单位汉堡包，商品组合 B 包括 2 单位可乐和 1 单位汉堡包。经济学家假定消费者能够确定他是更喜欢商品组合 A 还是商品组合 B，或者对这两种组合抱无所谓的态度，即认为它们没有差别。判断消费者对两种商品组合的偏爱程度的方法，是将这两种商品组合标上相同的价格，然后问消费者究竟要哪一种。

（二）偏好的传递性

偏好的传递性即消费者偏好具有传递的特性。例如，假定一个消费者在 A、B 两种商品组合中更偏爱商品组合 A，而在 B、C 两种商品组合中更偏爱商品组合 B，那么，他对商品组合 A 的偏好一定大于商品组合 C。如果他对 A 和 B 偏好没有差别，对 B 和 C 的偏好也没有差别，那么，同样可以断定他对 A 和 C 的偏好没有差别。假如不是这样，那他的偏好是不可传递的，那将意味着他的偏好是矛盾的或不一致的。

（三）偏好的非饱和性

偏好的非饱和性即消费者总是偏好“多”而不是“少”，在所含商品数量较多的商品组合与所含商品数量较少的商品组合之间，消费者总是宁可要前者而不是后者。当然，这一假定是以这些物品对消费者来说都是好东西而不都是坏东西或令人讨厌的东西为前提的。

以上三个基本假定，一般地说是符合消费者偏好性质的，这是分析消费者行为的出发点。

二、基数效用论

（一）效用、总效用与边际效用

1. 效用

效用是指物品所具有的满足人们欲望的能力。效用不仅是指物品本身的有用性或使用价值，而且还指消费者从对物品消费过程中所获得的心理上的满足程度。用一个边际效用学派的经济学家的话来说，效用代表着人们如果得不到它就会产生痛苦感，或得到它就会产生的幸福感。如果某种物品的消费能使消费者感到满足程度高，效用就大；满足程度低，效用就小；如果给消费者带来不适、不愉快或痛苦，就是负效用。消费者总是喜欢能给他们带来更多满足程度的商品或商品组合。因此，消费者偏好是用效用来描述的。

一种商品对消费者是否具有效用，取决于消费者是否有消费这种商品的欲望，以及这种商品是否具有满足消费者欲望的能力。前者决定了效用是一个主观色彩很浓的心理评价，后者决定了商品效用必须以商品的"有用"为基础，这一基础就是我们通常所说的商品的使用价值。不能想象一个没有使用价值的物品能够使消费者获得满足。效用代表着消费者的主观的心理感觉，它不是一个客观的范畴。

商品的使用价值就是商品的有用性，是商品的自然属性，由商品的物理、化学等自然特性决定的。同一商品可以具有多种自然特性，因而具有多方面的使用价值。商品的使用价值可以随着人们生产经验的积累和科学技术的发展不断得到扩展和发现。但是使用价值作为商品的自然属性始终是客观实在的。

使用价值和作为消费者主观评价的效用价值之间有紧密的联系，也有很大的区别。二者的联系在于：①使用价值是效用价值的基础，使用价值为效用价值提供物质支撑，不存在不依赖于使用价值的效用价值；②商品的使用价值和效用价值都是针对消费者而言的，因而表现为社会的使用价值和效用价值，前者使得使用价值成为社会财富的实际代表，后者使得商品成为实现社会福利的主要手段；③商品的使用价值和商品效用价值统一于商品这一历史范畴本身，从而也都属于历史的范畴。

二者的区别在于：效用价值是使用价值在消费过程中产生于消费者的主体评价，是主观色彩很浓的心理评价。使用价值是商品的自然属性，由商品的物理、化学等自然特性决定的，是客观的。不同的消费者在对同一商品进行消费的时候，可以作出不同的效用评价，因而这一商品对不同的消费者而言具有不同的效用价值，这在西方经济学中，通过假定不同消费者具有不同的偏好来解释；并且，同一消费者随着消费的同一商品的数量的不同，从每一单位的商品中获得的效用满足也是不同的（表现为随着消费数量的增加，从每一增加的商品中获得的效用满足是减少的），这就是西方经济学中著名的边际效用递减规律。同一商品的使用价值则始终是客观的（但这并不排除随着经验的积累和技术的进步，拓展对于商品使用价值的认识）。

不同的使用价值，或者说具有不同使用价值的商品能够按照一定比例相交换，它们必定存在着某种共同的东西，并按照这一共同的东西在量上的差别决定相互交换的比例。那么这种共同的东西是什么呢？有些学者认为，这种共同的东西就是我们上面谈到的效用。正是从这一想法出发，发展出了边际效用价值理论。

既然效用有大有小，那么比较效用大小的标准是什么？基数效用论认为，效用不仅是可以衡量的，而且可以用基数 1，2，3，…具体数量测量商品的效用。测量效用大小的单位叫作效用单位。根据基数效用论，消费者可以说出，吃一个馒头的满足程度是 10 个效用单位，听一次音乐会是 36 个效用单位，打一次篮球是 20 个效用单位，拥有一辆奔驰汽车是 100 个效用单位等。

基数效用论认为，效用随消费者所消费的商品量的变化而变化，效用函数表示效用是商品消费量的函数。如果消费者消费某一种商品，消费量为 Q，以 U 表示效用量，效用函数就是 $U=f(Q)$；消费两种商品时，效用函数为 $U=f(Q_1, Q_2)$；消费 n 种商品时，效用函数为 $U=f(Q_1, Q_2, \cdots, Q_n)$。

2. 总效用、边际效用和边际效用递减规律

(1) 总效用。基数效用论认为，消费一个单位的商品，即可获得一定的效用。总效用是指消费者在一定时间内消费某一商品（或商品组合）时，各单位商品所具有的效用之和，或所得到的效用总量。用 T_u 表示总效用，其计算公式为

$$T_u = f(q) \tag{13-1}$$

式(13-1)表示，总效用量(T_u)是消费量 q 的函数，它随消费量的变化而变化。

(2) 边际效用。边际效用是指消费者在一定时间内每增加一个单位商品或劳务的消费所带来的总效用的增量，也可以说是每增加一个单位商品或劳务的消费所增加的满足。用 M_u 表示边际效用，其计算公式为

$$M_u = \frac{\Delta T_u}{\Delta q} \tag{13-2}$$

式中：Δq 代表消费的增量，ΔT_u 代表总效用的增量，边际效用 M_u 等于总效用增量对消费增量之比。

式(13-2)表示消费者在保持其他商品的消费水平不变的情况下，从增加 1 单位商品 X 的消费中所得到的边际效用，而第 n 单位的 M_u 等于 n 单位商品的 T_u 减去($n-1$)单位商品的 T_u。

(3) 边际效用递减规律。基数效用论认为，边际效用是递减的。随着一个人所消费的某种物品的数量增加，其总效用虽然会增加，但物品的边际效用随着消费该物品数量的增加而有递减趋势。一般来说，消费者从消费 2 单位某种商品 X 所得到的 T_u 要多于消费 1 单位商品所得到的 T_u，消费 3 单位商品 X 所得到的 T_u 要大于 2 单位商品 X 的 T_u。这就是说，随着商品 X 消费量的增加，T_u 也会增加，但 T_u 的增加会呈现出递减的趋势。边际效用的这种变化趋势，被称为边际效用递减规律。这一规律表明，在其他商品的消费保持不变的情况下，随着消费者对某种商品的消费量的增加，其边际效用最终将趋向下降。

例如，某人在一定时期内（如半天）喝咖啡，他喝咖啡的杯数以及对他所产生的总效用和边际效用，可用表 13-1 来表示。假如这个消费者半天之内连续喝 7 杯咖啡，他从第 1 杯咖啡中所得到的满足为 10 个效用单位；当他喝第 2 杯咖啡时，得到的总效用为 18 个单位，边际效用为 8 个单位；随着他喝的咖啡杯数不断增加，他所获得的总效用也越来越多，但边际效用却越来越少。当他喝到第 5 杯咖啡时，总效用达到最大，为 30 单位，说明这时的效用已经达到饱和点；当他继续喝第 7 杯咖啡时，总效用反而减少，由 30 单位减为 28 单位，边际效用成为负数，这说明喝第 7 杯咖啡产生了负效用。

表 13-1　总效用、边际效用与需求价格的关系

商品数量	总效用	边际效用	需求价格	商品数量	总效用	边际效用	需求价格
0	0	—	—	4	28	4	2
1	10	10	5	5	30	2	1
2	18	8	4	6	30	0	0
3	24	6	3	7	28	−2	—

如果把表 13-1 中的数字描绘在坐标图上，就可以得到总效用曲线和边际效用曲线(见图 13-1)。

据此，我们可以得出边际效用递减规律的含义：在一定时间内，在其他商品的消费数量保持不变的条件下，随着消费者对某种商品消费量的增加，消费者从该商品连续增加的每一单位中所得到的效用增量即边际效用是递减的。

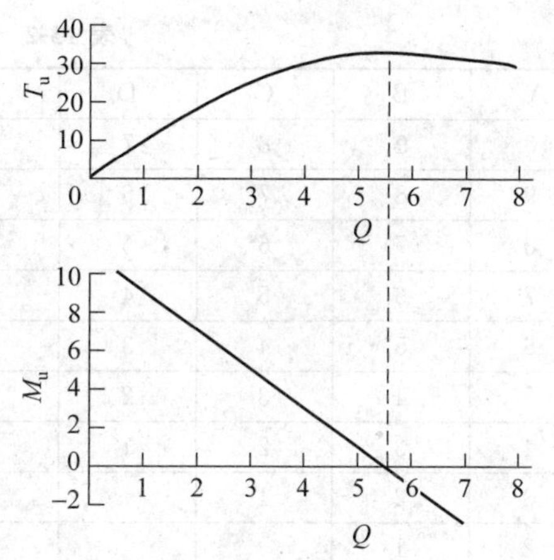

图 13-1　商品的总效用曲线和边际效用曲线

(二) 消费者均衡与效用最大化原则

基数效用论认为，消费者行为是在货币的边际效用不变的条件下，通过购买时的选择用既定的货币收入购买到最大效用。当消费者所购买到的各种数量的商品能使他获得最大满足时，他不再改变这一状态，此时的最大满足状态就是消费者的均衡状态。

消费者均衡是指在既定收入和各种商品价格的限制下选购一定数量的各种商品，以达到最满意的程度，称为消费者均衡。研究单个消费者在既定收入条件下实现效用最大化的均衡条件。

在基数效用论者那里，消费者实现效用最大化的均衡条件是：如果消费者的货币收入水平是固定的，市场上各种商品的价格是已知的，那么消费者应该使自己所购买的各种商品的边际效用与价格之比相等。或者说，消费者应该是自己花费在各种商品购买上的最后一单位货币所带来的边际效用相等。边际效用递减规律告诉我们，连续消费某商品时，随着消费量的增加，边际效用递减。消费者应如何以一定的收入购买某种商品从而获得最大的效用，实现收入的有效配置呢？这就是效用最大化原则所要说明的问题。经济学家认为，实现效用最大化的原则，需分别按以下两种不同情况来确定。

(1) 如果　个人连续消费某一种商品，效用最大化原则就必须是边际效用等于零，即当消费的最后一个单位商品的效用为零时，消费者从这种商品中获得的总效用最大。

(2) 如果一个消费者同时消费若干种商品，要想在一定的收入条件下获得最大的效用，就必须使各项开支中每一个货币单位(例如 1 元)购买的商品所具有的边际效用相等。如果这个条件不满足，那么消费者可以把钱从一个货币单位获得边际效用少的物品转移到一个货币单位获得边际效用多的物品上，直到这个物品的一个货币单位所获得的边际效用同其他物品的边际效用相等时为止。如表 13-2 所示，表中第二行的阿拉伯数字由左到右表示各种商品对人们重要性逐渐递减的序列。从纵向看，每一竖列从上到下呈下降趋势，表示每一种商品的边际效用递减。现假设每一单位商品的价格都是 1 元，则某人在各种不同收入水平的情况下，如果要使自己获得最大效用的满足，就必须按下列方式分配自己的收入：当收入为 1 元时，购买 A 类商品 1 个单位，这时总效用是 10；当收入为 3 元时，购买 A 类商品 2 个单位，B 类商品 1 个单位，这时总效用是 28(即 10＋9＋9)，每种商品的边际效用都是 9；当收入为 6 元时，购买 A 类商品 3 个单位，B 类商品 2 个单位，C 类商品 1 个单位，这时总效用是 52(即 10＋9＋8＋9＋8＋8)，每种商品的边际效用都是 8……当收入分配按上述方式处理时,很明显的一个特点是:每一种商品的边际效用都相等,这说明消费者已获得了效用的最大满足。

表 13-2　单位货币的效用关系

A	B	C	D	E	F	G	H	I	J
10	9	8	7	6	5	4	3	2	1
9	8	7	6	5	4	3	2	1	
8	7	6	5	4	3	2	1		
7	6	5	4	3	2	1			
6	5	4	3	2	1				
5	4	3	2	1					
4	3	2	1						
3	2	1							
2	1								
1									

这里说的是一定货币收入用于购买各种消费品时所获得效用的最大满足的原则。如果消费者不是用货币收入,而是以一定的其他资源(例如水)或时间用于各种场合时,其效用最大化原则也与此相似,即应使该资源或时间分配于各种场合所各自取得的边际效用相等。

(三) 边际效用均等和消费者剩余

1. 边际效用均等

在效用分析中,常常要用到边际效用均等原理。所谓边际效用均等原理,是指假定某种资源具有多种用途,而且随着在任何一种用途上所分配的该资源数量的增加,其边际利益(或者表现为边际效用,或者表现为边际产品,或者表现为边际收益产品)最终会呈现递减的趋势,那么,任何决策者在如何配置该种资源的过程中,若使其在每一种用途上的边际利益都相等,就能从数量既定的该资源中得到最大的利益。

2. 消费者剩余

消费者剩余(consumer surplus)是指消费者购买商品时愿意支付的最高价格和实际支付价格之差,是消费者购买商品时所得好处的总和。因为根据需求规律,消费者购买商品数量和价格呈反向变化,购买商品数量少,支付的价格高;购买商品数量多,支付的价格低,这就必然会形成消费者购买商品时愿意支付价格和实际支付价格之差(见图 13-2)。

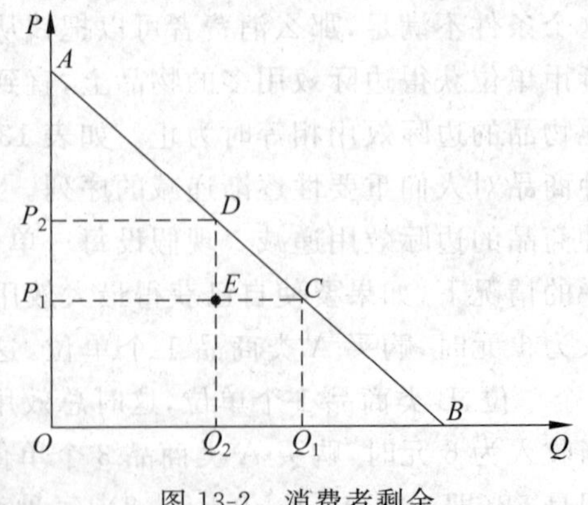

图 13-2　消费者剩余

图 13-2 中,横轴为商品数量 Q,纵轴为商品价格 P,AB 为需求曲线。如消费者购买 Q_1 单位商品,则商品价格为 P_1,实际支付总价格为 OP_1CQ_1。如果消费者第一次购买商品数量为 Q_2 单位,第二次购买量为 Q_1-Q_2 单位,则实际支付总价格为 $OP_2DQ_2+Q_2ECQ_1$。同样是购买 Q_1 单位的

商品，按第二种购买比第一种多支付价格 P_1P_2DE。同理可证，如果对 OQ_1 商品从少到多一个一个购买，则会比一次购买多支付价格为三角形面积（$\triangle AP_1C$），这就是消费者剩余。

可以计算某一个消费者的消费者剩余，也可以计算市场上所有消费者对某一商品或所有商品的总消费者剩余。一般也像图 13-2 那样，用需求曲线 AB 以下、价格线 P_2D 以上区域面积来表示。实际上，消费者剩余也是一种分析工具，如用来分析公共政策变化效应，即对政策变化引起消费者剩余和生产剩余进行比较，以便分析公共政策变化对消费者和厂商行为的影响。

三、序数效用论

与基数效用论不同，20 世纪的大多数经济学家（以帕累托、希克斯等人为代表）认为，效用只能用序数（即第一、第二、第三等）来度量。也就是说，消费者只能根据各种商品组合给予他的满足程度顺序地加以排列，而不能确切地说出各种商品组合的效用到底是多大。比如，你可以肯定地说在一杯茶与一杯咖啡和一杯牛奶之间，你最喜欢一杯茶，其次是一杯咖啡，再次是一杯牛奶，从而表明一杯茶的效用高于一杯咖啡，一杯咖啡的效用高于一杯牛奶，但你并不能说明或不必说明在这三杯饮料中，茶的效用究竟比咖啡大多少，而咖啡的效用又比牛奶大多少。因为无论这三杯饮料的效用分别为 5，4，2，还是分别为 9，7，5，都无关紧要，反正这两组数字都符合上述序列。这就是序数效用论，简言之，它是用先后顺序或优劣对比来表示、分析效用的理论。

在这一基础上，序数效用论者提出了无差异曲线和商品的边际替代率等概念。根据序数效用论的无差异曲线分析，在消费者的收入和商品价格既定的条件下，消费者实现效用最大化的均衡条件是：两种商品的边际替代率等于这两种商品的价格之比。基数效用论和序数效用论得出的消费者效用最大化的均衡条件，实质是相同的。

（一）无差异曲线和边际替代率

1. 无差异曲线

无差异曲线是序数效用论的分析工具。所谓无差异曲线，是用来表示两种商品的各种组合给予消费者以相同满足水平的一种曲线图。无差异曲线不表示效用数量，只表示消费者的偏好，因此，无差异曲线也就是反映消费者偏好的偏好图。

为了说明无差异曲线，要先从无差异表说起。一个无差异表就是一个两种商品总效用相同的各种组合表。如表 13-3 所示，假设一个消费者按照既定的价格购买 X 和 Y 两种商品，这两种商品有 A、B、C、D 四种不同的组合，其中每一种组合给消费者带来的满足都是相同的，因此，表中每一种组合给消费者带来的满足都是无差异的。

表 13-3　无差异表

商品组合	X	Y	商品组合	X	Y
A	1	6	C	3	2
B	2	3	D	4	1.5

把表 13-3 中的数据画在坐标图上，以横轴表示 X 商品的数量，纵轴表示 Y 商品的数量，四种组合表现为四个点，把这些点连接起来形成的一条平滑曲线，就称之为无差异曲线。

如图 13-3 所示，无差异曲线 U_1 表示给消费者带来同等程度的满足水平或效用的两种商品的各种不同的组合轨迹。

图 13-3 中，曲线 U_1 上的每一点都代表两种商品的一种组合，并且每一种组合给消费者带来的满足水平或效用都是无差异的。因此，如果听任消费者对曲线上的点进行选择，那么所有的点对于他而言都是同样可取的。

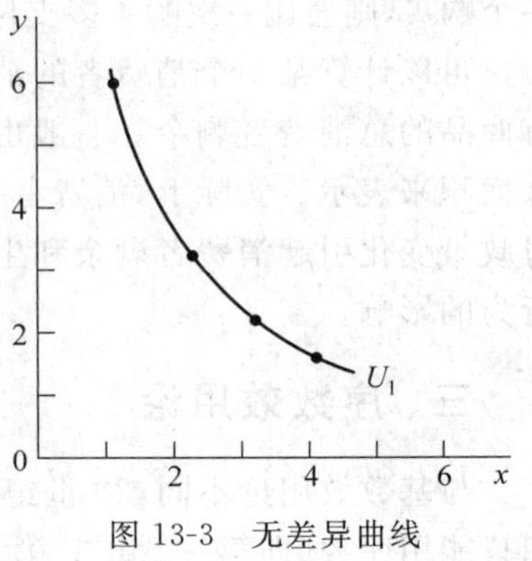

图 13-3 无差异曲线

当然，表 13-3 只是消费者可能有的无数表格中的一个，我们还可以根据这个消费者所感受的较高或较低的满足程度列出相应的多种水平的无差异组合的表格，每个表格都可用图形表示出来而各有相应的无差异曲线图。例如，表 13-4 中的各种组合也是无差异的，但其中的任何一个组合都比表 13-3 中的任何组合都代表消费者获得更大满足。

表 13-4 无差异表

商品组合	X	Y	商品组合	X	Y
A	2	7	C	4	3
B	3	4	D	5	2.5

把表 13-4 画在坐标图上，可以作出第二条无差异曲线 U_2（见图 13-4）。在理论上假设一个消费者对于两种商品可以有无数条无差异曲线存在，我们可以作出第三条、第四条……无差异曲线，无数的无差异曲线构成了无差异曲线群（见图 13-4）。

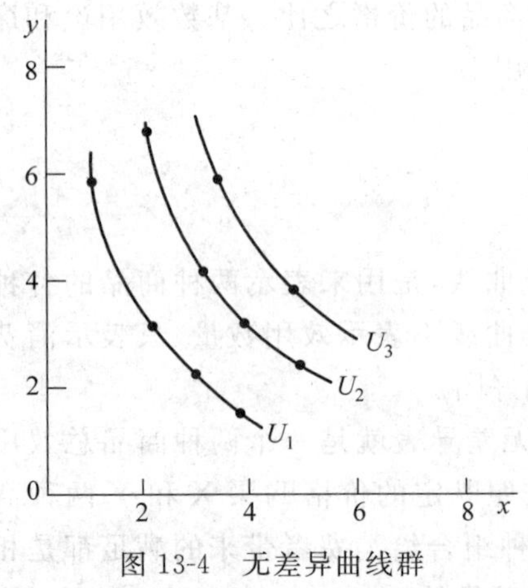

图 13-4 无差异曲线群

从图 13-4 可以看出，在 U_1 右上方的两条无差异曲线上，两种商品的组合在数量上都要多一些，从而给消费者带来的满足要大一些。因此，离原点越远的无差异曲线所表示的满足水平或效用越高，即 $U_3 > U_2 > U_1$。

无差异曲线具有以下几个特点。

(1) 无差异曲线从左上方向右下方倾斜，斜率是负数。这是因为任何一条无差异曲线表示在它上面的任何一点都提供同等水平的满足，而同等水平的满足是由增加 X 商品数量就必须减少 Y 商品数量才能得到，或者增加 Y 商品数量而同时必须减少 X 商品数量才能得到。满足水平不变而商品组合变动，两种商品数量就必须一涨一消，因此，无差异曲线的斜率一定是负数。

(2) 任何无差异曲线不能相交。因为位置较低的无差异曲线表示较低程度的满足，而位置较高的无差异曲线表示较高程度的满足。如果两条曲线相交，在相交点所代表的两条无差异曲线对 X 和 Y 商品的消费数量相同，因而具有相同的满足水平即总效用，这显然与 U_1 和 U_2 是代表不同的总效用相矛盾的。

(3) 无差异曲线可以有许多条。在坐标图上，实际上有许多条无差异曲线，通过每一个两种商品组合点都可以有一条无差异曲线，每一条无差异曲线代表一种效用水平。如

图 13-4 所示，除了无差异曲线 U_2 外，还有无差异曲线 U_1 和 U_3 等。不难看出，离原点远的无差异曲线效用水平高，离原点近的无差异曲线效用水平低。

2. 商品的边际替代率及其递减规律

（1）商品的边际替代率。当一个消费者沿着一条既定的无差异曲线上下滑动的时候，两种商品的数量组合必然会发生此消彼长的变化，而效用水平却保持不变。这就说明，在维持效用水平不变的前提条件下，消费者在增加一种商品的消费数量的同时，必然会减少对另一种商品的消费，即两种商品的消费数量之间存在替代关系。由此定义了商品的边际替代率的概念：在维持效用水平不变的前提下，消费者增加一单位某种商品的消费数量时所需要放弃的另一种商品的消费数量，被称为商品的边际替代率。商品 X 对商品 Y 的边际替代率的公式为

$$\mathrm{MRS}_{XY}=-\Delta y/\Delta x \tag{13-3}$$

式中：Δy、Δx 分别是商品 Y 和商品 X 的变化量。由于 Δx 是增加量，Δy 是减少量，两者的符号相反，因此，为了使 MRS_{XY} 的符号为正值，以便于比较，就在公式的前面加了一个负号。

（2）商品的边际替代率递减规律。商品的边际替代率递减规律是指：在维持效用水平不变的前提下，随着一种商品的消费数量的连续增加，消费者为得到每一单位的这种商品所需要放弃的另一种商品数量是递减的。这可以从边际效用递减规律得到说明。边际替代率递减规律决定了无差异曲线是凸向原点的。当然，这仅仅是对一般情况而言，当对某些具有特殊意义的商品组合的时候，无差异曲线也可能呈现某些特殊形状，比如完全替代品和完全互补品的商品组合。

（二）预算线

无差异曲线说明的消费者对待不同商品时的偏好，完成了对于消费者需求的主观方面的概略的描述，但这还不能对消费者实际选择作出完全的解释。实际上，任何一个消费者的消费决策都是在面对一定的客观约束条件下作出的。这个客观约束在图 13-4 中实际上已经表示出来，那就是收入预算线。

无差异曲线显示消费品提供的满足水平，但是，在商品经济中任何满足水平要成为现实，还取决于消费者的货币收入和商品的价格。在一定时期中，消费者的收入是固定的，从而作为消费部分的开支是有限度的。有限的开支能买到多少商品，还要取决于商品的价格，消费者只能在自己有限收入的约束下选择最佳的商品组合，他要想买到更高的无差异曲线上的商品组合，要受他的预算或货币收入的限制。

为了分析简便，假定一个消费者购买的只是 X 与 Y 两种商品，他每周的开支是 6 美元，商品 X 的单位价格是 1.5 美元，商品 Y 的单位价格为 1 美元。按照这两种商品的价格，他可以有几种购买方式：购买 4 单位的 X 商品；购买 6 单位的 Y 商品；两种商品都购买一些（见表 13-5）。

表 13-5　每周开支 6 美元可能购买的两种商品的组合

X	Y	X	Y	X	Y
4	0	2	3	0	6
3	1.5	1	4.5		

把表 13-5 中的数据画在坐标图上，可以得出图 13-5。从图 13-5 可以看出：AB 线包括了这个消费者在支出 6 美元收入购买两种商品时所能采取的全部组合方式，AB 线即预算约束线。预算约束线又叫预算线、消费可能线或价格线，它表示消费者用有限的货币收入能够购买到的价格已定的两种商品的各种可能的组合。

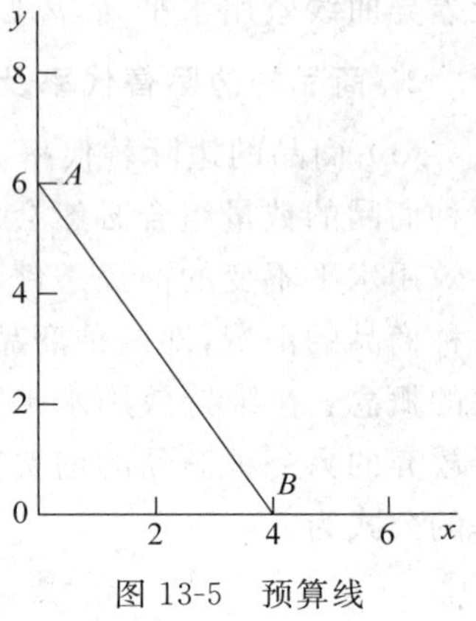

图 13-5 预算线

在图 13-5 中，纵轴截点 A 表示消费者每周的收入 6 美元全都用于购置商品 Y，横轴截点 B 表示全部收入用于购置商品 X，这是两种极端的情况，连接 A、B 两点的直线即预算线，线上每一点都表示消费者用收入可能买到的 X 和 Y 两种商品的各种组合。在 AB 线下面是未花费其全部收入的组合，在 AB 线以上则是全部收入不可能达到的购置量。由此可见，预算线把整个坐标平面分为三个区域：①预算线以外的区域，是消费者用光所有收入都不能实现的商品组合区域；②预算线以内的区域，是购买这一商品组合后还有剩余的区域；③预算线上的区域，表示恰好用完全部收入可以购买的商品组合区域。预算线上和预算线以内的区域被称为消费者的预算可行集或预算空间。

（三）序数效用论的消费者均衡

序数效用论认为，消费者对两种商品可以有多种组合以获得满足，每一种组合对消费者来说都是一样的，它由无差异曲线表示出来。从无差异曲线的特性来看，离原点越远，消费者越能获得最大的满足。因此，每个消费者都有获得更大满足的愿望，都想通过购买把心目中的无差异曲线推离原点越远越好，都想在无差异曲线图上得到更高的无差异曲线，但是，这仅仅是消费者的主观愿望。从客观方面来看，这种愿望要受到消费者的货币收入和商品价格的限制，这种限制由预算线来表示。因此，一个消费者只能在收入和价格所限制的范围内购买到最大效用，获得最大满足。为此，如何把主观愿望和客观限制结合起来，以求得在收入和价格既定条件下使消费者得到最大满足，这正是序数效用论的消费者均衡理论所要解决的问题。

序数效用论把无差异曲线和预算线这两个分析工具结合起来，以寻求消费者最大满足点或消费者均衡点。将图 13-6 所示的无差异曲线和预算线合在一起，就可以得到序数效用论的消费者均衡点。

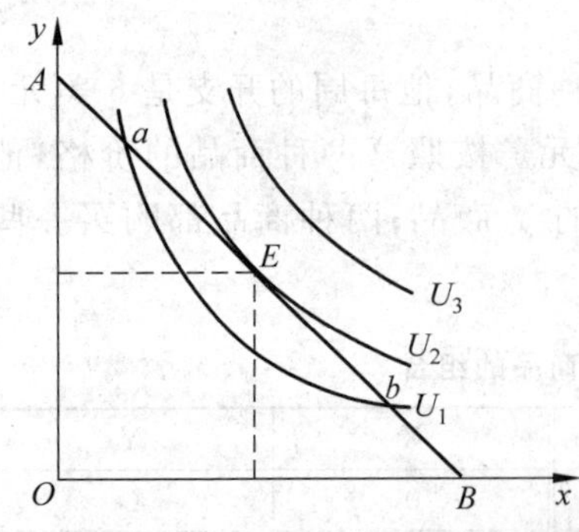

图 13-6 序数效用论的消费者均衡点

在图 13-6 中，AB 线是预算线，U_1、U_2、U_3 是三条位置越来越高的无差异曲线。对于一个预算线内的消费者来说，只能在无差异曲线 U_1 和 U_2 上选择商品组合。首先看 U_1：预算线 AB 与无差异曲线 U_1 有两个交点 a 和 b，这表明消费者的既定收入可以买到无差异曲线 U_1 上的商品组合，但这样的购买不能给消费者带来最大满足，因为 U_1 的位置低于 U_2 的无差异曲线，即 U_1 的满足水平低于 U_2。从数学上看，这两个交点都不是最大值，一个消费者如果用自己的全部收入来购买 a 点或 b 点所表示的 X 商品和 Y 商品的组合，显然没有获得最大满足，因为一个有理性的消费者不会作出这样的选择。

再来看 U_2：AB 线和 U_2 有一个切点 E，从数学上讲，这个切点是最大值。因此，只有 AB 线和无差异曲线 U_2 的切点 E，才是消费者可以买到的且能给消费者带来最大满足的商品组合。这也就是说，如果消费者用自己的全都收入购买的是 E 点所表示的 X 商品和 Y 商品的组合，就是在他可能的收入范围内买到了最大的效用，从而获得最大的满足。因此，E 点是消费者均衡点或最大满足点。当有理性的消费者经过选择找到使他获得最大满足点时，只要货币收入、价格和偏好不发生变化，消费者就不会改变这一状态，这就是消费者均衡状态。

在消费者均衡点上，预算线的斜率正好等于无差异曲线的斜率。由于预算线的斜率是两种商品价格的比率，而无差异曲线的斜率是两种商品的边际替代率，所以，消费者均衡的条件是：两种商品的边际替代率等于这两种商品的价格比率。用公式表示为

$$\mathrm{MRS_{XY}} = \frac{\Delta y}{\Delta x} = \frac{P_x}{P_y} \tag{13-4}$$

该公式表明，消费者在一定的收入条件下，为了得到最大效用或满足，应选择两种商品边际替代率等于两种商品价格之比的商品组合。这一点可用边际效用递减规律加以解释。

前面讲基数效用论的消费者均衡条件为

$$\frac{M_{ux}}{M_{uy}} = \frac{P_x}{P_y} \quad 或 \quad \frac{M_{ux}}{P_x} = \frac{M_{uy}}{P_y} \tag{13-5}$$

通过对比可以看出，这两个公式只是形式上的差别，而实质上是一样的，因此可以写为

$$\mathrm{MRS_{XY}} = \frac{\Delta y}{\Delta x} = \frac{M_{ux}}{M_{uy}} = \frac{P_x}{P_y} \tag{13-6}$$

综上所述，序数效用论利用无差异曲线和收入预算线说明消费者均衡条件。无差异曲线与收入预算线的切点为消费者均衡的条件。在图 13-6 中，E 点为均衡点。E 点有两个显著的特征：一是位于预算线上；二是由预算线与一条无差异曲线的切点所决定。这实际上说明，消费者均衡必须满足两个条件：①最优的商品购买组合必须是消费者偏好的商品组合，也就是说，最优的商品购买组合必须是能给消费者带来最大效用的商品组合；②最优的商品购买组合必须位于给定的预算线上。

四、消费者选择

（一）确定条件下的消费者选择

以上分析的消费者均衡，是以消费者的货币收入和商品价格不变为条件的。而实际上，消费者的收入和商品的价格是经常变化的，收入和价格的变化会直接影响到消费者对商品或劳务的购买量。因此，我们还必须分析收入和价格的变化对消费者的影响。

1. 收入变化条件下的消费者选择

西方微观经济学主要通过收入——消费曲线来分析收入变化对消费的影响和消费者的选择。

假设消费者偏好和商品价格不变，随着消费者收入的变化，消费者的需求量将随之而变化。如图 13-7 所示，当收入增加时，消费者购买商品的预算支出增加，假设两种商品的价格不变，在预算线图中就表现为预算线平行地向上移动，即由 AB 移为 $A'B'$，它表示能够买到

数量较多的商品组合；当收入减少时，消费者购买商品的支出减少，在图上表现为预算线平行地向下移动，即由 AB 移为 $A''B''$，它表示能购买到数量较少的商品组合。

收入的变动引起预算线位置的移动，而预算线的移动又会引起预算线和无差异曲线的切点的移动，即引起消费者均衡点的移动。在收入增加时，预算线向上移动，就会和一条位置较高的无差异曲线相切，这时消费者的均衡点也就移到一个较高的位置上；反之，收入减少时，预算线向下移动，就会和一条位置较低的无差异曲线相切，这时消费者的均衡点也就移到一个较低的位置上。这样一来，在收入变动的过程中，就会出现许多预算线，同时也会出现许多新的消费者均衡点，把所有这些消费均衡点连接起来，就可以得到一条新的曲线，这条新的曲线被称为收入-消费曲线（如图 13-8 所示的 IC 线）。

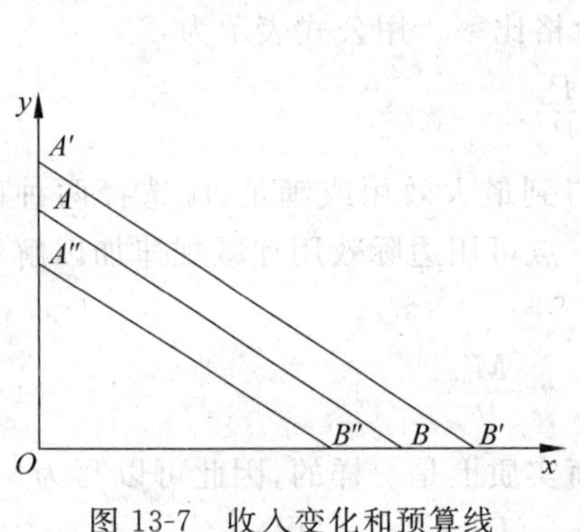

图 13-7　收入变化和预算线

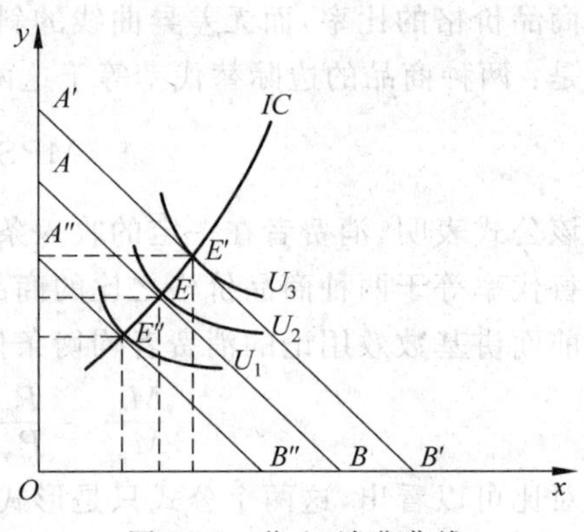

图 13-8　收入-消费曲线

收入-消费曲线表示在偏好和价格不变的情况下，各种不同的收入所能买到的两种商品的各种组合，每种组合都是消费者在既定收入下所获得的最大满足。它表明消费者收入变动时所引起的消费量的变动情况。

2. 价格变化条件下的消费者选择

以上分析消费者均衡，是以价格固定不变为条件的。而事实上，在市场经济中，价格是经常变化的，价格的上涨和下落都会直接影响到消费者对商品和劳务的购买量。西方微观经济理论主要用价格-消费曲线来分析价格变化与消费之间的关系以及消费者的选择。

假设消费者偏好和收入不变，而发生变化的只是价格，为了分析方便，再假定在两种商品组合中，只有一种商品价格发生变化，而另一种商品价格不变。这时，消费者的需求量将随价格的变化而变化。如图 13-9 所示，如果商品 Y 的价格不变，商品 X 的价格下跌，预算线 AB 以 A 点为中心向右移动，移为 AB'；如果商品 X 的价格上涨，商品 Y 的价格不变，则预算线 AB 以 A 点为中心向左移动，移为 AB''。

价格的变动引起预算线位置的移动，而预算线的移动又会引起预算线与无差异曲线切点的移动，即引起消费者均衡点的移动。在价格变动过程中，会出现许多预算线，同时也会出现许多新的消费均衡点，把这些消费均衡点连接起来，便得到价格-消费曲线（如图 13-10 所示的 PC 线）。

图 13-10 中，价格-消费曲线表示在偏好和收入不变，Y 商品价格不变条件下，X 商品价格的各种变化所能买到的两种商品的各种组合。在价格-消费曲线上，每种组合都是消费者在既定价格下所获得的最大满足或消费者均衡。

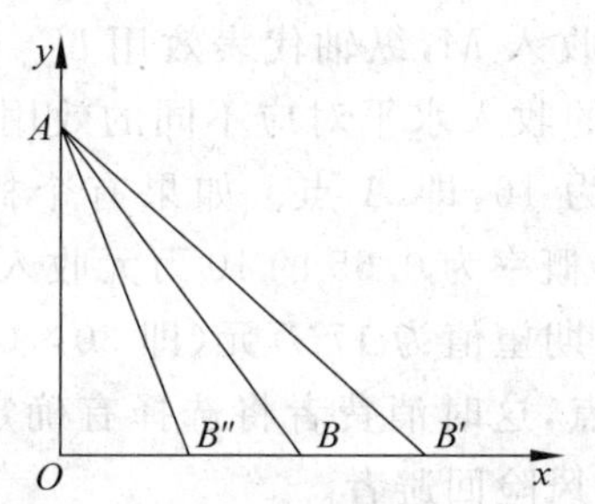

图 13-9　价格变化和预算线的移动

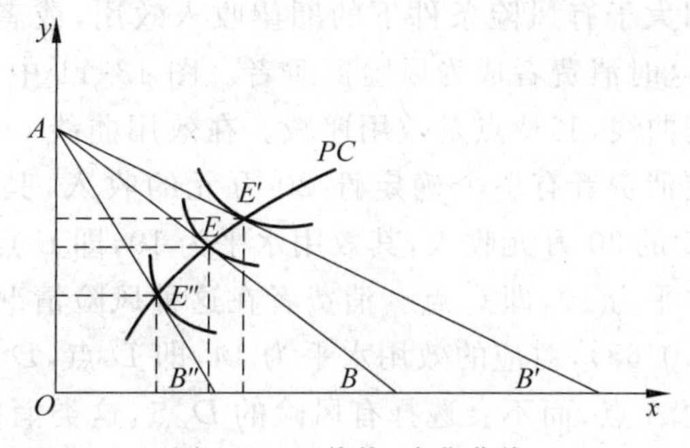

图 13-10　价格-消费曲线

（二）不确定条件下的消费者选择

上面分析的是确定条件下的消费者选择。在现实生活中，存在着许多不确定因素。不确定条件下的消费者选择是指在充满不确定因素的经济活动中，消费者在面对各种风险条件下如何进行消费选择。

1. 风险的测度

为了从数量上考察风险，必须了解概率、期望值和方差等概念。概率是指一种结果发生的可能性有多大，这种可能性是指一种后果将来发生的可能性程度，对这种后果发生可能性可有两种解释：一种是客观分析，它是在对已发生事件观察的基础上得出的结论，是对事件发展观察的结果；另一种是主观分析，即这种事件以前未发生过，对其后果的可能性只能进行推测，这种推测主要是主观判断，当然也可能包含一些个人的相关经验。

在概率论中，期望值和方差对测度与比较风险是极为重要的。期望值与不确定性事件有关，是在不确定性情况下，在全部影响因素作用下，所有可能结果的加权平均，权数就是每种结果的概率。如果消费者可以购买同等数量的A、B、C三种商品，三种商品的总效用分别为10、5、8，已知购买A种商品的概率为60%，购买B种商品的概率为30%，购买C种商品的概率为10%，则消费者总效用的期望值为8.3（即$0.6\times10+0.3\times5+0.1\times8$）。如果消费品总效用分别为$X_1,X_2,\cdots,X_N$，相应购买概率分别为$U_1,U_2,\cdots,U_N$，则消费者效用期望值$E(U)$可以用下式表示

$$E(U)=U_1X_1+U_2X_2+\cdots+U_NX_N \tag{13-7}$$

式中：$U_1+U_2+\cdots+U_N=1$。

方差的概念比期望值稍复杂一些。简单地说，方差也称离差，就是实际值与期望值之间的差额。不确定事件的方差是该事件每一种可能结果所取实际值与期望值之差的平方的加权平均数，一般用σ^2表示，方差的平方根σ被称为标准差。可以看出，若用方差或标准差测度风险，则方差或标准差越大，风险越大。

2. 消费者对风险的态度

在无风险的情况下，消费者效用取决于消费商品数量，并存在边际效用递减规律。在存在不确定性，即有风险的情况下，每个消费者对风险的态度是不相同的，可大体上分为三类：风险回避者、风险爱好者和风险中立者。

(1) 风险回避者(risk averter)也称为厌恶风险者，多为消费者可能获得的确定性收入

效用大于有风险条件下的期望收入效用，或者两者相等时，消费者偏爱确定性收入所得效用，这时消费者成为风险回避者。图 13-11 中，横轴代表收入 M，纵轴代表效用 U。OB 为效用曲线，其特点是效用递减。在效用曲线 OB 上，不同的收入水平对应不同的效用水平。假定消费者有一个确定性 20 万元的收入，其效用水平为 16，即 A 点。如果有个概率为 0.35 的 30 万元收入，其效用水平为 19，即 B 点；还有一个概率为 0.65 的 10 万元收入，其效用水平为 10，即 C 点。消费者在这种风险情况下，其收入期望值为 17 万元(即 30×0.35＋10×0.65)，对应的效用水平为 14，即 D 点，D 点小于 A 点，这时消费者将选择有确定性风险的 A 点，而不会选择有风险的 D 点，这类消费者被称为风险回避者。

(2) 风险爱好者(risk lover)也称喜欢风险者，多为消费者可能获得的确定性收入效用小于有风险条件下期望收入的效用，或者两者相等时，消费者偏爱风险收入所得效用。这时消费者成为风险爱好者。风险爱好者效用曲线形状和风险回避者效用曲线相反。图 13-12 中，横轴、纵轴代表的含义同图 3-11，OB 为效用曲线，其特点是效用递增。在效用曲线 OB 上，不同的收入水平对应不同的效用水平。假定消费者有一个确定性收入为 20 万元，其效用水平为 10，即 A 点。如果有个概率为 0.3 的 10 万元收入，其效用水平为 4，即 C 点；还有一个概率为 0.7 的 30 万元收入，其效用水平为 20，即 B 点。消费者在这种风险情况下，其收入期望值为 24 万元(即 10×0.3＋30×0.7)，其相应的效用水平为 14，即 D 点，D 点大于 A 点，这时消费者将选择有风险性的 D 点，而不选择无风险的 A 点，这类消费者被称为风险爱好者。

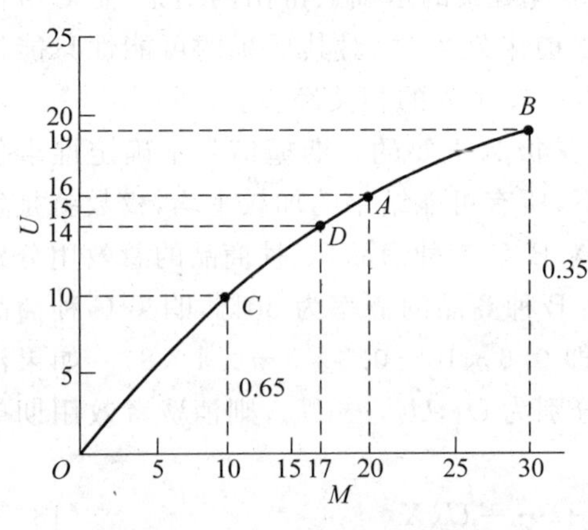

图 13-11　风险回避者的效用曲线

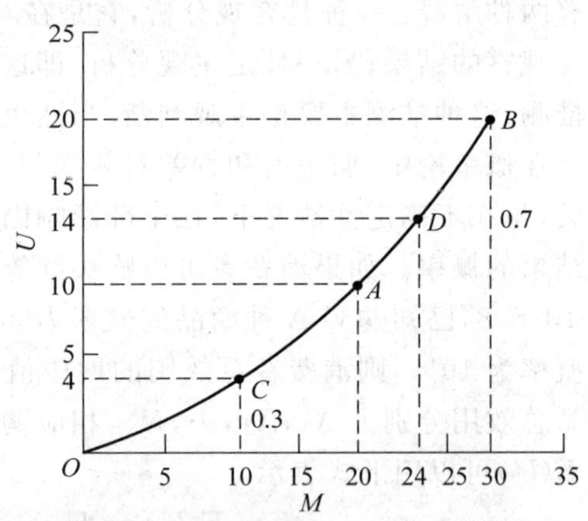

图 13-12　风险爱好者的效用曲线

(3) 风险中立者(risk neuter)也称风险中性者，一般是消费者在无风险确定收入的效用水平和有风险条件下期望收入效用水平相等时，这时消费者为风险中立者。

3. 减少风险的方式

在现实生活中，多数人在多数时间内是风险回避者，会以各种方式回避风险，主要有以下三种方式或途径。

(1) 风险分散化，也称风险多样化，是指在许多不确定的情况下，为避免风险可采取多样化行动，以减少损失、增加收入、提高效用水平。如商店为增加销售收入，可多经营一些品种，以免一种商品滞销时，造成商品积压，减少收入。

(2) 保险是避免风险的最好办法。消费者放弃一部分现在收入作为保险金，进行财产或其他保险，一旦遭遇意外，能得到补偿，减少损失，不至于使消费者效用水平降低过多。

（3）获得更多的信息。这也是减少风险的重要措施，因为消费者决策是根据准确及时的信息作出的，如信息准确及时，就能作出科学决策，增加收入，不断提高效用水平；反之，信息不准确或不及时，据此作出决策会失误，必然带来极大的损失。如果情况已变化，消费者却没能掌握变化了的信息，不能相应改变决策，这就会带来很多风险，如果掌握变化了的信息，相应地改变决策，就能避免风险，增加收入，保证效用水平的不断提高。

（三）消费者的多方面选择

上面讨论了消费者对商品的选择，实际上，消费者的选择是多方面的，除选择商品外，还有对收入与闲暇的选择，对消费和储蓄的选择等。

1. 消费者对收入与闲暇的选择

消费者对收入与闲暇的选择，可分为两种情况进行分析：一种是工资率为常数；另一种是工资率不断变动，如加班加点工资率就属于变动工资率。这两种分析的目标都是实现效用最大化，这里只分析前者。

所谓收入和闲暇的选择，实际上是工作（带来收入）和闲暇的选择。消费者对收入和闲暇的选择，也有效用相同的无差异曲线（见图 13-13）和受时间制约的预算线（见图 13-14）。收入和闲暇的无差异曲线，与消费者选择商品的无差异曲线形状相同，是一条具有负斜率的凸形曲线，对消费者来说，收入和闲暇可以互相代替。

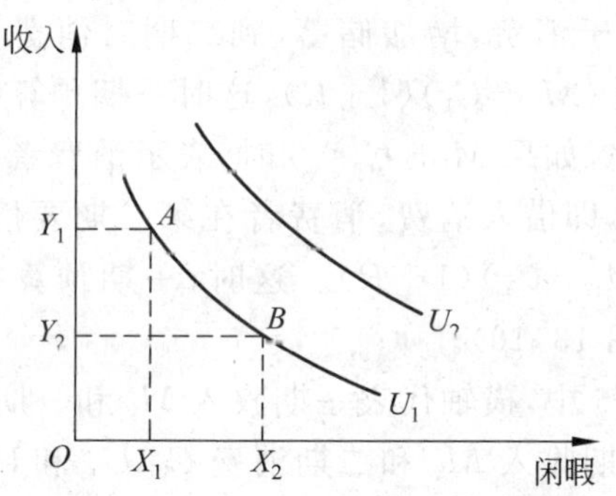

图 13-13　收入和闲暇的无差异曲线

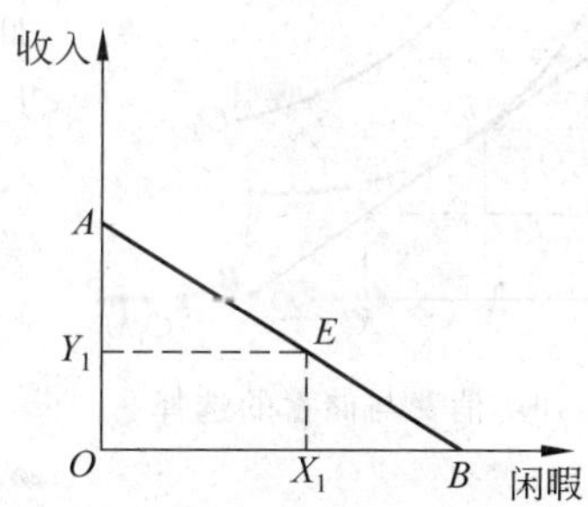

图 13-14　收入和闲暇的预算线

图 13-13 中，横轴代表闲暇时间，纵轴代表收入，U_1 和 U_2 为两条消费者无差异曲线，U_2 的效用水平高于 U_1。U_1 线上 A 点和 B 点比较，A 点获得收入比 B 点要高，但 B 点闲暇比 A 点要多。

图 13-14 中，横轴表示时间单位，用年、月、日都可以，但其特点是时间单位固定，如一天为 24 小时，一周为 7 天等。OB 代表消费者可利用的时间总量，沿横坐标从 O 点到 B 点表示闲暇的增加或工作时间的减少，从 B 点到 O 点表示工作时间的增加或闲暇时间的减少。预算线 AB 上的 E 点，表示收入为 OY_1，闲暇为 OX_1。在工资率为常数的情况下，消费者的工资率等于 AB 线的斜率。

把消费者收入和闲暇的无差异曲线和预算线画在一个坐标图上，就可以研究消费者对收入和闲暇的最佳选择（见图 13-15）。

图 13-15 中，坐标及符号含义同图 13-13 和图 13-14。无差异曲线 U_2 和预算线 AB 相切，切点为 E，即消费者收入和闲暇效用最大化的均衡点，这时消费者用于闲暇时间为 OX_1，用于工作时间为 BX_1，获得工资 X_1E 等于 OY_1。该均衡点表明收入为 OY_1、闲暇为 OX_1 时，E 点是消费者效用最大化的选择。

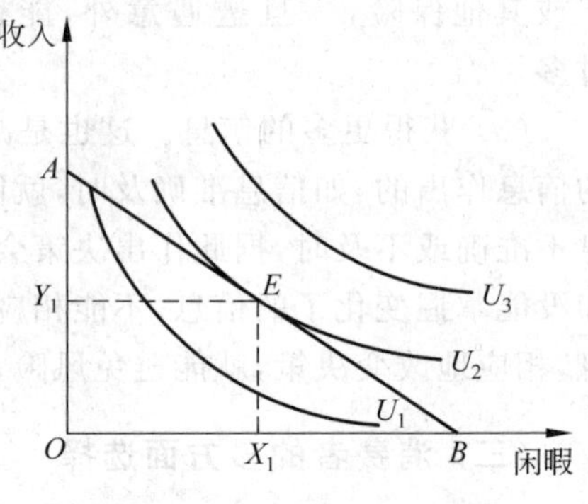

图 13-15　消费者均衡

2. 消费者对消费和储蓄的选择

消费者对消费和储蓄的选择实际是对现在消费和未来消费的选择。为分析的简单化，假定消费者选择分两个时期，两个时期收入分别为 M_1 和 M_2，两个时期消费分别为 C_1 和 C_2。假定消费者在第二时期结束时用完全部收入，并且在第一期和第二期之间可进行借贷消费与储蓄，借贷利率为 R。在上述这些假定下，消费者的预算线可以表示为

$$(1+R)C_1 + C_2 = (1+R)M_1 + M_2 \tag{13-8}$$

这是用未来值表示的消费者预算线，可整理如下

$$C_2 = M_2 + (1+R)M_1 - (1+R)C_1 \tag{13-9}$$

这就推导出二期消费函数公式，也表明二期消费 C_2 是一期收入 M_1、二期收入 M_2、一期消费 C_1 和利率 R 的函数。

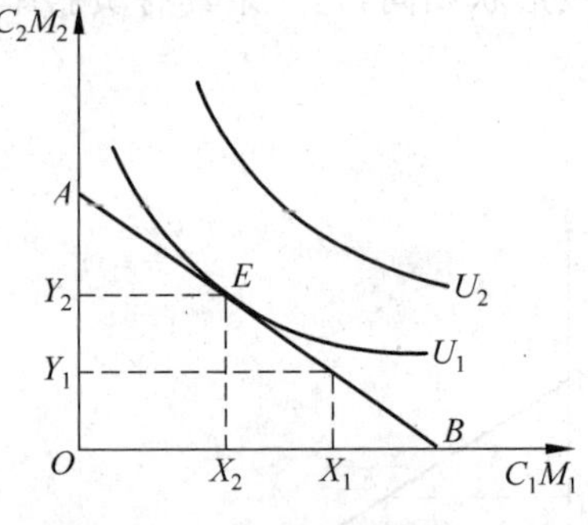

图 13-16　消费与储蓄的选择

消费者预算线也可以移动，如果 $M_1 - C_1 > 0$，即第一期收入大于消费，增加储蓄，到二期时消费者收入增加，增加额为 $(M_1 - C_1)(1+R)$，这时一期预算线在横轴上左移；反之，如果 $M_1 - C_1 < 0$ 时，表示消费者在一期收入小于消费，即借入消费，消费者在第二期要偿还借款，偿还额为 $(M_1 - C_1)(1+R)$。这时，一期预算线在纵轴上下移（见图 13-16）。

图 13-16 中，横轴代表一期收入 M_1 和一期消费 C_1，纵轴代表二期收入 M_2 和二期消费 C_2，U_1 和 U_2 是消费者对消费和储蓄效用相同的两条无差异曲线（可由消费和储蓄的效用函数导出）。AB 为消费者预算线，无差异曲线 U_1 和预算线 AB 切点为 E，则 E 点是消费者效用最大化均衡点。假定一期收入为 OX_1，二期收入为 OY_1。在 E 点表明一期消费为 OX_2，二期消费为 OY_2。很明显，消费者在一期消费为 OX_2，收入为 OX_1，因为 $OX_1 > OX_2$，一期有储蓄为 $OX_1 - OX_2$；二期收入为 OY_1，消费为 OY_2，因为 $OY_2 > OY_1$，二期有借入 $OY_2 - OY_1$。

如果把一期收入按货币时间价值方法变成二期收入，即 $C_2 = C_1(1+R)$ 代入，可以得到

$$C_1 = \frac{1}{2} \times \left(M_1 + \frac{M_2}{1+R}\right) \tag{13-10}$$

式(13-10)表明，一期消费 C_1 与一期收入 M_1、二期收入 M_2 呈同方向变化，与利率 R 呈反方向变化。或者说，一期收入 M_1 和二期收入 M_2 提高，都能使一期消费 C_1 增加，而利率的提高，则会使消费者减少一期消费 C_1，增加储蓄，以便将来增加二期消费。

第四节　消费水平

一、消费水平的概念和指标体系

从宏观角度考察，消费水平就是一定时期内整个社会用于生活消费和服务的规模和水平；从微观角度考察，消费水平就是单个消费者一定时期消费的商品和服务所达到的规模与水平。

消费水平的高低从根本上取决于社会生产发展的水平。消费水平的合理界限，应当是在生产发展的基础上，保证劳动者的消费水平逐年有所提高，至少不低于上一时期，以促进劳动者的需要得到满足和尽可能地全面发展。消费水平可以用消费品的实物量和劳务量来衡量，也可以用获取消费品和劳务的货币支出，即价值量来衡量。以价值量来衡量，一般有三种标准：①计算人均的个人消费基金（扣除消费基金中的公共部分）；②计算人均的消费基金（包括消费基金中的公共部分）；③计算人均的“消费基金＋非生产性积累基金”。此外，衡量消费水平还可以考察：①消费结构的性质变动，良性变动反映着消费水平上升，逆性变动反映着消费水平下降；②劳动者自由支配的业余时间的多寡，自由时间增加，意味着人们有更多时间去学习、休息、娱乐，满足发展智力和体力的需求，并使单位劳动时间内的生活资料数量增加。

二、影响消费水平的因素

消费水平的高低从根本上取决于社会生产发展的水平。除了这一根本因素之外，还包括消费者收入水平、利率高低、社会保障体系是否健全、物价水平、汇率和文化等因素。

（一）收入

在一定情况下，（可支配）收入高，消费水平就高；收入低，消费水平就低。收入与消费水平成正比。

（二）人口数量

在国民收入一定的情况下，人口越多，人均消费水平越低。只有在人口数量的增长低于生产增长速度时，消费水平才有可能提高。

（三）物价水平

在收入一定的情况下，若物价上涨，则人们的购买力普遍下降，这时我们就说钱少了；若物价下跌，则人们的购买力普遍上升，这时我们就说钱多了。可见物价水平与消费水平成反比。

（四）利率

利率越高，消费的机会成本就越大，消费水平就会下降；反之，消费水平就会上升。

（五）社会保障体系

社会保障体系越完善，人民消费就没有后顾之忧，用于预防意外事件的资金就少了，消费水平上升；反之，消费水平就会下降。

（六）汇率

一国货币升值，其货币购买力就上升了，人民的消费水平就上升了；反之，消费水平就会下降。

（七）文化因素

不同的文化对人们的消费倾向有着重要的影响。

三、提高消费水平的途径

提升国内消费水平一是要让人们改变落后的消费观念和消费习惯，但根本途径是提高人民生活水平，形成稳定的收入，主要靠政府采取措施促进经济发展。这里从政府的角度出发，论述提升国内消费水平的途径。

（一）调整国民收入分配结构

抓紧国民收入分配结构的调整。通过对低收入群体加薪，提高劳动报酬在初次分配中的比重。通过二次分配改革，缩小收入分配不公现象，以进一步扩大低收入群体的消费。

（二）尽快提高国民社会保障水平

提高国民的社会保障水平，扩大社会保障的覆盖面，确保在医疗、教育、养老等方面让国民无后顾之忧。在这方面，重要的是财政要更快地向公共财政转型，包括国家大型基础设施建设资金，应尽可能从金融市场筹集，而节省下来的财政资金进一步用于扩大农村养老、医疗改革、住房补贴、农村补贴等资金来源，解决居民消费的后顾之忧。

（三）实行有区别的消费信贷政策

对居民真正用于耐用消费品和教育等支出，应大力发展各类消费信贷产品，并下浮一定的利率幅度，用金融手段给予大力支持。

（四）投资结构向民生向消费倾斜

调整投资结构向民生、向消费基础设施倾斜的力度，以少量的投资刺激广大的农村消费。措施包括大规模完善大城市与中小城市、与广大农村相连接的现代化销售、分销渠道和网上销售渠道；完善城乡结合的二手市场、汽车和耐用品消费市场；满足落后地区农村的用电、公路需求等。

（五）千方百计提高居民收入

对影响居民消费增长的因素进行实证分析得出，当期收入是影响居民消费的最直接、最重要的因素。由于广大城镇居民消费的多与少直接取决于收入水平，因此，当前扩大消费，首先，要把进一步增加居民收入放在第一位；其次，要进一步扩大就业，只有实现就业，居民收入才有稳定来源，才能使消费主体增加，才有支付能力的需求；第三，鼓励消费增长，推动消费升级。同时，要进一步完善消费政策，改善消费环境，清除各种限制消费的障碍。

（六）巩固和培育消费亮点，扩大居民即期消费

对目前已经形成和潜在的消费亮点，要积极促进和正确引导。①继续鼓励住房消费，要按照国家提出的思路，加强土地市场调控，强化多层次的住房供应体系，使房价与居民收入更加适应，同时，出台相关政策，充分发挥信贷等金融服务对房地产消费的支持作用。②引导汽车消费，充分发挥金融、保险服务对汽车消费的作用，改善汽车消费环境。积极发展和完善汽车信贷抵押以及保险服务，鼓励保险业推进汽车保险产品多元化和保险费率市场化。③促进通信、文化、旅游等消费。④培育新的消费亮点。⑤大力提供绿色商品和绿色服务，挖掘绿色消费潜力，大力提倡环保型、能源节约型和可持续消费方式，做到安全消费，杜绝有害消费，实现稳定、健康、充足的消费。

复习思考题

1. 如何认识消费的性质和作用？
2. 如何认识消费心理、消费环境和消费者权益保护问题？
3. 何谓消费需求和消费者市场？消费者市场有何特点？如何完善消费市场，扩大消费需求？
4. 什么是效用？它与商品使用价值有何关系？
5. 何谓消费者行为、消费者偏好、总效用、边际效用、边际效用递减规律、无差异曲线和预算线？
6. 什么是消费者均衡、效用最大化原则、消费者剩余？现实经济生活中有用吗？
7. 什么是无差异曲线、预算线和序数效用论的消费者均衡？现实经济生活中有用吗？
8. 如何认识市场经济条件下的消费者选择？
9. 何谓消费水平？消费水平的影响因素有哪些？如何提高消费水平？

第十四章

消费理论(二)

第一节 消费结构

一、消费结构的概念与分类

(一) 消费结构的概念

消费结构(consumption structure)是在一定的社会经济条件下,人们(包括各种不同类型的消费者和社会集团)在消费过程中所消费的各种不同类型的消费资料(包括劳务)的比例关系。消费结构有实物和价值两种表现形式。实物形式指人们在消费中,消费了一些什么样的消费资料以及它们各自的数量;价值形式指以货币表示的人们在消费过程中消费的各种不同类型的消费资料的比例关系。在现实生活中,消费结构具体表现为各项生活支出。

消费结构应包括质与量两个方面的统一。消费结构的"质"包括消费品本身的质量、生活消费中各种消费品的相互协调状况、消费环境和消费者本人享受各种消费品的能力,也包括直接反映生活消费过程中的舒适和便利程度,以及人们在心理上和精神上所得到的享受和乐趣。消费结构的"量"是各种消费对象的实物量和价值量的统一。消费结构从质与量的规定性出发可定义为:人们在生活消费过程中所耗费的各种消费对象的构成及其协调程度。

(二) 消费结构的分类

根据不同的划分方法,消费有不同的类型。

1. 按照消费对象不同划分

按照消费对象的不同,可将消费分为有形商品消费和劳务消费两种。

(1) 有形商品消费主要是指物质产品的消费,消费的是有形商品,如食品、衣服等。

(2) 劳务消费是指家庭花钱购买的各种服务,如家政、家教、维修、保姆、理发等。

2. 按照交易方式不同划分

按照交易方式不同,可将消费分为钱货两清的消费、贷款消费和租赁消费三种。

(1) 钱货两清的消费。在生活中消费的大部分商品,是通过一手交钱、一手交货的交易方式获得的。

（2）贷款消费。贷款消费是指预支未来收入进行消费，即“花明天的钱，圆今天的梦”（包括赊账）。

（3）租赁消费。有些商品，使用的次数有限（暂时使用），而买下后又不划算的，可以通过短期租赁的办法。租要比买便宜得多，如婚纱、大件儿童玩具、不想收藏和不需反复翻阅的书等。

3. 按照消费目的不同分类

按照消费目的不同，可将消费分为生存资料消费、发展资料消费和享受资料消费。

（1）生存资料消费主要是满足较低层次衣、食、住、行的需要，是最基本的消费。

（2）发展资料消费主要是满足人们发展德育、智育、体育等方面的需要，如接受教育。

（3）享受资料消费是指人们对生存和发展的需求得到满足以后，为了进一步丰富自己的物质生活和精神生活的消费，如旅游。

二、影响消费结构的因素

影响消费结构的因素很多，这里主要从经济因素、社会因素、文化因素和环境因素四个方面来进行分析。

（一）经济因素

经济因素是影响消费结构变动的最重要因素，可以通过收入水平、价格水平、产业结构等发挥其影响作用。

1. 收入水平

消费需求不仅要有消费意愿，还要有满足消费意愿的支付能力。收入是形成这种支付能力的现实基础，在此基础上促进消费需求的实现，成为消费结构的最基本的影响因素。①收入水平对消费结构的影响首先表现在消费结构的层次上，当收入水平较低时，人们的需求层次也较低，在消费中以购买基本生存资料为主，如食品等，满足最基本的生活要求。随着收入水平的逐步提高，基本生活得到保证，人们会更重视享受和自我发展的消费，如教育、文化、娱乐等。②收入水平对消费结构的影响还可以通过消费方式的选择来实现。在收入水平较低时，人们倾向于选择性价比较高的消费方式，选择相对便宜的产品来实现需求；而在收入水平提高后，人们更愿意选择能够提供完善服务，为自己带来更多方便，能体现自身价值的产品，这些消费方式的变化最终会体现到消费结构的变化上。③消费品的需求收入弹性会使收入水平对消费结构产生影响。收入弹性越大，表明需求随收入增加而增加得越快；反之亦然。一般来说，随着人们收入水平的不断提高，生存资料的收入弹性会逐渐变小，而享受资料、发展资料的收入弹性会逐渐增加；低档消费品的收入弹性会减小，甚至为负，高档消费品的收入弹性会趋向变大，但在到达一定程度后，也会逐步变小，这是因为随着社会经济的发展，原来属于高档的消费品的社会生产率提高，价格降低，同时人们的收入水平也在提高，从而使越来越多的人能够购买此类商品，使得这种消费品逐步由高档变为中档最后还有可能成为低档淘汰商品。

2. 价格水平

（1）在不考虑影响需求的其他因素的前提下，商品的需求量与其价格之间存在着反向的因素关系。价格通过影响需求量来影响消费量，进而影响消费结构，这是价格水平对消费结构的直接影响。

(2) 消费品价格总水平对消费结构的影响。居民消费价格指数越高，说明消费品的价格总水平越高，通货膨胀现象越严重，货币购买力越弱，人们越倾向于购买能够发挥保值作用的商品；同时，减少会使资产缩水的储蓄，增加现期消费。

(3) 消费品的需求价格弹性对消费结构的影响。一般而言，生活必需品的需求价格弹性较小，柴米油盐等即便价格上涨，对它们的需求也不会大幅减少；那些对价格变化敏感的消费品即为价格弹性较大的商品，如高档商品、奢侈品等，它们的需求量会随着价格的上涨迅速下降。

(4) 消费品需求的交叉弹性对消费结构的影响根据交叉弹性系数，我们可以把商品划分为替代品和互补品。替代品的交叉弹性系数大于0，即A的需求量随着B的价格上升而增加。互补品的交叉弹性系数小于0，若A是B的互补品，则意味着A的需求量随着B的价格上升而减少。

3. 产业结构

产业结构决定着产品结构，进而决定消费品结构，成为影响消费结构的又一重要因素。其基本模式可以概括为：消费需求结构→产业结构→产品结构→消费品结构→消费结构→更高层次的消费需求结构→更高层次的产业结构……如此循环上升。

(1) 产业结构的内部比例影响消费结构，即第一产业、第二产业、第三产业占总产出的比重，直接影响着社会生活中消费品的数量和种类，从而影响消费结构的构成。

(2) 一、二、三产业的内部结构影响消费结构。如第一产业里的农、林、牧、渔的结构直接关系到人们对粮食、水果、肉类、蛋、奶等的消费数量。

(3) 产业结构的技术水平影响着消费结构。一方面，技术水平的提高必然带动生产率的提高，从而可供消费者消费的产品数量也在增加；另一方面，技术水平的提高，使得能够满足消费者更高需求的产品得以研发问世，拓宽着人们的消费领域，产品更新换代的速度越来越快。

(二) 社会因素

社会因素主要是指构成社会的人口及社会的最小单位——家庭。"人"是消费的主体，消费如何进行，消费结构呈现何种状态，都是通过人的选择、购买、使用等来实现的。

1. 人口因素

人口因素包括人口总量和人口结构。人口总量是指一国或一地区在一定时期内的全部人口数量。人口结构主要包括年龄结构、城乡结构、职业结构、社会结构、性别结构等。不同的结构会通过不同的作用机制对消费结构产生影响。

随着计划生育政策的全面实施，我国人口年龄结构发生了巨大的变化：全国人口出生率逐渐下降，新生婴儿和年轻人在人口中的比例逐年减少，而老年人口的数量在人口总量中的比例不断升高。随着人口老龄化时代的到来，居民在养老、医疗保健等方面的消费支出必然增加。同样，人口结构的其他方面也会对消费结构产生影响。受人口城乡地域结构的影响，我国的整体消费结构呈现出从东到西、从南到北、从大中小城市到农村等多层次的梯度排列。社会中，男女消费者的消费行为、消费特点有着很大的区别，女性消费者多注重商品的实惠性、合理性、外观性等，而男性消费者更多的关注商品的实用性、功能性等。

2. 家庭因素

家庭是由人组成的社会最小单位，因此家庭的消费在一定程度上体现着人的特点。分析家庭因素对消费结构的影响时，可以从家庭生命周期和家庭类型两个方面来说明。其中，家庭生命周期大体上可以划分为五个阶段，分别是：新婚期（25～29 岁）、家庭拓展期（30～34 岁）、拓展完成期（35～44 岁）、家庭衰减期（45～54 岁）、空巢期（55～64 岁）、鳏寡期（65 岁后），与个人生命周期有很大的相似之处。家庭生命周期各阶段的消费热点就是其各阶段消费结构的差异表现。

家庭主人的价值观念、受教育程度等在很大程度上决定了家庭的消费重点、消费方针，以此为依据，可以将家庭划分为不同的类型。如以家庭为中心的家庭，注重家人之间的和谐关系，往往结婚不久就生育，非常重视孩子的成长和发展，这类家庭在消费上多数较为节俭、重视储蓄，目的在于为孩子提供一个温暖、良好的成长环境，为孩子储备足够的教育基金。

（三）文化因素

文化是由众多因素构成的综合体，主要可以分为三个层次，即表现层、制度层、观念层，文化因素对消费结构的影响可以通过这三个途径来进行。

1. 文化表现层

随着社会经济的发展，人们在满足了基本生存需要后，越来越追求心理和精神文化方面的需要，从而拉动文化产业的发展，文化产品和文化服务的种类不断增多，质量不断提高，提供给消费者的文化消费资料不断丰富，人们用于该类消费的支出在其消费支出总额中的比例也会不断增大。这意味着用于发展类、享受类的消费在增多，消费结构在逐渐优化。

2. 文化制度层

不同的制度体系对消费结构有着直接或间接的影响。经济制度构成了一个社会的经济基础，先进的经济制度可以推动生产力的发展和社会的进步；经济制度因素通过资源配置的改变来改变消费者的收入水平，从而影响消费和消费结构；经济制度因素通过改变消费者对未来的预期来对当前的消费行为产生影响。除经济制度外，其他类型的制度体系也对消费结构产生着不同的影响。

3. 文化观念层

文化的观念层对消费结构的影响是最深刻、最广泛、最持久、最难以改变的。文化观念层不仅可以通过消费习惯、消费心理等直接影响消费者的消费方式和行为，还可以通过社会各阶层的消费示范效应间接对消费者的行为产生作用。

（四）环境因素

这里所说的环境因素是指自然环境因素。自然环境是指人们周围的各种自然因素的总和，是人类赖以生存和发展的物质基础。随着自然环境的不断恶化，气候变暖问题的日益突出，环境问题越来越受到全世界各国的重视和关注。环境恶化使人们的生活环境遭到破坏，生存条件遭到威胁，消费资料遭到污染，对人们的身心健康造成危害，势必迫使人们用于医疗卫生的支出不断增加。

传统需求观把人类需求分为物质需求和精神需求，随着环境问题越来越得到人们的重视，生态需求也逐渐浮出水面。现代消费经济学认为，人们的消费需要不仅包括物质需要和精神文化需要，还应包括生态需要。生态需要是指现代经济社会生活中社会经济系统对自然生态系统的生态环境资源的需要，关注生态需要与物质需要、精神需要共同反映了人类整体需要的满足程度，体现了“社会—经济—生态”的协调发展状况。由此可见，生态需要是社会经济与生态环境协调发展的内在推动力，消费结构与生态环境协调发展则是这一推动力在生态消费经济领域的直接反映。

三、促进消费结构的合理化

（一）消费结构合理化的含义

消费结构合理化是消费合理化的核心问题，是确定合理产业结构和整个国民经济结构的前提，具体包括以下四方面内容：①人们的消费需要得到较好满足，保证人的智力、体力充分而自由地发展；②较好满足人们每天正常所需的营养，并使营养平衡，促进健康；③有较好的消费质量；④有利于合理利用经济资源。

消费结构的合理化是一个动态的、相对的概念，当前我国居民消费结构的合理化既要反映生产力发展水平带动下的物质消费水平不断提高，又要体现人们的精神文化需求得到较好的满足，能够促进产业结构的不断优化和升级，实现经济社会的可持续发展。因此，可以说，消费结构合理化是在消费水平逐步提高的基础上，居民的消费质量不断提高，消费领域进一步扩大，消费空间得到提升。

（二）消费结构合理化的实现途径

改革开放以来，我国居民的消费结构发生了显著变化。在居民全部消费支出中，用于满足基本生存需要的食品、衣着等方面的消费支出比重大幅下降，而体现发展与享受需要的交通通信、文化娱乐、医疗保健等方面的支出比重迅速上升，消费结构逐步优化。但目前我国城乡居民的消费结构仍存在许多不合理之处，如商品类同现象严重，难以满足并实现消费结构的多样化和层次化。特别是低收入群体的存在，使有些技术含量高和附加值高的产品，难以被多数消费者所接受，影响了消费结构的不断升级。因此，实现消费结构合理化，必须通过下列途径优化消费结构，实现消费升级。

1. 提高居民收入，夯实消费基础

决定消费最重要的因素是收入，只有居民收入得到持续提高，才能够使消费需求有持续增长，才能够促进消费结构不断优化。同时，增加收入不仅能促使消费结构合理化，而且能启动国民经济的全面发展。因为收入的增加直接引发和扩大消费资料的需求，市场将因此而容纳更多的消费资料供给。

2. 加强供给调控，增加有效供给

有效供给是消费结构合理化的基本保证，优化供给结构，满足城乡居民消费结构优化和升级的需要。①通过市场细分，优化供给结构。从城乡居民的收入环境及消费环境出发，调查并预测农村市场、城市市场及城市中不同收入群体的现实需要和潜在需求，以此组织生产

和经营，创造出有效的供给，逐步改变目前产品的结构性过剩与结构性短缺并存的现状。②创新供给，引导消费。从城乡居民发展资料和享受资料需求不断上升的要求出发，大力发展第三产业，重点发展服务业和教育、文化、娱乐、卫生保健、旅游、通信等产业，满足城乡居民的消费需求。③提高供给质量，规范供给价格。我们如果不抓紧改变目前的供给状况，那么因质量而造成的产品过剩将更加严重。因此，必须增强质量观念，严格质量标准。

3. 依靠科技进步，实现持续发展

21 世纪是知识经济时代，我国经济的发展、物质文明的建设，必须依靠科技进步。①在基础产业中不断加大科技含量，为国民经济的发展和居民消费结构的优化起到支撑作用；②工业经济的增长要从依靠自然资源转移到依靠科技进步上来，通过科技进步，提高劳动生产率，提高产品的加工精度和深度，提高产品附加值；③通过科技进步，不断开发和创新产品品种，使低水平、低档次的消费品逐渐淡出市场，差异化、个性化的产品占领市场，引导并激活居民的消费和消费欲望，促使人们向个性化消费发展。

第二节　消费方式

一、消费方式的概念与分类

（一）消费方式的概念

在一定社会经济条件下，消费者同消费资料相结合的方式即消费方式。消费方式包括消费者以什么身份、采用什么形式、运用什么方法来消费消费资料，以满足其需要。

广义的生活方式是指人们生存和活动的方式，狭义的生活方式是人们与消费资料结合的方式，即消费方式。消费方式是由生产方式决定的，生产方式的社会性质决定消费方式的社会性质；生产方式的自然形式决定消费方式的自然形式；生产方式改变了，消费方式也要相应改变。消费方式反作用于生产方式，与生产方式相适应的消费方式，为生产开拓市场，促进生产力的发展和生产关系的完善；落后或超越生产方式的消费方式，会妨碍生产力的发展，破坏或损害生产关系的进步和完善。随着科学技术的进步和生产力的发展，消费方式也日趋发展，如方便食品、家用电器、现代交通信息工具的出现，又创造了前所未有的消费方法，改变着人们以前的消费方式。

（二）消费方式的分类

1. 按消费主体不同层次划分

（1）个人消费是消费的微观基础。个人消费指消费者（家庭）为满足生活需要而对各种物质资料或精神产品的消费。

（2）社会集团消费是机关、团体、事业单位及企业，在日常工作中对物质产品和精神产品的消费。

（3）公共消费是全体社会成员或部分集体成员，对于各种公共消费品、公共设施的消费。

2. 按消费的不同内容划分

（1）物质生活消费方式是指用物（消费客体）的效用和提供的某些服务来满足消费者需

要的消费，这是人类最基本的、最直接的消费。

(2) 精神生活消费方式是指满足人们文化上、思想上、感情上的需要的消费。同物质生活消费相比，精神生活消费属于较高层次上的消费。

此外，消费方式还可以划分的城市消费方式、农村消费方式，闲暇消费、节日消费等，人们消费的每一方面，都有特定的消费方式。

二、家庭消费的方式

（一）家庭概述

家庭是由婚姻、血缘或收养关系所组成的社会生活组织的基本单位。主要的家庭类型有以下几种：①核心家庭，由一对父母和未成年子女组成的家庭；②扩展家庭，分为主干家庭和扩大/联合家庭；③主干家庭，由一对父母和一对已婚子女(或者再加其他亲属)组成的家庭；④扩大/联合家庭，由一对父母和多对已婚子女(或者再加其他亲属)组成的家庭。

从现代家庭类型的发展趋势看，核心家庭的比重逐渐上升。而且，由于核心家庭成员之间联系最为密切频繁，对家庭消费行为和购买决策影响最大，因此，通常以核心家庭作为家庭消费方式的研究重点。

（二）常见的家庭消费方式

由于人们的消费观念、生活习惯和经济状况的不同，其所选择的收入消费方式也不同。目前的家庭中，常见的有计划赤字式、自然平衡式、努力结余式等几种收入消费方式，下面分别进行介绍。

1. 计划赤字式

所谓计划赤字式，就是在收入尚未实现之前，为了尽早享用某种物质或精神条件，而有目的、有计划地通过借贷而进行的消费。

采用这种收入消费方式的家庭，不同于那种因天灾人祸而被逼无奈向人求借的情况，尽管其经济条件不很充裕，但其收入完全可以维持一定的生活水平。他们之所以要借债消费，有的是为了提前享用，有的是为了减少将来通货膨胀所带来的损失。

计划赤字的方式一般适用于暂时尚无积蓄，但有比较稳定的经济来源，有可靠的还债能力，并且思想比较开放，追求时代潮流，想得开，看得透，不会因负债而增加精神负担的家庭。如果不具备相应的还债能力，同时家庭的主人心眼又小的话，那么，借贷消费的方式会弊大于利。

2. 自然平衡式

所谓自然平衡式，就是采用量入为出的方法，使家庭的收入与消费之间自然而然地保持基本平衡。这种平衡就是收入多少就支出多少，既不借贷，又不存款。不过，这里所说的收支平衡，绝不是当天有钱当天花完，而是要在一定阶段内的均衡使用。这种方式一般适用于已有一定的积蓄，并且家庭生活所用的各项设施已基本齐备，没有较大后顾之忧的家庭采用。如果是没有什么家底，收入又不太稳定的家庭，一般不要轻易采用这种方式。

3. 努力结余式

所谓努力结余式，就是通过适当控制消费支出的办法，挤出一定的余钱，存储起来备用。

这种结余并不是钱多得花不完那种剩余，而是经努力减少消费才实现的结余。这是一种部分收入的延迟消费。

这种方式一般适用于家庭基本建设尚不完善，子女未成年等情况，也就是既有后顾之忧、经济又不富裕的家庭。节省下来的钱，积少成多，可解燃眉之急，也可集中起来购买大件等。

对于以上消费方式，要注意以下几个问题。

第一，以上介绍的几种方式并不是截然分开的，而是可以结合起来使用。例如，此时借贷购买"大件"，彼时又节衣缩食省钱还债等。

第二，计划赤字式的风险较大，一般情况下要谨慎使用，要防止盲目的攀比消费。

第三，无论是消费还是节俭都要适度，如果过分都是有害的，所以，在日常生活中要把握好分寸。

三、消费方式的社会化

（一）消费方式社会化的内涵

消费方式社会化是指个人消费领域的产品不是由消费者个人提供，而是由社会来提供，消费不是直接通过自己的劳动来获得产品，而是通过付费的方式从市场上购买产品。其内容主要包括日用物资商品化、家务劳动社会化和社会服务公共化，其实质是消费过程中产品的商品化。

（二）消费方式社会化的意义

从社会经济、居民生活质量、个人全面发展的不同角度来看，消费服务的社会化都具有重要的意义。

1. 有利于实现个人的全面发展

人的全面发展有赖于闲暇时间的增加，而在其他条件不变的情况下，消费者的闲暇时间多少则与消费过程中所需要的劳动时间长短有直接的关系。而消费服务的社会化可以将消费者从繁重的家务劳动中解脱出来，有更多的闲暇时间用于身心的恢复、娱乐、学习、社会交往等，从而有利于个人的全面发展。

2. 有利于提高社会的规模经济效益

拿家庭社会消费来看，在分散的家庭自我服务的情况下，每一个家庭都需要一个成员买菜、洗菜，做自己必需但分量不多的菜饭，而后还要清洗、整理，非常烦琐和劳累。如果通过服务的方式，比如到餐厅消费或买成品、半成品，或请钟点工来帮助完成，那就会节省很多的时间和体力，这就是饮食消费本位选择的规模经济效益问题。

3. 有利于产业结构的发展和劳动力就业的增加

消费者对消费服务社会化的需求会刺激某些行业的产生和发展，以及某些新兴职业的出现。比如，饮食消费中服务社会化程度的提高会带动食品加工，饮食服务业的发展，使内部分工进一步细化，促进人们消费方式和消费习惯的改变，并对产业结构的发展产生深刻的影响。

4. 有利于提高居民生活质量并促进社会经济发展

在一定条件下，实现消费服务社会化，必然缩短家务劳动时间，这样消费者就可以增加闲暇时间。有了更多的闲暇时间，人的生活会变得轻松愉快，生活方式就有了更多的自主选择，生活质量自然就提高了。

四、建立健康文明的消费方式

（一）建立健康文明的消费方式的基本原则

1. 适度原则

所谓适度，就是要与家庭和个人收入相适应，既不吝啬，又不奢侈。首先，要鼓励与家庭、个人收入相适应的正常消费。如果片面强调节约、忽视消费，就会影响广大人民群众生活水平的提高，进而挫伤劳动者的积极性，最终将阻碍生产的发展。其次，要提倡适度节约，反对铺张浪费。古人云："静以修身，俭以养德。"又云："历览前贤国与家，成由勤俭败由奢"，令人深思，应引以为座右铭。

2. 正当原则

所谓正当，是指不得从事法律和社会公德所禁止或谴责的消费活动，如赌博、嫖娼、吸毒、修建陵墓、搞封建迷信等足以导致道德堕落和精神颓废的消费活动，而应将财富用于法律和社会公德所赞许的范围，如用于维持和提高家人物质和精神文化生活水平，用于抚养孤儿、救助残疾、支援贫困地区办学等慈善事业。

3. 协调原则

所谓协调，指的是物质消费和精神消费要同步提高。许多人物质消费提高了，精神消费却降低了，有的沉迷于奢侈浪费的物质生活，以至玩物丧志，轻则成为物质上的富翁，精神上的乞丐，重则堕落为党和人民的罪人。为此，要协调物质消费和精神消费的关系，适当控制物质欲望。

4. 科学原则

所谓科学，就是提倡科学的消费方式，反对落后的消费习惯。为适应现代文明的发展，必须彻底改变愚昧、无知、不文明、不卫生的消费习惯，建立健康、文明的生活方式。如有人崇尚迷信活动，在节日期间把大量金钱花费在供奉神灵、烧纸钱等有损社会主义精神文明建设的活动上；有人大吃大喝，造成营养单一、过剩，这些不科学的消费习惯，必须坚决摒弃。

（二）建立健康文明的消费方式的基本策略

1. 以马克思主义消费观为指导

马克思认为，消费是社会生产总循环过程中的一个相对独立环节，没有需要，就没有生产，而消费则把需要再生产出来。同时，马克思也批判"仅仅供享乐的、不活动的和挥霍的财富"和"自己放纵的欲望"。按照马克思主义的消费观要求，消费要和生产相适应，这是建立健康文明消费方式的基本指导思想。

2. 继承我国传统消费理念的合理成分

我国传统的消费理念的核心，是以节约为原则，重视精神消费。剔除其中某种程度上存在的抑制消费尤其是抑制正常物质消费的不合理因素外，其精神内核是正确的，对建立健康文明的消费方式，有重要的借鉴意义。

3. 继续发扬艰苦奋斗的作风

根据我国的国情，我们要建设的全面小康社会，其生活方式只能是一个节俭型的生活方式。我们没有条件去追求高消费、高耗能的豪华生活方式。我们要建立健康文明的消费方式，必须保持艰苦奋斗的优良传统。

4. 遵循国家宏观调控政策

目前，国家宏观调控的要求是：随着经济发展不断增加城乡居民收入，适当拉动内需，拓宽消费领域，优化消费结构，满足人们多样化的物质文化需求。在建设资源节约型社会的同时，不断地提高人民的消费水平，大力倡导健康文明的消费方式。

第三节　绿色消费与可持续发展

一、绿色消费的内容与原则

（一）绿色消费的概念

绿色消费的概念是针对经济发展中出现的不可持续危机而提出来的。人类对自然的掠夺和破坏，与人类的消费方式密不可分。马克思认为，消费不仅是生产的终点，也是生产的起点；消费不但实现了生产，而且反过来促进生产，同时也影响交换和分配。消费的重要地位，决定了人类要摆脱不可持续发展的危机，必须从改变导致对自身生存环境破坏的消费模式开始。于是，绿色消费应运而生。

绿色消费也称可持续消费，是指一种以适度节制消费，避免或减少对环境的破坏，崇尚自然和保护生态等为特征的新型消费行为和过程。绿色消费不仅包括绿色产品，还包括物资的回收利用，能源的有效使用，对生存环境、物种环境的保护等。

（二）绿色消费的内容

国际上公认的绿色消费有三层含义：①倡导消费者在消费时选择未被污染或有助于公众健康的绿色产品；②在消费过程中注重对废弃物的处置；③引导消费者转变消费观念，崇尚自然、追求健康，在追求生活舒适的同时，注重环保、节约资源和能源，实现可持续消费。

20 世纪 80 年代后半期，英国掀起了“绿色消费者运动”，席卷了欧美各国。这个运动主要就是号召消费者选购有益于环境的产品，从而促使生产者也转向制造有益于环境的产品。这是一种靠消费者来带动生产者，靠消费领域影响生产领域的环境保护运动。这一运动主要在发达国家掀起，许多公民表示愿意在同等条件下或略贵条件下选择购买有益于环境保护的商品。英国 1987 年出版的《绿色消费者指南》中，将绿色消费具体定义为避免使用下列商品的消费。

(1) 危害到消费者和他人健康的商品。

(2) 在生产、使用和丢弃时，造成大量资源消耗的商品。

(3) 因过度包装，超过商品本身价值或过短的生命周期而造成不必要消费的商品。

(4) 使用出自稀有动物或自然资源的商品。

(5) 含有对动物残酷或不必要的剥夺而生产的商品。

(6) 对其他国家尤其是发展中国家有不利影响的商品。

归纳起来,绿色消费主要包括三方面的内容:①消费无污染的物品;②消费过程中不污染环境;③自觉抵制和不消费那些破坏环境或大量浪费资源的商品等。

(三) 绿色消费的原则

中国第一代环保活动家,著名环保作家,国家环保总局特聘环境使者,被称为中国民间环保运动第一人的唐锡阳先生把绿色消费原则概括为"三E"和"三R"。

1. "三E"原则

Economic——讲究经济实惠,如少用能源,少用包装,加工比较简单的产品。

Ecological——讲求生态效益,如使用较少污染环境、很少破坏自然资源的产品。

Equitable——符合平等、人道原则,如选择不严重剥削劳工,不侵犯原住民生存权,不进行非道德的推销,不经营非人道的动物实验的产品和企业。

2. "三R"原则

Reduce——减少非必要的消费,如一次性的餐具和毫无益处的色素、添加物等。

Reuse——修理旧物,变废为宝,节约资源。

Recycle——提倡使用再生资源制造的产品,如玻璃、纸、铝等再生原料的产品。

凡是符合上述原则的,就提倡购买,甚至采取集体购买的行动。凡不符合上述原则的,就抵制,拒绝购买。都买或者都不买,这是市场最大的冲击力,是任何一家商店或厂家所不可忽视的大问题。不要小看我们手上的一元钱,实际上它就是一张选票。我们的消费行为是否符合某种共识,可以导致某些企业的兴旺或倒闭,也是某些自然保护的措施能不能落实的关键所在。

二、绿色消费的动力与环境

(一) 绿色消费的动力

1. 内生动力

绿色消费的内生动力是指消费者自身所具备的倾向于绿色消费的特征,主要包括收入水平、心理因素、生活方式三类。多数学者认为,消费者的收入水平与绿色消费之间存在一定的正相关性,即收入水平越高,越易于进行绿色消费行为,但也有部分分歧意见。影响消费者进行绿色消费行为最主要的因素是心理因素,其中最为核心的则是环保意识。只有社会成员普遍具有较高的环保意识,才能为社会长期可持续发展提供保障。生活方式是个人在生活过程中体现出来的基本观念、兴趣爱好的生活模式。这主要取决于其教育背景与生活经历等因素。

2. 外生动力

绿色消费的外生动力是指消费者自身以外的动力,主要涉及政府、企业、社团三类。政府作为社会中最为强有力的部门,可以通过大量宣导、政策、法规来引导消费者的绿色消费行为。企业作为产品的提供者，有利益驱动去满足消费者绿色消费的需求。社团是社会的中间组织，以改善人生、服务大众为己任，有强大意愿去推动绿色消费意识的普及。

（二）绿色消费的环境

绿色消费的产生，要从人类经济发展的问题谈起。人类的经济发展，本质上就是与地球大自然系统的物质变换的过程，人类不断地从自然取得物质资料，以满足自己的需要，而后又不断将废物排放到自然，经过自然的"净化"作用，重新转化为自然物质。人类出现以来，就是不断地从自然获取物质资料，逐渐积累，终于达到了今天巨大的物质文明。没有自然资源，人类社会经济、文明的发展是不可思议的。

但是，自然资源并不无限的。人类与自然的物质变换过程，必须建立在平衡的基础上。一方面，人类向自然取得物质资料，要以自然的再生产能力为前提，而自然界许多资源本身是不可再生的，对于这些资源，就不能过快地将其耗尽；另一方面，人类将排出物返还自然，要以自然的"净化"能力为限，否则，就只能是对环境的污染。由于人类的过度开发，这种不平衡就不断地出现了。马克思在《资本论》中讲到资本主义大工业和城市的发展所产生的影响时曾经指出，"大工业一方面聚集着社会的历史动力，另一方面又破坏着人和土地之间的物质变换……从而破坏土地持久肥力的永恒的自然条件。"如今，这种情况果然严重地摆在人们面前，使人不能不考虑自己的行为到了该改变的时候了。

人们终于开始觉醒，"绿色"观念逐步形成。1962 年，美国海洋生物学家蕾切尔·卡逊(Rachel Carson)经过 4 年时间，调查了使用化学杀虫剂对环境造成的危害后，出版了《寂静的春天》(*Silent Spring*)一书。在这本书中，卡逊阐述了农药对环境的污染，用生态学的原理分析了这些化学杀虫剂对人类赖以生存的生态系统带来的危害，指出人类用自己制造的毒药来提高农业产量，无异于饮鸩止渴，人类应该走"另外的路"。1968 年 3 月，美国国际开发署署长 W. S. 高达在国际开发年会上发表了"绿色革命——成就与担忧"的演讲，首先提出了"绿色革命"的概念。从此，"绿色"一词就越来越多地出现在人们面前。1971 年，加拿大工程师戴维·麦克塔格特发起成立了绿色和平组织。1972 年，罗马俱乐部提出"成长的极限"，报告提醒世人重视资源的有限性和地球环境破坏问题。此后，越来越多的人认识到人类应该将自己与自然环境和社会环境协调起来，寻求生态、能源、人口三者协调、健康发展，与大自然和谐共处，建立一个环境优美的"绿色文明"。"绿色消费"就是在这一"绿色运动"中提出来的。

三、发展绿色消费，促进持续发展

世界环境与发展委员会 1987 年在《我们共同的未来》报告中明确提出，"可持续发展是既满足当代人需要，又不对后代人满足其需要的能力构成危害的发展。"可持续发展包括三个方面的内容，即经济的可持续发展、人与自然的可持续发展和人类社会的可持续发展。绿色消费是可持续发展在消费领域的内在要求，是可持续发展的重要内容。发展绿色消费，不仅是实现可持续发展的应有之义，更是促进可持续发展的重要力量，对经济社会有着深远的影响。

（一）绿色消费是促进经济可持续发展的手段

经济的可持续发展，首先表现为社会生产即社会总供给的可持续发展，而社会总需求是总供给的目的和归宿，推动社会生产的不断发展。如果没有需求的存在，供给将成为无源之水、无本之木。需求的规模、层次类型、水平和发展速度，对生产的规模、结构和速度产生着重大甚至决定性的影响。因此，经济的可持续发展需要可持续的消费需求来支持，这种可持续的消费需求就是绿色消费。绿色消费对经济可持续发展的促进作用具体表现为以下三点。

(1) 绿色消费推动绿色经济的发展。消费是社会经济活动的重要组成部分，是生产的目的和动力。发展绿色消费，必然要发展绿色产业。新的绿色产业的出现，通过消费结构的优化和升级，进而促进产业结构的优化和升级，形成新的经济增长点，推动生产和消费的良性循环，促进经济的健康发展。

(2) 绿色消费使资源得到合理利用，减少对环境的污染。绿色消费提倡用科技进步改造生产，促使生产者放弃粗放型的生产经营模式，努力节约资源，推动清洁生产，坚决反对那些破坏生态环境的滥砍、滥伐树木及恣意捕杀野生动物的行为，提高资源的利用率和开发价值，并采取措施对资源及废弃物进行回收利用，在减少环境污染的同时也使废弃物给社会带来一定的经济效益。

(3) 绿色消费模式下，人们消费的对象以符合相关技术标准的绿色产品为主，这就提高了消费的安全性、健康性，相应也减少了消费者因事故所受的经济损失，有利于创造良好的生产环境和消费环境，促进经济的进一步发展。

（二）绿色消费是促进人与自然和谐发展的力量

1992 年，联合国人类环境与发展大会通过的《21 世纪议程》指出，全球环境不断退化的主要原因是非可持续消费和生产的模式，尤其是工业化国家的这类模式。因此我们必须改变消费模式，培育可持续发展的消费价值观。绿色消费的提出正是源于人类与自然的矛盾，而协调这种矛盾正是绿色消费模式的基本原则。绿色消费是一种生态型消费，是以地球承载能力为限的消费。绿色消费要求人类改变“人类中心论”，革新不顾资源和环境的思想意识，以对其他物种和地球产生最小影响的生活方式来生活，在生态原则的基础上安排生活。绿色消费下人类的消费活动被限制在环境和资源能够承载的范围内，不突破生态平衡所要求的质的极限。一方面，不破坏地球上的基本生态过程和生命维持系统，保护生物及其遗传因素的多样性，从而保证自然资源和生态系统的持续利用，维护基本生态过程，保持生态圈稳定机制和生态系统的整体平衡；另一方面，消费的增长速度以不超出生态潜力的增长为限，在使用资源的同时，不断对资源的消耗予以补偿，维持资源使用和保护之间的平衡，防止生态潜力的丧失。这样，绿色消费把人与自然由对立关系导向统一关系，对人与自然的和谐发展有重要作用。

（三）绿色消费方式是促进人类社会公平、合理与和谐发展的因素

在生产关系中，生产方式、消费方式和分配方式是有机联系的。在工业社会中，消费方式通过作用于生产方式形成不合理的分配秩序，影响社会的公平、合理与和谐。绿色消费方式的建立通过工业生产方式的变革而形成合理、公平的分配秩序，从而实现人类社会的可持续发展。这种作用具体体现在代内公平和代际公平两方面。

1. 绿色消费有利于代内公平的实现

地球上的自然资源和环境是自然赐予整个人类的恩惠，在自然面前，人类是一个利益共同体，任何人、任何地区、任何国家，无论贫穷还是富裕，在利用自然资源以及满足自身利益上的机会都是均等的。国与国之间，人与人之间应以一种平等、公正的关系共同履行对地球的责任，不能单纯地从一己私利出发，对生态资源进行破坏性开采和利用，损害人类共同的、长远的利益。绿色消费要求国家之间、不同利益集团之间，应该公平地分享资源和承担生态成本，改善世界范围的过度消费和消费不足两个极端并存的不合理现实，引导人们适度、健康、合理消费，这对于消灭世界范围内的消费不平等，促进消费公平的实现具有重大意义。

2. 绿色消费有利于代际公平的实现

未来各代人和当代人对资源和环境有同样的权利要求，当代人在考虑自己的需要和消费时，也要对未来各代的需求与消费负起历史的责任。人们应该合理、节制地利用资源，不能危及后代人生存和发展的消费能力，不损害后代人的利益，把一个完好的地球交给子孙后代。因此，我们要倡导一种更加健康、合理的消费方式，在消费活动中，要照顾下一代甚至下几代人的消费需要，要与他们公平地分享自然，分享无污染的生态环境。绿色消费承认后代人与当代人享有平等的生存权与消费权，要求人们在进行生活消费时，以维持整个人类的长远利益和根本利益为道德标准，保障后代人享用能够持续生存下去的自然资源和环境，是值得倡导的现代消费方式。

复习思考题

1. 什么是消费结构？影响消费结构的因素有哪些？这些因素如何影响消费结构？
2. 什么是消费结构合理化？怎样实现消费结构合理化？
3. 什么是消费方式？它怎样进行分类？
4. 家庭消费方式应怎样进行分类？在实际运用过程中，需要注意哪些问题？
5. 消费方式社会化的内涵是什么？有何意义？
6. 什么是绿色消费？绿色消费应遵循哪些原则？
7. 如何通过发展绿色消费来促进可持续发展？

第十五章

宏观调控与经济社会的可持续发展

宏观调控是国家运用计划、法规、政策等手段，对经济运行状态和经济关系进行干预和调整，把微观经济活动纳入国民经济宏观发展轨道，及时纠正经济运行中的偏离宏观目标的倾向，以保证国民经济的持续、快速、协调、健康发展。宏观调控的对象是宏观经济活动。宏观经济活动反映着社会再生产各环节之间，国民经济各部门之间、各地区之间的关系；还反映着社会总需求与总供给之间的关系，人口、资源与环境之间，科技与经济发展之间的关系。宏观调控就是要对上述总量变化根据国民经济和社会发展目标进行协调和控制，以实现综合社会效益和经济效益。

第一节　宏观调控的必要性及其意义

在市场经济条件下，市场调节已取代计划调节成为市场经济中的主要调节手段，商品和服务的供应和需求受价格规律及自由市场机制影响。从经济机制整体意义来看，市场不要求过多的政府干预。市场经济带来经济增长，但也存在着明显的缺陷，体现在市场调节具有自发性、盲目性及滞后性的弱点，可能带来外部性、公共产品、信息不对称、垄断、收入分配等问题。因此，政府对市场经济运行进行宏观调控，不仅是必要的，而且对经济发展也是非常重要的。政府宏观调控能有效弥补市场调节的不足，保持国民经济总量平衡，抑制通货膨胀，缓解经济衰退，促进国民经济结构保持良好状况，实现经济的稳定增长。

一、市场失灵的危害及表现形式

市场失灵是指市场在资源配置上的低效率，即由于市场本身不可克服的局限性使市场不可能实现帕累托最优。对市场失灵的分析是现代福利经济学的重要组成部分。市场失灵会对经济和社会造成一定的危害，主要表现在以下六个方面。

（一）市场的自发性问题

市场调节是按照市场上的供求变动，通过市场机制的作用过程来进行资源配置。当一种产品的市场价格高，生产者认为该产品有利可图，资源便会自动配置到此种产品中去。随着供给的不断增加，当供大于求时，产品的价格就会下跌，资源便会自动流出，配置到其他产品中去。因此，市场调节表现为一种事后调节，从价格的形成、信号反馈到产品产出，都存在着一定的时滞。并且,生产者根据之前的市场表现和个人的信息和能力进行决策,具有盲目性。

为了减少经济波动,保持经济的稳定、健康发展,还需要国家站在宏观的角度,对经济发展的中长期趋势进行科学预测,制订宏观经济计划,为微观企业提供决策指导。

(二)市场的外部性问题

外部性是指一个经济主体在自己的活动中对旁观者的福利产生了一种有利或不利影响,这种有利影响带来的利益或不利影响带来的损失,都不是由这个经济主体本人所获得或承担的现象。即做了坏事不受惩罚,做了好事也得不到补偿。如兴建一个化工厂,企业可以从中获益但却会对生态环境造成危害,这种现象称为"外部不经济"。反之,有些项目可能给社会带来好处,但企业的经济核算并不理想,这种现象称为"外部经济"。如果不对市场的外部性进行干预,造成"外部不经济"的企业不承担其成本,带来"外部经济"的企业得不到相应的收益,便会有更多的企业为了追求自身经济利益不惜损害社会整体利益,而越来越少的企业愿意牺牲自身利益来增进社会福利,最终会导致生态环境恶化,社会整体福利下降。

因此,适当的宏观调控和干预是十分必要的。一般解决市场的外部性问题有四种方法:①私人磋商和谈判;②政府税收和补贴;③制定法律和法规;④政府直接干预。其中,政府采取税收和补贴及制定法律、法规是主要的调节方式。

(三)信息不对称问题

信息不对称是指在市场中,交易双方对其交易的相关信息了解不是很完整或者不是很对称。在信息不对称情况下进行的市场交易,不能使资源自动达到最优配置,交易者也不能实现最优选择。造成信息不对称的原因可能是市场机制不健全导致的,也可能是人为的。在市场经济中,价格作为信息的载体在协调生产、分配、交换和消费中起着至关重要的作用,然而当信息本身作为一种稀缺的商品时,市场机制就不能解决好资源的配置问题。另外,交易一方为了追求高利益可能存在故意隐瞒甚至欺骗行为,造成人为的信息不对称现象,产生商业欺诈。此时就需要政府对这种行为进行纠正。

(四)公共产品问题

公共产品是具有共同消费性质、用于满足社会公共需要的物品和服务,是私人产品的对立物。公共产品具有以下三个特征。

1. 效用的不可分性

公共产品是面向整个社会共同提供的,具有共同受益或联合消费的特点,其效用为整个社会成员所共享,不能分割为若干部分来分别归属于个人享用。

2. 消费的非竞争性

消费的非竞争性是指一部分人对某一产品的消费不会影响另一些人对该产品的消费,受益对象之间不存在利益冲突。例如,国防保护了所有公民,其费用以及每一公民从中获得的好处不会因为多生一个小孩或有人出国而发生变化。

3. 收益的非排他性

收益的非排他性是指产品在消费过程中所产生的利益不能为某个人或某些人所专有,

要将一些人排斥在消费过程之外是不可能的。例如,消除空气中的污染是一项能为人们带来好处的服务,它使所有人能够生活在新鲜的空气中,但要让某些人不能享受到新鲜空气的好处是不可能的。

提供公共产品的成本和收益不对称,造成公共产品消费普遍存在"搭便车"现象,因此企业没有足够的动力和意愿独立生产公共产品,导致市场供给不足。公共产品供给的不足必然影响社会正常运作,这就需要政府介入生产。政府可通过直接投资兴办工厂或者委托企业生产进行政府采购等方式来解决公共产品供给不足的问题。

(五) 垄断问题

由于规模经济的存在,单个企业在一定的产量范围内,随着产量的增加边际成本会降低,在市场竞争过程中必然导致企业的资本积聚、集中,形成垄断。垄断包括行业垄断和地区垄断。垄断企业通过对市场的绝对控制获取高额垄断利润,形成行业间或地区间的收入差距。并且,垄断还会影响市场机制的有效运作以及市场的公平竞争,甚至导致整个竞争性市场的解体。因此,反对垄断和非公平竞争就成了政府行政干预的重要内容和必不可少的职责。在市场经济条件下,政府应当通过一定的法律、法规和行政手段防止垄断产生和保证市场竞争秩序。目前,世界上实行市场经济的国家都制定了反垄断法,并建立了相应的执法机构予以保证实施。

(六) 收入分配问题

市场经济要求生产要素自由流动和成果分配按生产要素的贡献进行。这就会导致某些拥有较多资源、资金、知识、技能、信息等生产要素的经济主体获得较多的收入,并且产生富者越富,穷者越穷的"马太效应",形成收入差距。收入差距表现在城乡之间、行业之间、地区之间、企业之间,甚至企业内部各成员之间也存在很大的收入差距。国际上通常用基尼系数(Gini coefficient)来衡量一个国家或地区的收入差距。基尼系数是20世纪初意大利经济学家基尼根据劳伦茨曲线所定义的判断收入分配公平程度的指标。基尼系数是比例数值,在0和1之间,越接近0就表明收入分配越趋向平等;反之,则趋向不平等。按照国际一般标准,基尼系数低于0.2表示收入过于公平,社会动力不足,0.4是社会分配不平均的警戒线,0.4以上表示收入差距较大,达到0.6以上表示收入差距很大,社会不安定。将基尼系数维持在0.2～0.4是比较合理的范围。因此,政府往往会采取各种手段进行宏观调控,如采取累进税、累退税、转移支付、保险以及社会捐助等方式进行收入再分配。

二、政府失灵的表现及原因

在现代市场经济条件下,政府干预经济是为了弥补市场缺陷,纠正市场失灵。但就像市场机制不是万能的一样,政府干预也并非完美,也存在着政府失灵或失败。因此,为了保障社会主义市场经济的顺利运行,必须充分认识和研究政府行为的局限性问题,并采取有力措施尽量避免可能产生的负面作用,增强政府干预的合理性、科学性和有效性,保障经济的健康稳定和可持续发展。

（一）公共政策失效

政府对市场经济进行干预的基本手段是制定和实施公共政策，以政策、法规及行政手段来弥补市场的缺陷，纠正市场失灵。公共政策是一个复杂的过程，由于存在着种种困难、障碍和制约因素，使得政府难以制定并执行好的、合理的公共政策，导致公共政策失效。

公共政策失效的主要原因来自于公共过程本身的复杂性和困难性，以及现有公共政策体制的缺陷。

1. 公共政策的目标即公共利益的界定很难

单纯地将个人利益进行加总，既不科学也不具可操作性。简单加法不足以在个人偏好中排出一个一致的共同秩序，并且每个人的偏好本身也是根据不同的标准而分类的。因此，在公共政策的制定中，实际并不存在根据公共利益进行选择的过程，而只存在各种特殊利益之间的“缔约”过程。

2. 公共政策体制存在缺陷

以少数服从多数为原则的民主制是现代国家采用较多的决策方式，包括直接民主制和间接民主制（代议）。这种方式存在偏好是否真实和被选举出的代表由于“经纪人”特性而追求自身利益最大化而非全体选民利益最大化的问题。

3. 多种因素制约决策的合理性

信息的不完全、决策者的智慧不足、利益约束弱化、公共决策议程的偏差、投票人的“近视效应”、沉积成本、路径依赖等因素都有可能制约公共政策制定的合理性。

4. 公共政策的执行受阻

公共政策的有效执行受制于各种因素和条件，具体包括：政治、经济、文化等宏观环境；政策本身的制定人员、过程、影响的范围等；公众对政策的接受及支持度；政策执行部门的能力与公信力等。

（二）公共物品供给低效率

为纠正市场失灵，政府将履行公共产品供给者的职能，维护市场秩序，消除市场外部效应，管制自然垄断、信息不对称等问题。但是，由于政府机构的形成机制以及公共产品供求关系的特点，存在公共产品供给低效的问题。导致公共产品低效的原因主要有以下四点。

1. 公共产品评估或评价困难

政府提供公共产品追求的是社会效益而非经济效益，社会效益的衡量缺乏准确的标准和评估技术。

2. 政府部门垄断公共产品的供给，缺乏竞争机制

政府作为提供公共产品的唯一或者最主要的部门，即使低效运作仍能持续生产，没有充分的激励或惩罚机制。

3. 公共利益与官员利益不一致导致官员缺乏动力

企业经理人为降低成本、追求利润有很强的创新动力，但政府机构没有这种机制，官员也没有利润动机，因而造成公共产品低效现象。部分具有高效的机构也存在“过剩”产品，造成社会浪费。

4. 缺乏监督机制

现有的监督机制不够完善，监督机构或公众缺少足够的信息和方式来有效地监督相关机构，导致监督行为软弱无力，甚至徒有虚名。

（三）内部性与政府扩张

内部性是指政府部门及其官员追求利益集团的目标或自身利益而非公共利益或社会福利的现象。就像外部性被看作是市场失灵的一个重要原因和表现，内部性被认为是政府失灵的最基本或深层次的原因，内部性导致政府不断扩张。

政府扩张、机构臃肿、办事效率低下是目前许多政府的通病。造成政府扩张的具体原因可能表现为五个方面：①政府作为公共产品的提供者和市场外部性的消除者导致扩张；②政府作为收入和财富的再分配者导致扩张；③利益集团的存在导致政府扩张；④官僚机构的存在，官员为增加自己的升迁机会和扩大自己的势力范围造成政府扩张；⑤财政幻觉导致政府扩张。

（四）寻租及腐败

在现代寻租理论中，一切利用行政权力大发横财的活动都可称为寻租活动，租金泛指政府干预或行政管理市场而形成的级差收入。寻租活动的特点是利用各种合法或非法的手段（如游说、拉关系等行为）以获得拥有租金的权力。寻租活动会造成资源配置无效甚至扭曲。并且，寻租作为一种非生产性活动，并不增加任何新产品或新财富，只是产权关系的改变，将社会财富装入私人囊中，导致政府腐败。寻租导致不同政府部门及官员之间争夺权力，影响政府公信力并会增加廉政成本。寻租妨碍公共政策的制定与执行，降低行政运转效率甚至危机政权稳定。寻租及政府腐败是阻碍经济长足发展、政治稳定和优良文化不断进步的陷阱。

三、宏观调控的意义

宏观调控是我国改革开放以后从西方经济学中引进的一个概念，我国目前实行中国特色社会主义市场经济，即是在政府宏观调节控制下的市场经济。宏观调控对于我国市场经济的发展有着举足轻重的作用和意义。

1. 宏观调控能满足社会化大生产和商品经济发展的客观需求

社会主义生产是建立在广泛的分工协作基础上的社会化大生产，整个国民经济形成了一个不可分割的有机整体，社会生产的各个环节，国民经济各部门、各地区、各企业之间有着相互依存、相互制约的密切联系，因为社会主义生产在客观上要求整个国民经济按比例协调发展。宏观调控正是站在社会整体的角度，有计划地调节和协调各个方面的关系，使资源得到更加合理的配置，纠正市场失灵，保证国民经济健康、稳定、可持续发展。

2. 宏观调控保证社会主义市场经济正常运行

社会主义企业作为商品生产者和经营者，本质上也是追求自身利益最大化的组织，不可能自觉适应社会经济和整体福利的要求，仅靠市场机制发挥作用必然会造成社会资源的巨大浪费和经济波动。宏观调控则既能够从全局上保证整个国民经济的计划性、统一性，又从局部上保证企业生产经营的自主性和灵活性。

3. 宏观调控有利于巩固生产资料社会主义公有制的主体地位

在社会主义生产资料公有制为主体的基础上，国家、集体和个人三者之间的根本利益具有一致性，代表全体劳动者共同利益的国家就有可能在全社会范围内调节各地区、各部门、各企业的经济活动，协调它们之间的利益关系。同时，国家掌握了关系国计民生的土地、矿藏、铁路等重要的生产资源，可以有计划地利用全国的人力、物力和财力，领导和组织社会主义经济建设。

4. 宏观调控特别有利于社会主义初级阶段的经济发展

人口多、底子薄，生产力水平低下，商品经济不够发达是我国现阶段的特点。在这样的条件下，要实现国家的工业化、信息化、城镇化、农业现代化，单纯依靠市场机制可能导致市场的盲目生产，经济增长过快损害了社会其他福利或者导致比例失调等。因此，在社会主义初级阶段，经济的健康、稳定、可持续发展必须依赖于国家有计划的组织、领导、管理和调节。

第二节　宏观调控的目标、手段和政策

在宏观调控过程中，需要遵循三个基本原则：①宏观调控的主体只能是中央政府，而非任何一级政府，因为宏观调控是对社会经济总量进行调节和控制，单独某一地区或部门不可能完成这项工作；②宏观调控主要是对有关经济总量的调控，必须站在全局的角度，即整个国民经济；③宏观调控应主要采取经济手段，以间接调控为主。

一、市场经济中政府的经济职能

政府的经济职能是指政府从社会经济的宏观角度，履行对国民经济进行全局性的规划、协调、服务、监督的职能，是为了达到一定目的而采取的组织和干预社会经济活动的方法、方式、手段的总称。

在市场经济中，政府的经济职能包括四个方面：①经济调节，即政府按照市场经济规律履行好经济调节的职能，对经济运行实施宏观调控；②市场监管，即政府肩负着整顿和规范市场经济秩序的责任，包括对假冒伪劣商品、文化市场混乱、工程质量不合格等不规范的市场行为的监督和管理；③社会管理，在现代社会中，随着民主政治的发展和公民素质的提高，政府社会管理职能要与充分发挥公民自我管理和社区自治有机结合起来，良好的社会管理不仅是构建和谐社会的基本要求，也是促进经济增长、社会全面发展的重要手段；④公共服务，政府肩负着提供公共产品，如基础教育、公共卫生、公共文化、社会保障、科学技术、体育休闲、基础设施、环境保护、发布公共信息等职能，公共服务既是为市场创造一个良好的外部环境，又是使人民群众共享发展成果，实现人的全面发展的重要措施。

二、宏观调控的目标

宏观调控的目标是一个整体系统，一般可分为最终目标和具体目标两个层次。

（一）宏观调控的最终目标

宏观调控的最终目标是通过一定的价值判断及主导思想而提出的规范性概念。美国经济学家阿罗将其归纳为经济稳定化、资源配置高效化和分配公平化三种。我们对此也总结了三种，包括效率、增长、稳定；经济福利；分配公正。

1. 效率、增长、稳定

经济活动的实质就是用有限的资源尽可能地满足人们轻重缓急各不相同的无限欲望，因而合理配置资源、提高利用效率、促进生产力的发展和经济增长是政府进行宏观调控的基本方向。随着经济的发展和规模扩张，消费结构和生产结构会发生变化，市场均衡将被打破，如何使经济稳定地向高层级过渡也是宏观调控关注的重点。

2. 经济福利

生产的目的是消费，因此效率和增长最终要实现经济福利，满足人们日益增长的物质文化需要。经济福利可分为三个层次：①基本需求，包括生存（收入、消费、保障）、安全、健康等方面；②享受需求，包括自然环境、居住环境、劳动环境等方面；③发展需求，包括教育、文化、闲暇、参与合作等方面。

3. 分配公正

国民收入分配包括初次分配和再分配。初次分配是国民收入在物质生产领域内部进行的分配，是劳动者根据所提供的劳动数量和质量取得的报酬。初次分配可以促进劳动的有效配置和生产效率的提高，但可能造成收入差距过大。再分配是指国民收入在初次分配基础上，在全社会范围内进一步的分配，主要通过财政政策等进行调节，缩小收入差距。分配公正是保证社会经济可持续发展的条件之一。

（二）宏观调控的具体目标

宏观调控的具体目标是最终目标的细化，也是实现最终目标的前提条件。我国当代经济发展的宏观调控具体目标主要包括以下几个方面。

1. 经济增长

保持国民经济持续、快速、健康的发展是宏观调控的核心目标。选择适度的经济增长率是实现其他宏观调控目标的前提和保障。经济增长可能会受到自然资源的数量及使用效率，劳动的数量和质量，资金的多少，管理水平的高低，科学技术的发达程度等多种因素的影响。

2. 物价稳定

保持物价总水平基本稳定，防止恶性通货膨胀或通货紧缩，对于调动劳动者的积极性，稳定经济和维持社会和谐都是十分重要的。保持价格总水平的基本稳定，要正确处理好积累和消费的比例，社会总供求的平衡，劳动生产率增长与平均工资增长的关系，财政、信贷、进出口收支的平衡等，货币的发行量要与商品交易所需要的实际货币量相适应。

3. 充分就业

我国人口多，适龄劳动者基数大，并且随着二元经济结构向现代经济结构的转换，城市就业日益严峻的背景下，农村剩余劳动力也在不断增加。过高的失业率会影响市场消费、社会稳定和经济的持续发展。国家应在大力发展经济的同时，构建完善的劳动力市场，促进劳动力资源的合理配置。

4. 产业结构高级化

产业结构高级化具体可从五个方面着手：①进一步巩固农业基础地位，增强农业的综合生产能力；②切实加强基础设施和基础产业建设，扶持与发展新兴产业与高技术产业；③大力扶植支柱产业的发展，培育新的经济增长点；④鼓励和引导第三产业加快发展；⑤推动区域内产业的合理布局，发展特色优势产业。

5. 国际收支平衡

随着我国对外开放程度的加深，国际收支平衡在宏观调控目标系统中的地位也将随之提高。其核心就是外汇供求平衡，即要保持外贸进出口的平衡、资本的流入和流出的平衡。

三、宏观调控的手段

宏观调控目标的实现，必须借助宏观调控手段。宏观调控的手段主要有三种：经济手段、法律手段和行政手段。

（一）经济手段

经济手段是指国家运用经济政策和计划，通过对经济利益的调整而影响和调节社会经济活动的措施，经济手段侧重于国家对经济的引导。常见的经济手段有经济计划、财政政策、货币政策、收入政策、产业政策、区域发展政策、投资政策、价格政策等。运用经济手段对市场经济进行调控，有利于实现国民经济的持续、快速、健康发展。在现代市场经济中，政府能够用来干预经济，特别是进行总量调控的政策，主要是财政政策和货币政策。财政政策是政府通过调整税收、公共支出以及转移支付，以调节社会供求关系，达到社会经济稳定增长的手段。货币政策则是国家货币当局或中央银行，为实现一定的宏观经济目标所采取的调节货币供应量的金融措施，它由政策目标、政策工具及其中介指标构成。运用财政政策和货币政策进行宏观调控时，一般都同时协调运用，但也有以其中一种为主，另一种辅助。因为货币政策在抑制过剩总量需求时有力量，但在扭转经济衰退时，财政政策才能极大地刺激有效需求，推动经济增长，这要根据实际经济环境灵活判断和运用。除了财政政策和货币政策两种主要调控手段之外，还有收入政策、产业政策和对外经济政策等。

（二）法律手段

法律手段指国家制定和运用经济法规来调节经济活动的手段，侧重点是在国家对经济的规范。法律手段的内容包括经济立法、经济执法、法律监督等。运用法律手段来调节市场经济运行有四个基本特征：①对市场经济主体具有普遍约束力；②对市场经济主体具有严格规范的强制性；③调节具有相对稳定性；④对活动范围的明确规定性。运用法律手段可以有效地维护经济活动参加者的合法权利，调整社会经济关系，规范生产经营者的活动和市场秩序，保证经济的正常运作。

（三）行政手段

行政手段是指国家通过行政机构，采取行政命令、指示、规定等行政措施来调节和管理经济的手段，侧重在国家对经济的干涉。行政手段一般包括行政命令、行政制度、行政法规和条例等。行政手段以行政权威的强制力，直接调节和控制经济活动，具有强制性、垂直性和权威性的特点。随着社会主义市场经济体制的建立和完善，行政手段必须反映客观经济规律的要求，运用范围将越来越小。

四、宏观调控的政策

宏观调控政策是由国家制定的同价值范畴相联系，能够调整社会利益关系的政策体系，是整个宏观调控体系的主体，包括财政政策、货币政策、产业政策、收入分配政策、汇率政策等。

（一）财政政策

财政政策是指政府运用国家预算和税收等财政手段，通过对国民收入的分配和再分配，来实现社会总供给和社会总需求平衡的一种宏观调控政策。财政政策的核心是通过调整政府的收入和支出来调节有效需求，具体包括：①税收政策，即通过增税或减税及税种的选择来调节投资和消费需求，实现收入和资金的再分配；②财政支出政策，即通过政府预算支出的增减及财政赤字的增减来影响总需求，实现收入再分配；③财政补贴政策，即在结构失衡或出现供给“瓶颈”时，提供各种形式的财政补贴，以保护特定的产业或地区经济发展。

财政政策可分为扩张性财政政策、紧缩性财政政策。扩张性财政政策以降低税率、扩大财政支出为特点，目的在于刺激需求；紧缩性财政政策以提高税率、扩大税种、缩减财政支出为特点，目的在于抑制需求的增加。在实际经济活动中，要采取斟酌使用的财政政策，即政府要审时度势，主动采取一些财政措施，变动支出水平或税收以稳定总需求水平，使之接近物价稳定的充分就业水平。当认为总需求非常低，出现经济衰退时，政府应该通过削减税收、降低税率、增加支出或双管齐下以刺激总需求。反之，当认为总需求非常高，出现通货膨胀时，政府应该增加税收或者削减开支，以抑制总需求。

财政政策具有自动稳定器的作用，即经济系统本身存在的一种会减少各种干扰对国民收入冲击的机制，能够在经济繁荣时期自动抑制通胀，在经济衰退时期自动减轻萧条，无须政府采取任何行动。

（二）货币政策

货币政策是指政府通过控制和调节货币供应量，以保持社会总供给和总需求平衡的一种经济政策。用于调节经济的主要货币政策有以下几种。

(1) 法定存款准备金率，即中央银行要求金融机构为保证客户提取存款和资金清算需要而准备的在中央银行的存款与其存款总额的比例。提高存款准备金会降低整个商业银行体系创造信用、扩大信用规模的能力，社会银根收紧，货币供应量减少，利息率提高，投资及社会支出缩减。

(2) 中央银行再贴现率，即商业银行将其贴现的未到期票据向中央银行申请再贴现时的预扣利率。再贴现意味着商业银行向中央银行贷款，从而增加了货币投放，直接增加货币供应量。

(3) 公开市场业务。公开市场业务是中央银行通过买进或卖出有价证券，吞吐基础货币，调节货币供应量的活动。

(4) 其他贷款政策，如向支柱产业优先提供贷款，对投资风险大、公共性强的重要产业提供优惠贷款，以实现既定的目标。

货币政策也可分为扩张性货币政策和紧缩性货币政策。扩张性货币政策以放松银根、扩大货币供应量为特点，目的在于刺激需求，如降低存款准备金、降低再贴现率、买进有价证券等；紧缩性货币政策以收紧银根、减少货币供应量为特点，目的在于抑制需求。

货币政策与财政政策都是以调节社会总需求为对象来实现社会总供求平衡的手段，但是二者作用的机制、方向和程度不同，因此国家在宏观调控中要恰当地配合运用两大政策，具体可采取"一松一紧"、"双松"、"双紧"等搭配方式。

（三）产业政策

产业政策是指国家按照社会经济发展趋势和我国经济发展目标，确定支持、鼓励的产业与限制的产业，以促进经济结构合理化。产业政策是调节供给的重要手段。产业政策通过规划经济目标政策、完善要素市场政策、产业标准、技术进步政策、企业规模结构政策和企业集团政策等一系列具体政策，在宏观上有计划、有重点地推动和协调国民经济发展，引导和保证产业结构合理化，促进国民经济总量平衡的实现。

（四）收入分配政策

收入分配政策是指政府根据既定的宏观调控目标而规定的工资收入总量与结构变动方向，以及政府调节收入分配的基本方针和原则的总和。一般来说，收入分配政策的主要任务是通过收入总量的变化调节总需求，通过收入结构的调节避免社会成员收入差距悬殊和收入平均主义化，实现公平和效率的统一。收入分配政策的实现需要综合运用各种经济和非经济调节手段，如税收、转移支付和社会保障措施等。

（五）汇率政策

汇率是指一国货币兑换另一国货币的比率，即一国货币用另一国货币表示的价格。运用汇率政策调控经济就是要通过对汇率的调节和变动，最终达到促进国民经济协调发展的预期目标。在市场发育比较充分、开放程度较大的条件下，汇率作用主要表现在：调节进出口贸易；调节资本的流出和流入；影响国内物价水平从而调节国内经济的协调发展。

除了上述五种主要的政策外，宏观调控政策还包括区域经济发展政策、投资政策、价格政策等。

第三节　经济社会的可持续发展

经济增长与经济发展理论是经济学理论中的重要组成部分，也是国家发展过程中十分重视的问题。保持经济持续、稳定增长，经济社会的可持续发展和人口、资源及生态环境的协调,是经济学研究的重要方向。

一、经济增长与经济发展

(一)经济增长

经济增长是指一个国家或一个地区在一定时期内,由于生产要素的增加或效率提高而引起的经济规模在量上的扩大,主要用国内生产总值(GDP)来表示。

GDP是反映一国综合实力和经济规模的重要指标,曾被萨缪尔森认为是20世纪人类最伟大的发明之一。GDP是常驻单位在一定时期生产的最终产品价值的总合。最终产品指一国常驻单位一定时期内提供的不用于再生产过程,或虽用于再生产过程但不被一次性消耗或一次性转移到新产品中去的商品和劳务。将GDP作为衡量经济增长的唯一指标也有一定弊端,例如:不反映经济增长对环境的影响和资源的消耗;不能准确反映财富的变化;不反映某些重要活动;不反映经济增长方式和为此付出的代价;不反映经济增长的效率、效益和质量;不反映社会分配的差距和社会公平。

(二)经济发展

经济发展是指一个国家或地区在经济增长的基础上实现经济和社会结构的协调与优化,反映一个国家或地区的经济结构、社会福利、文教卫生及经济效益的变化情况。经济发展的内容包括资源节约、生态平衡、经济可持续增长、结构优化、社会协调五个方面。

经济增长与经济发展既相互联系,又具有不同的含义。经济增长是经济发展的前提和基础,没有实现经济的增长也不可能带来经济的发展;经济发展是经济增长的目的,扩大经济规模最终是为了发展生产力,提高生活质量,优化生活环境,满足人们日益增长的物质文化需求。另外,经济增长与经济发展也有着重大差异,主要体现在:经济增长是经济规模在量上的扩大,而经济发展具有更加广泛的含义,不仅包括经济增长,还强调了结构的优化、经济质量的提升、生态环境的平衡以及社会的协调等。

二、可持续发展的含义、原则及评价

可持续发展最早可以追溯到1980年,由世界自然保护联盟(IUCN)、联合国环境规划署(UNEP)、野生动物基金会(WWF)共同发表的《世界自然保护大纲》。1987年,以布伦兰特夫人为首的世界环境与发展委员会(WCED)发表了报告《我们共同的未来》,这份报告正式使用了"可持续发展"的概念,并对之作出了比较系统的阐述,产生了广泛的影响。

(一)可持续发展的含义、原则

可持续发展是指既满足当代人的需要,又不对后代人满足其需要的能力构成危害的发展。其核心思想是健康的经济发展应建立在生态可持续能力、社会公正和人民积极参与自身发展决策的基础上。可持续发展必须遵循公平性、持续性和共同性三大原则。

1. 公平性原则

公平性原则的"公平"包括当代人之间的公平、代际间的公平和资源分配与利用的公平。可持续发展是一种机会、利益均等的发展。它既包括同代内区际间的均衡发展,即一个地区的发展不应以损害其他地区的发展为代价;也包括代际间的均衡发展,即既满足当代人的需要,又不损害后代的发展能力。人类各代都处在同一生存空间,各代对这一空间中的自然资源和社会财富拥有同等享用权,也应该拥有同等的生存权。

2. 持续性原则

人类经济和社会的发展不能超越资源和环境的承载能力,即在满足需要的同时必须有限制因素,在发展的概念中包含着制约的因素。主要限制因素有人口数量、环境、资源,以及技术状况和社会组织对环境满足眼前和将来需要能力施加的限制。最主要的限制因素是人类赖以生存的物质基础,即自然资源与环境。因此,持续性原则的核心是人类的经济和社会发展不能超越资源与环境的承载能力,从而真正将人类的当前利益与长远利益有机结合。

3. 共同性原则

各国可持续发展的模式虽然不同,但公平性和持续性原则是共同的。地球的整体性和相互依存性决定全球必须联合起来,认知我们的家园。可持续发展是超越文化与历史的障碍来看待全球问题的,是关系到全人类的问题,所要达到的目标是全人类的共同目标。虽然国情不同,实现可持续发展的具体模式不可能是唯一的,但是无论富国还是贫国,公平性原则、协调性原则、持续性原则是共同的,各个国家要实现可持续发展,都需要适当调整其国内和国际政策。只有在全人类共同努力下,才能实现可持续发展的总目标,从而将人类的局部利益与整体利益结合起来。

（二）可持续发展的评价指标

可持续发展能力按照作用性质划分主要有五个基本要素。

(1) 资源承载力,即一个国家或地区按照人口平均所占有资源的数量和质量,在维持一定的生活消费水平前提下可养活的一定人口数量,是一个区域的资源满足其空间范围内人口生产和发展需要的支撑能力。

(2) 区域生产能力,即一个国家或地区的资源、人力、技术和资本,可以转化为产品和服务的能力,直接反映区域经济发展水平和经济效率及效益。

(3) 环境缓冲能力,即环境对于人们在区域开发过程中,进行资源利用,生产开发时所产生的废物的吸收和净化能力,是环境生态平衡的自我维持能力和自我调节能力。

(4) 进程稳定能力,即在经济发展过程中,不出现由于自然波动和社会经济变化所带来的灾难性后果,指区域系统的抗干扰、防火灾能力和重建能力,是区域系统演进的动力和保证。

(5) 管理调节能力,即人们智力开发对于生态、经济、社会的驾驭能力,是人们适应可持续发展需要所具备的认识能力、行动能力、决策能力和调整能力。

综合来看,通常可用于衡量可持续的能力有:①绿色 GDP,指用以衡量各国扣除自然资产损失后新创造的真实国民财富的总量核算指标,也就是从现行统计的 GDP 中,扣除由于环境污染、自然资源退化、教育低下、人口数量失控、管理不善等因素引起的经济损失成本,从而得出真实的国民财富总量;②自然资源的耗损数量,如单位 GDP 的能耗、人均能耗等;③人口、环境、资源、经济和社会协调状况;④社会发展的五大指数,即恩格尔系数、基尼系数、人文发展指数、二元结构指数、集约化指数。

三、经济发展方式的转变

发展方式是指一定的发展思想观点指导下的发展思路、途径、手段和方式方法，主要有外延式与内涵式发展、粗放式与集约式发展、速度数量型与质量效益型发展等方式。我国发展方式要实现四大转变：外延式发展向内涵式发展转变，粗放式发展向集约式发展转变，速度数量型发展向质量效益型发展转变，主要依靠增加物质资源消耗向主要依靠科技进步、劳动者素质提高、管理创新转变。

（一）转变经济发展方式的必要性

1. 转变经济发展方式是贯彻落实科学发展观的要求

科学发展观是指以人为本，全面、协调、可持续发展。“以人为本”就是要把人民的利益作为一切工作的出发点和落脚点，不断满足人们的多方面需求和促进人的全面发展；“全面”就是要在不断完善社会主义市场经济体制，保持经济持续快速协调健康发展的同时，加快政治文明、精神文明和社会文明的建设，形成物质文明、政治文明、精神文明、社会文明和生态文明相互促进、共同发展的格局；“协调” 就是要统筹城乡协调发展、区域协调发展、经济社会协调发展、国内发展和对外开放；“可持续”就是要统筹人与自然和谐发展，处理好经济建设、人口增长与资源利用、生态环境保护的关系，推动整个社会走上生产发展、生活富裕、生态良好的文明发展道路。

2. 转变经济发展方式具有哲学基础

以人为本的思想，坚持了马克思主义历史主体论；新的发展方式注重协调发展，坚持了事物普遍联系和系统论观点；新的发展方式注重可持续发展，坚持了人与自然对立统一的观点。

3. 转变经济发展方式是为了解决严峻的现实问题

人口与资源比例严重失调；资源消耗与财富产出比例失调；重要自然资源逐渐枯竭，严重短缺；环境污染加剧，生态严重失衡；建设和谐社会任务日益艰巨等现实要求转变经济发展方式。

此外，从世界范围和人类历史长河以及产业演进的历程等方面来看，也需要转变经济发展方式。

（二）推进发展方式转变的途径

推进发展方式转变的总体思路是认真理解和贯彻科学发展观，走新型工业化道路，走出一条中国特色的节约型发展道路，构建节约型的产业结构和消费结构，建设资源节约、环境友好型的社会。

1. 产业结构战略性调整是转变发展方式的主攻方向

目前我国产业结构主要存在的问题表现在以下几个方面。

(1) 产业数量结构不合理，第三产业特别是现代服务业发展滞后。

(2) 产业质量结构不合理，产业素质低下。

(3) 产业组织结构不合理，规模不经济。

(4) 产业地区分布趋同现象严重，缺乏特色和优势。

调整产业结构需要从以下几个方面着手。

(1) 进一步巩固农业基础地位，增强农业的综合生产能力。

(2) 切实加强基础设施和基础产业建设，扶持与发展新兴产业与高技术产业。

(3) 大力扶植支柱产业的发展，培育新的经济增长点。

(4) 鼓励和引导第三产业加快发展。

(5) 推动区域内产业的合理布局，发展特色优势产业。

2. 科技进步和创新是加快转变经济发展方式的重要支撑

(1) 认真贯彻科教兴国的方针，改变行政化、官本位的科学研究和技术开发体制，实现有利于学术繁荣和科技进步的激励机制的制度化。

(2) 促进与科学相关联的技术在经济各领域中的运用，鼓励技术创新和产品升级。

(3) 加大对基础研究和共性技术开发的社会投入。

(4) 全面普及九年义务教育，大力推进教育改革，发展“走向世界、面向未来，面向四个现代化”的教育体系。

3. 保障和改善民生是加快转变经济发展方式的根本出发点和落脚点

着力保障和改善民生，必须逐步完善符合国情、比较完整、覆盖城乡、可持续的基本公共服务体系，提高政府保障能力，推进基本公共服务均等化。要针对社会发展和民生领域的突出问题，大力推进以改善民生为重点的社会建设，建立健全基本公共服务体系；合理调整收入分配关系，努力提高居民收入在国民收入分配中的比重、劳动报酬在初次分配中的比重，使城乡居民收入普遍较快增加；健全覆盖城乡居民的社会保障体系，加快医疗卫生事业改革发展，全面做好人口工作；切实实施积极的就业政策，创造更多就业岗位，改善就业环境，促进充分就业，提高就业质量；切实发展和谐劳动关系，建立健全劳动关系协调机制，完善劳动保护机制；健全就业帮扶、生活救助、医疗互助、法律援助等帮扶制度，着重解决困难劳动群众生产生活问题；加强和创新社会管理，正确处理人民内部矛盾，切实维护社会和谐稳定。

4. 建设资源节约型、环境友好型社会是加快转变经济发展方式的重要着力点

(1) 加快推进节能减排，严格落实节能减排目标责任制，强化节能减排指标约束，加快企业节能降耗技术改造，加强节能减排重点工程建设，全面推行清洁生产和节能技术，抓紧淘汰落后生产能力。

(2) 加快污染防治，着力控制工业污染物排放，积极推进重点流域区域环境治理及城镇污水垃圾处理等工作，加快环境基础设施建设。

(3) 加快建立资源节约型技术体系和生产体系，积极发展节能减排和循环利用关键技术，提高资源利用率和生产率，推动全社会形成节约能源资源和保护生态环境的生活方式和消费模式。

(4) 加快实施生态工程，继续推进天然林保护、退耕还林、水土流失治理等生态工程，开展植树造林，不断改善生态环境。

5. 改革开放是加快转变经济发展方式的强大动力

(1) 大力推进经济体制改革，积极稳妥推进政治体制改革，加快推进文化体制、社会体制改革。

(2) 坚持和完善公有制为主体、多种所有制经济共同发展的基本经济制度，毫不动摇地巩固和发展公有制经济，毫不动摇地鼓励、支持、引导非公有制经济发展。

(3) 推进行政体制改革，加快财税体制改革，深化金融体制改革，深化资源性产品价格和要素市场改革，加快社会事业体制改革。

(4) 坚持对外开放的基本国策，实施互利共赢的开放战略、进一步提高对外开放水平。

(5) 优化对外贸易结构，提高利用外资水平。

(6) 加快实施"走出去"战略，积极参与全球经济治理和区域合作，以开放促发展、促改革、促创新，积极创造参与国际经济合作和竞争新优势。

最终，要促进经济增长由主要依靠投资、出口拉动向依靠消费、投资、出口协调拉动转变；由主要依靠第二产业带动向依靠第一、第二、第三产业协同带动转变；由主要依靠增加物质资源消耗向主要依靠科技进步、劳动者素质提高、管理创新转变。

四、人口、资源、环境的协调与可持续发展

经济社会与资源生态环境相协调是人类活动的一条基本规则与指导思想。在经济社会活动中，把人口、资源生态环境、经济增长这三者内外有机地结合起来进行思考，妥善处理这三者的关系，有利于科学、合理、有效地解决人口问题、资源生态环境问题、经济增长问题以及消除或规避其间的多重矛盾，以利于国民经济的健康发展与可持续发展。

(一) 人口、资源与环境的基本关系

1. 人类是地球演化和生物进化的产物

相对于地球的存在史，人类的历史是十分短暂的，并且人类的起源本身也是地球长期演化和生物长期进化的产物，没有地球也就没有人类，人类的存在和发展不可能离开地球的资源和环境。

2. 地球为人类提供了基本的生存空间和基础

地球的自然环境，包括岩石圈、大气圈、水圈、生物圈等圈层，是人类基本生存的空间，人类繁衍、生存离不开这些栖息空间和物质条件。同时，自然环境又是人类生存的基础。人类生存需要的衣食住行都必须依赖于自然环境所提供的森林、土地、水、气候、能源、矿物等。

3. 人类活动影响自然资源和环境

人类与其他生物种群和周围环境共同构成人类生态系统。人类通过食物链的物质、能量和信息的交流影响着其他一切生产者和消费者，并且还能够利用意识和工具来改造、加工自然资源，这些影响可能是正面的、积极的，同时也可能带来负面影响。

(二) 我国人口、资源与环境关系变化趋势

我国人口、资源与环境之间的关系日趋紧张、恶化，这种变化态势给经济和社会的发展造成了巨大的压力。

1. 人口总量不断膨胀

20 世纪 70 年代初，我国采取人口控制政策，生育率快速下降，人口增长势头减缓，但由于基数太大，出生率与死亡率之间缺口较大，人口总量仍有膨胀趋势，压力较大。并且，人口

地区结构、年龄结构、受教育程度结构都存在一定的问题。城市和沿海地区生育率已降至低于发达国家水平,偏远贫困地区仍维持较高的生育率;未来老年人比重急剧上升,老龄化问题突出;人口质量提升任务也十分艰巨。

2. 资源短缺约束经济社会发展

我国人均土地面积 0.78 公顷,相当于世界平均水平的三分之一,人均耕地面积 1.38 亩,不到世界人均数的 40%;人均淡水资源只有 2200 立方米,为世界平均水平的四分之一;还有森林资源、能源资源、矿产资源也十分紧缺。并且,未来随着工业化的不断推进,经济的高速发展对资源的需求量还将不断增加。资源短缺和闲置浪费的并存将成为约束经济增长的瓶颈。

3. 生态环境持续恶化

目前我国通过退耕还林政策,森林减少势头有遏制,但森林资源供求矛盾仍然突出;耕地面积还在递减,农业生态环境仍在恶化;沙漠化继续蔓延,草地资源继续退化;北方地区水资源严重短缺,生活用水紧张;以煤为主的能源结构难以改变,大气污染严重;水污染、固体废弃物污染短期内难以改变。

(三)协调与可持续发展的要求

人类生存离不开自然环境、生态平衡、环境保护,也离不开经济增长与经济发展。自然资源的合理开发利用、生态的建设、环境的治理是经济发展的重要目标。人口素质提高与人口质量保障,以及资源保护性开发与生态建设环境治理,从不同层面对于经济增长起着基础性作用和推进意义,它们是可持续性经济增长的基本前提与必要条件。

1. 控制人口增长,提高人口质量

(1) 将计划生育工作同社会主义市场经济发展结合起来,继续控制人口增长,降低生育率,尤其是对于偏远贫困地区的监督和控制。

(2) 在控制人口增长的同时,大力提高人口质量,继续全面普及九年义务教育制度,提高全民受教育的水平,提高国民整体素质。

(3) 面对老龄化的问题要提前做好工作,建立和完善社会保障体系。

2. 合理利用资源,提高利用效率

(1) 转变经济增长方式,从粗放式生产向集约式生产转变,提高资源利用效率。

(2) 加强资源利用的管理,建立健全资源产权制度,将各种资源的开发利用纳入国民经济和社会发展计划之中。

(3) 改革先行的资源价格体系,进行资源核算并纳入国民经济核算体系,消除资源需求过度膨胀和低效利用的根源。

(4) 鼓励对自然资源的再生产和循环利用。建立维持和保护自然资源的产业,促进资源的循环利用。

3. 防止环境污染,维护生态平衡

(1) 加强土地资源有效利用和管理,十分珍惜和合理保护耕地,推进农业现代化,推广生态农业,探索农业生产与生态环境协调发展新方式。

(2) 保护森林、淡水资源。严格执行采伐限额，建设防护林重大生态工程，整治水土流失，节约用水。

(3) 保持生物多样化。扩大自然保护区面积，形成自然保护区网络和物种迁移保护网络。

(4) 研发节水节能新技术，依靠科学技术进步，经济有效地解决工业污染问题，加强物料回收，促进循环经济。

(5) 完善法律制度，加强环境管理，由"先污染后治理"转变为"先预防再治理"。

五、经济社会发展战略

(一) 转变经济发展方式

实现经济发展目标，关键是要加快转变经济发展方式，完善社会主义市场经济体制。要坚持走中国特色新型工业化道路，推进产业结构调整优化，提高自主创新能力，加强能源资源的节约和生态环境的保护，增强经济整体素质和国际竞争力。最终要实现经济发展方式由外延式发展向内涵式发展转变，由粗放式发展向集约式发展转变，由速度数量型发展向质量效益型发展转变，由主要依靠增加物质资源消耗向主要依靠科技进步、劳动者素质提高、管理创新转变。

(二) 走新型工业化道路

新型工业化道路，即坚持以信息化带动工业化，以工业化促进信息化，走出一条科技含量高、经济效益好、资源消耗低、环境污染少、人力资源优势得到充分发挥的新型工业化道路。

新型工业化道路与传统工业化道路相比有如下特点。

(1) 新的要求和目标。新型工业化不只讲工业增加值，而要做到科技含量高、经济效益好、资源消耗低、环境污染少、人力资源优势得到充分发挥。

(2) 新的物质技术基础。新型工业化必须建立在更先进的技术基础上，坚持以信息化带动工业化。

(3) 新的调整思路。新型工业化应正确处理高新技术产业和传统产业、虚拟经济和实体经济的关系，逐步调整。

(4) 新的战略。新的要求和新的技术基础要求大力实施科教兴国战略和可持续发展战略。

走新型工业化道路，应做好以下几方面的工作。

(1) 紧密联系工业化与信息化。新世纪信息化的飞速发展为我国高起点加速推进工业化提供了可能。走新型工业化道路要大力推进信息化，将高新技术渗透到各个产业和环节中，以信息化带动工业化，使信息化与工业化融为一体。

(2) 发挥科学技术作为第一生产力的重要作用，注重科技进步和提高劳动者素质，改善经济增长质量和效益。

(3) 促进产业结构升级。优先发展信息产业，积极发展高新技术产业，改造和提升传统产业，振兴装备制造业，加快发展现代服务业。

(4) 大力发展教育,实施科教兴国战略,培育高素质、高技术人才。

(5) 坚持扩大内需,协调内需和外需关系。继续拓展国际市场,更加重视国内的投资需求和消费需求,升级消费结构,为经济发展提供持久动力。

(三) 提高自主创新能力

科学技术是第一生产力,自主创新是核心竞争力。没有科学技术创新的发展是很难持续发展的,将科技创新作为国家发展的基本战略,提高科技自主创新能力,是提高综合国力的关键,是转变经济发展方式的中心环节,也是实现国民经济又好又快发展的重要支撑。

建设创新型国家,要从增强国家创新能力出发,坚持科教兴国、自主创新、研产结合、保护产权。具体可从以下几个方面着手。

(1) 加强消化吸收再创新,高度重视原始创新,将建设创新型国家作为基本战略。在可以通过引进科学技术来提高相关行业和产品的科技力量的领域,充分利用国际资源,大胆引进并消化吸收。但是涉及国民经济命脉和国家安全的关键领域,真正的核心技术和关键方法是买不来的,必须依靠自主创新。

(2) 围绕发展社会经济,加大对自主创新的投入,突破约束瓶颈。要瞄准世界科技发展前沿,积极发展高新技术,特别是对经济增长有重大带动作用,具有自主知识产权的核心技术和关键技术,打造一批具有国际竞争力的企业和品牌,带动国家整体科技水平和创新能力的提高,为我国经济发展和国防建设的现代化提供强大的科技支撑。要把能源、资源、环境、信息、生物、农业等领域的重大技术开发放在优先位置,推进重大技术装备国产化,推动高新技术产业发展,加快从加工装配为主向自主研发制造为主转变。

(3) 加快建立以企业为主、市场为导向、产学研结合的技术创新体系。国家要引导、支持企业在市场上发挥创新主体的重要作用,鼓励企业掌握具有自主知识产权的关键技术,在设备技术、工艺技术、产品技术、降耗技术等方面进行创新,在国际市场竞争中占据有利地位,并投入市场形成现实的生产力,满足人们的物质文化需要。要改善技术创新的市场环境,保证企业获得技术创新带来的超额利润;加强技术咨询、技术转让等中介服务。要积极支持从事基础研究、前沿技术研究等机构,加大教育投入和高新技术人才培养;高效利用科研机构和高等院校的科技资源,促进科技成果向现实生产力转化。

(4) 深化科技管理体制改革,完善科技创新法制保障。要通过扩大宣传教育,完善法律法规和执法程序,建立健全知识产权保护体系,在保护创新者利益和积极性的基础上,促进技术有偿、合理的扩散。要营造有利于自主创新的政策环境,加大对自主创新的财政投入,实施积极自主创新的金融政策和产业政策,搭建技术创新的基地与平台。

(四) 促进产业结构高级化

产业结构是指生产要素在各产业部门之间的比例构成及相互依存、相互制约的关系。产业结构的划分有多种方式,这里介绍常用的三种。

(1) 三次产业分类法:第一产业包括种植业、林业、畜牧业和渔业在内的农业,第二产业包括工业和建筑业,第三产业包括流通部门和服务部门。

(2) 两大部门分类法:生产生产资料的第Ⅰ部类和生产生活资料的第Ⅱ部类。

(3) 农轻重分类法：即农业、轻工业和重工业。

(4) 要素密集程度分类法：劳动密集型产业、资本密集型产业和技术密集型产业。

促进产业结构高级化的总体思路是：坚持走中国特色新型工业化道路，坚持扩大国内需求特别是消费需求的方针，促进产业结构向三二一转变；重工业由原材料工业向重化工业特别是高加工度化的装配工业转变；生产方式由制造向创造转变，由模仿向创新转变，由贴牌向创牌转变，由工厂到市场的转变；组织结构由独资向合资、股份制集团化转变；国家由贸易大国向贸易强国转变，由产品贸易为主向服务贸易为主转变。

优化、升级产业结构需要从以下几个方面着手。

(1) 进一步巩固农业基础地位，增强农业的综合生产能力。

(2) 切实加强基础设施和基础产业建设，扶持与发展新兴产业与高技术产业。

(3) 大力扶植支柱产业的发展，培育新的经济增长点。

(4) 鼓励和引导第三产业加快发展。

(5) 推动区域内产业的合理布局，发展特色优势产业。

（五）统筹城乡发展

统筹城乡发展是党的文献明确提出的，主要针对新世纪我国经济社会发展的时代特征和主要矛盾，致力于突破城乡二元结构，破解“三农”难题，全面建成小康社会所作出的重大战略决策。统筹城乡发展的思想就是要更加注重农村的发展，解决好“三农”问题，坚决贯彻工业反哺农业、城市支持农村的方针，逐步改变城乡二元经济结构，逐步缩小城乡发展差距，实现农村经济社会全面发展，实行以城带乡、以工促农、城乡互动、协调发展，实现农业和农村经济的可持续发展。

统筹城乡发展不仅仅是指经济范畴，还包括城乡物质文明、精神文明、政治文明、社会文明和生态文明建设。统筹城乡发展要做到以下四个方面。

1. 统筹城乡规划建设

要改变目前城乡规划分割、建设分治的状况，把城乡经济社会发展统一纳入政府宏观规划，协调城乡发展，促进城乡联动，实现共同繁荣。根据经济社会发展趋势及区域特色，统一编制城乡规划，促进城镇有序发展，农民梯度转移。内容主要包括统筹城乡产业发展规划，科学确定产业发展布局；统筹城乡用地规划，合理布局建设、住宅、农业与生态用地；统筹城乡基础设施建设规划，构建完善的基础设施网络体系。

2. 统筹城乡产业发展

以工业化支撑城市化，以城市化提升工业化，加快工业化和城市化进程，促进农村劳动力向二三产业转移，农村人口向城镇集聚。建立以城带乡、以工促农的发展机制，加快现代农业和现代农村建设，促进农村工业向城镇工业园区集中，农村人口向城镇集中，土地向规模集中；促进城市基础设施向农村延伸，城市社会服务事业向农村覆盖，城市文明向农村辐射，提升农村经济社会发展的水平。

3. 统筹城乡管理制度

突破城乡二元经济社会结构，消除计划经济体制的残留影响，保护农民利益，建立城乡一体的劳动力就业制度、户籍管理制度、教育制度、土地征用制度、社会保障制度等，给农村居民平等的发展机会、完整的财产权利和自由的发展空间，遵循市场经济规律和社会发展规律，促进城乡要素自由流动和资源优化配置。

4. 统筹城乡收入分配

要逐步调整国民收入分配结构，进一步完善农村税费改革，降低农业税负，加大对“三农”的财政支持力度，加快农村公益事业建设，建立城乡一体的财政支出体制，将农村交通、环保、生态等公益性基础设施建设都列入政府财政支出范围。

（六）建立节约型、环境友好型社会

节约型社会是指以资源合理配置和高效利用的方式进行生产，以节约的方式进行消费为根本特征的社会。节约型社会是科学发展观的内在要求，构建社会主义和谐社会的重要组成部分，也是全面建设小康社会的基本保证。环境友好型社会是指人与自然和谐共生的社会形态，其核心内涵是人类的生产和消费活动与自然生态系统协调可持续发展。

要建立节约型、环境友好型社会，促进社会经济的可持续发展需要做到以下几个方面。

1. 加强教育和宣传，培养全民意识

要突破传统观念，改变传统的生产方式和科技进步的逻辑思维方式，科技进步的新思维应立足于人与自然的共生和共存，而不是对抗和征服。

2. 发展循环经济，走中国特色新型工业化道路

循环经济是一种建立在资源回收和循环再利用基础上的经济发展模式。循环经济的基本原则是资源使用的减量化、再利用、资源化再循环。循环经济要求以企业内部的物质循环为基础，构筑企业、生产基地等经济实体内部的小循环；以产业集中区内的物质循环为载体，构筑企业之间、产业之间、生产区域之间的中循环；以整个社会的物质循环为着眼点，构筑包括生产、生活领域的整个社会的大循环。

3. 努力发挥科学技术的作用

集中力量研究开发提高能源资源利用效率的关键技术和方法，运用高新技术改造传统产业，使科学技术渗透到生产的各个环节，支持重点行业加快节能、节水、资源综合利用的技术改造，淘汰高耗能、重污染的落后工艺以及技术和设备，优化生态环境。

4. 完善相关体制，加强监督管理

进一步制定和实施有利于节约能源资源的价格、财税、投资政策，提高违法违规成本，落实环境保护责任制，切实推动节能环保工作，保障社会经济的可持续发展。

复习思考题

1. 名词解释

市场失灵　　市场外部性　　经济增长　　经济发展　　可持续发展

2. 市场失灵的危害及表现形式有哪些？

3. 政府失灵的表现有哪些？

4. 宏观调控的目标包括哪些？相互之间的关系怎样？
5. 宏观调控有哪些方式？最主要的方式是什么？
6. 试分析我国现在的宏观经济形势及财政政策和货币政策走向。
7. 可持续发展的原则及评价指标有哪些？
8. 加快转变经济发展方式的途径有哪些？
9. 试述我国经济社会发展战略。

参考文献

[1] 刘诗白. 政治经济学[M]. 成都：西南财经大学出版社，2010.

[2] 蒋南平，龙运书，冉恩贵. 政治经济学基础[M]. 成都：电子科技大学出版社，2011.